2022

全国专利代理师资格考试用书

>> 全国专利代理师资格考试

专利法律知识
详细解读

李慧杰 刘辉 汪旎 谢聪 编著

化学工业出版社

·北京·

内容简介

本书以 2020 年《中华人民共和国专利法》为基础，全面介绍了我国的专利制度以及与专利相关的国际条约。内容包括专利制度概论、授予专利权的实质条件、对专利申请文件的要求、申请获得专利权的程序及手续、专利申请的复审与专利权的无效宣告、专利权的实施与保护、专利合作条约及其他与专利有关的国际条约、专利文献与专利分类。

本书适合参加全国专利代理师资格考试的人员复习参考。

图书在版编目（CIP）数据

全国专利代理师资格考试专利法律知识详细解读/李慧杰等编著.—北京：化学工业出版社，2022.6
全国专利代理师资格考试用书
ISBN 978-7-122-41038-2

Ⅰ.①全… Ⅱ.①李… Ⅲ.①专利-代理（法律）-中国-资格考试-自学参考资料 Ⅳ.①D923.42

中国版本图书馆 CIP 数据核字（2022）第 046950 号

责任编辑：宋　辉　　　　　　　文字编辑：李　曦
责任校对：宋　玮　　　　　　　装帧设计：关　飞

出版发行：化学工业出版社
　　　　　（北京市东城区青年湖南街 13 号　邮政编码 100011）
印　　装：三河市延风印装有限公司
787mm×1092mm　1/16　印张 18½　字数 470 千字
2022 年 6 月北京第 1 版第 1 次印刷

购书咨询：010-64518888
售后服务：010-64518899
网　　址：http://www.cip.com.cn
凡购买本书，如有缺损质量问题，本社销售中心负责调换。

定　　价：88.00 元　　　　　　　版权所有　违者必究

前言

发明创新点亮人类文明之光。人类进步的历史，就是一部创新的历史。人类的一切文明成果，都是创新思维的果实，都是创新智慧的结晶。

科技创新是一个民族进步的灵魂，是国家兴旺发达的不竭动力。党的十八大以来，以习近平同志为核心的党中央将知识产权工作摆在更加突出的位置，作出了一系列重大部署和举措，引领我国知识产权事业实现了大发展、大跨越、大提升，牢固确立了知识产权大国地位，开启了知识产权强国建设的新篇章。

专利作为知识产权的重要组成部分，为加快知识产权强国建设，促进大众创业、万众创新提供有力支撑。

本书以2020年《中华人民共和国专利法》为基础，全面介绍了我国的专利制度以及与专利相关的国际条约。全书共分八章，分别为：

第一章，专利制度概论。主要介绍了我国专利制度建立与发展历程、申请专利的权利与专利权的归属，以及我国的专利代理制度。新增加了"帝王条款"——诚实信用原则的解读。

第二章，授予专利权的实质条件。主要介绍了在我国专利制度下确定的专利保护的对象和主题、不授予专利权的主题，以及发明、实用新型和外观设计三种专利类型的授予专利权的实质性条件。新增加了外观设计的局部专利为授权对象的解读；增加了一种宽限期的适用情形：在国家出现紧急状态或者非常情况时，为公共利益目的首次公开的。

第三章，对专利申请文件的要求。主要介绍了申请人就三种专利类型提出专利申请时应当提交的申请文件及撰写形式规范和内容规范。

第四章，申请获得专利权的程序及手续。主要介绍了国家知识产权局针对三种专利申请的审查程序、授权程序。新增加了外观设计专利申请的本国优先权制度，延长了在先申请文件副本提交的时间。

第五章，专利申请的复审与专利权的无效宣告。主要介绍了专利申请被驳回时的复审程序和专利权授予之后的无效宣告程序，并介绍了口头审理以及对于无效宣告程序中有关证据的规定。

第六章，专利权的实施与保护。主要介绍了专利权人对于专利权采用的许可、转让、质押等实施方式，以及专利权被侵犯时的行政、司法救济授权。最后介绍了专利实施的特别许可制度。新增加了专利保护期限两种补偿情形：因审查过程延迟而补偿，以及因新药审评审批而补偿。新增加了开放许可制度；赋予了国务院专利行政部门对在全国有重大影响的专利侵权纠纷案件的行政执法权；增加了恶意侵权的惩罚性赔偿制度，并提高了侵权赔偿额的上限；明确了被告拒绝提交文书物证、原告无力举证时由被告承担不利后果；增加了药品审评审批过程中是否落入专利权保护范围的确认之诉。增加了"专利保险""专利导航"，强化了专利的管理与运用，介绍了三种知识产权管理标准及贯标、认证程序。

第七章，专利合作条约及其他与专利相关的国际条约。主要介绍了发明和实用新型的 PCT 国际申请以及外观设计的海牙国际申请，并介绍了国际承认的微生物保存条约、国际专利分类协定及外观设计国际分类协定。针对 PCT 国际申请，还介绍了进入中国国家阶段的程序和手续。增加了外观设计专利国际申请方式。

第八章，专利文献与专利分类。主要介绍了专利文献基础知识、三种专利的国际分类方法以及专利信息检索相关知识。

本书知识点框架如下图所示。

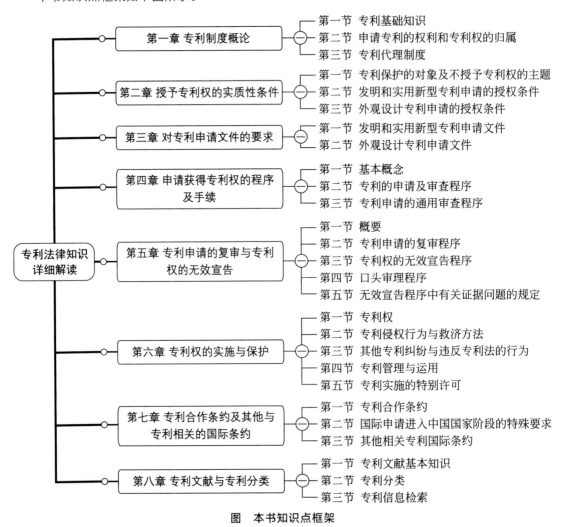

图　本书知识点框架

由于笔者知识有限，不足之处在所难免，欢迎各位读者批评指正！非常感谢！

李慧杰

目录

第一章 专利制度概论 / 001

第一节 专利基础知识 / 002
 一、专利制度概要 / 002
 二、中国专利制度 / 005
第二节 申请专利的权利和专利权的
   归属 / 018
 一、相关概念 / 019
 二、权利的归属 / 023

第三节 专利代理制度 / 027
 一、专利代理机构 / 027
 二、专利代理师 / 030
 三、专利代理执业和监管 / 032
 四、专利代理违法行为及其法律责任 / 034
 五、专利代理行业组织 / 037

第二章 授予专利权的实质性条件 / 039

第一节 专利保护的对象及不授予专利权的
   主题 / 040
 一、三种专利的保护对象 / 040
 二、不授予专利权的发明创造 / 044
第二节 发明和实用新型专利申请的
   授权条件 / 048
 一、现有技术 / 049
 二、新颖性 / 051

 三、创造性 / 059
 四、实用性 / 064
第三节 外观设计专利申请的授权
   条件 / 066
 一、现有设计 / 067
 二、不存在抵触申请 / 071
 三、创造性判断 / 071
 四、不与在先权利相冲突 / 073

第三章 对专利申请文件的要求 / 075

第一节 发明和实用新型专利申请
   文件 / 076
 一、请求书 / 076
 二、权利要求书 / 081
 三、说明书及说明书摘要 / 086
 四、发明和实用新型专利申请的
   单一性 / 092

 五、特殊申请 / 095
第二节 外观设计专利申请文件 / 097
 一、请求书 / 098
 二、图片或者照片 / 099
 三、简要说明 / 102
 四、合案申请 / 103

第四章　申请获得专利权的程序及手续　/ 106

第一节　基本概念　/ 107
　一、申请日　/ 107
　二、优先权　/ 109
　三、申请号　/ 111
　四、期限　/ 111
　五、费用　/ 113
第二节　专利的申请及审查程序　/ 117
　一、专利申请的提出及受理　/ 118
　二、发明专利申请的初步审查程序　/ 123
　三、发明专利申请的实质审查程序　/ 126
　四、实用新型专利申请的初步审查　/ 132
　五、外观设计专利申请的初步审查　/ 135
　六、答复和修改　/ 137
第三节　专利申请的通用审查程序　/ 142
　一、保密专利申请与保密审查　/ 143
　二、审查顺序及授权程序　/ 146
　三、其他特殊程序　/ 154
　四、国家知识产权局的行政复议　/ 161

第五章　专利申请的复审与专利权的无效宣告　/ 165

第一节　概　要　/ 166
　一、复审和无效宣告　/ 166
　二、审查决定及司法救济　/ 168
第二节　专利申请的复审程序　/ 169
　一、复审程序的启动　/ 169
　二、复审审查程序　/ 171
　三、复审决定及程序中止、终止　/ 172
第三节　专利权的无效宣告程序　/ 173
　一、无效宣告程序其他审查原则　/ 174
　二、无效宣告请求的形式审查　/ 175
　三、对无效宣告案件的审理　/ 178
第四节　口头审理程序　/ 182
　一、确定口头审理　/ 183
　二、口头审理的进行　/ 185
　三、口头审理的延阻　/ 186
第五节　无效宣告程序中有关证据问题的规定　/ 187
　一、举证　/ 187
　二、证据的审核认定　/ 189

第六章　专利的实施与保护　/ 192

第一节　专利权　/ 193
　一、专利权人的权利　/ 193
　二、专利权的期限　/ 198
第二节　专利侵权行为与救济方法　/ 199
　一、专利侵权行为　/ 199
　二、救济方法　/ 206
　三、侵犯专利权的法律责任　/ 214
第三节　其他专利纠纷与违反专利法的行为　/ 216
　一、其他专利纠纷　/ 216
　二、假冒专利行为及其查处　/ 218
　三、其他违反专利法的行为及其法律责任　/ 221
第四节　专利管理与运用　/ 222
　一、专利管理　/ 222
　二、专利运用　/ 226
第五节　专利实施的特别许可　/ 233
　一、指定许可　/ 234
　二、强制许可　/ 234
　三、开放许可　/ 238

第七章　专利合作条约及其他与专利相关的国际条约　/ 240

第一节　专利合作条约　/ 241
　一、条约的基本知识　/ 241
　二、国际申请　/ 244
　三、国际检索　/ 250
　四、国际初步审查　/ 253
第二节　国际申请进入中国国家阶段的
　　　　特殊要求　/ 258
　一、进入中国国家阶段的手续　/ 258
　二、进入后的审查程序　/ 264
第三节　其他相关专利国际条约　/ 266
　一、微生物保存布达佩斯条约　/ 266
　二、国际专利分类斯特拉斯堡协定　/ 267
　三、洛迦诺协定　/ 268

第八章　专利文献与专利分类　/ 271

第一节　专利文献基本知识　/ 272
　一、专利文献基础　/ 272
　二、专利文献代码　/ 274
第二节　专利分类　/ 277
　一、发明和实用新型的国际专利
　　　分类（IPC）　/ 277
　二、外观设计的洛迦诺分类　/ 279
第三节　专利信息检索　/ 279
　一、专利信息检索概述　/ 280
　二、专利信息检索技术与方法　/ 281
专利法律知识学习参考资料　/ 284

参考文献　/ 287

第一章

专利制度概论

 本章知识点框架

本章主要介绍我国的专利制度、专利代理制度及我国专利行政部门、司法部门的职责,以及我国专利法律制度中的几个重要概念:专利发明人/设计人、专利申请人、专利权的归属、共有权利的处置等。要求读者了解专利制度的产生与发展历史;熟悉各种专利体系及特点;熟悉中国专利制度的发展历史及其特点;掌握专利代理的概念和相关的规定;掌握与申请专利的权利和专利权的归属相关的概念和规定。

本章知识点框架如图 1-1 所示。

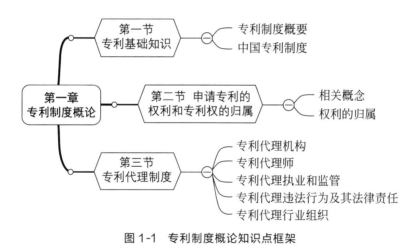

图 1-1 专利制度概论知识点框架

第一节 专利基础知识

本节知识要点

本节主要介绍了专利制度的产生与发展,专利体系及特点、作用,详细介绍了我国专利制度的发展历史,总结了我国专利法历经四次修改的主要修改内容,进而介绍了我国的专利制度特点及专利行政、司法机构。本节主要内容如图1-2所示。

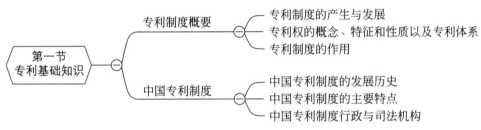

图1-2 专利基础知识的主要内容

一、专利制度概要

(一) 专利制度的产生与发展

15世纪,威尼斯共和国因为地理位置的特殊性,成为了东西方的贸易中心。1474年,威尼斯共和国制定了世界上第一部专利法。该法明确规定了对于任何在该城市完成的新颖别致的机械设备,只要确定是前所未有的,则可以向市政机关进行登记。获得登记的发明人,在之后的10年内拥有独占的产品生产制造权利。其他人在没有得到其许可的条件下,无权生产该设备。如果没有得到其许可而私自制造,则发明人可以向市政机关告发,从而获得100金币的赔偿,侵权人制造的侵权产品将被销毁。威尼斯专利法被认为是具有现代意义的专利制度的雏形。

随着技术的发展和国际间的交流与合作,1883年3月20日,英国、法国、比利时、意大利等十多个国家在法国巴黎签订了《保护工业产权巴黎公约》(以下简称《巴黎公约》),开创了专利法国际间协调的历史。

第二次世界大战后,专利制度趋向于国际化。《专利合作条约》(Patent Cooperation Treaty,PCT)、《欧洲专利公约》等公约的签订,使得专利制度的国际化速度进一步加快,也促使专利制度更趋于完善。

1967年7月14日,"国际保护工业产权联盟"和"国际保护文学艺术作品联盟"的51个成员在瑞典首都斯德哥尔摩共同建立了世界知识产权组织(WIPO),签订了《建立世界知识产权组织公约》,进一步促进世界各国对知识产权的保护,为工业产权国际申请提供服务,加强国际间知识产权信息的交流,为解决私人知识产权争端提供便利。

(二)专利权的概念、特征和性质以及专利体系

1. 专利权的概念

专利权(Patent Right),简称专利,是指一项发明创造由申请人向国家审批机关提出专利申请,经依法审查合格后向专利申请人授予的在规定的时间内对该项发明创造享有的专有权。

拥有专利权的专利权人,在法律授权的范围内,在一定期限内,有权独占使用、收益、处分其发明创造,并排除他人的干涉。

"专利"一词在《与贸易有关的知识产权协定》(Agreement to Trade-Related Aspects of Intellectual Property Rings,TRIPs)中,仅代表"发明专利",而在《中华人民共和国专利法》(以下简称《专利法》)中所称"专利"表示发明、实用新型、外观设计三种专利类型。

2. 专利权的特征

专利权具有排他性、时间性和地域性的特征。

(1)排他性。排他性也称独占性,是指除专利法另有规定的以外,任何单位或者个人未经专利权人许可,都不得实施其专利。未经专利权人的许可,以生产经营目的实施其专利的,属于侵犯专利权的行为。

【例01-01】专利权具有排他性,专利权人有权禁止任何人未经其许可为生产经营目的实施该专利技术。(×)

【解析】对于拥有"先用权"的权利人,专利权人无权禁止其为生产经营目的实施其专利技术。

(2)时间性。专利权是具有时间限制的权利,超过法律规定的保护期限,即进入公有领域,成为人类的共同财富,任何人都可以加以利用。

【例01-02】在我国,外观设计专利权的保护期限为10年,自申请日起计算。(×)

【解析】我国在2020年修改的《专利法》中,将外观设计专利权的保护期限延长到了15年,自申请日起计算。

(3)地域性。专利权的授予是各个国家根据本国法确定的,即专利权只在特定国家或地区的地域范围内有效,不具有域外效力。因此,专利权具有独立性,即一项专利权在一个国家有效,并不意味着在其他国家有效。如果专利权人希望在目标国家同时得到保护,则应当在目标国提出专利申请,或者通过《巴黎公约》或PCT的方式进行国际专利申请。

香港、澳门、台湾地区为中华人民共和国不可分割的领土,但我国的专利制度并不适用于我国港澳台地区。例如,向中国专利局提出发明专利申请的申请人,为获得香港标准专利的保护,应当按照香港《专利条例》的有关规定,向香港知识产权署办理标准专利的注册手续。

3. 专利权的性质

专利权具有以下性质:

(1)专利权是一种民事权利,受法律保护。

(2)专利权具有非物质性。专利权的类型包括发明、实用新型和外观设计。三种专利权属于智力成果的范畴,具有人身权和财产权的双重属性。其权利客体具有无形性、非物质性,不发生有形控制的占有,也不发生有形损耗的使用,专利权变动时,需以登记为要件,不存在有形交付。

【例 01-03】 发明人或设计人有权在专利文件中写明自己是发明人或设计人。（√）

【解析】 发明人或设计人具有署名权。署名权是一项人身权，不得转让。

4. 先申请制

先申请制是指在同一个国家或者地域范围内，同样的技术只能被批准一件专利，授予一项专利权。同样的发明创造只能授予一项专利权；对于不同的申请人就同样的发明创造均提出申请的，专利权授予最先申请的人。

但现实中对于同样的发明创造，存在重复授权的情况，即专利申请在审查阶段，有可能发生未发现其他专利申请人就同样的发明创造也提出了专利申请，或者已经存在获得权利的专利权人。在此情况下，可以通过无效宣告等程序加以纠正。

5. 先发明制

先发明制是指对于同样的发明创造，专利权授予在先发明的人。世界上绝大多数国家采用的是先申请制，而很少国家采用先发明制。

先发明制可以有效地保护最先发明人的权利，有利于调动人们的创造积极性。但这一原则又使发明人不急于申请专利，往往推迟了技术公开的时间。同时，在发生争议时，申请人要证明自己是先发明的人，存在举证困难的问题。

2011年9月16日，时任美国总统奥巴马签署了《美国发明法案》，这是美国近60年来对专利法作出的最大的一次修订。修订最主要的内容是将先发明制改为了先申请制。

【例 01-04】 不同申请人同一日分别就同样的发明创造申请专利的，由双方协商确定申请人，协商不成的，专利权授予最先完成该发明创造的申请人。（×）

【解析】 两个以上的申请人分别就同样的发明创造申请专利的，专利权授予最先申请的人。

6. 登记制

专利登记制，亦称"形式审查制""格式审查制"，主要对该专利申请的申请文件及相关手续、文件的格式、缴纳申请费等形式上的条件进行审核，审查合格后，即予登记，授予专利权。

由于登记制对专利申请的可专利性并不进行审查，因此专利申请的授权快，但难以保证专利质量，因此难以保证专利价值。

7. 初步审查制

初步审查制是指对专利申请进行形式审查，对于专利申请是否存在明显的实质性缺陷进行审查，未发现驳回理由的，即授予专利权的制度。

采用初步审查制授予的专利权，由于在授权前并未对专利申请是否符合实质性授权条件进行审查，因此专利权缺乏稳定性。

8. 实质审查制

专利实质审查制是指专利申请需要经过初步审查、实质审查，没有发现驳回理由的，才授予专利权的制度。采用实质审查制的专利申请，必须经过初步审查、实质审查两个阶段，才能授予专利权。

初步审查阶段主要对专利申请进行形式审查、格式审查；实质审查阶段对于专利申请的新颖性、创造性和实用性进行审查。因此，采用实质审查制获得授权的专利申请，具有较高的专利稳定性。

（三）专利制度的作用

专利权的取得的本质是"以公开换保护"，专利制度的作用表现在以下三个方面。

（1）推动社会技术发展和进步。一项发明创造的产生，往往需要投入较大的人力、物力。专利权的获得是以公开发明人的发明创造内容为前提的。因此，专利权的行使为专利权人在专利保护期限内特有的权利，权利人把发明创造公示于众，让公众不再进行资源的重复性投入，而可以以该发明创造为起点，进一步创新，从而有利于促进技术发展。

（2）有利于维护社会公平。专利制度中对于具有可专利性的专利申请授予专利权，对于违反法律、社会公德或者妨害公共利益的发明创造，不授予专利权；对于关系到社会大众利益的主题不授予专利权；对于应当为公众所自由使用的技术不授予专利权；对于特殊情况下个人利益需让位于国家利益、公共利益的，实施专利强制许可等。由此可见，专利制度的建立有利于构建和谐发展的社会公平环境。

（3）激发全民发明创造的积极性。专利内容公开后，专利权人在一定期限内对专利技术拥有垄断权。因此，在专利权保护期内，任何人不得未经专利权人的许可，以生产经营为目的，私自实施专利权。而专利权人可以在专利保护期内，采用自行实施、转让、许可、质押等方式，获得精神及财富方面的双重利益。专利利益的获得将进一步促进专利权人及相关发明创造主体充分发挥其主观能动性，积极投身于创新活动中，共同促进国家科学技术的高速发展。

二、中国专利制度

《专利法》第八十二条(A82)❶	
①	《专利法》第八十二条："本法自1985年4月1日起施行。"

（一）中国专利制度的发展历史

我国现行《专利法》的第一条明确了制定专利法的立法宗旨，即保护专利权人的合法权益，鼓励发明创造，推动发明创造的应用，提高创新能力，促进科学技术进步和经济社会发展。

专利法的制定的核心是"保护专利权人的合法权益"。专利权是一项私权利。只有有效地"保护专利权人的合法权益"，"鼓励发明创造"才有了根基，有了动力源泉。"鼓励发明创造"→"推动发明创造的应用"→"提高创新能力"，后者以前者为条件，后者以前者为基础，具有依托性；前者是后者的有力支撑。最终实现"促进科学技术进步和经济社会发展"这一目标。

1. 中国专利法的制定

我国《专利法》诞生于1984年3月12日，自1985年4月1日起施行。自此，我国自新中国成立以来有了第一部真正意义上保护发明创造的法律。1985年3月19日我国加入

---

❶ A82为《专利法》第八十二条的简写形式，其中A为英文单词Article的首字母。下文均采用这样的简写方式。A2.1则表示为《专利法》第二条第一款。

《巴黎公约》，之后我国对《专利法》进行了四次修改，逐步深化与国际条约规定的一致性。我国 1984 年制定的首部专利法具有如下特点。

（1）同一部法律，包含三种专利类型，即发明、实用新型和外观设计。

（2）专利申请制度确立为先申请制，且发明专利为实质审查制，实用新型和外观设计为初步审查制，即发明专利的授权需要经过初步审查、实质审查两个阶段的审查，而实用新型和外观设计专利申请经过初步审查没有发现驳回理由的，即可以授予专利权。

（3）授予专利权的主题不包括药品、用化学方法获得的物质、食品和调味品等。

（4）对专利权的保护采用"双轨制"，即当事人可以通过行政途径、司法途径主张权利，解决纠纷。

（5）实行国民待遇原则，即在中国有固定居所或营业所的外国人、外国企业或者外国组织可以委托专利代理机构办理专利事务，也可以自行办理。

2. 中国专利法的第一次修改

1992 年 9 月 4 日，第七届全国人民代表大会常务委员会第二十七次会议审议通过了《关于修改〈中华人民共和国专利法〉的决定》。修改后的《专利法》于 1993 年 1 月 1 日起施行。本次修改的主要内容为：

（1）延长了专利权的保护期限。将发明专利权期限由原来的 15 年延长至 20 年；将实用新型专利权和外观设计专利权由原来的 5 年加 3 年续展期延长至 10 年。

（2）修改了发明专利审查程序。将发明专利公布后、授权前的异议程序修改为授权后的撤销程序。

（3）扩大了专利保护的范围。将化学物质、药品、食品、饮料和调味品纳入专利保护的范围内。

（4）增加了专利侵权方式。增加了未经专利权人许可"进口其专利产品"侵犯其专利权的规定，并将方法专利的效力延及依照该方法直接获得的产品。

（5）增加了强制许可的条款。规定在国家出现紧急状况或者非常情况时或者为了公共利益的目的，可以强制许可实施发明、实用新型专利。

（6）强化了方法专利侵权人的举证责任。对于新方法专利，采取举证责任倒置的方式，由涉嫌侵权人承担举证自己所使用的方法不属于专利方法的责任。

3. 中国专利法的第二次修改

2000 年 8 月 25 日，第九届全国人民代表大会常务委员会第十七次会议审议通过了《关于修改〈中华人民共和国专利法〉的决定》。修改后的《专利法》于 2001 年 7 月 1 日起施行。本次修改的主要内容包括：

（1）明确了专利立法促进科技进步与创新的宗旨。在《专利法》第一条立法宗旨中将"促进科学技术的发展"修改为"促进科学技术进步和创新"，为推动建立"创新型"社会提供了依据。

（2）增加了专利侵权方式。增加了未经专利权人许可，对发明、实用新型专利采用"许诺销售"这一侵权行为方式。

（3）增加了实用新型、外观设计的确权程序中的救济权利。规定专利申请人对于国务院专利行政部门就实用新型或者外观设计专利申请作出的复审决定不服的，以及当事人对国务院专利行政部门就实用新型或者外观设计专利作出的无效宣告请求审查决定不服的，可以向法院起诉，寻求司法救济。

（4）简化了专利权的确权程序。取消授予专利权之后的撤销程序，仅保留授予专利权之后的无效宣告请求程序。

（5）增加了专利权人侵权纠纷中的举证责任。规定专利侵权纠纷涉及实用新型专利的，法院或者专利行政部门可以要求专利权人出具国家知识产权局作出的检索报告。

（6）与国际条约相协调，明确了通过PCT途径提交国际专利申请的法律依据等。

4. 中国专利法的第三次修改

2008年12月27日，第十一届全国人民代表大会常务委员会第六次会议审议通过了《关于修改〈中华人民共和国专利法〉的决定》。修改后的《专利法》于2009年10月1日起施行。本次修改的主要内容包括：

（1）修改了立法宗旨。修改了《专利法》第一条的立法宗旨，将"为了保护发明创造专利权"修改为"为了保护专利权人的合法权益"，明确了专利权的私权属性。

（2）完善了发明创造的定义。把原在《中华人民共和国专利法实施细则》（以下简称《专利法实施细则》）中关于发明、实用新型、外观设计的定义增加为《专利法》第二条的第二、三、四款。

（3）增加了保护我国遗传资源的有关规定。分别在《专利法》第五条、第二十六条中增加一款，对依赖遗传资源完成的发明创造是否授予专利权给予了明确的规定。

（4）强调禁止重复授权，并补充了例外情形。把原在《专利法实施细则》中关于禁止重复授权的规定增加到《专利法》第九条中，并规定了允许就同样的发明创造同时申请"发明"和"实用新型"这样的"双报"制度。

（5）完善了将在中国完成的发明创造向外国申请之前的保密审查制度。在《专利法》第二十条中明确了直接向外国申请专利之前，应当向国务院专利行政部门提出保密审查请求；私自向外国直接申请专利的，在中国不授予专利权。

（6）将新颖性的判断由过去采用的"相对新颖性"改为"绝对新颖性"，即构成抵触申请的主体包括专利申请人本人，从而提高了授予专利权的标准。

（7）增加了专利侵权方式。增加了未经专利权人许可，对外观设计专利采用"许诺销售"这一侵权行为方式。

（8）扩大了"不视为侵犯专利权"的范围。明确了平行进口行为不视为侵犯专利权，并且规定了Bolar例外属于不视为侵犯专利权的情形。

（9）增加了不侵权抗辩条款。明确了专利侵权纠纷中的现有技术/现有设计抗辩原则。

（10）不再区分"假冒他人专利"行为和"冒充专利"行为。将二者统一为"假冒专利"的行为，并强化了对假冒专利行为的处罚力度。

（11）取消国家知识产权局对涉外专利代理机构的行政许可。对于涉外专利事务，不再限于仅由国家知识产权局指定的专利代理机构，修改为"依法设立"的代理机构均有权承接。

5. 中国专利法的第四次修改

2020年10月17日，第十三届全国人民代表大会常务委员会第二十二次会议通过《关于修改〈中华人民共和国专利法〉的决定》。修改后的《专利法》自2021年6月1日起施行。本次修改涉及实质性内容修改的条文有25条，非实质性内容修改的条文有8条。

本次修改涉及实质性内容修改的条文包括对现有条文修改17条，新增条文7条，删除1条，具体主要包括：

（1）增加授权对象包括产品的局部外观设计。将外观设计保护的对象扩大到"产品的整体或者局部"，不再排除"不能单独出售且不能单独使用的局部设计"。

（2）明确单位对职务发明的处置权。第六条第一款增加了"该单位可以依法处置其职务发明创造申请专利的权利和专利权，促进相关发明创造的实施和运用"，即进一步明确了对于职务发明创造，单位拥有绝对的处置权。单位可以自主选择申请专利或者作为商业秘密进行保护。

（3）鼓励职务发明创造给予发明更多的受益方式。第十五条增加了第二款："国家鼓励被授予专利权的单位实行产权激励，采取股权、期权、分红等方式，使发明人或者设计人合理分享创新收益。"

（4）增加了帝王条款"诚实信用原则"。第二十条为增加条款，要求"申请专利和行使专利权应当遵循诚实信用原则。不得滥用专利权损害公共利益或者他人合法权益。滥用专利权，排除或者限制竞争，构成垄断行为的，依照《中华人民共和国反垄断法》处理"。

（5）增加了专利申请人享有宽限期的情形。在不丧失新颖性的公开条款中增加了"在国家出现紧急状态或者非常情况时，为公共利益目的首次公开的"这一情形。

（6）增加了外观设计可以要求本国优先权的规定。修改前只有发明、实用新型两种专利类型可以要求本国优先权，增加外观设计可以要求本国优先权的规定之后，与专利申请可以要求外国优先权的情形完全一致化。

（7）延长了发明、实用新型专利申请要求优先权时提交在先申请专利文件的副本的时间。将发明、实用新型专利申请提交在先申请文件副本的时间由原来的3个月延长为16个月，而外观设计专利申请提交在先申请文件副本的时间依然为3个月，未作改变。

（8）增加了不同专利的专利权保护期限。①延长了外观设计专利权的保护期限。将外观设计专利的保护期限由原来的10年延长至15年。②对于发明专利授权程序中的不合理延迟予以补偿，即自发明专利申请日起满4年，且自实质审查请求之日起满3年后授予发明专利权的，依据专利申请人的申请，国务院专利行政部门应就审查程序中的不合理延迟给予专利权期限补偿。③对于新药品专利，规定了为补偿新药上市审评审批占用的时间，对于在中国获得上市许可的新药相关发明专利，国务院专利行政部门应专利权人的请求给予专利权期限补偿。补偿期限不超过5年，新药批准上市后总有效专利权期限不超过14年。

（9）增加了"特别许可"方式。原第六章为"专利实施的强制许可"，现修改为"专利实施的特别许可"。修改后的第六章包含了原有的强制许可、指定许可（原规定在第一章中），并且新增加了"开放许可"的情形。为了促进专利的实施和运用，国务院专利行政部门和地方人民政府管理专利工作的部门为专利权人搭建了实施许可的平台。专利权人愿意开放许可其专利的，国家对许可期间的专利费予以减免。开放许可仅限于普通许可一种许可方式，且开放许可专利为实用新型、外观设计的，专利权人应当提供权利评价报告。开放许可期间产生纠纷的，当事人可以自主选择纠纷的解决方式。

（10）增加了权利评价报告作为证据使用时的主动提交情形。对于专利纠纷涉及实用新型、外观设计专利权的，专利权人、利害关系人或者被控侵权人也可以主动出具权利评价报告作为证据。该规定意味着被控侵权人在涉案专利没有权利评价报告的情况下，可以申请国家知识产权局出具权利评价报告。

（11）法律首次明确授予了国务院专利行政部门具有行政执法权。新增加的第七十条明确规定，国务院专利行政部门可以应专利权人或者利害关系人的请求处理在全国有重大影响的专利侵权纠纷。因此，今后的专利行政执法主体包括：①国务院专利行政部门；②地方人民政府管理专利工作的部门。

（12）扩大了行政执法的主体，加大了对假冒专利的行政处罚力度。①对于假冒专利进行行政执法的主体，由原来的"管理专利工作的部门"修改为"负责专利执法的部门"，既包括国家专利执法部门，也包括地方管理专利工作的部门，扩大了行政执法的主体。②对于假冒专利的处罚，有违法所得的，将罚款由4倍提高到了5倍；没有违法所得或者违法所得在5万元以下的，将罚款上限由20万元提高到了25万元。

（13）进一步明确了专利行政执法中依职权和依申请时分别可以采取的措施。对于管理专利工作的部门依申请处理专利侵权纠纷时，不得采用"查阅、复制与涉嫌违法行为有关的合同、发票、账簿以及其他有关资料"及"对有证据证明是假冒专利的产品，可以查封或者扣押"的措施。

（14）修改了赔偿数额的计算方式，增加了惩罚性赔偿条款。修改后的第七十一条中针对侵权赔偿数额的计算方式有了较大的改变。修改前对于侵权赔偿数额的计算具有顺序性规定，只有前者无法确定的，才可以采用后者。修改前规定的顺序为：①权利人因被侵权所受到的实际损失；②侵权人因侵权所获得的利益；③参照该专利许可使用费的合理倍数；④法定赔偿。修改后的侵权赔偿数额计算中将①权利人因被侵权所受到的实际损失、②侵权人因侵权所获得的利益两项并列为第一顺序，从而给予了专利权人更大的选择空间，有利于维护专利权人的利益，并且法定赔偿数额由原来的"一万元以上一百万元以下"提高为"三万元以上五百万元以下"。该法条中还增加了惩罚性条款，即对于故意侵权，情节严重的，可以把计算出的赔偿数额提高1倍以上5倍以下作为惩罚性赔偿数额。

（15）增加了诉前禁令的情形，删除了关于诉前禁令的程序性规定。对于诉前保全，增加了"妨碍专利权人实现权利"的行为保全和财产保全方式，因此诉前行为保全扩大为"责令作出一定行为或者禁止作出一定行为的措施"。新《专利法》第七十二条和第七十三条中均删除了有关诉前禁令的程序性规定，这样可以有效避免今后特殊法（如《专利法》）与一般法［如《中华人民共和国民事诉讼法》（以下简称《民事诉讼法》）］相冲突的情况发生。

（16）延长了专利纠纷诉讼的诉讼时效。新《专利法》第七十四条中关于诉讼时效的规定均由原来的2年修改为3年，实现了与《中华人民共和国民法典》（以下简称《民法典》）规定的一致性。

（17）增加了关于药品专利纠纷的早期解决机制。新《专利法》第七十六条规定了药品上市许可申请人在药品上市审评审批过程中与专利权人或者利害关系人发生专利纠纷的，既可以选择提起请求确认落入专利权保护范围之民事诉讼，也可以请求国务院专利行政部门进行行政裁决。但在此过程中，国务院专利行政部门与国务院药品监督管理部门如何对涉及专利纠纷的药品上市许可审批与药品上市许可申请程序的具体衔接办法，有待进一步联合出台相关规定，报国务院同意后实施。

（18）删除了对侵夺非职务发明创造相关权益责任人的处理办法。侵夺非职务发明创造相关权益的责任人，可能是行政机关工作人员，也可能是是专利代理机构等民事主体，因此非职务发明创造权利人可以通过行政诉讼或民事诉讼方式维护自己的权益，删除原规定中的"由所在单位或者上级主管机关给予行政处分"这一规定，更有利于维护非职务发明创造权利人的权益。

（19）扩大了处分的方式。新《专利法》第七十九条、第八十条中将行政执法机关和行政执法人员存在违法行为时的"行政处分"修改为"处分",删除"行政"二字,从而扩大了处分的方式,既包括行政处分,又包括纪律处分等。

本次修改涉及非实质性内容修改的条文包括:

(1)将不授予专利权的主题中增加"原子核变换方法"。新《专利法》第二十五条第一款第五项增加了不授予专利权的主题包括"原子核变换方法",属于将原规定在《专利审查指南》中的内容完善到法条中的情形。

(2)将"专利复审委员会"修改为"国务院专利行政部门"。该项修改属于与现有国家机构调整相适应的情形。

(3)将"指定许可"法条位置后移。将原第十四条对于"指定许可"的规定后移为第四十九条,作为"特别许可"的一种方式。

6. 相关法律法规的制定与完善

(1)《专利法实施细则》的相应修改。与《专利法》相配套的行政法规《专利法实施细则》由中华人民共和国国务院令第306号公布,自2001年7月1日起施行。之后,根据2002年12月28日《国务院关于修改〈中华人民共和国专利法实施细则〉的决定》进行了第一次修订,根据2010年1月9日《国务院关于修改〈中华人民共和国专利法实施细则〉的决定》进行了第二次修订。

为配合《专利法》的第四次修改,国家知识产权局开展了《专利法实施细则》修改准备工作。目前正在广泛征求社会各界意见中。

(2)《专利审查指南》的相应修改。伴随着《专利法》《专利法实施细则》的制定和修改,国家知识产权局制定了部门规章《专利审查指南》。

现行的《专利审查指南》自2010年2月1日起施行以来,先后进行了六次修改。分别为:

2013年10月进行的第一次修改,主要针对实用新型、外观设计专利申请的初步审查增加了对明显不具有新颖性的审查,尤其是对于明显抄袭现有技术或者重复提交内容明显实质相同的专利申请,要求审查员应当根据检索获得的对比文件或者其他途径获得的信息,审查实用新型、外观设计专利申请是否明显不具备新颖性。

2014年5月进行的第二次修改,主要修改内容是增加了外观设计中的图形用户界面(Graphical User Interface,GUI)设计可以作为授权的对象。

2017年4月进行的第三次修改,主要修改内容为无效宣告程序中,对无效宣告请求人补充理由、增加证据加以限制,对于专利权人修改权利要求书规定了更多方式,以有利于维持专利权人专利权的有效性。另外,对于包含技术特征的商业模式的权利要求和计算机软件的权利要求,不排除其授权的可能性。

2019年11月进行的第四次修改,主要修改内容包括细化了分案申请、再分案申请的相关规定;增加了在实质审查阶段审查员与申请人的交流沟通方式;完善了审查顺序,即在原有的一般审查顺序的基础上,补充了延迟审查、优先审查的相关规定。

2020年2月进行的第五次修改,主要修改内容为进一步完善了包含算法特征或商业规则和方法特征的发明专利申请审查相关规定,包括审查基准、审查示例以及说明书及权利要求书的撰写的具体规定。

《专利审查指南》的第六次修改是指2020年12月11日发布的国家知识产权局第391号对其的修改,主要修改内容集中在化学领域中药物发明审查程序中的实验数据的补充,化合物产品的新颖性及创造性的判断,以及涉及生物技术领域的发明专利申请的审查,这与

2020年突如其来的疫情对生物医药技术发展的渴求是分不开的，是对经济科技快速发展对审查规则的诉求的积极回应。

（3）相关立法解释、司法解释的不断制定和完善。

① 与管辖有关的立法解释、司法解释。2018年10月26日第十三届全国人民代表大会常务委员会第六次会议通过，自2019年1月1日起施行的《关于专利等知识产权案件诉讼程序若干问题的决定》指出，当事人对发明专利、实用新型专利、植物新品种、垄断等专业技术性较强的知识产权民事案件第一审判决、裁定不服，提起上诉的，由最高人民法院审理；当事人对专利、植物新品种、垄断等专业技术性较强的知识产权行政案件第一审判决、裁定不服，提起上诉的，由最高人民法院审理；适用审判监督程序的再审案件，由最高人民法院审理，最高人民法院也可以依法指令下级人民法院再审。

与该立法解释相应的司法解释为2018年12月3日由最高人民法院公布，自2019年1月1日起施行的《关于知识产权法庭若干问题的规定》。该规定表明，最高人民法院设立知识产权法庭，主要审理专利等专业技术性较强的知识产权上诉案件。知识产权法庭作出的判决、裁定、调解书和决定，是最高人民法院的判决、裁定、调解书和决定，作出即生效，不得提出上诉。

② 与专利侵权案件审理有关的司法解释。最高人民法院于2001年6月19日通过的《关于审理专利纠纷案件适用法律问题的若干规定》，分别于2013年2月、2015年1月及2020年12月进行了三次修正，现行该司法解释自2021年1月1日起施行。本次修改的主要内容在于扩大了人民法院的受案范围，增加了"专利纠纷诉前财产保全案件""因申请行为保全、财产保全损害责任纠纷案件""确认不侵害专利权纠纷案件""专利权宣告无效后返还费用纠纷案件""因恶意提起专利权诉讼损害责任纠纷案件""标准必要专利使用费纠纷案件""确认是否落入专利权保护范围纠纷案件"等。

最高人民法院于2009年12月28日发布的《关于审理侵犯专利权纠纷案件应用法律若干问题的解释》（以下简称《专利法》司法解释一），自2010年1月1日起施行。

最高人民法院于2016年1月25日通过的《关于审理侵犯专利权纠纷案件应用法律若干问题的解释（二）》（以下简称《专利法》司法解释二），于2020年12月进行了修正，修正后的该司法解释自2021年1月1日起施行。

《专利法》司法解释二的修改主要是为了适应《民法典》中法律条文号的变化以及将"专利复审委员会"修改为"国务院专利行政部门"，未涉及实质内容修改。

③ 与专利侵权案件诉前保全有关的司法解释。最高人民法院于2001年6月5日通过的《关于对诉前停止侵犯专利权行为适用法律问题的若干规定》已被废止。现行有效的关于诉前保全的司法解释为最高人民法院于2018年12月12日发布的《关于审查知识产权纠纷行为保全案件适用法律若干问题的规定》，该规定自2019年1月1日起施行。

涉及2020年《专利法》新增加的专利纠纷中的"财产保全"案件，相关规定应按照《民事诉讼法》及相关的司法解释处理。

④ 关于技术调查官参与知识产权诉讼的司法解释。2019年3月18日，最高人民法院公布了《关于技术调查官参与知识产权案件诉讼活动的若干规定》，自2019年5月1日起施行。该规定明确，人民法院审理专利、植物新品种、集成电路布图设计、技术秘密、计算机软件、垄断等专业技术性较强的知识产权案件时，可以指派技术调查官参与诉讼活动。技术调查官属于审判辅助人员。技术调查官提出的技术调查意见可以作为合议庭认定技术事实的参考，对案件裁判结果不具有表决权。

(二) 中国专利制度的主要特点

1. 诚实信用原则

《专利法》(A20)	
①	《专利法》第二十条第一款:"申请专利和行使专利权应当遵循诚实信用原则。不得滥用专利权损害公共利益或者他人合法权益。"
②	《专利法》第二十条第二款:"滥用专利权,排除或者限制竞争,构成垄断行为的,依照《中华人民共和国反垄断法》处理。"

诚实信用原则是我国法律中的"帝王条款",即无论是民事主体、行政主体还是司法主体,在从事民事行为、履行行政职责及审判职责时,均应当遵守诚实信用原则。

在专利法律制度中,违背诚实信用原则的情形包括:编造、伪造、抄袭、拼凑或者其他明显不正当专利申请行为;恶意诉讼,浪费社会公共资源等行为。

滥用专利权的情形包括:无理由不实施或不充分实施;拒绝他人以合理条件申请许可实施其专利,尤其是标准必要专利。

可能构成垄断的专利权人通常需具有市场支配地位,或者专利权人之间通过达成协议、进行经营者集中,从而具有市场支配地位。

垄断行为主要表现为在相关产品市场和技术市场上具有支配力的企业,与竞争者达成协议以垄断相关市场,或者实施或通过共谋实施了固定价格、强制性一揽子许可或排他性回授等滥用市场支配地位的行为,或者通过兼并与并购以获得市场优势,但实质上造成了排除、限制市场竞争的后果。

【例01-05】甲诉某专利的专利权人乙专利权权属纠纷一案正在审理中,在证据交换阶段乙觉得自己胜诉无望,随即向国家知识产权局提出撤回该专利的申请,乙的行为违背的原则是:(诚实信用原则)

【解析】诚实信用原则是针对当事人的心态而言的,它包含两层含义:①遵约守信;②与人为善。

(1) 非正常专利申请行为。国家知识产权局发布的《关于规范专利申请行为的办法》中明确规定,非正常申请专利行为是指任何单位或者个人,不以保护创新为目的,不以真实发明创造活动为基础,为牟取不正当利益或者虚构创新业绩、服务绩效,单独或者勾联提交各类专利申请、代理专利申请、转让专利申请权或者专利权等行为。非正常专利行为包括:

① 同时或者先后提交发明创造内容明显相同或者实质上由不同发明创造特征或要素简单组合变化而形成的多件专利申请的;

② 所提交专利申请存在编造、伪造或变造发明创造内容、实验数据或技术效果,或者抄袭、简单替换、拼凑现有技术或现有设计等类似情况的;

③ 所提交专利申请的发明创造与申请人、发明人实际研发能力及资源条件明显不符的;

④ 所提交多件专利申请的发明创造内容系主要利用计算机程序或者其他技术随机生成的;

⑤ 所提交专利申请的发明创造系为规避可专利性审查目的而故意形成的明显不符合技术改进或设计常理,或者无实际保护价值的变劣、堆砌、非必要缩限保护范围的发明创造,或者无任何检索和审查意义的内容;

⑥ 为逃避打击非正常申请专利行为监管措施而将实质上与特定单位、个人或地址关联

的多件专利申请分散、先后或异地提交的;

⑦ 不以实施专利技术、设计或其他正当目的倒买倒卖专利申请权或专利权,或者虚假变更发明人、设计人的;

⑧ 专利代理机构、专利代理师,或者其他机构或个人,代理、诱导、教唆、帮助他人或者与之合谋实施各类非正常申请专利行为的;

⑨ 违反诚实信用原则、扰乱正常专利工作秩序的其他非正常申请专利行为及相关行为。

(2) 对非正常专利申请的行为的惩戒。对非正常申请专利的行为,国务院专利行政部门除依据专利法及其实施细则的规定对提交的专利申请进行处理之外,对行为人还可以视情节采取下列处理措施:

① 对于被认定的非正常专利申请,国家知识产权局可以视情节不予减缴专利费用;已经减缴的,要求补缴已经减缴的费用。对于屡犯等情节严重的申请人,自认定非正常申请专利行为之日起五年内对其专利申请不予减缴专利费用。

② 对于实施非正常申请专利行为的专利代理机构或者专利代理师,由中华全国专利代理师协会采取自律措施,对于屡犯等情节严重的,由国家知识产权局或者管理专利工作的部门依法依规进行处罚。

【例01-06】同一单位或者个人提交多件实验数据或者技术效果明显编造的专利申请,属于非正常申请专利的行为。(√)

【解析】我国建立专利制度,保护的是真正的发明创造。明显编造的专利申请,既违背诚实信用原则,也属于非正常申请的欺骗行为,应当受到相应的处罚。

2. 先申请原则

《专利法》(A9)	
①	《专利法》第九条第二款:"两个以上的申请人分别就同样的发明创造申请专利的,专利权授予最先申请的人。"

与"先申请制"相对应的是"先发明制"。我国采用的是先申请原则。

同样的发明创造只能授予一项专利权,两个以上的申请人,不是同日申请的,专利权授予最先申请的人;同日申请的,则应当在收到国家知识产权局的通知后,协商确定申请人;协商不成的,均予以驳回。这与是谁先发明的无关。

【例01-07】甲于2020年7月1日完成了某项发明创造,并于7月4日通过电子申请向国家知识产权局递交了专利申请。乙于2020年6月1日完成了同样的发明创造,并于7月5日上午通过邮政快递寄出了专利申请,国家知识产权局于2020年7月6日收到该申请。如果甲、乙二人的申请均符合其他授予专利权的条件,则专利权应当授予:(甲)

【解析】甲的专利申请日为2020年7月4日;乙的专利申请日为2020年7月5日,虽然乙完成发明创造的日期早于甲,但申请日比甲晚,因此在甲、乙的申请均满足授权条件下,专利权授予最先申请的人,即甲将获得专利权。

3. 三种专利类型

《专利法》(A2.1)	
①	《专利法》第二条第一款:"本法所称的发明创造是指发明、实用新型和外观设计。"

【例 01-08】各国专利制度均涵盖发明、实用新型和外观设计三种类型的专利。（×）

【解析】我国一部专利法包含三种专利类型，这是我国专利制度的特点。但是，并不是世界上所有国家都是如此。例如。美国专利包括三种不同的专利类型：发明专利、外观设计与植物专利。欧盟专利只有发明专利和外观设计专利两种类型。

4. 三种专利的审查制度

我国对于发明、实用新型、外观设计三种专利类型，采用不同的审查制度。

（1）对于发明专利申请采用实质审查制。我国专利制度规定了对发明专利申请采用实质审查制。对于通过初步审查的发明专利申请，满 18 个月即行公布；自申请日起 3 年内，申请人请求进行实质审查的，专利审查部门对专利申请的可专利性进行审查，没有发现驳回理由的，授予专利权。

【例 01-09】发明专利申请经初步审查合格，自申请日起满 18 个月公告授权。（×）

【解析】发明专利申请初步审查合格后，自申请日起满 18 个月即行公布；自申请日起 3 年内，申请人提出实质审查请求的，经过实质审查没有发现驳回理由的，公告授予专利权。

（2）对于实用新型、外观设计专利申请采用初步审查制。我国专利制度规定了对于实用新型、外观设计专利申请进行初步审查制，即国务院专利行政部门对于受理的实用新型、外观设计专利申请进行形式性审查，审查其专利申请文件是否符合格式要求，审查其是否存在明显驳回条件，不审查其是否具有"创造性"，但对于是否明显不具有"新颖性"进行审查，尤其是当审查员根据已有的经验和信息认为专利申请涉嫌"非正常申请专利"的，将通过检索等方式确认其存在的问题，要求申请人进行答复。对于不答复或者答复不能克服缺陷的，将驳回该专利申请。

采用初步审查制的专利权，由于授权前未对其实质性授权条件进行审查，因此缺乏稳定性。我国专利法规定了权利评价报告制度。权利评价报告中，将对专利权的可专利性进行全面检索、分析和评价，作为专利管理行政部门、人民法院审理、处理专利侵权纠纷的证据。

【例 01-10】实用新型专利申请经实质审查没有发现驳回理由的，由国家知识产权局作出授予实用新型专利权的决定。（×）

【解析】实用新型专利申请经过初步审查没有发现驳回理由的，由国家知识产权局作出授予实用新型专利权的决定。发明专利申请经过实质审查没有发现驳回理由的，由国家知识产权局作出授予发明专利权的决定。

5. 行政执法与司法保护双轨制

我国对专利保护存在行政执法与司法保护"双轨制"。这种"双轨制"保护模式的独特之处在于，专利保护不仅可以像一般民事侵权一样采用民事诉讼这一司法救济方式，还可以请求负责专利执法的部门通过行政方式寻求救济。

我国专利保护采用的"双轨制"，即专利侵权纠纷发生后，权利人既可以请求有关行政主管机关处理，也可以直接向有管辖权的人民法院起诉。专利行政保护有及时性、灵活性等特点，并且行政机关不收取任何费用，是打击侵权的关键环节。但专利纠纷的处理方式通常为要求涉嫌侵权人"停止侵权"，对于侵权赔偿仅可以根据双方当事人的要求进行调解。调解不成的，双方当事人仍然需要通过诉讼的方式解决。

【例 01-11】张某、李某二人因专利侵权产生了纠纷，他们可以选择解决的途径包括：（两人自行协商、请求专利执法部门处理、向人民法院起诉）

【解析】对于专利侵权纠纷，双方当事人均为民事主体，因此可以自行协商解决。此外，还可以由法律赋予其权力的行政机关处理，也可以不经过行政机关的处理，直接向人民法院起诉。

（三）中国专利制度行政与司法机构

1. 中国专利制度行政部门的设置

在我国，最高行政机关为国务院。国务院专利行政部门是我国负责专利审查、授予专利权的唯一机关。对于其他专利事务的处理，如专利执法、纠纷调解与处理等，则由负责全国的专利执法部门和负责地方的管理专利工作的部门行使职权。

我国专利制度下的行政部门设置以及国家知识产权局负责专利事务处理的部分分别如图1-3、图1-4所示。

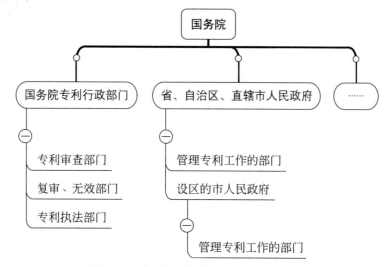

图 1-3 我国专利制度下的行政部门设置

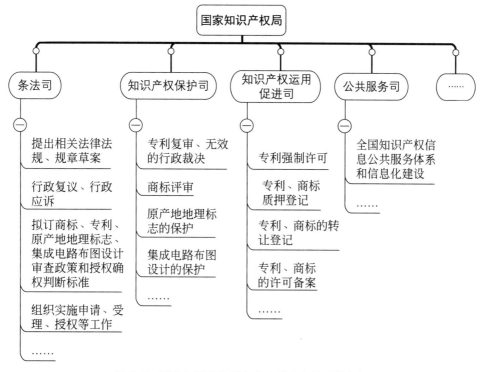

图 1-4 国家知识产权局负责专利事务处理的部门

2. 国务院专利行政部门及其主要职能

(1) 主要职责

《专利法》(A3.1、A21、A70.1)	
①	《专利法》第三条第一款:"国务院专利行政部门负责管理全国的专利工作;统一受理和审查专利申请,依法授予专利权。"
②	《专利法》第二十一条第二款:"国务院专利行政部门应当加强专利信息公共服务体系建设,完整、准确、及时发布专利信息,提供专利基础数据,定期出版专利公报,促进专利信息传播与利用。"
③	《专利法》第七十条第一款:"国务院专利行政部门可以应专利权人或者利害关系人的请求处理在全国有重大影响的专利侵权纠纷。"
④	《专利法》第二十一条第一款:"国务院专利行政部门应当按照客观、公正、准确、及时的要求,依法处理有关专利的申请和请求。"
⑤	《专利法》第二十一条第三款:"在专利申请公布或者公告前,国务院专利行政部门的工作人员及有关人员对其内容负有保密责任。"

《专利法》的相关规定明确了国务院专利行政部门的相应职责,具体包括:

① 专利申请的受理、审查与授权。该项职责由国家知识产权局条法司承担。

② 专利的复审、无效裁决。该项职责由国家知识产权局知识产权保护司承担。

③ 专利强制许可的受理、审查与裁决;专利质押、转让登记及许可备案。该项职责由国家知识产权局知识产权运用促进司承担。

④ 专利执法工作。2020年《专利法》赋予了国家知识产权局行政执法权,可以依申请处理在全国有重大影响的专利侵权纠纷,并承担对处理专利侵权纠纷、查处假冒专利行为、调解专利纠纷进行业务指导的职责。

具有下列情形之一的,属于《专利法》所称的有重大影响的专利侵权纠纷:其一,涉及公共利益的;其二,影响行业发展的;其三,跨区域的重大案件;其四,其他国务院专利行政部门认为应当由其作出行政裁决的。专利权人或者利害关系人向国务院专利行政部门请求处理专利侵权纠纷,相关案件未达到重大影响的,国务院专利行政部门可以指定有管辖权的地方管理专利工作的部门办理。

⑤ 行政复议、行政应诉。根据案由的不同,该项职责由国家知识产权局条法司、知识产权保护司承担。

⑥ 专利信息公共服务体系和信息化建设。2020年《专利法》强调了专利信息的利用,要求国家知识产权局加强专利信息公共服务体系建设,促进专利信息传播与利用。该项职责由国家知识产权局公共服务司承担。

⑦ 国务院专利行政部门负责全国的专利代理管理工作,依法对专利代理行业组织进行监督、指导。

【例01-12】在我国,仅省、自治区、直辖市人民政府设立的管理专利工作的部门具有专利执法权。(×)

【解析】具有专利执法权的,不仅有省、自治区、直辖市人民政府设立的管理专利工作的部门,还包括专利管理工作量大又有实际处理能力的设区的市以上地方人民政府设立的管理专利工作的部门,以及国务院专利行政部门中的专利执法人员。

(2) 专利代办处。国家知识产权局在全国 30 多个城市设立了专利代办处。专利代办处是国家知识产权局专利局在外的专利业务派出机构,主要承担国家知识产权局专利局授权或委托的专利业务及相关服务性工作。其主要业务包括专利申请受理、费用减缴备案审批、专利费用收缴、专利实施许可合同备案、专利权质押登记等业务,以及与专利业务相关的咨询服务等。

(3) 职业规范及责任。国务院专利行政部门应当按照客观、公正、准确、及时的要求,依法处理有关专利的申请和请求。在专利申请公布或者公告前,国务院专利行政部门的工作人员及有关人员对其内容负有保密责任。

3. 国防专利机构及其主要职能

专利申请涉及国防利益需要保密的,由国防专利机构受理并进行审查;国务院专利行政部门受理的专利申请涉及国防利益需要保密的,应当及时移交国防专利机构进行审查。经国防专利机构审查没有发现驳回理由的,由国务院专利行政部门作出授予国防专利权的决定。

国防专利机构设立国防国务院专利行政部门,负责国防专利的复审和无效工作。

【例01-13】专利申请涉及国防利益需要保密的,经国防专利机构审查没有发现驳回理由的,由国防专利机构作出授予国防专利权的决定。(×)

【解析】国防专利由国防专利机构进行审查。符合授权条件的,由国务院专利行政部门授权,委托国防专利机构将专利证书发放给专利权人。

4. 地方管理专利工作的部门及其主要职能

	《专利法》(A3.2、A70.2)
①	《专利法》第三条第二款:"省、自治区、直辖市人民政府管理专利工作的部门负责本行政区域内的专利管理工作。"
②	《专利法》第七十条第二款:"地方人民政府管理专利工作的部门应专利权人或者利害关系人请求处理专利侵权纠纷,对在本行政区域内侵犯其同一专利权的案件可以合并处理;对跨区域侵犯其同一专利权的案件可以请求上级地方人民政府管理专利工作的部门处理。"

管理专利工作的部门是指由省、自治区、直辖市人民政府,以及专利管理工作量大又有实际处理能力的设区的市以上地方人民政府设立的管理专利工作的部门。

地方人民政府管理专利工作的部门负责本行政区域内的专利管理工作,具有行政执法权。其可以依申请处理和调解专利侵权纠纷;依职权或者依申请对假冒专利行为进行查处。

地方人民政府管理专利工作的部门应专利权人或者利害关系人请求处理专利侵权纠纷,对在本行政区域内侵犯其同一专利权的案件可以合并处理;对跨区域侵犯其同一专利权的案件可以请求上级地方人民政府管理专利工作的部门处理。省、自治区、直辖市人民政府管理专利工作的部门负责本行政区域内的专利代理管理工作。

【例01-14】县级人民政府设立的管理专利工作的部门具有依法处理侵犯专利权纠纷的职能。(×)

【解析】具有依法处理专利侵权纠纷职能的地方管理专利工作的部门需为设区的市以上的地方人民政府设立的。

5. 审理专利案件的人民法院及其管辖权

当前,专利纠纷第一审案件的管辖法院包括:

（1）最高人民法院确定的中级人民法院和基层人民法院。根据专利案件的专业性较强，以及部分地区专利纠纷案件密集的特点，最高人民法院确定了部分中级人民法院和基层人民法院对专利侵权案件具有管辖权。

（2）知识产权法院。2014年8月31日，全国人民代表大会常务委员会通过了《关于在北京、上海、广州设立知识产权法院的决定》。2020年12月26日，第十三届全国人民代表大会常务委员会第二十四次会议审议通过了《关于设立海南自由贸易港知识产权法院的决定》。

知识产权法院对专利纠纷案件实行跨区域管辖。知识产权法院管辖有关专利的第一审知识产权民事和行政案件。知识产权法院第一审判决、裁定的上诉案件，由知识产权法院所在地的高级人民法院审理。

（3）最高人民法院设立的知识产权法庭。2018年12月3日由最高人民法院审判委员会通过的《关于知识产权法庭若干问题的规定》决定，最高人民法院设立知识产权法庭，主要审理专利等专业技术性较强的知识产权上诉案件。知识产权法庭管辖的一审案件包括：

① 全国范围内重大、复杂的发明专利、实用新型专利纠纷民事案件；

② 全国范围内重大、复杂的发明专利、实用新型专利、外观设计专利纠纷行政案件。

【例 01-15】确认不侵害专利权纠纷案件不属于人民法院的受案范围。（×）

【解析】2020年12月修正、2021年1月1日起施行的最高人民法院《关于审理专利纠纷案件适用法律问题的若干规定》中增加了人民法院的受案范围，包括"确认不侵害专利权纠纷案件""标准必要专利使用费纠纷案件"等。

第二节 申请专利的权利和专利权的归属

本节知识要点

本节主要介绍了专利制度中的相关概念，包括发明人或设计人、申请人、专利权人及共有权利的行使；在权利的归属部分介绍了职务发明创造、合作发明创造和委托发明创造的专利申请权的归属内容。本节主要内容如图1-5所示。

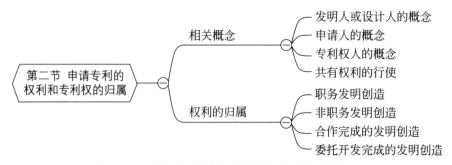

图1-5 申请专利的权利和权利权的归属的主要内容

一、相关概念

（一）发明人或设计人的概念

《专利法》(A16.1)	
①	《专利法》第十六条第一款："发明人或者设计人有权在专利文件中写明自己是发明人或者设计人。"

1. 发明人或设计人的定义

在发明或者实用新型专利申请中，完成发明创造的自然人为发明人。在外观设计专利申请中，完成新设计的自然人为设计人。

一件专利申请中，发明人或者设计人可以是一人，也可以是多人。

2. 发明人或设计人的判断规则

（1）发明人或者设计人的确认。发明人或者设计人是指对发明创造的实质性特点作出创造性贡献的人。

在完成发明创造过程中，只负责组织工作的人、为物质技术条件的利用提供方便的人、从事其他辅助工作的人，不是发明人或者设计人。

只有为发明创造作出实际贡献的人才是发明人或设计人，其他人，如提供资金、场地、辅助服务的人，发明人所在单位的管理者等不是发明人或设计人。

委托开发、合作开发中完成的发明创造申请专利的，无论是否约定专利申请权的归属，发明人或者设计人均应当是在该发明创造中作出实际贡献的人。

【例 01-16】在完成发明创造的过程中，只负责管理和维护实验设备的人员可以作为共同发明人或者设计人。（×）

【解析】判断能否成为发明人或者设计人，要看其是否为发明创造本身作出贡献，即判断其是否从技术角度为专利申请涉及的新的技术方案或新设计作出了贡献。

（2）发明人或者设计人的主体身份。对于一个自然人，能否成为发明人、设计人不要求其具有民事行为能力。发明人或设计人必须是自然人，不能是单位、组织、团队。

【例 01-17】正在监狱服刑的罪犯可以作为专利法规定的发明人或者设计人。（√）

【解析】发明人或设计人的主体身份要求是自然人。正在服刑的罪犯是自然人，因此可以作为发明人或者设计人。

3. 发明人或设计人的署名权

（1）发明人或者设计人拥有署名权。发明人或者设计人有权在专利文件中写明自己是发明人或者设计人。

（2）发明人或者设计人可以要求不公布其姓名。发明人或设计人有权请求国务院专利行政部门不公布其姓名。发明人或者设计人提出不公布其姓名请求的时机：

① 提出专利申请时。在申请人提出专利申请时，应当在请求书"发明人"一栏所填写的相应发明人后面注明"（不公布姓名）"。

② 提出专利申请后。在提出专利申请后，发明人或者设计人请求不公布其姓名的，应当提交由其签字或者盖章的书面声明。但是，在专利申请进入公布准备程序后才提出该请求

的,视为未提出。

不公布姓名的请求提出之后,经审查认为符合规定的,国务院专利行政部门在专利公报、专利申请单行本、专利单行本以及专利证书中均不公布其姓名,并在相应位置注明"请求不公布姓名"字样,发明人也不得再请求重新公布其姓名。

【例01-18】 李某不公布其姓名的请求被批准后,专利局在专利公报、专利单行本中不公布其姓名,但在专利证书中公布其姓名。(×)

【解析】 在发明人或者设计人提出不公布其姓名的申请被国务院专利行政部门批准后,在专利公报、专利申请单行本、专利单行本以及专利证书中均不公布其姓名。

(二) 申请人的概念

	《专利法》(A17、A18.1、A18.2)
①	《专利法》第十七条:"在中国没有经常居所或者营业所的外国人、外国企业或者外国其他组织在中国申请专利的,依照其所属国同中国签订的协议或者共同参加的国际条约,或者依照互惠原则,根据本法办理。"
②	《专利法》第十八条第一款:"在中国没有经常居所或者营业所的外国人、外国企业或者外国其他组织在中国申请专利和办理其他专利事务的,应当委托依法设立的专利代理机构办理。"
③	《专利法》第十八条第二款:"中国单位或者个人在国内申请专利和办理其他专利事务的,可以委托依法设立的专利代理机构办理。"

1. 中国内地申请人

中国公民是指具有中华人民共和国国籍的人。中国企业或组织是指在中国内地发起设立或者被批准设立的企业或组织。

中国内地公民、企业或组织在中国办理专利事务,可以自行办理,也可以委托专利代理机构代为办理。

2. 中国港澳台申请人

申请人来自中国香港、澳门、台湾的,有权利向国家知识产权局提出专利申请或者办理其他专利事务,但能否自行办理,取决于其在内地(大陆)是否有固定居所或营业所。

(1) 在中国内地(大陆)有经常居所或者营业所的,可以自行办理专利事务,也可以委托依法在中国内地(大陆)设立的专利代理机构办理。

(2) 在中国内地(大陆)没有经常居所或者营业所的,不能自行办理,必须委托依法在中国内地(大陆)设立的专利代理机构办理。

3. 外国申请人

外国申请人包括外国人、外国企业或者外国组织。外国申请人是否有权向中国国家知识产权局提出专利申请或者办理其他专利事务,存在下列三种情形:

(1) 是否有资格在中国提出专利申请。对于在中国内地没有经常居所或营业所的外国人、外国企业或外国其他组织,其所属国应当满足下列条件之一,才具有在中国申请专利的资格:

① 所属国家与中国签订有相互给予对方国民以专利保护的协议;

② 所属国家是巴黎公约成员国或者世界贸易组织成员；
③ 所属国家依互惠原则给外国人以专利保护。

（2）有权在中国提出专利申请，但在中国内地没有固定居所或者营业所的。有权在中国提出专利申请，但在中国内地没有固定居所或者营业所的申请人，向国家知识产权局提出专利申请或者办理其他专利事务的，不能自行办理，必须委托依法在中国内地设立的专利代理机构办理。

（3）有权在中国提出专利申请，且在中国内地有固定居所或者营业所的。有权在中国提出专利申请，且在中国内地有固定居所或者营业所的申请人，根据国民待遇原则，向国家知识产权局提出专利申请或者办理其他专利事务的，可以自行办理，也可以委托依法在中国内地设立的专利代理机构办理。

4. 共同申请人

共同申请人是指两个或两个以上共同申请专利的人。

专利申请中的共同申请人，对专利申请权共同享有，因此对于专利申请权的处置，如提出专利申请、撤回专利申请、转让专利申请权、委托专利代理机构、提出复审等，需全体共有人同意。但对于是否申请提前公布发明专利申请、是否申请行政复议等，部分共有人可以单独行使。

专利申请的共同申请人，在专利授权后，为共同专利权人。

两个或两个以上的申请人在同一日期分别就同样的发明创造向国家知识产权局提出专利申请的，可以经过协商作为共同申请人申请该专利。

5. 申请专利的权利

（1）职务发明创造申请专利的权利。职务发明创造申请专利的权利属于发明人或者设计师所在的单位。该单位可以依法处置其职务发明创造申请专利的权利。企业有权利选择就职务发明创造申请专利或者不申请专利，任何人不得干涉。

职务发明创造的发明人或者设计人不得就发明创造是否申请专利请求专利行政部门处理或者向人民法院起诉。

（2）非职务发明创造申请专利的权利。非职务发明创造申请专利的权利归发明人或者设计人所有。任何人不得阻止其申请专利，也不得强迫其申请专利。

6. 不同种类申请人的法律适用及其区别

专利申请人可以分为以下三种类型：

（1）属于非强制委托对象的专利申请人，包括：
① 中国内地申请人。
② 在中国内地有固定居所或营业所的港、澳、台单位或个人。
③ 在中国内地有固定居所或营业所的外国人、外国企业或者外国组织。

（2）属于强制委托对象的专利申请人。包括：①在中国内地没有固定居所或营业所的港、澳、台单位或个人；②在中国内地有固定居所或营业所的外国人、外国企业或者外国组织。

（3）属于在我国没有资格办理专利事务的。在中国没有经常居所或者营业所的外国人、外国企业或外国其他组织下列条件均不具备：
① 其所属国同中国没有签订国家间的相互认可的协议；
② 其所属国同中国没有共同参加的国际条约；

③ 其所属国同中国没有可以依据的互惠原则。

针对不同类型的专利申请人，法律适用如下。

（1）属于非强制委托对象的专利申请人。属于非强制委托对象的专利申请人，在中国申请专利或者办理其他专利事务的，可以自行办理，也可以委托依法在中国内地设立的专利代理机构办理。

（2）属于强制委托对象的专利申请人。属于强制委托对象的专利申请人，在中国申请专利或者办理其他专利事务的，应当委托依法在中国内地设立的专利代理机构办理，不得自行办理。

（3）多个申请人共同申请专利的。第一署名人为非强制委托对象，在中国申请专利或者办理其他专利事务的，可以自行办理，也可以委托依法在中国内地设立的专利代理机构办理。第一署名人为强制委托对象，在中国申请专利或者办理其他专利事务的，应当委托依法在中国内地设立的专利代理机构办理，不得自行办理。

（三）专利权人的概念

专利权人是享有专利权的主体，为专利权所有人。专利权人包括原始取得专利权的原始主体和继受取得专利权的继受主体。专利权人享有法律所赋予的权利和承担法律所规定的义务。

1. 专利权的原始取得

申请专利的权利的原始取得分为下列四种情形：

（1）自然人：因非职务发明创造而原始取得。

（2）单位或组织：因职务发明创造而原始取得。

（3）合作开发中的共同开发者：因合作开发中的发明创造而原始取得。

（4）委托开发中的被委托方：因接受委托实施技术开发中的发明创造而原始取得。

2. 专利权的继受取得

申请专利的权利的继受取得分为下列三种情形：

（1）转让：因在先申请人的转让而取得。

（2）继承：因继承在先权利人的申请权而取得。

（3）赠与：因在先申请人的赠与而取得。

（四）共有权利的行使

《专利法》(A14)	
①	《专利法》第十四条第一款："专利申请权或者专利权的共有人对权利的行使有约定的，从其约定。没有约定的，共有人可以单独实施或者以普通许可方式许可他人实施该专利；许可他人实施该专利的，收取的使用费应当在共有人之间分配。"
②	《专利法》第十四条第二款："除前款规定的情形外，行使共有的专利申请权或者专利权应当取得全体共有人的同意。"

共同权利人对专利申请权或者专利权的行使有约定的，从其约定；没有约定的，部分共有人单独行使共有权利时，以不影响其他共有人的利益，或者有助于增加其他共有人的利益为前提。

1. 法律法规规定可以由部分权利人行使的

该种情形包括：

(1) 单独实施其专利。
(2) 普通许可的方式许可他人实施其专利。
(3) 请求作出权利评价报告。
(4) 申请行政复议。
(5) 提起民事诉讼。
(6) 提起行政诉讼等。

2. 必须由全体共有人签字或盖章同意才能行使的

该种情形包括：

(1) 提出/撤回专利申请。
(2) 委托专利代理机构。
(3) 转让专利申请权。
(4) 转让专利权。
(5) 要求/转让/撤回优先权。
(6) 请求享有宽限期。
(7) 放弃专利权。
(8) 排他或独占许可实施专利权。
(9) 专利权质押。
(10) 请求复审。
(11) 请求宣告自己的专利权全部无效等。

二、权利的归属

（一）职务发明创造

《专利法》(A6.1、A6.3)	
①	《专利法》第六条第一款："执行本单位的任务或者主要是利用本单位的物质技术条件所完成的发明创造为职务发明创造。职务发明创造申请专利的权利属于该单位，申请被批准后，该单位为专利权人。该单位可以依法处置其职务发明创造申请专利的权利和专利权，促进相关发明创造的实施和运用。"
②	《专利法》第六条第三款："利用本单位的物质技术条件所完成的发明创造，单位与发明人或者设计人订有合同，对申请专利的权利和专利权的归属作出约定的，从其约定。"

1. 职务发明创造的概念

在执行本单位的任务或者主要是利用本单位的物质技术条件所完成的发明创造为职务发明创造。

利用本单位的物质技术条件所完成的发明创造，单位与发明人或者设计人之间可以签订合同进行约定，申请专利的权利和专利权属于该单位的，为职务发明创造；属于发明人或者设计人个人的，为非职务发明创造。

2. 职务发明创造的判断

根据专利法的规定，职务发明创造应当具备的条件为：

（1）发明创造产生的基础是"执行本单位的任务"或者"利用本单位的物质技术条件"。

这里的"执行本单位的任务"包括：①在本职工作中作出的发明创造；②履行本单位交付的本职工作之外的任务所作出的发明创造；③退休、调离原单位后或者劳动、人事关系终止后一年内作出的，与其在原单位承担的本职工作或者原单位分配的任务有关的发明创造。

"利用本单位的物质技术条件"包括利用本单位的资金、设备、零部件、原材料或者不对外公开的技术资料等。

(2) 完成发明创造的人是"本单位"的工作人员。这里的"本单位"包括签订有正式劳动合同的工作单位和临时的工作单位,"本单位"的工作人员包括借调、退休返聘、临时组成的项目组成员等。

3. 职务发明创造申请专利的权利及所取得的专利权的归属

(1) 专利申请权。"执行本单位的任务"时完成的发明创造专利申请的权利归该单位,不能进行约定。"利用本单位的物质技术条件"完成的发明创造,专利申请的权利可以通过签订合同进行约定。约定归该单位的,该单位可以提出专利申请;约定归完成发明创造的工作人员的,该工作人员有权提出专利申请。

(2) 所取得的专利权的归属。职务发明创造申请专利的权利属于单位的,该单位提出专利申请并被授予专利权的,该单位为专利权人。对于利用本单位的物质技术条件产生的发明创造,约定专利申请的权利属于发明人或者设计人的,专利申请被批准后,该发明人或者设计人为专利权人。

(3) 申请专利的权利。职务发明创造属于单位的,该单位对该发明创造拥有自主的处置权。该单位有权决定是否申请专利的权利。单位享有申请专利、作为技术秘密保护或者直接予以公开(如公开发表、公开宣传)的权利。

4. 职务发明创造的发明人或设计人获得奖酬的权利及相关规定

《专利法》(A15)	
①	《专利法》第十五条第一款:"被授予专利权的单位应当对职务发明创造的发明人或者设计人给予奖励;发明创造专利实施后,根据其推广应用的范围和取得的经济效益,对发明人或者设计人给予合理的报酬。"
②	《专利法》第十五条第二款:"国家鼓励被授予专利权的单位实行产权激励,采取股权、期权、分红等方式,使发明人或者设计人合理分享创新收益。"

(1) 职务发明创造的发明人、设计人有权获得奖励。

① 约定优先。被授予专利权的单位可以与发明人、设计人约定或者在其依法制定的规章制度中规定 A15 规定的奖励方式和数额。

② 没有约定的。被授予专利权的单位,应当自专利权公告之日起三个月内发给发明人、设计人奖金。一项发明专利的奖金最低不少于 3000 元;一项实用新型专利或者外观设计专利的奖金最低不少于 1000 元。

由于发明人、设计人的建议被其所属单位采纳而完成的发明创造,被授予专利权的单位应当从优发给奖金。

企业、事业单位给予发明人、设计人的奖励、报酬,按照国家有关财务、会计制度的规定进行处理。

(2) 职务发明创造的发明人或者设计人有权获得报酬。发明创造被授予专利权并实施后,专利权人应当根据其推广应用的范围和取得的经济效益,对发明人、设计人给予合理的报酬。发放报酬的数额:

① 约定优先。被授予专利权的单位可以与发明人、设计人约定或者在其依法制定的规章制度中规定 A15 规定的报酬的方式和数额。

② 没有约定的。被授予专利权的单位，在专利权有效期限内，自行实施发明创造专利后，每年应当从实施该项发明或者实用新型专利的营业利润中提取不低于2%或者从实施该项外观设计专利的营业利润中提取不低于0.2%，作为报酬给予发明人或者设计人，或者参照上述比例，给予发明人或者设计人一次性报酬；被授予专利权的单位许可其他单位或者个人实施其专利的，应当从收取的使用费中提取不低于10%，作为报酬给予发明人、设计人。

（3）国家鼓励灵活激励方式。职务发明创造的单位对职务发明创造申请专利的权利和专利权可以依法处置，实行产权激励，采取股权、期权、分红等方式，使发明人或者设计人合理分享创新收益，促进相关发明创造的实施和运用。

（4）奖励、报酬纠纷。发放职务发明创造奖励、报酬的义务人不依照约定或者依照法律规定向发明人、设计人支付奖励、报酬的，则发明人、设计人享有请求权，有权请求管理专利工作的部门对由此产生的纠纷进行处理，也有权直接向人民法院提起诉讼。

（二）非职务发明创造

	《专利法》(A6.2、A7)
①	《专利法》第六条第二款："非职务发明创造，申请专利的权利属于发明人或者设计人；申请被批准后，该发明人或者设计人为专利权人。"
②	《专利法》第七条："对发明人或者设计人的非职务发明创造专利申请，任何单位或者个人不得压制。"

1. 非职务发明创造的概念

不属于职务发明创造，所有其他的发明创造则属于非职务发明创造。对发明人或者设计人的非职务发明创造，发明人或者设计人有权利决定是否进行专利申请，任何单位或者个人不得压制其专利申请行为，也不得强迫其申请专利。

2. 非职务发明创造的判断

非职务发明创造包括：
（1）发明人或者设计人自行完成的发明创造；
（2）利用所在单位的物质技术条件完成的发明创造，通过与所在单位进行合同约定归属于发明人或者设计人的。

3. 非职务发明创造申请专利的权利及所取得的专利权的归属

非职务发明创造，申请专利的权利属于发明人或者设计人；申请被批准后，该发明人或者设计人为专利权人。即对于非职务发明创造，发明人或者设计人与专利申请人、专利权人是一致的。

（三）合作完成的发明创造

	《专利法》(A8)
①	《专利法》第八条："两个以上单位或者个人合作完成的发明创造、一个单位或者个人接受其他单位或者个人委托所完成的发明创造，除另有协议的以外，申请专利的权利属于完成或者共同完成的单位或者个人；申请被批准后，申请的单位或者个人为专利权人。"

1. 合作完成的发明创造的概念

两个以上单位或个人以合作的方式，就新技术、新产品、新工艺或新材料及其系统进行研究开发而产生的发明创造，为合作完成的发明创造。

2. 合作完成的发明创造申请专利权利及所取得的专利权的归属

两个以上单位或个人以合作的方式进行技术开发的，双方当事人均为民事主体，对于其开发成果的归属，约定优先。对完成的发明创造的专利申请权的归属进行约定的，依照其约定；没有约定的，申请专利的权利属于共同完成的单位或者个人；申请被批准后，申请的单位或者个人为专利权人。

合作各方当事人中有个人的，所完成的发明创造，对于该个人来说为非职务发明创造，该个人作为发明人或者设计人在专利申请被授权后，为专利权人。合作各方当事人中有单位的，该单位选派的工作人员代表该单位参加合作项目，所完成的发明创造为职务发明创造，申请专利的权利为其所在的单位，因此专利申请被授予专利权的，该单位为专利权人。

3. 相关规定的适用范围

《民法典》第八百六十条规定，合作开发完成的发明创造，申请专利的权利属于合作开发的当事人共有；当事人一方转让其共有的专利申请权的，其他各方享有以同等条件优先受让的权利。但是，当事人另有约定的除外。

合作开发的当事人一方声明放弃其共有的专利申请权的，除当事人另有约定外，可以由另一方单独申请或者由其他各方共同申请。申请人取得专利权的，放弃专利申请权的一方可以免费实施该专利。

合作开发的当事人一方不同意申请专利的，另一方或者其他各方不得申请专利。

（四）委托开发完成的发明创造

1. 委托开发完成的发明创造的概念

一方单位或者个人委托另一方单位或者个人，就新技术、新产品、新工艺或者新材料及其系统进行研究开发，产生的发明创造，为委托完成的发明创造。

2. 委托开发完成的发明创造申请专利权利及所取得的专利权的归属

委托技术开发双方当事人均为民事主体，因此允许意思自治，对于技术开发成果的归属，可以进行约定，并且约定优先。一个单位或者个人接受其他单位或者个人委托所完成的发明创造，如果双方约定发明创造的申请专利权归委托方，从其约定，申请被批准后，申请的单位或者个人为专利权人。如果对申请专利的权利没有进行约定，则申请专利权以及取得的专利权归受托人。

3. 相关规定的适用范围

根据《民法典》第八百五十九条的规定，委托开发完成的发明创造，除法律另有规定或者当事人另有约定外，申请专利的权利属于研究开发人。研究开发人取得专利权的，委托人可以依法实施该专利。

研究开发人转让专利申请权的，委托人享有以同等条件优先受让的权利。

第三节 专利代理制度

本节知识要点

本节主要介绍了专利代理机构、专利代理师、专利代理执业和监管、专利代理违法行为及法律责任,以及专利代理行业组织。着重介绍了专利代理机构的设立、变更及其分支机构的设立相关规定;成为专利代理机构的合伙人或股东的条件。着重介绍了专利代理师资格证、执业许可证的取得条件,以及专利代理师和专利代理机构的职业规范。本节主要内容如图1-6所示。

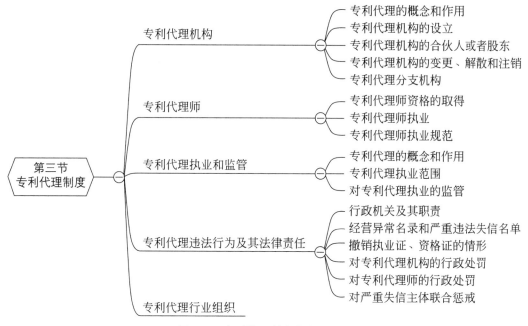

图1-6 专利代理制度的主要内容

一、专利代理机构

(一)专利代理的概念和作用

1. 专利代理的概念

专利代理是指专利代理机构接受委托,以委托人的名义在代理权限范围内办理专利申请、宣告专利权无效等专利事务的行为。专利代理活动主要包括:

(1)委托方:中国办理专利事务的任何单位或者个人;

(2)受托方:在中国依法设立的专利代理机构;

(3)委托内容:在中国办理专利事务,包括专利申请、宣告专利权无效、转让专利申请权或者专利权以及订立专利实施许可合同等专利事务,也可以应当事人要求提供专利事务方面的咨询等；

（4）执行代理业务主体：受托专利代理机构指派的专利代理师。

专利代理机构接受委托，应当与委托人订立书面委托合同。专利代理机构接受委托后，不得就同一专利申请或者专利权的事务接受有利益冲突的其他当事人的委托。

专利代理机构和专利代理师执业应当遵守法律、行政法规，恪守职业道德、执业纪律，维护委托人的合法权益。专利代理机构和专利代理师依法执业受法律保护。

2. 专利代理的作用

专利代理机构的作用在于帮助委托人实现合法权益最大化，并且帮助政府部门和司法机构提高效率。

专利代理是专利制度有效运转的重要支撑，是知识产权中介服务体系的核心组成。专利代理服务水平和质量对依法保护我国的自主创新成果有着重要影响。

（二）专利代理机构的设立

1. 专利代理机构的组织形式及名称

（1）组织形式。专利代理机构的组织形式应当为合伙企业、有限责任公司等。

（2）组织名称。专利代理机构只能使用一个名称。除律师事务所外，专利代理机构的名称中应当含有"专利代理"或者"知识产权代理"等字样。专利代理机构分支机构的名称由专利代理机构全名称、分支机构所在城市名称或者所在地区名称和"分公司"或者"分所"等组成。

专利代理机构的名称不得在全国范围内与正在使用或者已经使用过的专利代理机构的名称相同或者近似。

律师事务所申请办理执业许可证的，可以使用该律师事务所的名称。

2. 合伙企业

合伙企业形式的专利代理机构申请办理执业许可证的，应当具备下列条件：

（1）有符合规定的专利代理机构名称；

（2）有书面合伙协议；

（3）有独立的经营场所；

（4）有两名以上合伙人；

（5）合伙人具有专利代理师资格证，并有两年以上专利代理师执业经历。

3. 有限责任公司

有限责任公司形式的专利代理机构申请办理执业许可证的，应当具备下列条件：

（1）有符合规定的专利代理机构名称；

（2）有书面公司章程；

（3）有独立的经营场所；

（4）有 5 名以上股东；

（5）五分之四以上股东以及公司法定代表人具有专利代理师资格证，并有两年以上专利代理师执业经历。

4. 律师事务所

律师事务所申请办理执业许可证的，应当具备下列条件：

（1）有独立的经营场所；
（2）有两名以上合伙人或者专职律师具有专利代理师资格证。

5. 专利代理机构执业许可审批

申请专利代理机构执业许可证的，应当通过专利代理管理系统向国家知识产权局提交申请书和下列申请材料：

（1）合伙企业形式的专利代理机构应当提交营业执照、合伙协议和合伙人身份证件扫描件；

（2）有限责任公司形式的专利代理机构应当提交营业执照、公司章程和股东身份证件扫描件；

（3）律师事务所应当提交律师事务所执业许可证和具有专利代理师资格证的合伙人、专职律师身份证件扫描件。

申请人应当对其申请材料实质内容的真实性负责。必要时，国家知识产权局可以要求申请人提供原件进行核实。法律、行政法规和国务院决定另有规定的除外。

（三）专利代理机构的合伙人或者股东

1. 应当符合的条件

专利代理机构的合伙人或者股东应当符合下列条件：

（1）合伙人、股东应当为中国公民；
（2）合伙企业的合伙人具有专利代理师资格证，并有两年以上专利代理师执业经历；
（3）有限责任公司的五分之四以上股东以及公司法定代表人具有专利代理师资格证，并有两年以上专利代理师执业经历。

2. 不得存在的情形

有下列情形之一的，不得作为专利代理机构的合伙人、股东：

（1）不具有完全民事行为能力；
（2）因故意犯罪受过刑事处罚；
（3）不能专职在专利代理机构工作；
（4）所在专利代理机构解散或者被撤销、吊销执业许可证，未妥善处理各种尚未办结的专利代理业务；
（5）专利代理机构以欺骗、贿赂等不正当手段取得执业许可证，被依法撤销、吊销的，其合伙人、股东、法定代表人自处罚决定作出之日起 3 年内不得在专利代理机构新任合伙人或者股东、法定代表人。

（四）专利代理机构的变更、解散和注销

1. 专利代理机构的事项变更

专利代理机构合伙人、股东或者法定代表人等事项发生变化的，应当办理变更手续。

专利代理机构名称、经营场所、合伙协议或者公司章程、合伙人或者执行事务合伙人、股东或者法定代表人发生变化的，应当自办理企业变更登记之日起 30 日内向国家知识产权局申请办理变更手续；律师事务所具有专利代理师资格证的合伙人或者专职律师等事项发生变化的，应当自司法行政部门批准之日起 30 日内向国家知识产权局申请办理变更手续。

2. 专利代理机构的解散、注销

专利代理机构解散或者被撤销、吊销执业许可证的，应当妥善处理各种尚未办结的专利代理业务。

专利代理机构解散或者不再办理专利代理业务的，应当在妥善处理各种尚未办结的业务后，向国家知识产权局办理注销专利代理机构执业许可证手续。

专利代理机构注销营业执照，或者营业执照、执业许可证被撤销、吊销的，应当在营业执照注销 30 日前或者接到撤销、吊销通知书之日起 30 日内通知委托人解除委托合同，妥善处理尚未办结的业务，并向国家知识产权局办理注销专利代理机构执业许可证的手续。未妥善处理全部专利代理业务的，专利代理机构的合伙人、股东不得办理专利代理师执业备案变更。

（五）专利代理分支机构

1. 设立分支机构的条件

专利代理机构设立分支机构办理专利代理业务的，应当具备下列条件：

（1）办理专利代理业务时间满两年；

（2）有 10 名以上专利代理师执业，拟设分支机构应当有一名以上专利代理师执业，并且分支机构负责人应当具有专利代理师资格证；

（3）专利代理师不得同时在两个以上的分支机构担任负责人；

（4）设立分支机构前 3 年内未受过专利代理行政处罚；

（5）设立分支机构时未被列入经营异常名录或者严重违法失信名单。

2. 设立备案制度

专利代理机构设立、变更或者注销分支机构的，应当自完成分支机构相关企业或者司法登记手续之日起 30 日内，通过专利代理管理系统向分支机构所在地的省、自治区、直辖市人民政府管理专利工作的部门进行备案。

备案时应当填写备案表并视不同情形上传下列材料：

（1）设立分支机构的，上传分支机构营业执照或者律师事务所分所执业许可证扫描件；

（2）变更分支机构注册事项的，上传变更以后的分支机构营业执照或者律师事务所分所执业许可证扫描件；

（3）注销分支机构的，上传妥善处理完各种事项的说明。

3. 分支机构执业限制

专利代理机构的分支机构不得以自己的名义办理专利代理业务。专利代理机构应当对其分支机构的执业活动承担法律责任。

二、专利代理师

（一）专利代理师资格的取得

1. 全国专利代理师资格考试制度

专利代理师资格考试是全国统一的专利代理师执业准入资格考试。

国家知识产权局负责考试组织工作。国家知识产权局成立专利代理师考试委员会。考试委员会审定考试大纲和确定考试合格分数线，其成员由国家知识产权局、国务院有关部门、专利代理行业组织的有关人员和专利代理师代表组成，主任由国家知识产权局局长担任。考试委员会办公室负责考试各项具体工作。

2. 参加全国专利代理师资格考试

（1）参加考试的报名条件。符合以下条件的中国公民，可以报名参加考试：

① 18周岁以上，具有完全民事行为能力；

② 高等院校理工科专业毕业或者具有同等学力。

中国香港特别行政区、澳门特别行政区永久性居民中的中国公民和中国台湾地区居民可以报名参加考试。

高等院校理工科专业毕业是指取得国家承认的理工科大专以上学历，并获得毕业文凭或者学位证书。

（2）不得参加考试的情形。有下列情形之一的，不得报名参加考试：

① 因故意犯罪受过刑事处罚，自刑罚执行完毕之日至报名之日不满3年；

② 受吊销专利代理师资格证的处罚，自处罚决定之日至报名之日不满3年。

（3）可以申请免考专利代理实务的条件：从事专利审查等工作满7年的中国公民，可以申请免予专利代理实务科目考试。

3. 取得专利代理师资格证的条件

考试合格的，由国务院专利行政部门颁发专利代理师资格证。专利代理师资格考试办法由国务院专利行政部门制定。

（二）专利代理师执业

1. 专利代理师执业条件

专利代理师执业应当符合下列条件：

（1）具有完全民事行为能力；

（2）取得专利代理师资格证；

（3）在专利代理机构实习满1年，但具有律师执业经历或者3年以上专利审查经历的人员除外；

（4）在专利代理机构担任合伙人、股东，或者与专利代理机构签订劳动合同；

（5）能专职从事专利代理业务。

符合前述所列全部条件之日为执业之日。

2. 专利代理师首次执业备案

专利代理师首次执业的，应当自执业之日起30日内通过专利代理管理系统向专利代理机构所在地的省、自治区、直辖市人民政府管理专利工作的部门进行执业备案。备案时应当填写备案表并上传下列材料：

（1）本人身份证件扫描件；

（2）与专利代理机构签订的劳动合同；

（3）实习评价材料。

专利代理师应当对其备案材料实质内容的真实性负责。必要时，省、自治区、直辖市人民政府管理专利工作的部门可以要求提供原件进行核实。

3. 离职备案变更

专利代理师从专利代理机构离职的，应当妥善办理业务移交手续，并自离职之日起 30 日内通过专利代理管理系统向专利代理机构所在地的省、自治区、直辖市人民政府管理专利工作的部门提交解聘证明等，进行执业备案变更。

专利代理师转换执业专利代理机构的，应当自转换执业之日起 30 日内进行执业备案变更，上传与专利代理机构签订的劳动合同或者担任股东、合伙人的证明。

未在规定时间内变更执业备案的，视为逾期未主动履行备案变更手续，省、自治区、直辖市人民政府管理专利工作的部门核实后可以直接予以变更。

(三) 专利代理师执业规范

1. 禁止行为

（1）专利代理师应当根据专利代理机构的指派承办专利代理业务，不得自行接受委托。
（2）专利代理师不得同时在两个以上专利代理机构从事专利代理业务。
（3）专利代理师对其签名办理的专利代理业务负责。
（4）专利代理师不得以自己的名义申请专利或者请求宣告专利权无效。

2. 保密义务

专利代理师对其在执业过程中了解的发明创造的内容，除专利申请已经公布或者公告的以外，负有保守秘密的义务。

3. 从业禁止

国务院专利行政部门和地方人民政府管理专利工作的部门的工作人员离职后，在法律、行政法规规定的期限内不得从事专利代理工作。

曾在国务院专利行政部门或者地方人民政府管理专利工作的部门任职的专利代理师，不得对其审查、审理或者处理过的专利申请或专利案件进行代理。

【例 01-19】专利代理师在脱离专利代理业务后一年内不得申请专利。（×）

【解析】专利代理师在执业期间不得以自己的名义申请专利，离职后没有时间的要求。

三、专利代理执业和监管

(一) 专利代理执业范围

1. 专利代理机构的业务范围

专利代理机构可以接受委托，代理专利申请、宣告专利权无效、转让专利申请权或者专利权以及订立专利实施许可合同等专利事务，也可以应当事人要求提供专利事务方面的咨询。

2. 禁止开展的业务

（1）专利代理机构不得以自己的名义申请专利或者请求宣告专利权无效。
（2）专利代理机构接受委托后，不得就同一专利申请或者专利权的事务接受有利益冲突的其他当事人的委托。
（3）专利代理机构应当指派在本机构执业的专利代理师承办专利代理业务，指派的专利代理师本人及其近亲属不得与其承办的专利代理业务有利益冲突。

（4）专利代理机构应当与其他专利代理机构公平竞争，不得以欺诈误导、虚假宣传、不当承诺、诋毁其他专利代理机构和专利代理师等不正当手段招揽业务。

（5）对专利代理分支机构的执业限制。专利代理机构的分支机构不得以自己的名义办理专利代理事务。专利代理机构应当对其分支机构的执业活动承担法律责任。

3. 鼓励开展的业务

国家知识产权局和省、自治区、直辖市人民政府管理专利工作的部门可以根据实际情况，通过制定政策、建立机制等措施，支持引导专利代理机构为小微企业以及无收入或者低收入的发明人、设计人提供专利代理援助服务。

鼓励专利代理行业组织和专利代理机构利用自身资源开展专利代理援助工作。

4. 保密义务

专利代理机构对其在执业过程中了解的发明创造的内容，除专利申请已经公布或者公告的以外，负有保守秘密的义务。

（二）对专利代理执业的监管

1. 对专利代理机构的监管

国家知识产权局组织指导全国的专利代理机构年度报告、经营异常名录和严重违法失信名单的公示工作。

国家知识产权局指导省、自治区、直辖市人民政府管理专利工作的部门对专利代理机构和专利代理师的执业活动情况进行检查、监督。

专利代理机构跨省设立分支机构的，其分支机构应当由分支机构所在地的省、自治区、直辖市人民政府管理专利工作的部门进行检查、监督。该专利代理机构所在地的省、自治区、直辖市人民政府管理专利工作的部门应当予以协助。

国家知识产权局以及省、自治区、直辖市人民政府管理专利工作的部门的工作人员应当对专利代理机构年度报告中不予公示的内容保密。

2. 对专利代理师的监管

国家知识产权局指导省、自治区、直辖市人民政府管理专利工作的部门对专利代理师的执业活动情况进行检查、监督。

省、自治区、直辖市知识产权局应当重点对专利代理师是否符合执业条件并履行备案手续进行检查监督。

3. 专利代理机构的年度报告制度

专利代理机构应当按照国家有关规定提交年度报告。年度报告应当包括以下内容：

（1）专利代理机构通信地址、邮政编码、联系电话、电子邮箱等信息。

（2）执行事务合伙人或者法定代表人、合伙人或者股东、专利代理师的姓名，从业人数信息。

（3）合伙人、股东的出资额、出资时间、出资方式等信息。

（4）设立分支机构的信息。

（5）专利代理机构通过互联网等信息网络提供专利代理服务的信息网络平台名称、网址等信息。

（6）专利代理机构办理专利申请、宣告专利权无效、转让、许可、纠纷的行政处理和诉讼、质押融资等业务信息。

（7）专利代理机构资产总额、负债总额、营业总收入、主营业务收入、利润总额、净利润、纳税总额等信息。

（8）专利代理机构设立境外分支机构、其从业人员获得境外专利代理从业资质的信息。

（9）其他应当予以报告的信息。

律师事务所可仅提交其从事专利事务相关的内容。

4. 经营异常名录和严重违法失信名单制度

为了加强对专利代理行业的管理，专利代理机构未按期提交年度报告以及存在其他不正当经营行为的，将被列入专利代理机构经营异常名录。存在严重违法行为的，将被列入严重违法失信名单。

5. 专利代理信息公示

国家知识产权局应当及时向社会公布专利代理机构执业许可证取得、变更、注销、撤销、吊销等相关信息，以及专利代理师的执业备案、撤销、吊销等相关信息。国家知识产权局和省、自治区、直辖市人民政府管理专利工作的部门应当及时向社会公示专利代理机构年度报告信息，列入或者移出经营异常名录、严重违法失信名单信息，行政处罚信息，以及对专利代理执业活动的检查情况。行政处罚、检查监督结果纳入国家企业信用信息公示系统向社会公布。

律师事务所、律师受到专利代理行政处罚的，应当由国家知识产权局和省、自治区、直辖市人民政府管理专利工作的部门将信息通报相关司法行政部门。

四、专利代理违法行为及其法律责任

（一）行政机关及其职责

对于具有重大影响的专利代理违法违规行为，国家知识产权局可以协调或者指定有关省、自治区、直辖市人民政府管理专利工作的部门进行处理。

对于专利代理违法行为的处理涉及两个以上省、自治区、直辖市人民政府管理专利工作的部门的，可以报请国家知识产权局组织协调处理。

省、自治区、直辖市人民政府管理专利工作的部门可以依据本地实际，要求下一级人民政府管理专利工作的部门协助处理专利代理违法违规行为；也可以依法委托有实际处理能力的管理公共事务的事业组织处理专利代理违法违规行为。

委托方应当对受托方的行为进行监督和指导，并承担法律责任。

（二）经营异常名录和严重违法失信名单

1. 列入专利代理机构经营异常名录的情形

专利代理机构有下列情形之一的，省、自治区、直辖市知识产权局应当将其列入专利代理机构经营异常名录：

（1）未在规定的期限提交年度报告。

（2）取得专利代理机构执业许可证或者提交年度报告时提供虚假信息。

（3）擅自变更名称、办公场所、执行事务合伙人或者法定代表人、合伙人或者股东。

(4) 分支机构设立、变更、注销未按照规定办理备案手续。

(5) 不再符合执业许可条件，省、自治区、直辖市人民政府管理专利工作的部门责令其整改，期限届满仍不符合条件。

(6) 专利代理机构公示信息与其在市场监督管理部门或者司法行政部门的登记信息不一致。

(7) 通过登记的经营场所无法联系。

2. 列入专利代理机构严重违法失信名单的情形

专利代理机构有下列情形之一的，按照国家有关规定列入严重违法失信名单：

(1) 被列入经营异常名录满 3 年仍未履行相关义务。

(2) 受到责令停止承接新的专利代理业务、吊销专利代理机构执业许可证的专利代理行政处罚。

（三）撤销执业证、资格证的情形

1. 撤销执业许可证

(1) 以隐瞒真实情况、弄虚作假手段取得专利代理机构执业许可证的，由国务院专利行政部门撤销专利代理机构执业许可证。

(2) 专利代理机构取得执业许可证后，因情况变化不再符合《专利代理条例》规定的条件的，由国务院专利行政部门责令限期整改；逾期未改正或整改不合格的，撤销执业许可证。

2. 撤销专利代理师资格证

以隐瞒真实情况、弄虚作假手段取得专利代理师资格证的，由国务院专利行政部门撤销专利代理师资格证。

（四）对专利代理机构的行政处罚

1. 专利代理机构违法行为及法律责任

专利代理机构有下列行为之一的，由省、自治区、直辖市人民政府管理专利工作的部门责令限期改正，予以警告，可以处 10 万元以下的罚款；情节严重或者逾期未改正的，由国务院专利行政部门责令停止承接新的专利代理业务 6 个月至 12 个月，直至吊销专利代理机构执业许可证：

(1) 合伙人、股东或者法定代表人等事项发生变化未办理变更手续。

(2) 就同一专利申请或者专利权的事务接受有利益冲突的其他当事人的委托。

(3) 指派专利代理师承办与其本人或者其近亲属有利益冲突的专利代理业务。

(4) 泄露委托人的发明创造内容，或者以自己的名义申请专利或请求宣告专利权无效。

(5) 疏于管理，造成严重后果。

专业代理机构在执业过程中泄露委托人的发明创造内容，涉及泄露国家秘密、侵犯商业秘密的，或者向有关行政、司法机关的工作人员行贿，提供虚假证据的，依照有关法律、行政法规的规定承担法律责任；由国务院专利行政部门吊销专利代理机构执业许可证。

前面述及的"疏于管理，造成严重后果"的违法行为包括：

(1) 因故意或者重大过失给委托人、第三人利益造成损失，或者损害社会公共利益。

(2) 从事非正常专利申请行为，严重扰乱专利工作秩序。

(3) 诋毁其他专利代理师、专利代理机构，以不正当手段招揽业务，存在弄虚作假行为，严重扰乱行业秩序，受到有关行政机关处罚。

(4) 严重干扰专利审查工作或者专利行政执法工作正常进行。

(5) 专利代理师从专利代理机构离职未妥善办理业务移交手续，造成严重后果。

(6) 专利代理机构执业许可证信息与市场监督管理部门、司法行政部门的登记信息或者实际情况不一致，未按照要求整改，给社会公众造成重大误解。

(7) 分支机构设立、变更、注销不符合规定的条件或者没有按照规定备案，严重损害当事人利益。

(8) 默许、指派专利代理师在未经其本人撰写或者审核的专利申请等法律文件上签名，严重损害当事人利益。

(9) 涂改、倒卖、出租、出借专利代理机构执业许可证，严重扰乱行业秩序。

2. 擅自开展专利代理业务

违反《专利代理条例》的规定擅自开展专利代理业务的，由省、自治区、直辖市人民政府管理专利工作的部门责令停止违法行为，没收违法所得，并处违法所得 1 倍以上 5 倍以下的罚款。

前面述及的"擅自开展专利代理业务"的违法行为包括：

(1) 通过租用、借用等方式利用他人资质开展专利代理业务。

(2) 未取得专利代理机构执业许可证或者不符合专利代理师执业条件，擅自代理专利申请、宣告专利权无效等相关业务，或者以专利代理机构、专利代理师的名义招揽业务。

(3) 专利代理机构执业许可证或者专利代理师资格证被撤销或者吊销后，擅自代理专利申请、宣告专利权无效等相关业务，或者以专利代理机构、专利代理师的名义招揽业务。

(五) 对专利代理师的行政处罚

专利代理师有下列行为之一的，由省、自治区、直辖市人民政府管理专利工作的部门责令限期改正，予以警告，可以处 5 万元以下的罚款；情节严重或者逾期未改正的，由国务院专利行政部门责令停止承办新的专利代理业务 6 个月至 12 个月，直至吊销专利代理师资格证：

(1) 未依照《专利代理条例》规定进行备案。

(2) 自行接受委托办理专利代理业务。

(3) 同时在两个以上专利代理机构从事专利代理业务。

(4) 违反《专利代理条例》规定对其审查、审理或者处理过的专利申请或专利案件进行代理。

(5) 泄露委托人的发明创造内容，或者以自己的名义申请专利或请求宣告专利权无效。

(6) 涂改、倒卖、出租、出借专利代理师资格证的，由国家知识产权局吊销专利代理师资格证。

专利代理师在执业过程中泄露委托人的发明创造内容，涉及泄露国家秘密、侵犯商业秘密的，或者向有关行政、司法机关的工作人员行贿，提供虚假证据的，依照有关法律、行政法规的规定承担法律责任；由国务院专利行政部门吊销专利代理师资格证。

专利代理师因专利代理质量等原因给委托人、第三人利益造成损失或损害社会公共利益的，省、自治区、直辖市人民政府管理专利工作的部门可以对签名的专利代理师予以警告。

(六)对严重失信主体联合惩戒

1. 联合惩戒对象

联合惩戒对象为知识产权(专利)领域严重失信行为的主体实施者:

(1)该主体实施者为法人的,联合惩戒对象为该法人及其法定代表人、主要负责人、直接责任人员和实际控制人。

(2)该主体实施者为非法人组织的,联合惩戒对象为非法人组织及其负责人。

(3)该主体实施者为自然人的,联合惩戒对象为本人。

2. 知识产权(专利)领域严重失信行为

(1)重复专利侵权行为。各地方知识产权局经调解或作出行政决定,认定存在专利侵权行为后,侵权方再次侵犯同一专利权的,视为侵权方存在重复专利侵权行为。

(2)不依法执行行为。拒不执行已生效的针对专利侵权假冒行为的行政处理决定或行政处罚决定的行为,以及阻碍地方知识产权局依法开展调查、取证的行为视为不依法执行行为。

(3)专利代理严重违法行为。专利代理机构被列入国家知识产权局确定的经营异常名录后,自列入之日起满3年后仍不符合相关规定的,视为存在专利代理严重违法行为。

(4)专利代理师资格证书挂靠行为。变造、倒卖、出租、出借专利代理师资格证书的,或者以其他形式转让资格证书、注册证、执业印章的。

(5)非正常申请专利行为。被国家知识产权局认定为属于《关于规范专利申请行为的办法》(国家知识产权局令2021年第411号)所称的非正常申请专利的行为。

(6)提供虚假文件行为。权利人在申请专利或办理相关事务过程中提供虚假材料或者虚假证明文件的,视为提供虚假文件行为。

五、专利代理行业组织

1. 专利代理行业组织简介

专利代理行业组织是社会团体,是专利代理师的自律性组织。

专利代理行业组织应当制定专利代理行业自律规范,行业自律规范不得与法律、行政法规、部门规章相抵触。专利代理机构、专利代理师应当遵守行业自律规范。

专利代理机构和专利代理师可以依法成立和参加全国性或者地方性专利代理行业组织。

2. 专利代理行业组织的职责

专利代理行业组织应当建立健全非执业会员制度,鼓励取得专利代理师资格证的非执业人员入会并参与协会事务,加强非执业会员学习、培训和交流。专利代理行业组织履行下列职责:

(1)维护专利代理机构和专利代理师的合法权益。

(2)制定行业自律规范,加强行业自律,对会员实施奖励和惩戒。

(3)及时向社会公布其吸纳的会员信息和对会员的惩戒情况。

(4)组织专利代理师业务培训和职业道德、执业纪律教育。

(5)指导专利代理机构完善管理制度,提升专利代理服务质量。

(6)组织专利代理机构、专利代理师开展专利代理援助服务。

（7）指导专利代理机构的实习工作。

（8）开展专利代理行业国际交流。

（9）其他依法应当履行的职责。

> **本章要点回顾**
>
> 本章需要重点掌握的知识点包括：
>
> （1）中国专利制度的特点。
>
> （2）我国专利行政部门、司法部门的职责。
>
> （3）专利发明人/设计人、专利申请人、专利权的归属、共有权利的处置。
>
> （4）专利代理制度。

第二章 授予专利权的实质性条件

 本章知识点框架

本章主要介绍授予专利权的实质性条件,包括我国专利制度中专利保护的对象和主题的界定,对于发明、实用新型和外观设计专利申请是否具备实质性授权条件的判断。

本章知识点框架如图 2-1 所示。

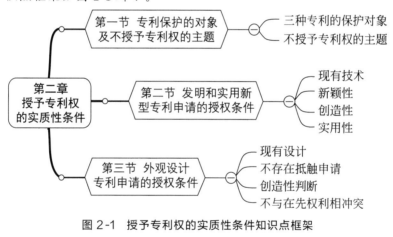

图 2-1 授予专利权的实质性条件知识点框架

第一节 专利保护的对象及不授予专利权的主题

本节知识要点

本节主要介绍我国专利法保护的对象以及不授予专利权的主题。2020年《专利法》把"局部外观设计"纳入授权对象中,扩展了外观设计专利保护范围。

本节主要内容如图2-2所示。

图2-2 专利保护的对象及不授予专利权的主题的主要内容

一、三种专利的保护对象

《专利法》(A2.2、A2.3、A2.4)	
①	《专利法》第二条第二款:"发明,是指对产品、方法或者其改进所提出的新的技术方案。"
②	《专利法》第二条第三款:"实用新型,是指对产品的形状、构造或者其结合所提出的适于实用的新的技术方案。"
③	《专利法》第二条第四款:"外观设计,是指对产品的整体或者局部的形状、图案或者其结合以及色彩与形状、图案的结合所作出的富有美感并适于工业应用的新设计。"

(一)发明

1. 产品发明

产品发明既包括新产品发明,又包括对现有产品进行的改进构成的发明。这里的"产品"是指由人类技术生产制造出来的物品,包括单一产品、组合产品和成套产品。

实用新型只保护产品,且是具有形状、构造的产品。

2. 方法发明

方法发明包括:

(1)制造方法,是指对原材料进行加工、作用,制造成各种产品的方法。该方法使物品在结构、形状或物理化学特性上产生变化,如机械方法、化学方法或者生物学方法等。

(2)工作方法,是指为了达到一定的工作目的、作用于某种物质的方法。该方法不以改变所涉物品的结构、特性或功能为其目的，而是寻求产生某种技术上的效果，如输送、测量、通信、消毒方法等。

（3）具有特定用途的方法（使用方法），是指为了实现特定用途，对一种产品、设备或方法的新的应用，而不改变被使用产品本身。例如，将某种杀菌剂用作抛光剂。

3. 对产品或方法的改进

产品发明、方法发明既包括新产品发明、新方法发明，又包括对现有产品、方法进行改进构成的发明。

4. 新的技术方案

无论是产品发明还是方法发明，其中要求专利保护的一定是一个新的技术方案。

所谓"新的"，是指要求保护的技术方案，在专利申请日之前没有被披露过。

所谓"技术方案"，是指发明人通过大脑进行思维活动，利用自然规律解决生产、科研、实验中各种问题而形成的技术解决方案。

声、光、电、磁、波本身是自然存在的，不属于授予专利权的主题，但利用声、光、电、磁、波来解决技术问题的新的技术方案，则属于专利权保护的客体。

（二）实用新型

1. 产品的含义

实用新型要求保护的产品必须是具有确定形状、构造且占据一定空间的实体。实用新型所保护的产品的产生必须经过一定的产业制造过程。

如果对自然存在的物品进行了产业加工，对物品的形状、构造提出了改进，则属于实用新型专利保护的客体。是否属于实用新型保护的客体，存在下列特殊情形：

（1）如果权利要求中既包含形状、构造特征，又包含对方法本身提出的改进，则不属于实用新型专利保护的客体。

（2）如果仅以现有技术中已知方法的名称限定产品的形状、构造，则这样的技术方案属于实用新型专利保护的客体。

（3）如果权利要求的主题名称为产品，而所述技术方案实质上为方法，则不属于实用新型专利保护的客体。

2. 产品的形状

产品的形状是指产品所具有的，可以从外部观察到的确定的空间形状。对产品形状所提出的改进包括：

（1）对产品的三维形态所提出的改进，如对凸轮形状、刀具形状作出的改进。

（2）对产品的二维形态所提出的改进，如对型材的断面形状的改进。

（3）无确定形状的产品，如气态、液态、粉末状、颗粒状的物质或材料，其形状不能作为实用新型产品的形状特征。

关于实用新型产品的形状特征规定如下。

（1）不能以生物的或者自然形成的形状作为产品的形状特征。例如根雕作品，由于根雕作品是以自然形成的植物根为材料雕刻而成，不具有实用性（世界上很难找到第二个一模一样的自然形成的植物根），因此其不是实用新型保护的客体。

（2）不能以摆放、堆积等方法获得的非确定的形状作为产品的形状特征。例如沙堆，由于沙堆的形状具有不确定性，从相反角度来说，即使授予专利权，其也没有实质经济效益：如专利权人告堆出同样形状的沙堆的人侵权，对方动动手指点个小坑，形状变了，也就不侵权了。

（3）允许产品中的某个技术特征为无确定形状的物质，如气态、液态、粉末状、颗粒状物质，只要其在该产品中受该产品结构特征的限制即可。例如，水银是液态的，但在温度计外形限制下，其形状受到空间限制。作为温度计的形状特征之一，温度计是可以获得实用新型专利权的。

（4）产品的形状可以是在某种特定情况下所具有的确定的空间形状。例如人们常用的雨伞，作为使用状态下的技术特征，仅仅在使用状态下才是确定的空间形状，在销售时由于折叠，该状态特征是无法呈现的，但依然可以作为雨伞的技术特征之一，雨伞可以获得实用新型专利权。

3. 产品的构造

产品的构造是指产品的各个组成部分的安排、组织和相互关系。

（1）产品的构造分类。产品的构造可以是机械构造，也可以是线路构造。机械构造是指构成产品的零部件的相对位置关系、连接关系和必要的机械配合关系等。线路构造是指构成产品的元器件之间的确定的连接关系。

（2）特殊的产品构造

① 复合层结构是指通过工艺上的处理，经过物理改进，在特定区域内形成了不同的层，其层状结构应当认为属于产品的构造。

对于那些厚度非常薄、用肉眼难以区分层间界面的情况，只要在产品构造中能分出不同的层，就认为其构成复合层产品。

② 产品的构造不包括物质或者材料的微观结构，如物质的原子结构、分子结构，材料的组分、金相结构等。

（3）特殊情形的判断规则

① 如果权利要求中既包含形状、构造特征，又包含对材料本身提出的改进，则不属于实用新型专利保护的客体。

② 将现有技术中已知的材料应用于具有形状、构造的产品上，不属于对材料本身提出的改进，属于实用新型专利保护的客体。

4. 新的技术方案

实用新型必须是一项技术方案。

技术方案是指利用自然规律解决人类在实践中遇到的特定技术问题时所采用的具体技术手段的集合。未采用技术手段解决技术问题，以获得符合自然规律的技术效果的技术方案，则不属于实用新型专利保护的对象。

5. 不属于实用新型专利保护的客体

不给予实用新型专利保护的客体包括：

（1）涉及产品表面的图案、色彩或者其结合的新方案：解决了技术问题的，属于实用新型专利保护的客体；没有解决技术问题的，不属于实用新型专利保护的客体。

（2）产品表面的文字、符号、图表或者其结合的新方案，不涉及产品的形状、构造的改进，不属于实用新型专利保护的客体。

【例 02-01】关于实用新型的保护客体，以下说法正确的是：

A. 将若干一次性水杯摆放成有利于运动员拿取的楔形，这样的水杯造型产品属于实用新型保护客体

B. 含有无确定形状的水银或酒精的温度计，属于实用新型的保护客体

C. 一种带有棱柱形蜡烛的音乐开关，随着蜡烛的熔化变形而实现电路的转换，该开关属于实用新型的保护客体

D. 堆积成圆台状的建筑沙子属于实用新型的保护客体

【参考答案】BC

（三）外观设计

1. 外观设计的载体

外观设计必须以产品为载体，不能脱离产品而单独存在。

不能重复生产的手工艺品、农产品、自然物不能作为外观设计的载体。

2. 外观设计要素

构成外观设计的是产品的外观设计要素或要素的结合，其中包括形状、图案或者其结合以及色彩与形状、图案的结合，共6种组合形式。

仅包含产品的色彩要素，须涉及产品色彩变化的本身已形成一种图案。

3. 富有美感并适于工业应用的新设计

适于工业应用是指该外观设计能应用于产业上并形成批量生产。富有美感，关注的是给人的视觉感受，而不是功能特性、技术效果。是否属于富有美感并适于工业应用的新设计，需以一般消费者的常识进行判断。

4. 不授予外观设计专利权的情形

外观设计不予保护的客体包括：

（1）取决于特定地理条件、不能重复再现的固定建筑物、桥梁等。

（2）包含有气体、液体及粉末状等无固定形状的物质而效果不固定的产品。

（3）通过视觉或肉眼难以确定，需要借助特定的工具才能分辨的物品。

（4）要求保护的外观设计不是产品本身常规的形态。

（5）以自然物原有形状、图案、色彩作为主体的设计。

（6）纯属美术、书法、摄影范畴的作品。

（7）仅以在其产品所属领域内司空见惯的几何形状和图案构成的外观设计。

（8）文字和数字的字音、字义。

（9）游戏界面以及与人机交互无关或者与实现产品功能无关的产品显示装置所显示的图案，如电子屏幕壁纸、开关机画面、与人机交互无关的网站网页的图文排版。

（10）对平面印刷品的图案、色彩或者二者的结合作出的主要起标识作用的设计。

【例02-02】下列选项哪些属于不授予外观设计专利的情形？

A. "王者荣耀"游戏界面

B. 带有网格设计的屏幕壁纸

C. 手机开机画面设计

D. 网站网页的图文排版

【参考答案】ABCD

二、不授予专利权的发明创造

《专利法》(A5、A25)	
①	《专利法》第五条第一款:"对违反法律、社会公德或者妨害公共利益的发明创造,不授予专利权。"
②	《专利法》第五条第二款:"对违反法律、行政法规的规定获取或者利用遗传资源,并依赖该遗传资源完成的发明创造,不授予专利权。"
③	《专利法》第二十五条第一款:"对下列各项,不授予专利权:(一)科学发现;(二)智力活动的规则和方法;(三)疾病的诊断和治疗方法;(四)动物和植物品种;(五)原子核变换方法以及用原子核变换方法获得的物质;(六)对平面印刷品的图案、色彩或者二者的结合作出的主要起标识作用的设计。"
④	《专利法》第二十五条第二款:"对前款第(四)项所列产品的生产方法,可以依照本法规定授予专利权。"

(一) 违反法律和社会公德以及妨害公共利益的发明创造

1. 违反法律的发明创造

法律是指由全国人民代表大会或者全国人民代表大会常务委员会依照立法程序制定和颁布的法律。它不包括行政法规和规章。

违反法律是指外观设计专利申请的内容违反了由全国人民代表大会或者全国人民代表大会常务委员会依照立法程序制定和颁布的法律。

发明创造与法律相违背的,不能被授予专利权。

A5所称违反法律的发明创造,不包括仅其实施为法律所禁止的发明创造。

发明创造并没有违反法律,但是由于其被滥用而违反法律的,不属于禁止专利保护范围。如果仅仅是发明创造的产品的生产、销售或使用受到法律的限制或约束,则该产品本身及其制造方法并不属于违反法律的发明创造。

带有人民币图案的床单的外观设计,因违反《中华人民共和国中国人民银行法》(以下简称《中国人民银行法》),不能被授予专利权。

2. 违反社会公德的发明创造

社会公德是指被公众普遍认为是正当的,并被接受的伦理道德观念和行为准则。它的内涵基于一定的文化背景,随着时间的推移和社会的进步不断地发生变化,而且因地域不同而各异。

中国专利法中所称的社会公德限于中国境内。发明创造与社会公德相违背的,不能被授予专利权,如带有暴力凶杀或者淫秽的图片或者照片的外观设计。

3. 妨害公共利益的发明创造

妨害公共利益是指发明创造的实施或使用会给公众或社会造成危害,或者会使国家和社会的正常秩序受到影响。

发明创造的实施或使用会严重污染环境、严重浪费能源或资源、破坏生态平衡、危害公众健康的,不能被授予专利权。

专利申请的文字或者图案涉及国家重大政治事件或宗教信仰、伤害人民感情或民族感情或者宣传封建迷信的，不能被授予专利权。

如果发明创造因滥用而可能造成妨害公共利益的，或者发明创造在产生积极效果的同时存在某种缺点的，不属于排除范围。

专利申请中外观设计的文字或者图案涉及国家重大政治事件、经济事件、文化事件，或者涉及宗教信仰，以致妨害公共利益或者伤害人民感情或民族感情的，或者宣扬封建迷信的，或者造成不良政治影响的，该专利申请不能被授予专利权。

以著名建筑物（如天安门）以及领袖肖像等为内容的外观设计不能被授予专利权。

以中国国旗、国徽作为图案内容的外观设计不能被授予专利权。

（二）依赖遗传资源完成的发明创造

1. 遗传资源的含义

《专利法》所称遗传资源，是指取自人体、动物、植物或者微生物等含有遗传功能单位并具有实际或者潜在价值的材料。

遗传功能是指生物体通过繁殖将性状或者特征代代相传或者使整个生物体得以复制的能力。遗传功能单位是指生物体的基因或者具有遗传功能的 DNA 或者 RNA 片段。

取自人体、动物、植物或者微生物等含有遗传功能单位的材料是指遗传功能单位的载体既包括整个生物体，也包括生物体的某些部分。

发明创造利用了遗传资源的遗传功能是指对遗传功能单位进行分离、分析、处理等，以完成发明创造，实现其遗传资源的价值。

2. 依赖遗传资源完成的发明创造的定义

依赖遗传资源完成的发明创造是指利用遗传资源的遗传功能完成的发明创造。

3. 违反法律、行政法规的规定获取或者利用遗传资源的定义

违反法律、行政法规的规定获取或者利用遗传资源是指遗传资源的获取或者利用未按照我国有关法律、行政法规的规定事先获得有关行政管理部门的批准或者相关权利人的许可。

（三）不授予专利权的主题

1. 科学发现、科学理论

（1）科学发现与科学理论。科学发现是指对自然界中客观存在的物质、现象、变化过程及其特性和规律的揭示。科学理论是对自然界认识的总结，是更为广义的发现。科学发现、科学理论与发明的区别在于：

① 这些被认识的物质、现象、过程、特性和规律不同于改造客观世界的技术方案，不是专利法意义上的发明创造；

② 很多发明是建立在发现的基础之上的，进而发明又促进了发现；

③ 人们从自然界找到以天然形态存在的物质，仅仅是一种发现，不能被授予专利权。

（2）首次从自然界分离或提取出来的物质。首次从自然界分离或提取出来的物质是指其结构、形态或者其他物理化学参数是现有技术中不曾认识的，并且能被确切地表征，在产业上有利用价值，则该物质本身以及取得该物质的方法均可依法被授予专利权。

2. 智力活动的规则与方法

（1）智力活动的定义。智力活动是指人的思维运动，它源于人的思维，经过推理、分析

和判断产生抽象的结果,或者必须以人的思维运动作为媒介,间接地作用于自然产生结果。智力活动的规则和方法是指导人们进行思维、表述、判断和记忆的规则和方法。

由于其没有采用技术手段或者利用自然规律,也未解决技术问题和产生技术效果,因而其不构成技术方案。

(2) 判断涉及智力活动的规则和方法的申请主题能否授予专利权的原则。如果一项权利要求仅仅涉及智力活动的规则和方法,则不应当被授予专利权。如果一项权利要求在对其进行限定的全部内容中既包含智力活动的规则和方法的内容,又包含技术特征,则不是一种智力活动的规则和方法。涉及商业模式的权利要求,如果既包含商业规则和方法的内容,又包含技术特征,则不能排除授权的可能性。

(3) 涉及计算机程序的发明专利申请的审查基准。具体情形包括:

如果一项权利要求仅仅涉及一种算法或数学计算规则,或者计算机程序本身或仅仅记录在载体(如磁带、磁盘、光盘、磁光盘、ROM、PROM、VCD、DVD或者其他计算机可读介质)上的计算机程序本身,或者游戏的规则和方法等,则该权利要求属于智力活动的规则和方法,不属于专利保护的客体。

如果一项权利要求除其主题名称之外,对其进行限定的全部内容仅仅涉及一种算法或者数学计算规则,或者程序本身,或者游戏的规则和方法等,则该权利要求实质上仅仅涉及智力活动的规则和方法,不属于专利保护的客体。

如果一项权利要求在对其进行限定的全部内容中既包含智力活动的规则和方法的内容,又包含技术特征,如在对游戏装置等限定的内容中既包括游戏规则,又包括技术特征,则该权利要求就整体而言并不是一种智力活动的规则和方法,不应当排除其获得专利权的可能性。

3. 疾病诊断和治疗方法

(1) 疾病诊断方法的定义。诊断方法是指识别、研究和确定有生命的人体或动物体病因或病灶状态的过程。

(2) 属于诊断方法的判断规则

① 以有生命的人体或动物体为对象。

② 以获得疾病诊断结果或健康状况为直接目的。

③ 如果一项发明从表述形式上看是以离体样品为对象的,但该发明是以获得同一主体疾病诊断结果或健康状况为直接目的,则该发明仍然不能被授予专利权。

(3) 不属于诊断方法的判断规则

① 在已经死亡的人体或动物体上实施的病理解剖方法。

② 直接目的不是获得诊断结果或健康状况,而只是从活的人体或动物体获取作为中间结果的信息的方法,或处理该信息(形体参数、生理参数或其他参数)的方法。

③ 直接目的不是获得诊断结果或健康状况,而只是对已经脱离人体或动物体的组织、体液或排泄物进行处理或检测以获取作为中间结果的信息的方法,或处理该信息的方法。

(4) 疾病治疗方法的定义。治疗方法是指为使有生命的人体或者动物体恢复或获得健康或减少痛苦,进行阻断、缓解或者消除病因或病灶的过程。治疗方法包括以治疗为目的或者具有治疗性质的各种方法。预防疾病或者免疫的方法视为治疗方法。

对于既可能包含治疗目的,又可能包含非治疗目的的方法,应当明确说明该方法用于非治疗目的,否则不能被授予专利权。

（5）属于治疗方法的方法

① 外科手术治疗方法、药物治疗方法、心理疗法。

② 以治疗为目的的针灸、麻醉、推拿、按摩、刮痧、气功、催眠、药浴、空气浴、阳光浴、森林浴和护理方法。

③ 以治疗为目的利用电、磁、声、光、热等种类的辐射刺激或照射人体或者动物体的方法。

④ 以治疗为目的采用涂覆、冷冻、透热等方式的治疗方法。

⑤ 为预防疾病而实施的各种免疫方法。

⑥ 为实施外科手术治疗方法和/或药物治疗方法采用的辅助方法。

⑦ 以治疗为目的的受孕、避孕、增加精子数量、体外受精、胚胎转移等方法。

⑧ 以治疗为目的的整容、肢体拉伸、减肥、增高方法。

⑨ 处置人体或动物体伤口的方法，如伤口消毒方法、包扎方法。

⑩ 以治疗为目的的其他方法，如人工呼吸方法、输氧方法等。

（6）不属于治疗方法的方法

① 制造假肢或者假体的方法，以及为制造该假肢或者假体而实施的测量方法。

② 通过非外科手术方式处置动物体以改变其生长特性的畜牧业生产方法。

③ 动物屠宰方法。

④ 对于已经死亡的人体或动物体采取的处置方法。

⑤ 单纯的美容方法，即不介入人体或不产生创伤的美容方法。

⑥ 为使处于非病态的人或者动物感觉舒适、愉快或者在诸如潜水、防毒等特殊情况下输送氧气、负氧离子、水分的方法。

⑦ 杀灭人体或者动物体外部（皮肤或毛发上，但不包括伤口和感染部位）的细菌、病毒、虱子、跳蚤的方法。

（7）外科手术方法。外科手术方法是指使用器械对有生命的人体或者动物体实施的剖开、切除、缝合、纹刺等创伤性或者介入性治疗或处置的方法。对于已经死亡的人体或者动物体实施的剖开、切除、缝合、纹刺等处置方法，只要该方法不违反法律、社会公德或者妨害公共利益，则属于可被授予专利权的客体。

外科手术方法分为治疗目的和非治疗目的的外科手术方法。非治疗目的的外科手术方法，由于是以有生命的人或者动物为实施对象，无法在产业上使用，因此不具备实用性；以治疗为目的的外科手术方法，属于治疗方法，不授予专利权。

4. 动物和植物品种

（1）动物的定义。动物是指不能自己合成，而只能靠摄取自然的碳水化合物及蛋白质来维系其生命的生物。

（2）植物的定义。植物是指可以借助光合作用，以水、二氧化碳和无机盐等无机物合成碳水化合物、蛋白质来维系生存，并通常不发生移动的生物。

（3）植物新品种的法律保护方式。植物新品种可以通过专利法以外的其他法律法规来保护。

（4）动物和植物品种的生产方法

① 生物学方法：无人工介入，依照自然规律繁殖的方法。

② 非生物学方法：如果人的技术介入对该方法所要达到的目的或者效果起了主要的控制作用或者决定性作用，则这种方法不属于"主要是生物学的方法"。

(5) 可授予专利权的动物和植物生产方法。对动物和植物品种的非生物学生产方法，可以授予专利权。微生物和微生物方法可以获得专利保护。

5. 原子核变换方法和用原子核变换方法所获得的物质

(1) 原子核变换方法的定义。原子核变换方法是指使一个或几个原子核经分裂或者聚合，形成一个或几个新原子核的过程。

原子核变换方法以及用该方法所获得的物质关系到国家的经济、国防、科研和公共生活的重大利益，不宜为单位或私人所垄断，因此不能被授予专利权。

(2) 用原子核变换方法所获得的物质。用原子核变换方法所获得的物质，主要是指用加速器、反应堆以及其他核反应装置生产、制造的各种放射性同位素，这些同位素不能被授予发明专利权。

(3) 可以授予专利权的原子核技术发明。为实现原子核变换而增加粒子能量的粒子加速方法（如电子行波加速法、电子驻波加速法、电子对撞法、电子环形加速法等），属于可被授予发明专利权的客体。为实现核变换方法的各种设备、仪器及其零部件等，均属于可被授予专利权的客体。同位素的用途以及使用的仪器、设备属于可被授予专利权的客体。

6. 对平面印刷品的图案、色彩或者二者的结合作出的主要起标识作用的设计

属于对平面印刷品的图案、色彩或者二者的结合作出的主要起标识作用的设计应具备的特征：

(1) 使用外观设计的产品属于平面印刷品；

(2) 该外观设计是针对图案、色彩或者二者的结合而作出的；

(3) 该外观设计主要起标识作用，即所述外观设计的主要用途在于使公众识别所涉及的产品、服务的来源等。

【例 02-03】以下涉及计算机程序的发明专利的权利要求，哪些是《专利法》第二十五条规定的不授予专利权的情形？

A. 一种机器识别算法本身

B. 一种用源代码限定的计算机程序

C. 一种 U 盘，其上存储有计算机程序，其特征在于该程序被处理器执行时实现数据获取和数据处理的步骤

D. 一种狼人杀的游戏规则

【参考答案】ABD

第二节　发明和实用新型专利申请的授权条件

本节知识要点

本节主要介绍发明和实用新型的可专利性条件，即针对一件发明或者实用新型专利申请，如何判断其是否具有新颖性、创造性和实用性。本节是学习专利法最重要的内容。

本节主要内容如图 2-3 所示。

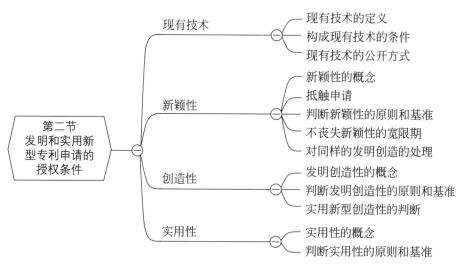

图 2-3　发明和实用新型专利申请的授权条件的主要内容

一、现有技术

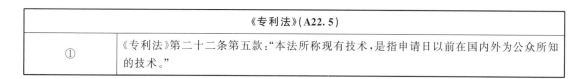

（一）现有技术的定义

现有技术相对于专利申请的申请日示意如图 2-4 所示。图 2-4 中浅色线表示只有在申请日（不含申请日当天）之前公开的技术，对于该专利申请来说，才构成现有技术。

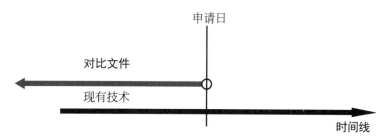

图 2-4　现有技术相对于专利申请的申请日示意

（二）构成现有技术的条件

1. 现有技术的时间条件

现有技术的时间界限应满足：
（1）时间界限是申请日以前。
（2）该申请如果享有了优先权，则是指优先权日。
（3）该申请日（优先权日）以前，不包括申请日当天公开的技术内容。

2. 现有技术的地域界限

现有技术的公开无地域限制，包括世界任何国家以任何语言形式公开，只要达到为公众所知，即满足构成现有技术的地域特征。

3. "公众"的含义

这里的"公众"不是指数量意义上的人群，而是指不受特定条件限制的人，即不负有保密义务的人。"公众"不包括：

（1）与申请人、发明人有信任关系的人（如合作者、同事）。

（2）对申请人、发明人依法有保密义务的人（如技术秘密转让合同的受让人，受委托提供专利事务服务的专利代理师）。

（3）依习惯有保密义务的人（如雇员对雇主、编辑对投稿人都属于依习惯有保密义务的人）。

4. 技术内容"为公众所知"的含义

（1）现有技术处于公众想要得知就能得知的状态。"为公众所知"是指有关技术内容已经处于向公众公开的状态，使想要了解其技术内容的人都可能通过正当的途径了解，而不仅仅是为某些特定人所能了解。这种向公众公开的状态只要客观存在，有关技术就被认为已经公开，至于有没有人了解或者有多少人实际上已经了解该技术是无关紧要的。

（2）现有技术的内容。现有技术的内容应当包括实质性的技术知识，并且应当充分披露足够的技术信息，以便利用该现有技术对一件发明或者实用新型专利申请是否具备新颖性和创造性作出判断。

（3）处于保密状态的技术内容不属于现有技术。所谓"保密状态"，不仅包括受保密协议约束的情形，还包括社会观念或者商业习惯上被认为应当承担保密义务的情形，即默契保密的情形。

（三）现有技术的公开方式

1. 出版物公开

出版物是指记载技术内容的独立存在的传播载体，并且应当表明或者有其他证据证明其公开发表或出版的时间。

出版物公开是以"书面方式"披露技术信息。出版物不受地理位置、语言或者获得方式的限制，也不受年代的限制。出版物的出版发行量是多少、是否有人阅读过、申请人是否知道是无关紧要的。印有"内部资料""内部发行"等字样的出版物，确系在特定范围内发行并要求保密的，不属于公开出版物。

出版物的印刷日视为公开日，有其他证据证明其公开日的除外。印刷日只写明年月或者年份的，以所写月份的最后一日或者所写年份的12月31日为公开日。

2. 使用公开

使用公开是由于使用而导致技术方案的公开，或者导致技术方案处于公众可以得知的状态。使用公开的方式包括能够使公众得知其技术内容的制造、使用、销售、进口、交换、馈赠、演示、展出等方式。只要通过使用方式使有关技术内容处于公众想得知就能够得知的状态，就构成使用公开，而不取决于是否有公众得知。

未给出任何有关技术内容的说明，以致所属技术领域的技术人员无法得知其结构和功能或材料成分的产品展示,不属于使用公开。如果使用公开的是一种产品,即使所使用的产品或者装置需要经过破坏才能够得知其结构和功能,也仍然属于使用公开。

使用公开还包括放置在展台上、橱窗内公众可以阅读的信息资料及直观资料。

使用公开是以公众能够得知该产品或者方法之日为公开日。

3. 以其他方式公开

以其他方式公开主要是指口头公开等,如口头交谈、报告、讨论会发言、广播、电视、电影等能够使公众得知技术内容的方式。口头交谈、报告、讨论会发言以其发生之日为公开日。公众可接收的广播、电视或电影的报道,以其播放日为公开日。

【例02-04】关于现有技术的说法,哪个是正确的?
A. 专利法意义上的出版物仅限于纸件出版物
B. 云南白药的保密配方一旦泄露,即属于现有技术
C. 能够使公众得知技术内容的馈赠和交换不属于使用公开
D. 印有"内部资料"字样的出版物一定不属于公开出版物

【参考答案】B

二、新颖性

《专利法》(A22.1、A22.2、A9.1)	
①	《专利法》第二十二条第一款:"授予专利权的发明和实用新型,应当具备新颖性、创造性和实用性。"
②	《专利法》第二十二条第二款:"新颖性,是指该发明或者实用新型不属于现有技术;也没有任何单位或者个人就同样的发明或者实用新型在申请日以前向国务院专利行政部门提出过申请,并记载在申请日以后公布的专利申请文件或者公告的专利文件中。"
③	《专利法》第九条第一款:"同样的发明创造只能授予一项专利权。但是,同一申请人同日对同样的发明创造既申请实用新型专利又申请发明专利,先获得的实用新型专利权尚未终止,且申请人声明放弃该实用新型专利权的,可以授予发明专利权"。

(一)新颖性的概念

1. 新颖性的定义

一件发明或者实用新型专利申请具有新颖性是指该申请不属于现有技术,且不存在抵触申请,即没有任何单位或者个人就同样的发明或实用新型在申请日以前向国务院专利行政部门提出过申请,并记载在申请日以后(含申请日)公布的专利申请文件或者公告的专利文件中。

2. 新颖性的审查

发明或实用新型专利申请是否具备新颖性,只有在其具备实用性后才予以考虑。

3. 对比文件的确定

对比文件是为判断发明或实用新型是否具备新颖性或创造性等所引用的相关文件,包括专利文件和非专利文件,统称为对比文件。

引用的对比文件可以是一份,也可以是数份。

该技术内容不仅包括明确记载在对比文件中的内容，而且包括对于所属技术领域的技术人员来说，隐含的且可直接地、毫无疑义地确定的技术内容。

在引用附图时必须注意，只有能够从附图中直接地、毫无疑义地确定的技术特征才属于公开的内容。由附图中推测的内容，或者无文字说明、仅仅是从附图中测量得出的尺寸及其关系，不应当作为已公开的内容。

（二）抵触申请

1. 抵触申请的定义

抵触申请是指由任何单位或者个人就同样的发明或实用新型在申请日以前向国务院专利行政部门提出了申请，并且在申请日以后（含申请日）公布的专利申请文件或者公告的专利文件构成抵触申请。抵触申请损害该申请日提出的专利申请的新颖性。对比内容不仅包括在先专利或专利申请的权利要求书，也包括其说明书（包括附图），应当以其全文内容为准。

抵触申请相对于专利申请的申请日示意如图 2-5 所示。图 2-5 中标明"绿 A"表示只有在申请日（不含申请日当天）之前，任何单位或个人就同样的发明或实用新型向国务院专利行政部门提出了专利申请，并且在申请日（包含申请日当天）之后公开的发明专利申请或公告授权的实用新型专利（图中标明"红 B"），对于该专利申请来说，才构成抵触申请。

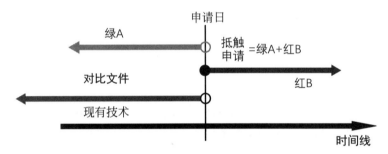

图 2-5　抵触申请相对于专利申请的申请日示意

2. 构成抵触申请的条件

（1）国内专利申请。该国内专利申请应当是：

① 向国务院专利行政部门提出的申请；

② 在申请日前提出申请，且在申请日或申请日之后公布或者公告；

③ 披露了同样的发明创造内容。

（2）国际专利申请。申请日以前由任何单位或者个人提出，并在申请日之后（含申请日当天）公布或公告的且进入中国国家阶段的同样的发明或实用新型的专利申请。

3. 抵触申请的效力

抵触申请能够否定发明或实用新型专利申请的新颖性。抵触申请仅指在申请日以前提出的，不包含在申请日提出的同样的发明或实用新型专利申请。

申请人本人在先提出的发明专利申请文件也可能构成自己的在后专利申请的抵触申请。

【例 02-05】某申请日为 2017 年 10 月 11 日的中国发明专利申请 X 中，要求保护技术方案 A1 和 A2，该申请优先权日为 2016 年 10 月 11 日，且优先权文本中仅记载了技术方案 A1。审查部门检索到一篇申请日为 2016 年 9 月 23 日、公开日为 2017 年 9 月 6 日的中国发明专利申请，其中公开了技术方案 A1 和 A2。则下列说法正确的是：

A. 该对比文件构成了申请 X 中技术方案 A1 的抵触申请
B. 该对比文件构成了申请 X 中技术方案 A2 的抵触申请
C. 该对比文件构成申请 X 中技术方案 A1 的现有技术
D. 该对比文件构成申请 X 中技术方案 A2 的现有技术

【参考答案】AD

(三) 判断新颖性的原则和基准

1. 同样的发明或者实用新型的含义

(1) 如果要求保护的发明或实用新型与对比文件所公开的技术内容完全相同,或者仅仅是简单的文字变换,则该发明或实用新型不具备新颖性。

相同的内容应该理解为包括可以从对比文件中直接地、毫无疑义地确定的技术内容。

(2) 新颖性判断的核心内容。新颖性判断的核心就是技术方案实质上相同 ("四相同"):

① 权利要求所限定的技术方案与对比文件公开的技术方案实质上相同;
② 所属技术领域的技术人员根据两者的技术方案可以确定两者能够适用于相同的技术领域;
③ 解决相同的技术问题;
④ 具有相同的技术效果。

2. 单独对比原则

单独对比原则 (俗称"单挑"),应当将发明或实用新型专利申请的各项权利要求分别与每一项现有技术或申请在先、公布或公告在后的发明或实用新型的相关内容单独地进行比较。

不允许将被审查的申请的各项权利要求与几项现有技术或者申请在先、公布或公告在后的发明或实用新型的内容的组合,或者与一份对比文件中的多个技术方案的组合进行对比。

单独对比原则的实质是要求将发明或实用新型的每项权利要求的每个技术方案分别与一份对比文件中记载的单个技术方案对比。

新颖性判断所强调的单独对比原则,并不意味着评价一件专利申请时只能引用一篇对比文件进行新颖性判断。

对于包含体现多个技术方案的多项独立权利要求的专利申请来说,对其新颖性的判断完全有可能需要引用多篇对比文件与多项独立权利要求分别单独对比。

3. 具体 (下位) 概念与一般 (上位) 概念

具体 (下位) 概念的对比文件使采用一般 (上位) 概念限定的发明或实用新型丧失新颖性;采用上位概念限定的技术内容的对比文件不能否定用下位概念限定的发明或实用新型中技术方案的新颖性。

4. 惯用手段的直接置换

可直接置换的惯用手段通常是所属技术领域的技术人员在解决某个问题时熟知并常用、可互相置换且技术效果预期相同的技术手段;与对比文件的区别仅仅是所属技术领域的惯用手段的直接置换的发明或实用新型不具备新颖性。

5. 数值和数值范围

对比文件公开的数值或者数值范围落在被审查的发明或实用新型限定的技术特征的数值

范围内,将破坏其新颖性;对比文件公开的数值范围与被审查的发明或实用新型限定的技术特征的数值范围部分重叠或者有一个共同的端点,将破坏其新颖性;对比文件公开的数值范围的两个端点破坏被审查的发明或实用新型限定与端点值相同的技术特征的新颖性,不破坏范围内不同于端点数值的技术特征的新颖性。

6. 包含性能、参数、用途、制备方法等特征的产品权利要求的新颖性审查原则

(1) 包含性能、参数特征的产品权利要求。对于这类权利要求,应当考虑权利要求中的性能、参数特征是否隐含了要求保护的产品具有某种特定结构和/或组成;如果该性能、参数隐含了要求保护的产品具有区别于对比文件产品的结构和/或组成,则该权利要求具备新颖性;相反,如果所属技术领域的技术人员根据该性能、参数无法将要求保护的产品与对比文件产品区分开,则可推定要求保护的产品与对比文件产品相同,因此申请的权利要求不具备新颖性。

(2) 包含用途特征的产品权利要求。对于这类权利要求,应当考虑权利要求中的用途特征是否隐含了要求保护的产品具有某种特定结构和/或组成。

如果该用途由产品本身固有的特性决定,而且用途特征没有隐含产品在结构和/或组成上发生改变,则该用途特征限定的产品权利要求相对于对比文件的产品不具有新颖性。

但是,如果该用途隐含了产品具有特定的结构和/或组成,即该用途表明产品结构和/或组成发生改变,则该用途作为产品的结构和/或组成的限定特征必须予以考虑。

(3) 包含制备方法特征的产品权利要求。对于这类权利要求,应当考虑该制备方法是否导致产品具有某种特定的结构和/或组成。如果所属技术领域的技术人员可以断定该方法必然使产品具有不同于对比文件产品的特定结构和/或组成,则该权利要求具备新颖性;相反,如果申请的权利要求所限定的产品与对比文件产品相比,尽管所述方法不同,但产品的结构和组成相同,则该权利要求不具备新颖性。

7. 化学领域发明新颖性判断的其他若干规定

(1) 化学发明的充分公开。要求保护的发明为化学产品本身的,说明书中应当记载化学产品的确认、化学产品的制备以及化学产品的用途。对于化学方法发明,无论是物质的制备方法还是其他方法,均应当记载方法所用的原料物质、工艺步骤和工艺条件,必要时还应当记载方法对目的物质性能的影响,使所属技术领域的技术人员按照说明书中记载的方法去实施时能够解决该发明要解决的技术问题。

对于方法所用的原料物质,应当说明其成分、性能、制备方法或者来源,使得本领域技术人员能够得到。对于化学产品用途发明,在说明书中应当记载所使用的化学产品、使用方法及所取得的效果,使得本领域技术人员能够实施该用途发明。

由于化学领域属于实验性学科,多数发明需要经过实验证明,因此说明书中通常应当包括实施例。对于申请日之后补交的实施例和实验数据,补交实验数据所证明的技术效果应当是所属技术领域的技术人员能够从专利申请公开的内容中得到的。

(2) 化合物的新颖性。专利申请要求保护一种化合物的,如果在一份对比文件中已经提到该化合物,即推定该化合物不具备新颖性。通式不能破坏该通式中一个具体化合物的新颖性。天然物质的存在本身并不能破坏该发明物质的新颖性,只有对比文件中公开的与发明物质的结构和形态一致或者直接等同的天然物质,才能破坏该发明物质的新颖性。

(3) 组合物的新颖性。一份对比文件公开了由组分(A+B+C)组成的组合物甲,如果:

① 发明专利申请为组合物乙的权利要求采用封闭式撰写形式"由 A＋B 组成",即使该发明与组合物甲所解决的技术问题相同,该权利要求仍有新颖性;

② 发明专利申请为组合物乙的权利要求采用开放式撰写形式"含有 A＋B",且该发明与组合物甲所解决的技术问题相同,则该权利要求无新颖性;

③ 发明专利申请为组合物乙的权利要求采取排除法撰写形式指明不含 C,则该权利要求仍有新颖性。

(4) 用物理化学参数表征的化学产品的新颖性。对于用物理化学参数表征的化学产品权利要求,如果无法依据所记载的参数对由该参数表征的产品与对比文件公开的产品进行比较,从而不能确定采用该参数表征的产品与对比文件公开的产品的区别,则推定用该参数表征的产品权利要求不具备新颖性。

(5) 用制备方法表征的化学产品的新颖性。对于用制备方法表征的化学产品权利要求,以针对产品本身对比为主,以比较其中的制备方法为辅。

如果申请没有公开可与对比文件公开的产品进行比较的参数以证明该产品的不同之处,而仅仅是制备方法不同,也没有表明由于制备方法上的区别而为产品带来任何功能、性质上的改变,则推定该方法表征的产品权利要求不具备新颖性。

(6) 化学产品用途发明的新颖性。一种新产品的用途发明由于该产品是新的而自然具有新颖性。仅仅用不同表述形式表述的"新"用途而实质上属于相同用途的发明不具备新颖性。与原作用机理或者药理作用直接等同的用途不具有新颖性。

已知下位用途可以破坏上位用途的新颖性。

仅仅体现在用药过程中的区别特征不能使该用途具有新颖性。

8. 包含算法特征或商业规则和方法特征的发明专利的新颖性审查规定

对包含算法特征或商业规则和方法特征的发明专利申请进行新颖性审查时,应当考虑权利要求记载的全部特征,所述全部特征既包括技术特征,也包括算法特征或商业规则和方法特征。

【例 02-06】以下关于新颖性的判断,正确的是:

A. 一种抗拉强度为 530MPa 钢板相对于抗拉强度为 350MPa 的普通钢板具有新颖性

B. 一种用于抗病毒的化合物 X 与一种用作洗涤剂的化合物 X 相比具有新颖性

C. 一种使用 X 方法制备的玻璃杯与一种用 Y 方法制作的玻璃杯相比一定具有新颖性

D. 一种厚度为 25～30mm 的托板与一种厚度为 30mm 的托板相比不具有新颖性

【参考答案】AD

(四) 不丧失新颖性的宽限期

《专利法》(A24)	
①	《专利法》第二十四条:"申请专利的发明创造在申请日以前六个月内,有下列情形之一的,不丧失新颖性:(一)在国家出现紧急状态或者非常情况时,为公共利益目的首次公开的;(二)在中国政府主办或者承认的国际展览会上首次展出的;(三)在规定的学术会议或者技术会议上首次发表的;(四)他人未经申请人同意而泄露其内容的。"

1. 宽限期的定义

申请专利的发明创造在申请日以前 6 个月内，发生 A24 规定的四种情形之一的，该申请不丧失新颖性。申请人可以享有宽限期的四种情形：

（1）在国家出现紧急状态或者非常情况时，为公共利益目的首次公开的；
（2）在中国政府主办或者承认的国际展览会上首次展出的；
（3）在规定的学术会议或者技术会议上首次发表的；
（4）他人未经申请人同意而泄露其内容的。

2. 宽限期的效力

不丧失新颖性的宽限期，仅仅是把申请人（包括发明人）的某些公开，或者第三人从申请人或发明人那里以合法手段或不合法手段得来的发明创造的某些公开，认为是不损害该专利申请新颖性和创造性的公开。

实际上，发明创造公开以后已经成为现有技术，只是这种公开在一定期限内对于申请人的专利申请来说不视为影响其新颖性和创造性的现有技术，并不是把发明创造的公开日看作专利申请的申请日。

从公开之日至提出申请的期间，如果第三人独立地作出了同样的发明创造，而且在申请人提出专利申请以前提出了专利申请，那么根据先申请原则，申请人就不能取得专利权。

由于申请人（包括发明人）的公开，该发明创造成为现有技术，故第三人的申请没有新颖性，也不能取得专利权。

3. 宽限期的条件

（1）时间条件。在发生 A24 规定的四种情形之日起的 6 个月内，申请人提出专利申请时可以要求享有宽限期。

宽限期不得申请延长、中止、中断。申请人因耽误期限未在 6 个月内提出专利申请而丧失了享有宽限期的，不得请求恢复权利。

（2）主体条件。申请适用宽限期的主体，只能是对公开内容有权提出专利申请的人。

（3）行为条件

① 在国家出现紧急状态或者非常情况时，为公共利益目的首次公开。

② 在适用宽限期的国际展览会上"首次展出"。中国政府主办的国际展览会包括国务院、各部委主办或国务院批准由其他机关或者地方政府举办的国际展览会。中国政府承认的国际展览会是指国际展览会公约规定的由国际展览局注册或者认可的国际展览会。"首次展出"并不意味着在申请日以前的 6 个月内只允许申请人在某一国际展览会上展出一次。

③ 在适用宽限期的学术会议或技术会议上"首次发表"。规定的学术会议或者技术会议是指国务院有关主管部门或者全国性学术团体组织召开的学术会议或者技术会议，不包括省以下或者受国务院各部委或全国性学术团体委托或者以其名义组织召开的学术会议或者技术会议。在后者所述的会议上的公开将导致丧失新颖性，除非这些会议有保密约定。

④ 他人未经申请人同意泄露。他人未经申请人同意泄露包括他人未遵守明示或者默示的保密信约而将发明创造的内容公开，也包括他人用威胁、欺诈或者间谍活动等手段从发明人或申请人那里得知发明创造的内容而造成的公开。

（4）二次公开不破坏宽限期的情形。宽限期的 6 个月内申请人提出申请之前，发明创造再次被公开，仍符合 A24 的规定的，该申请不会因此而丧失新颖性，但是宽限期自发明创造的第一次公开之日起计算。

4. 主张适用宽限期的手续

专利申请人主张适用宽限期应当办理的手续包括：

（1）专利申请人在提交专利申请文件时，应当在请求书中勾选相关选项，明确表达主张适用宽限期的意愿。

（2）在专利申请日起 2 个月内提交相应的证明材料

① 必要时提供相应的证明文件。要求享有宽限期属于"为公共利益目的首次公开的""他人未经申请人同意泄露"两种情形的，国务院专利行政部门认为必要时，可以要求申请人在指定期限内提交证明材料。

② 应当主动提交相应的证明文件。要求享有宽限期属于"首次展出""首次发表"情形的，申请人应当在提出专利申请时声明，并自申请日起二个月内提交有关国际展览会或者学术会议、技术会议的组织单位出具的有关发明创造已经展出或者发表，以及展出或者发表日期的证明材料。

【例 02-07】下列情形，不可以在提出专利申请时要求不丧失新颖性宽限期的是：
A. 在中国政府主办或者承认的国际展览会上首次展出的
B. 在学术期刊公开发表或者规定的技术会议上首次发表的
C. 他人未经申请人同意而泄露其内容的
D. 在有明确保密要求的省以下学术会议上首次发表的
【参考答案】B

（五）对同样的发明创造的处理

1. 同样的发明创造的判断原则

同样的发明创造只能授予一项专利权。为了避免重复授权，在判断是否为同样的发明创造时，应当将两件发明或者实用新型专利申请或专利的权利要求书的内容进行比较，而不是将权利要求书与专利申请或专利文件的全部内容进行比较。判断是否构成同样的发明创造的原则为：

（1）如果某一项权利要求保护范围相同，则应当认为它们是同样的发明创造。

（2）如果说明书的内容相同，但其权利要求保护范围不同，则应当认为所要求保护的发明创造不同。

（3）如果权利要求保护范围仅部分重叠，则它们不属于同样的发明创造。

2. 同一申请人就同样的发明创造提出两件专利申请

（1）申请人就同样的发明创造在同日提出了两件专利申请，均尚未授权。对此处理的方式为：

① 分别通知申请人要求其进行选择或修改；
② 申请人期满不答复的，相应的申请被视为撤回；
③ 经申请人陈述意见或者进行修改后仍属于同样的发明创造的，两件申请均予以驳回。

（2）同一申请人就同样的发明创造在同日提出了两件专利申请，其中一件已经授权，另一件符合授权条件但尚未授权。对此处理的方式为：

① 通知申请人对尚未授权的进行修改；
② 申请人期满不答复的，相应的申请被视为撤回；
③ 经申请人陈述意见或者进行修改后仍属于同样的发明创造的，驳回尚未授权的专利

申请。

(3) 同日就相同内容提交一发明一实用新型两件专利申请（双报）

① 同一申请人在同日（指申请日）对同样的发明创造既申请实用新型专利又申请发明专利的，应当在申请时分别说明对同样的发明创造已申请了另一专利。

② 同一申请人同日对同样的发明创造既申请实用新型专利又申请发明专利，先获得的实用新型专利权尚未终止，且申请人声明放弃该实用新型专利权的，可以授予发明专利权。

③ 发明专利申请经过实质审查也符合授权条件，此时实用新型专利权尚未终止，且申请人同意书面声明放弃实用新型专利权，则专利审查部门发出发明专利授权通知书，并且公告授权时同时公告放弃声明。实用新型专利权自公告授予发明专利权之日起终止。

④ 发明专利申请被驳回的三种情形：

(i) 申请人不同意放弃已经授权且尚有效的实用新型专利；

(ii) 此时实用新型专利权已经终止；

(iii) 经过修改发明专利申请文件，仍然属于同样的发明创造。

⑤ 发明专利申请被视为撤回的情形。申请人收到专利申请部门要求选择或修改的通知书，期满不予答复的，视为撤回该发明专利申请。

(4) 构成同样发明创造的是申请日相同的两件均已授权的专利。同一申请人就同样的发明创造在同日提出了两件专利申请，且两件专利申请均已获得授权。对此处理的方式为：

① 授权公告日不同：授权在先的专利权被申请宣告无效的，应当维持；授权在后的专利权被申请无效的，应当无效。

② 授权公告日也相同：仅其中一件专利权被申请无效的，应当无效该专利权；两件专利权均被申请无效的，通知专利权人选择：专利权人选择其一的，宣告另一件无效；专利权人不选择的，两件均被宣告无效。

3. 不同申请人就同样的发明创造在同一日分别提出专利申请

两件发明创造的申请人不同，且在不同日期提交的两件专利申请，专利权授予申请在前的申请人。两件发明创造的申请人不同，且同一日期分别提交两件专利申请的：

(1) 通知申请人自行协商确定申请人；

(2) 申请人期满不答复的，其申请被视为撤回；

(3) 协商不成，或者经申请人陈述意见或进行修改后仍属于同样的发明创造的，两件申请均予以驳回。

【例02-08】同一申请人同日对同样的发明创造既提交了发明专利申请，又提交了实用新型专利申请，并于申请日进行了声明。如果先获得的实用新型专利权尚未终止，而发明专利申请符合其他可以授予专利权的条件，申请人声明放弃实用新型专利权的，放弃的实用新型专利权自下列哪日终止？

A. 发明专利权的授权公告日

B. 放弃实用新型专利权声明的提交日

C. 实用新型的申请日

D. 实用新型的授权公告日

【参考答案】A

三、创造性

	《专利法》(A22.3)
①	《专利法》第二十二条第三款:"创造性,是指与现有技术相比,该发明具有突出的实质性特点和显著的进步,该实用新型具有实质性特点和进步。"

(一) 发明创造性的概念

1. 发明的创造性的定义

授予专利权的发明或者实用新型应当具备新颖性、创造性和实用性。因此,申请专利的发明或者实用新型具备创造性是授予其专利权的必要条件之一。发明的创造性是指与现有技术相比,该发明有突出的实质性特点和显著的进步。

2. 所属技术领域的技术人员

专利法中定义的"所属领域的技术人员",其含义包括:

(1) 所属技术领域的技术人员是指一种假设的"人";

(2) 假定他知晓申请日或者优先权日之前发明所属技术领域所有的普通技术知识;

(3) 能够获知该领域中所有的现有技术,并且具有应用申请日之前常规实验手段的能力,但他不具有创造能力。

3. 突出的实质性特点

判断发明是否具有突出的实质性特点,就是要判断对于本领域的技术人员来说,要求保护的发明相对于现有技术是否显而易见。

(1) 如果发明是所属技术领域的技术人员在现有技术的基础上仅仅通过合乎逻辑的分析、推理或有限的试验可以得到的,则该发明是显而易见的,就不具备突出的实质性特点。

(2) 如果对比的结果表明要求保护的发明相对于现有技术是非显而易见的,则具有突出的实质性特点。

(3) 通常认为现有技术中存在技术启示的情形

① 区别技术特征为公知常识,如本领域中解决该重新确定的技术问题的惯用手段,或教科书或者工具书等中披露的解决该重新确定的技术问题的技术手段。

② 区别技术特征为与最接近的现有技术相关的技术手段,如同一份对比文件其他部分披露的技术手段,该技术手段在该其他部分所起的作用与该区别特征在要求保护的发明中为解决该重新确定的技术问题所起的作用相同。

③ 区别技术特征为另一份对比文件中披露的相关技术手段,该技术手段在该对比文件中所起的作用与该区别技术特征在要求保护的发明中为解决发明中要解决的技术问题所起的作用相同。

4. 显著的进步

在评价发明是否具有显著的进步时,主要应当考虑发明是否具有有益的技术效果:

(1) 发明与现有技术相比具有更好的技术效果,如质量改善、产量提高、节约能源、防治环境污染等;

(2) 发明提供了一种技术构思不同的技术方案,其技术效果能够基本上达到现有技术的水平；

（3）发明代表某种新技术发展趋势；

（4）尽管发明在某些方面有负面效果，但在其他方面具有明显积极的技术效果。

（二）判断发明创造性的原则和基准

1. 判断创造性的方法和步骤

（1）创造性的审查原则。一件发明或者实用新型专利申请是否具备创造性，只有在该发明或者实用新型具备新颖性的条件下才予以考虑。

一件发明是否具备创造性，应当判断该发明是否具有突出的实质性特点，同时还应当判断该发明是否具有显著的进步。

一件实用新型是否具备创造性，应当判断该实用新型是否具有实质性特点，同时还应当判断该实用新型是否具有进步。

在评价发明或实用新型是否具备创造性时，需要考虑发明或实用新型的技术方案本身、所属技术领域、所解决的技术问题和所产生的技术效果，将发明或实用新型作为一个整体看待。与新颖性"单独对比"的审查原则不同，发明或实用新型的创造性判断是将一份或者多份现有技术中的不同的技术内容组合在一起对要求保护的发明或实用新型进行评价的。如果一项独立权利要求具备创造性，则不再审查该独立权利要求的从属权利要求的创造性。

【例 02-09】下列关于创造性的说法正确的是：

A. 现有技术和抵触申请可以用来评价一项发明的创造性

B. 发明是否具备创造性，应当基于所属技术领域的技术人员的知识和能力进行评价

C. 如果发明取得了预料不到的技术效果，则该发明具备创造性

D. 如果独立权利要求具备创造性，则引用其的从属权利也要求具有创造性，反之亦然

【参考答案】BC

（2）显而易见性的判断步骤（"三步法"）。判断发明是否具有显而易见性，通常采用"三步法"。这里假设前提为待审查的权利要求的技术方案 X 由技术特征组 A 和技术特征组 B（至少有一个）构成，即待审查的权利要求技术特征构成为 X＝A＋B。则"三步法"的判断过程如下。

步骤一：确定最接近的现有技术 D1

在确定最接近的现有技术时，应首先考虑技术领域相同或相近的现有技术。

最接近的现有技术是与要求保护的发明的技术领域相同，所要解决的技术问题、所产生的技术效果或者用途最接近和/或公开了发明的技术特征最多的现有技术，或者虽然与要求保护的发明技术领域不同，但能够实现发明的功能，并且公开发明的技术特征最多的现有技术。这里假设确定的最接近的现有技术对比文件 D1 中包含有待审查技术方案 X 中的 A 个技术特征。

步骤二：确定区别技术特征 B

① 首先要根据区别技术特征在待审查技术方案 X 中所能达到的技术效果确定发明实际解决的技术问题。发明实际解决的技术问题是指该发明对最接近的现有技术进行改进的技术任务。

② 在寻找包含有区别技术特征 B 的对比文件 D2 时，存在下列两种情形：

情形一：不存在披露区别技术特征 B 的对比文件 D2。

情形二：存在对比文件 D2，该 D2 可以是另一份对比文件，也可以是同一份对比文件中的另一个技术方案。

步骤三：判断要求保护的技术方案（C＝A＋B）是否是显而易见的

如果为上述情形一，即不存在对比文件 D2，则说明没有现有技术给出将区别技术特征 B 应用于最接近的现有技术 D1 去解决本发明解决的技术问题的技术启示，即技术方案 A＋B 对于本领域技术人员来说，是非显而易见的，因此可以得出结论：本发明具有突出的实质性特点。

如果为上述情形二，即存在包含有区别技术特征 B 的对比文件 D2，则确定区别技术特征 B 在其对比文件 D2 中的作用，以及与被审查技术方案 X 中所起的作用：

① 如果作用相同，则认为对比文件 D2 中给出了将区别技术特征 B 应用到该最接近的现有技术 D1 中以解决本发明实际解决的技术问题的技术启示。这种启示会使本领域的技术人员在面对所述技术问题时，有动机将区别技术特征 B 应用到对比文件 D1 中，从而获得要求保护的技术方案 A＋B，因此本发明要求保护的技术方案是显而易见的，不具有突出的实质性特点。

② 如果作用不同，则认为对比文件 D2 中没有给出将区别技术特征 B 应用到该最接近的现有技术 D1 中以解决本发明解决的技术问题的技术启示，因此本发明要求保护的技术方案 A＋B 是非显而易见的，具有突出的实质性特点。

2. 技术效果对创造性判断的影响

如果发明与现有技术相比具有预料不到的技术效果，则不必再怀疑其技术方案是否具有突出的实质性特点，可以确定发明具备创造性。

如果通过"三步法"可以判断出发明的技术方案对于本领域的技术人员来说是非显而易见的，且能够产生有益的技术效果，则发明具有突出的实质性特点和显著的进步，具备创造性，此种情况不应强调发明是否具有预料不到的技术效果。

3. 开拓性发明的创造性判断

开拓性发明是指一种全新的技术方案，在技术史上未曾有过先例，它为人类科学技术在某个时期的发展开创了新纪元。

开拓性发明同现有技术相比，具有突出的实质性特点和显著的进步，具备创造性。

4. 组合发明的创造性判断

组合发明是指将某些技术方案进行组合，构成一项新的技术方案，以解决现有技术客观存在的技术问题。

显而易见的组合，而且总的技术效果是各组合部分效果之总和，组合后的各技术特征之间在功能上无相互作用关系，仅仅是一种简单的叠加，则这种组合发明不具备创造性。

非显而易见的组合，如果组合的各技术特征在功能上彼此支持，并取得了新的技术效果，或者说组合后的技术效果比每个技术特征效果的总和更优越，则这种组合具有突出的实质性特点和显著的进步，发明具备创造性。

5. 选择发明的创造性判断

选择发明是指从现有技术中公开的宽范围中，有目的地选出现有技术中未提到的窄范围或个体的发明。

如果发明仅是从一些已知的可能性中进行选择，或者发明仅仅是从一些具有相同可能性的技术方案中选出一种，而选出的方案未能取得预料不到的技术效果，则该发明不具备创造性。如果发明是在可能的、有限的范围内选择具体的尺寸、温度范围或者其他参数，而这些选择可以由本领域的技术人员通过常规手段得到并且没有产生预料不到的技术效果，则该发明不具备创造性。如果发明是可以从现有技术中直接推导出来的选择，则该发明不具备创造性。

如果选择使得发明取得了预料不到的技术效果，则该发明具有突出的实质性特点和显著的进步，具备创造性。

6. 转用发明的创造性判断

转用发明是指将某一技术领域的现有技术转用到其他技术领域中的发明。如果转用是在类似的或者相近的技术领域之间进行，并且未产生预料不到的技术效果，则这种转用发明不具备创造性。如果这种转用能够产生预料不到的技术效果，或者克服了原技术领域中未曾遇到的困难，则这种转用发明具有突出的实质性特点和显著的进步，具备创造性。

7. 已知产品新用途发明的创造性判断

已知产品的新用途发明是指将已知产品用于新的目的的发明。如果新的用途仅仅是使用了已知材料的已知的性质，则该用途发明不具备创造性。如果新的用途是利用了已知产品新发现的性质，并且产生了预料不到的技术效果，则这种用途发明具有突出的实质性特点和显著的进步，具备创造性。

8. 要素变更发明的创造性判断

要素变更的发明包括要素关系改变的发明、要素替代的发明和要素省略的发明。在进行要素变更发明的创造性判断时通常需要考虑：要素关系的改变；要素替代和省略是否存在技术启示；其技术效果是否可以预料等。

（1）对要素关系改变的发明创造性判断方法

① 要素关系改变的发明是指发明与现有技术相比，其形状、尺寸、比例、位置及作用关系等发生了变化。

② 如果要素关系的改变没有导致发明效果、功能及用途的变化，或发明效果、功能及用途的变化是可预料到的，则发明不具备创造性。

③ 如果要素关系的改变导致发明产生了预料不到的技术效果，则发明具有突出的实质性特点和显著的进步，具备创造性。

（2）对要素替代的发明创造性判断方法

① 要素替代的发明是指已知产品或方法的某一要素由其他已知要素替代的发明。

② 不具备创造性的发明：相同功能的已知手段的等效替代，或者为解决同一技术问题用已知最新研制出的具有相同功能的材料替代公知产品中的相应材料，或者用某一公知材料替代公知产品中的某材料，而这种公知材料的类似应用是已知的，并且没有产生预料不到的技术效果。

③ 如果要素的替代能使发明产生预料不到的技术效果，则该发明具有突出的实质性特点和显著的进步，具备创造性。

（3）对要素省略的发明创造性判断方法

① 要素省略的发明是指省去已知产品或者方法中的某一项或多项要素的发明。

② 如果发明省去一项或多项要素后其功能也相应地消失，则该发明不具备创造性。

③ 如果发明与现有技术相比，省去一项或多项要素后，依然保持原有的全部功能，或者带来预料不到的技术效果，则具备创造性。

9. 判断创造性时需考虑的其他因素

一项发明的创造性的判断，也可以考虑下列辅助因素。

（1）发明解决了人们一直渴望解决但始终未能获得成功的技术难题。

（2）发明克服了技术偏见。

（3）发明取得了预料不到的技术效果：

① 发明取得了预料不到的技术效果是指发明同现有技术相比，其技术效果产生"质"的变化，具有新的性能，或者产生"量"的变化，超出人们预期的想象，这种"质"的或者"量"的变化，对于所属技术领域的技术人员来说，事先无法预测或者推理出来。

② 发明产生了预料不到的技术效果，说明发明具有显著的进步，同时也反映出发明的技术方案是非显而易见的，具有突出的实质性特点，该发明具备创造性。

（4）发明在商业上获得成功：

① 当发明的产品在商业上获得成功时，如果这种成功是发明的技术特征直接导致的，则其反映了发明具有有益效果，同时也说明了发明是非显而易见的。

② 如果商业上的成功是其他原因所致的，如销售技术的改进或者广告宣传造成的，则不能作为判断创造性的依据。

10. 化学领域发明创造性判断的其他若干规定

（1）对化合物的创造性的判断，具体的规定包括：

① 结构上与已知化合物不接近的、有新颖性的化合物，并有一定用途或效果，则认为它有创造性且不以其是否具有预料不到的用途或效果为条件。

② 结构上与已知化合物接近的化合物，必须要有预料不到的用途或者效果：可以是与该已知化合物的已知用途不同的用途，或者是对已知化合物的某一已知效果有实质性的改进或提高，或者是在公知常识中没有明确的或不能由常识推论得到的用途或效果。

③ 两种化合物结构上是否接近，与所在的领域有关，对不同的领域采用不同的判断标准。如果与已知的化合物接近，则需进一步考察其用途或效果：是否是可以预计的，或者是否是本领域的技术人员在现有技术的基础上通过合乎逻辑的分析、推理或者有限的试验就能制造或使用此化合物。

④ 若一项技术方案的效果是已知的必然趋势所导致的，则该技术方案没有创造性。

（2）关于化学产品的用途发明的创造性判断，根据化学产品是否已知而不同：

① 对于新的化学产品，如果该用途不能从结构或者组成相似的已知产品预见到，可认为这种新产品的用途发明有创造性；

② 对于已知产品的用途发明，如果该新用途不能从产品本身的结构、组成、分子量、已知的物理化学性质以及该产品的现有用途显而易见地得出或者预见到，而是利用了产品新发现的性质，并且产生了预料不到的技术效果，则这种已知产品的用途发明有创造性。

11. 包含算法特征或商业规则和方法特征的发明专利的创造性审查规定

对既包含技术特征又包含算法特征或商业规则和方法特征的发明专利申请进行创造性审查时，应将与技术特征功能上彼此相互支持、存在相互作用关系的算法特征或商业规则和方法特征与所述技术特征作为一个整体考虑。"功能上彼此相互支持、存在相互作用关系"是指算法特征或商业规则和方法特征与技术特征紧密结合，共同构成了解决某一技术问题的技术手段，并且能够获得相应的技术效果。

【例 02-10】关于创造性，下列说法错误的是：

A. 如果一项发明与现有技术相比具有预料不到的技术效果，则该发明具备创造性

B. 如果发明解决了人们一直渴望解决但始终未能获得成功的技术难题，则该发明具备创造性

C. 如果发明不是历尽艰辛，而是偶然作出的，则该发明不具备创造性

D. 如果发明在商业上获得的成功是其技术特征直接导致的，则该发明具备创造性

【参考答案】C

（三）实用新型创造性的判断

1. 判断实用新型创造性时应当考虑的技术特征

在实用新型专利创造性的审查中，应当考虑其技术方案中的所有技术特征，包括材料特征和方法特征。

2. 判断实用新型创造性的标准

发明的创造性是指与现有技术相比，该发明具有突出的实质性特点和显著的进步；实用新型的创造性是指与现有技术相比，该实用新型具有实质性特点和进步。因此，实用新型专利创造性的标准应当低于发明专利创造性的标准。

两者在创造性判断标准上的不同，主要体现在现有技术中是否存在"技术启示"。在判断现有技术中是否存在技术启示时，发明专利与实用新型专利存在区别，这种区别体现在下述两个方面。

（1）现有技术的领域。对于实用新型专利而言，一般着重于考虑该实用新型专利所属的技术领域；而对于发明专利而言，不仅要考虑该发明专利所属的技术领域，还要考虑其相近或者相关的技术领域及其他领域。

（2）现有技术的数量。对于实用新型专利而言，一般情况下可以引用一项或者两项现有技术评价其创造性，对于由现有技术通过"简单的叠加"而成的实用新型专利，可以根据情况引用多项现有技术评价其创造性；而对于发明专利而言，可以引用一项、两项或者多项现有技术评价其创造性。

四、实用性

《专利法》(A22.4)	
①	《专利法》第二十二条第四款："实用性，是指该发明或者实用新型能够制造或者使用，并且能够产生积极效果。"

（一）实用性的概念

1. 实用性的定义

实用性是指发明申请的主题必须能够在产业上制造或者使用，并且能够产生积极效果。申请专利的发明或者实用新型具备实用性是授予其专利权的必要条件之一。

2. 实用性涉及的产业范畴

所谓产业，它包括工业、农业、林业、水产业、畜牧业、交通运输业以及文化体育、生活用品和医疗器械等行业。

3. "能够制造或者使用"的含义

在产业上能够制造或使用的技术方案是指符合自然规律、具有技术特征的任何可实施的技术方案。

这些方案并不仅仅是使用机器设备，或者制造一种物品，还可以包括如驱雾的方法，或者将能量由一种形式转换成另一种形式的方法。

4. "能够解决技术问题"的含义

授予专利权的发明，必须是能够解决技术问题，并且能够应用：

（1）如果申请的是一种产品（包括发明或者实用新型），那么该产品必须在产业中能够制造，并且能够解决技术问题；

（2）如果申请的是一种方法（仅限发明），那么这种方法必须在产业中能够使用，并且能够解决技术问题。

5. "积极效果"的含义

能够产生积极效果是指发明专利申请在提出申请之日，其产生的经济、技术和社会的效果是所属技术领域的技术人员可以预料到的。

这些效果应当是积极的和有益的。

(二) 判断实用性的原则和基准

1. 实用性的判断原则

（1）应当以申请日提交的说明书（包括附图）和权利要求书所公开的整体技术内容为依据。

（2）与"是怎样创造出来的或者是否已经实施"无关。

2. 无再现性

专利申请中为解决技术问题所采用的技术方案必须能够重复实施。

再现性是指所属技术领域的技术人员根据公开的技术内容，能够重复实施专利申请中为解决技术问题所采用的技术方案。这种重复实施不得依赖任何随机的因素，并且实施结果应该是相同的。无再现性的发明专利申请主题不具备实用性。

成品率低与不具有再现性的比较：

（1）发明专利的产品的成品率低与不具有再现性有本质区别；

（2）成品率低的意思是能够重复实施，只是由于实施过程中未能确保某些技术条件（如环境洁净度、温度等）而导致成品率低；

（3）不具有可再现性则是在确保发明专利申请所需全部技术条件下，所属技术领域的技术人员仍不可能重复实现该技术方案所要求达到的结果。

3. 违背自然规律

违背自然规律的发明专利申请是不能实施的，因此不具备实用性。那些违背能量守恒定律的发明专利申请的主题（如永动机），必然不具备实用性。

4. 利用独一无二的自然条件的产品

具备实用性的发明专利申请不得是由自然条件限定的独一无二的产品。利用特定的自然条件建造的自始至终都是不可移动的唯一产品不具备实用性。

5. 人体或者动物体的非治疗目的的外科手术方法

非治疗目的的外科手术方法的实施对象是人体或者动物体。非治疗目的的外科手术方法，由于是以有生命的人或者动物为实施对象，无法在产业上使用，因此不具备实用性。

下列方法因实施对象均为有生命的人或动物，所以均不具有实用性：

（1）为美容而实施的外科手术方法；
（2）采用外科手术从活牛身体上摘取牛黄的方法；
（3）实施冠状造影之前采用的外科手术方法。

6. 测量人体或者动物体在极限情况下的生理参数的方法

测量人体或动物体在极限情况下的生理参数需要将被测对象置于极限环境中，这会对人或动物的生命构成威胁。不同的人或动物个体可以耐受的极限条件是不同的，需要有经验的测试人员根据被测对象的情况来确定其耐受的极限条件。这类方法因在产业上无法使用而不具备实用性。

下列方法因对人或动物的生命健康构成威胁，所以均不具有实用性：

（1）通过逐渐降低人或动物的体温，以测量人或动物对寒冷耐受程度的测量方法；
（2）利用降低吸入气体中氧气分压的方法逐级增加冠状动脉的负荷，并通过动脉血压的动态变化观察冠状动脉的代偿反应，以测量冠状动脉代谢机能的非侵入性的检查方法。

7. 无积极效果

具备实用性的发明专利申请的技术方案应当能够产生预期的积极效果。

明显无益、脱离社会需要的发明专利申请的技术方案不具备实用性。

【例 02-11】下列哪些专利申请的技术方案不具备实用性？

A. 一种南水北调的方法，其特征在于依照地形地貌的特点，由丹江口水库引水，自流供水给黄淮平原地区
B. 一种手工编织地毯的方法，其特征在于以旧毛线和粗帆布为原料经手工编制而成
C. 一种微型机器人，其特征在于用于外科手术中
D. 一种纹眉的方法，其特征在于用纹眉针刺入皮肤，注入纹眉液

【参考答案】AD

第三节 外观设计专利申请的授权条件

本节知识要点

本节主要介绍外观设计专利申请的实质性授权条件，即对于一件外观设计专利申请，如何判断其是否具有新颖性，与现有设计或者现有设计特征的组合相比是否具有明显区别（可

以理解为是否具有"创造性"),是否与在先权利相冲突以及"在先权利"的界定。2020年2月1日起施行的修改后的《专利审查指南》,完善了对于包含有GUI的外观设计的新颖性、"创造性"的判断方法。

本节主要内容如图2-6所示。

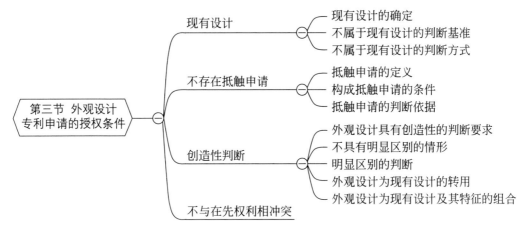

图 2-6　外观设计专利申请的授权条件的主要内容

一、现有设计

《专利法》(A23.4)
①	《专利法》第二十三条第四款:"本法所称现有设计,是指申请日以前在国内外为公众所知的设计。"

(一) 现有设计的确定

1. 现有设计的定义和范围

现有设计是指申请日(有优先权的,指优先权日)以前在国内外为公众所知的设计。

现有设计包括申请日以前在国内外出版物上公开发表过、公开使用过或者以其他方式为公众所知的设计。

2. "惯常设计"的含义

现有设计中一般消费者所熟知的、只要提到产品名称就能想到的相应设计,称为惯常设计。例如,提到包装盒就能想到其有长方体、正方体形状的设计。

3. 判断客体

(1) 判断客体的确定。在对外观设计专利进行审查时,将进行比较的对象称为判断客体。其中被请求宣告无效的外观设计专利简称涉案专利,与涉案专利进行比较的判断客体简称对比设计。

在确定判断客体时,对于涉案专利,除应当根据外观设计专利的图片或者照片进行确定外,还应当根据简要说明中是否写明请求保护色彩、"平面产品单元图案两方连续或者四方连续等无限定边界的情况(即不限定边界)"等内容加以确定。

（2）涉案专利有下列 6 种类型：
① 单纯形状的外观设计，是指无图案且未请求保护色彩的产品的形状设计；
② 单纯图案的外观设计，是指未请求保护色彩并且不限定边界的平面产品的图案设计；
③ 形状和图案结合的外观设计，是指未请求保护色彩的产品的形状和图案设计；
④ 形状和色彩结合的外观设计，是指请求保护色彩的无图案产品的形状和色彩设计；
⑤ 图案和色彩结合的外观设计，是指请求保护色彩的并且不限定边界的平面产品的图案和色彩设计；
⑥ 形状、图案和色彩结合的外观设计，是指请求保护色彩的产品的形状、图案和色彩设计。

4. 判断主体

（1）判断主体的确定。在判断外观设计是否具有新颖性，是否与现有设计及现有设计的特征组合相区别时，应当基于涉案专利产品的一般消费者的知识水平和认知能力进行评价。因此，外观设计的无效宣告程序中的判断主体为一般消费者。

（2）一般消费者的特点
① 对外观设计专利申请日之前相同种类或者相近种类产品的外观设计及其常用设计手法具有常识性的了解。
② 对外观设计产品之间在形状、图案以及色彩上的区别具有一定的分辨力，但不会注意到产品的形状、图案以及色彩的微小变化。

（二）不属于现有设计的判断基准

不属于现有设计是指在现有设计中，既没有与被审查专利相同的外观设计，也没有与被审查外观设计实质相同的外观设计。

现有设计相对于涉案外观设计专利的申请日来说，只有在申请日（不含申请日当天）之前公开的设计，才构成现有设计。

1. 外观设计相同

外观设计相同是指与对比设计是相同种类产品的外观设计，并且全部外观设计要素与对比设计的相应设计要素相同，其中外观设计要素是指形状、图案以及色彩。如果被审查设计与对比设计仅属于常用材料的替换，或者仅存在产品功能、内部结构、技术性能或者尺寸的不同，而未导致产品外观设计的变化，二者仍属于相同的外观设计。

2. 外观设计实质相同

对比设计与涉案设计存在以下情形构成实质相同：
（1）其区别在于施以一般注意力不能察觉到的局部的细微差异。
（2）其区别在于使用时不容易看到或者看不到的部位，但有证据表明在不容易看到的部位的特定设计对于一般消费者能够产生引人瞩目的视觉效果的情况除外。
（3）其区别在于将某一设计要素整体置换为该类产品的惯常设计的相应设计要素。
（4）其区别在于将对比设计作为设计单元按照该种类产品的常规排列方式作重复排列或者将其排列的数量作增减变化。
（5）其区别在于互为镜像对称。

3. 相同或者相近种类

（1）外观设计实质相同的判断仅限于相同或者相近种类的产品外观设计。

（2）对于产品种类既不相同也不相近的外观设计，不进行与对比设计是否实质相同的比较和判断，即可认定被审查设计与对比设计不构成实质相同。

（3）相近种类的产品是指用途相近的产品；当产品具有多种用途时，如果其中部分用途相同，而其他用途不同，则二者应属于相近种类的产品。

【例02-12】下列哪些情形可以将两件产品的外观设计认定为实质相同的外观设计？

A. 互为镜像对称的两张电脑桌

B. 难以察觉细微差异的两扇百叶窗，其差异仅在于具体叶片数不同

C. 形状、图案和色彩均相同的两个玻璃杯子，其区别仅在于一个是钢化玻璃的，一个是普通玻璃的

D. 形状、图案和色彩均相同的浴巾和地毯

【参考答案】AB

（三）不属于现有设计的判断方式

1. 单独对比

一般应当用一项对比设计进行单独对比，而不能将两项或两项以上对比设计结合起来进行对比。

成套产品的外观设计专利申请，可以用不同的对比设计与其所对应的各项外观设计分别进行单独对比。

对于由组装在一起使用的至少两个构件构成的产品的外观设计，可以将与其构件数量相对应的明显具有组装关系的构件结合起来作为一项对比设计与其进行对比。

2. 直接观察

在对比时应当通过视觉进行直接观察，不能借助放大镜、显微镜、化学分析等其他工具或者手段进行比较。

不能由视觉直接分辨的部分或者要素不能作为判断的依据。

3. 仅以产品的外观作为判断的对象

仅以产品的外观作为判断的对象的前提是涉案专利与对比设计属于相同或实质相同的产品的外观设计。

在对比时应当仅以产品的外观作为判断的对象，考虑产品的形状、图案、色彩这三个要素产生的视觉效果。

在外观设计专利申请仅以部分要素限定其保护范围的情况下，其余要素在与对比设计比较时不予考虑。在外观设计专利申请为产品零部件的情况下，仅将对比设计中相对应的零部件部分作为判断对象，其余部分不予考虑。

对于外表使用透明材料的产品而言，通过人的视觉能观察到的其透明部分以内的形状、图案和色彩，应当视为该产品的外观设计的一部分。

4. 整体观察、综合判断设计要素的判断

所谓整体观察、综合判断，是指由外观设计专利申请与对比设计的整体来判断，而不从外观设计的部分或者局部出发得出判断结论。判断步骤如下。

(1) 确定对比设计公开的信息。对比设计的图片或者照片未反映产品各面视图的，应当依据一般消费者的认知能力来确定对比设计所公开的信息；依据一般消费者的认知能力，根据对比设计图片或者照片已经公开的内容即可推定出产品其他部分或者其他变化状态的外观设计的，则该其他部分或者其他变化状态的外观设计也视为已经公开；例如，在轴对称、面对称或者中心对称的情况下，如果图片或者照片仅公开了产品外观设计的一个对称面，则其余对称面也视为已经公开。

(2) 确定被审查外观设计专利申请

① 在确定审查对象时，应当以外观设计专利申请的原始申请文本中的图片或者照片表示的外观设计为准。

② 简要说明可以用于解释图片或者照片所表示的该产品的外观设计。

③ 被审查外观设计与对比设计的对比：在进行对比时，应当采用整体观察、综合判断的方式；如果对比设计图片或者照片未公开的部位属于该种类产品使用状态下不会被一般消费者关注的部位，并且被审查专利在相应部位的设计的变化也不足以对产品的整体视觉效果产生影响，则不影响对二者进行整体观察、综合判断；如果被审查外观设计中对应于对比设计图片或者照片未公开的内容仅仅是该种类产品的惯常设计并且不受一般消费者关注，则不影响对二者进行整体观察、综合判断。

(3) 对组件产品的判断

① 组件产品是指由多个构件相结合构成的一件产品。

② 对于组装关系唯一的组件产品，应当以上述组合状态下的整体外观设计为对象，而不是以所有单个构件的外观为对象进行判断。

③ 对于组装关系不唯一的组件产品，应当以插接组件的所有单个构件的外观为对象，而不是以插接后的整体的外观设计为对象进行判断。

④ 对于各构件之间无组装关系的组件产品，应当以所有单个构件的外观为对象进行判断。

(4) 对变化状态产品的判断。变化状态产品是指在销售和使用时呈现不同状态的产品。

对于对比设计而言，所述产品在不同状态下的外观设计均可用作与被审查外观设计进行比较的对象。

对于被审查外观设计而言，应当以其使用状态所示的外观设计作为与对比设计进行比较的对象，其判断结论取决于对产品各种使用状态的外观设计的综合考虑。

(5) 设计要素的判断

① 形状的判断。对于产品外观设计整体形状而言，圆形和三角形、四边形相比，其形状有较大差异，通常不能认定为实质相同，但产品形状是惯常设计的除外。对于包装盒这类产品，应当以其使用状态下的形状作为判断依据。

② 图案的判断。图案不同包括题材、构图方法、表现方式及设计纹样等因素的不同，色彩的不同也可能使图案不同。如果题材相同，但其构图方法、表现方式、设计纹样不相同，则通常也不构成图案的实质相同。产品外表出现的包括产品名称在内的文字和数字应当作为图案予以考虑，而不应当考虑字音、字义。

③ 色彩的判断。对色彩的判断要根据颜色的色相、纯度和明度三个属性以及两种以上颜色的组合、搭配进行综合判断。色相指各类色彩的相貌称谓，如朱红、湖蓝、柠檬黄、粉绿等；纯度即彩度，指色彩的鲜艳程度；明度指色彩的亮度。单一色彩的外观设计仅作色彩改变，二者仍属于实质相同的外观设计。

二、不存在抵触申请

	《专利法》(A23.1)
①	《专利法》第二十三条第一款:"授予专利权的外观设计,应当不属于现有设计;也没有任何单位或者个人就同样的外观设计在申请日以前向国务院专利行政部门提出过申请,并记载在申请日以后公告的专利文件中。"

(一) 抵触申请的定义

抵触申请是指在涉案专利申请日以前,任何单位或者个人就同样的外观设计向国务院专利行政部门提出的,并且在申请日以后(含申请日)被公告授予专利权的专利申请。

(二) 构成抵触申请的条件

抵触申请相对于涉案外观设计专利来说,只有在申请日(不含申请日当天)之前,任何单位或个人就同样的外观设计向国务院专利行政部门提出了专利申请,并且在申请日(包含申请日当天)之后公告授权的外观设计专利,才构成抵触申请。

(三) 抵触申请的判断依据

不存在抵触申请是指没有任何单位或者个人就同样的外观设计在申请日以前向国务院专利行政部门提出过申请,并记载在申请日以后公告的专利文件中。

同样的外观设计是指外观设计相同或者实质相同。判断对比设计是否构成涉案专利的抵触申请时,应当以对比设计所公告的专利文件全部内容为判断依据。

三、创造性判断

	《专利法》(A23.2)
①	《专利法》第二十三条第二款:"授予专利权的外观设计与现有设计或者现有设计特征的组合相比,应当具有明显区别。"

(一) 外观设计具有创造性的判断要求

(1) 该外观设计与现有设计或现有设计特征的组合相比,应当具有明显区别。
(2) 现有设计特征是指现有设计的部分设计要素或者其结合。
(3) 对比设计仅限于与被审查外观设计属于相同或者相近种类产品的现有设计。

(二) 不具有明显区别的情形

如果存在以下情形,则说明涉案外观设计与现有设计不具有明显的区别:
(1) 被审查外观设计与相同或者相近种类产品现有设计相比不具有明显区别;
(2) 被审查外观设计是由现有设计转用得到的,二者的设计特征相同或者仅有细微差别,且该现有设计中存在启示;

(3) 被审查外观设计是由现有设计或现有设计特征组合得到的,二者的相应设计部分相同或者仅有细微差别,且该现有设计中存在启示。

上述转用和/或组合后产生独特视觉效果的除外。

独特视觉效果是指涉案专利相对于现有设计产生了预料不到的视觉效果。

(三) 明显区别的判断

1. 对比设计

(1) 判断是否具有明显区别的对比设计为相同或者相近种类产品现有设计。

(2) 如果一般消费者经过对涉案专利与现有设计的整体观察可以看出,二者的差别对于产品外观设计的整体视觉效果不具有显著影响,则涉案专利与现有设计相比不具有明显区别。

2. 应综合考虑的因素

(1) 对涉案专利与现有设计进行整体观察时,应当更关注使用时容易看到的部位,其通常对整体视觉效果更具有显著影响。

(2) 当产品上某些设计被证明是该类产品的惯常设计(如易拉罐产品的圆柱形状设计)时,其余设计的变化通常对整体视觉效果更具有显著的影响。

(3) 由产品的功能唯一限定的特定形状对整体视觉效果通常不具有显著的影响。

(4) 若区别点仅在于局部细微变化,则其对整体视觉效果不足以产生显著影响,二者不具有明显区别。

(5) 对于包括图形用户界面的产品外观设计,如果涉案专利其余部分的设计为惯常设计,其图形用户界面对整体视觉效果更具有显著的影响。

(6) 外观设计简要说明中设计要点所指设计并不必然对外观设计整体视觉效果具有显著影响,不必然导致涉案专利与现有设计相比具有明显区别。

(四) 外观设计为现有设计的转用

1. 现有设计的转用

转用是指将产品的外观设计应用于其他种类的产品。

模仿自然物、自然景象以及将无产品载体的单纯形状、图案、色彩或者其结合应用到产品的外观设计中,也属于转用。

属于明显存在转用手法的启示,由此得到的外观设计与现有设计相比不具有明显区别,但产生独特视觉效果的除外。

2. 不具有明显区别的情形

(1) 单纯采用基本几何形状或者对其仅作细微变化得到的外观设计。

(2) 单纯模仿自然物、自然景象的原有形态得到的外观设计。

(3) 单纯模仿著名建筑物、著名作品的全部或者部分形状、图案、色彩得到的外观设计。

(4) 由其他种类产品的外观设计转用得到的玩具、装饰品、食品类产品的外观设计。

(五) 外观设计为现有设计及其特征的组合

1. 现有设计及其特征的组合

现有设计特征是指现有设计的部分设计要素或者其结合,如现有设计的形状、图案、色彩要素或者其结合，或者现有设计的某组成部分的设计，如整体外观设计产品中的零部件的设计。

组合包括拼合和替换，是指将两项或两项以上设计或设计特征拼合成一项外观设计，或者将一项外观设计中的设计特征用其他设计特征替换。

以一项设计或者设计特征为单元重复排列而得到的外观设计属于组合设计。

组合也包括采用自然物、自然景象以及无产品载体的单纯形状、图案、色彩或者其结合进行的拼合和替换。

组合后产生独特视觉效果的除外。

2. 不具有明显区别的情形

（1）将多项现有设计原样或作细微变化后进行直接拼合得到的外观设计。

（2）将产品外观设计的设计特征用另一项产品的设计特征原样或作细微变化后替换得到的外观设计。

（3）将产品现有的形状设计与现有的图案、色彩或其结合通过直接拼合得到该产品的外观设计。

（4）将现有设计中的图案、色彩或其结合替换成其他现有设计的图案、色彩或其结合得到的外观设计。

【例 02-13】除产生独特视觉效果外，下列哪些外观设计与现有设计相比不具有明显区别？

A. 单纯采用基本几何形状或者对其仅作细微变化得到的外观设计
B. 单纯模仿自然物、自然景象的原有形态得到的外观设计
C. 纯模仿著名建筑物、著名作品的全部或者部分形状、图案、色彩得到的外观设计
D. 由其他种类产品的外观设计转用得到的玩具、装饰品、食品类产品的外观设计

【参考答案】ABCD

四、不与在先权利相冲突

	《专利法》(A23.3)
①	《专利法》第二十三条第三款："授予专利权的外观设计不得与他人在申请日以前已经取得的合法权利相冲突。"

1. 与他人在先取得的合法权利相冲突的含义

一项外观设计专利权被认定与他人在申请日（有优先权的，指优先权日）之前已经取得的合法权利相冲突的，应当宣告该项外观设计专利权无效；他人是指专利权人以外的民事主体，包括自然人、法人或者其他组织；合法权利是指依照中国法律享有并在涉案专利申请日仍然有效的权利或者权益；相冲突是指未经权利人许可，外观设计使用了在先合法权利的客体，从而导致专利权的实施将会损害在先权利人的相关合法权利或者权益。

2. "合法权利"的主要类型

最高人民法院《关于审理专利纠纷案件适用法律问题的若干规定》规定，A23.3 所称的合法权利，包括就作品、商标、地理标志、姓名、企业名称、肖像，以及有一定影响的商品名称、包装、装潢等享有的合法权利或者权益。

3. 与在先权利相冲突的判断

（1）与商标权的冲突。在先商标权是指在涉案专利申请日之前，他人在中国法域内依法受到保护的商标权；在先商标与涉案专利中含有的相关设计的相同或者相似的认定，原则上适用商标相同、相似的判断标准；对于在中国境内为相关公众所广为知晓的注册商标，在判定权利冲突时可以适当放宽产品种类。

（2）与著作权的冲突。在先著作权是指在涉案专利申请日之前，他人通过独立创作完成作品或者通过继承、转让等方式合法享有的著作权；在接触或者可能接触他人享有著作权的作品的情况下，未经著作权人许可，使用与该作品相同或者实质性相同的设计，从而导致损害在先著作权人的相关合法权利的，判定其与在先权利相冲突。

【例 02-14】被授予专利权的外观设计不得与他人在先取得的下列哪些合法权利相冲突？

A. 商标权

B. 企业名称权

C. 肖像权

D. 知名商品特有包装使用权

【参考答案】ABCD

本章要点回顾

根据专利法的规定可以知道，发明、实用新型、外观设计三种类型的发明创造所能保护的对象、客体是不同的。发明专利保护的范围最广，不仅保护产品，还保护方法；而实用新型专利仅保护产品，且是具有形状、构造的有形产品；外观设计专利保护由设计三要素构成的新设计，因此从相反角度，《专利审查指南》规定了多种不授予外观设计专利权的情形。对于违反法律、社会公德或者妨害公共利益的发明创造，不授予任何形式的专利权；且科学发现，智力活动的规则和方法，疾病的诊断和治疗方法等均被排除在授予专利权保护的范围之外。这些情形中有的不授予专利权不是因为它对社会进步、科技发展不重要，而是因为属于社会公有财富的、关乎人们生命健康的、关乎国家长治久安的主题，不能授予专利权而让少数专利权人垄断性占有如此重要的资源。

一件发明或者实用新型专利申请能否得到授权，在满足形式条件下，最终取决于其是否具有新颖性、创造性、实用性。对于发明专利申请的可专利性判断，是重点也是难点。本章中现有技术、抵触申请、不丧失新颖性的宽限期是用于判断一件专利申请是否具有可专利性的工具，工具的适用要遵循一定的原则和基准，因此认真理解新颖性、创造性和实用性判断的原则和基准，有助于真正把握其判断的精髓，达到学以致用。

一件外观设计专利申请的可专利性判断，依然是判断其是否具有新颖性、创造性，判断方式和基准与发明、实用新型的新颖性、创造性判断具有一致性。对是否与在先权利相冲突的判断，在审查中是具有难度的，因为所谓的在先权利，审查员是难以获取足够信息的。因此，这里给出的是在先权利的类别，针对具体案例，通常依赖于确权程序。

第三章
对专利申请文件的要求

 本章知识点框架

本章主要介绍发明、实用新型、外观设计三种专利类型专利申请文件的准备，对请求书、说明书、权利要求书、图片和照片、简要说明重要申请文件的撰写规范作详细说明。要求读者掌握发明、实用新型和外观设计专利申请文件应当满足的各项要求。

本章知识点框架如图 3-1 所示。

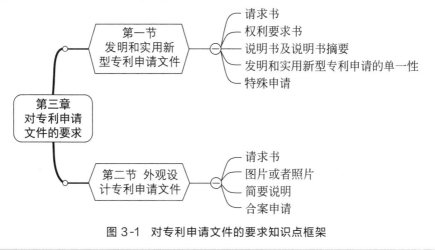

图 3-1 对专利申请文件的要求知识点框架

第一节　发明和实用新型专利申请文件

本节知识要点

本节主要介绍发明、实用新型专利申请文件的准备。对于请求书中应该披露的信息及填写规范，对于说明书、权利要求书的撰写作出详细说明。

本节主要内容如图 3-2 所示。

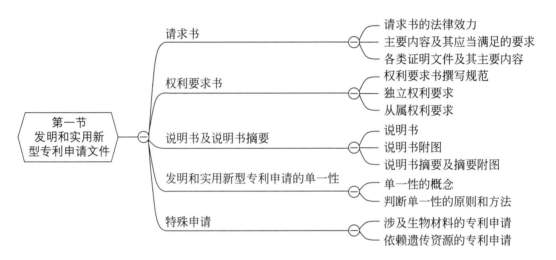

图 3-2　发明和实用新型专利申请文件的主要内容

一、请求书

	《专利法》(A26.1、A26.2)
①	《专利法》第二十六条第一款："申请发明或者实用新型专利的，应当提交请求书、说明书及其摘要和权利要求书等文件。"
②	《专利法》第二十六条第二款："请求书应当写明发明或者实用新型的名称，发明人的姓名，申请人姓名或者名称、地址，以及其他事项。"

（一）请求书的法律效力

请求书是申请人向国务院专利行政部门表达请求授予专利权的愿望的一种专利申请文件。请求书用于披露申请人信息和代理人信息，以及披露与专利申请相关的法律手续相关信息。申请人应当根据申请专利的类型，选择适当的请求书（可在国家知识产权局官方网站下载请求书模板）。

（二）主要内容及其应当满足的要求

1. 发明名称

发明名称应当简短、准确，一般不得超过 25 个字，特殊情况下，也不应当超过 40 个字。发明名称应当与说明书中的名称相一致。

2. 发明人信息及填写规范

（1）填写内容

① 发明人要求不公布其姓名的，应当在请求书"□不公布其姓名"处进行勾选。

② 第一发明人信息需要填写第一发明人国籍、居民身份证件号码（如果是中国内地居民）或者护照号码（外籍）。

（2）填写规范

① 发明人是中国公民的，应当填写与身份证一致的真名，且名字后面不能带有职务、头衔、学位等。

② 发明人或设计人是外国人的，不能直接填写其外文姓名，必须填写其中文译名；其中文译名中可以使用外文缩写字母，姓和名之间用圆点分开，圆点置于中间位置，如杰米·琼斯。

3. 申请人信息及填写规范

（1）申请人类型。申请人类型可选择填写：个人，企业，事业单位，机关团体，大专院校，科研单位。

（2）申请人是个人时的填写内容

① 申请人是中国人的，应当填写本人真实姓名，不得使用笔名或者其他非正式姓名，填写的内容包括：姓名、居民身份证件号码、申请人类型、电子邮箱、电话。

② 申请人是外国人的，应当填写其姓名或者名称、国籍或者注册的国家或者地区、经常居所地或者营业所所在地。

（3）申请人是个人时的填写规范。在专利申请请求书中填写自然人申请人的，应当遵照下列规定：

① 中国申请人应当使用本人真实姓名，不得使用笔名或者其他非正式的姓名；

② 外国申请人不能直接用外文，须为中文译名，其中文译名中姓和名之间用置于中间位置的圆点分开；

③ 姓名中不应当含有学位、职务等称号。

（4）申请人是单位时的填写内容。申请人是单位的，应当填写单位正式全称，并与所使用公章上的单位名称一致，填写的内容包括名称、地址、邮政编码、统一社会信用代码、申请人类型、电子邮箱、电话。

（5）申请人是单位或组织时的填写规范。在专利申请请求书中填写的申请人为单位或组织的，应当遵照下列规定：

① 申请人是中国企业或组织的，应当使用与单位公章一致的正式全称，不得使用缩写或者简称。

② 申请人是外国企业或其他组织的，其名称应当使用中文正式译文的全称。

（6）申请人的地址的表述规定。请求书中填写的申请人的地址，应当符合邮件能够迅速、准确投递的要求：

① 申请人的地址为本国地址的，应当包括邮政编码，以及省（自治区、直辖市）、市、区、街道门牌号码和电话号码；地址中可以包含单位名称，但单位名称不得代替地址。

② 申请人的地址为外国地址的，应当注明国别、市（县、州），并附具外文详细地址。

4. 联系人信息及填写规范

只有申请人是单位且未委托专利代理机构的，才应当填写联系人。联系人是代表该单位接收国务院专利行政部门所发信函的收件人。

联系人只能填写一人，且应当是本单位的工作人员。

填写联系人的，还需要同时填写联系人的通信地址、邮政编码和电话号码。

5. 代表人信息及填写规范

申请人有两人以上且未委托专利代理机构的，除《专利审查指南》另有规定或请求书中另有声明外，以第一署名申请人为代表人。

请求书中另有声明非第一署名申请人为代表人的，所声明的代表人应当是申请人之一，且应当填写声明的代表人姓名。

【例 03-01】下述关于代表人的说法正确的是：

A. 申请人有两人以上且未委托专利代理机构的，应当指定一人为代表人，被指定的代表人必须是申请人之一

B. 除申请人在请求书中另有声明外，以请求书中的第一署名人为代表人

C. 代表人有权代表共同申请人办理委托专利代理、要求提前公开的手续

D. 申请人为法人的，代表人就是其指定的联系人

【参考答案】B

6. 代理机构及代理师信息及填写规范

申请人委托专利代理机构的，应当填写受托机构的名称、机构代码以及该机构指定的专利代理师的姓名、执业证号码、联系电话。

可以指定两位代理师，分别填写其姓名、执业证号码、联系电话。

申请人委托专利代理机构的，应当在"□声明已经与申请人签订了专利代理委托书且本表中的信息与委托书中相应信息一致"处进行勾选。

（三）各类证明文件及其主要内容

1. 请求费减信息的填写

申请人请求减缴专利费用的，应当在请求书中声明已经提出费减请求且已完成费减资格的备案，即在请求书中"□申请人请求费用减缴且已完成费减资格备案"处进行勾选。

申请人请求减缴专利申请费的，应当与请求书一起提交相应的证明文件。

2. 申请分案

本申请是分案申请的，应当填写原案申请号、申请日；若申请是再次分案申请的，还应填写针对的分案申请号。

3. 生物材料保藏

申请涉及生物材料的发明专利，应当在此披露相关信息，并自申请日起 4 个月内提交生物材料样品保藏及存活证明。

对于外国保藏单位出具的生物材料样品保藏及存活证明，应同时提交生物材料样品保藏及存活证明中文题录。

分类命名应填写所保藏生物材料的中文分类名称及拉丁文分类名称。

4. 序列表声明

专利申请需要提交核苷酸或氨基酸序列表的，在"□本专利申请涉及核苷酸或氨基酸序列表"处进行勾选。

5. 遗传资源声明

专利申请涉及遗传资源的，应当在"□本专利申请涉及的发明创造是依赖于遗传资源完成的"处进行勾选，并附上填写的"遗传资源信息披露表"。

6. 要求优先权的声明

申请人要求享有优先权的，则应当填写在先申请的申请日、申请号以及原受理机构的名称，并且在第一次提出发明、实用新型专利申请之日起 16 个月内，提交第一次提出的专利申请文件的副本。

7. 不丧失新颖性宽限期声明

申请人如果要求享受不丧失新颖性的宽限期，则应当在请求书中相应位置进行勾选：
□在国家出现紧急状态或者非常情况时，为公共利益目的首次公开的。
□已在中国政府主办或承认的国际展览会上首次展出。
□已在规定的学术会议或技术会议上首次发表。
□他人未经申请人同意而泄露其内容。
申请人应当自申请日起 2 个月内提交相应的证明文件。

8. 保密请求

申请人认为其专利申请需要保密的，需在"□本申请专利可能涉及国家重大利益，请求按保密申请处理""□已提交保密证明材料"处进行勾选。

9. 同样的发明创造同日申请发明或者实用新型专利的声明

申请人同日对同样的发明创造既申请实用新型专利又申请发明专利的，应当在相应位置进行勾选。

申请人应当在同日提交实用新型专利申请文件。

10. 提前公布申请

申请人如果勾选了"□请求早日公布该专利申请"此栏，则不需要再单独提交发明专利请求提前公布声明。

11. 申请文件清单

申请文件清单的填写要求如下。
（1）申请人应当按实际提交的申请文件名称、份数、页数及权利要求项数正确填写。
（2）根据说明书的页数和权利要求的项数计算申请附加费：
① 一件专利申请的权利要求（包括独立权利要求和从属权利要求）数量超过 10 项的，

从第 11 项权利要求起，每项权利要求增收附加费 150 元。

② 一件专利申请的说明书页数（包括附图、序列表）超过 30 页的，从第 31 页起，每页增收附加费 50 元，超过 300 页的，从第 301 页起，每页增收附加费 100 元。

(3) 申请文件包括：
① 请求书·················□份 □页
② 说明书摘要·············□份 □页
③ 权利要求书·············□份 □页
④ 说明书·················□份 □页
⑤ 说明书附图·············□份 □页
⑥ 核苷酸或氨基酸序列表···□份 □页
⑦ 权利要求的项数·········□项

(4) 附加文件清单。申请人应当按实际提交的附加文件名称（勾选）、份数、页数正确填写。附加文件包括：
① 实质审查请求书·············□份 共__页
② 实质审查参考资料···········□份 共__页
③ 优先权转让证明·············□份 共__页
④ 优先权转让证明中文题录·····□份 共__页
⑤ 保密证明材料···············□份 共__页
⑥ 专利代理委托书·············□份 共__页
⑦ 总委托书备案编号（   ）
⑧ 在先申请文件副本···········□份
⑨ 在先申请文件副本中文题录···□份 共__页
⑩ 生物材料样品保藏及存活证明·□份 共__页
⑪ 生物材料样品保藏及存活证明中文题录·····□份 共__页
⑫ 向外国申请专利保密审查请求书···········□份 共__页
⑬ 其他证明文件（注明文件名称）···········□份 共__页

12. 随同请求书提交的各类证明文件及其主要内容

(1) 随同请求书提交的各类证明文件应当由有关主管部门出具或者由当事人签署。

(2) 各种证明文件应当提供原件；证明文件是复印件的，应当经公证或由主管部门加盖公章予以确认。

13. 全体申请人或者专利代理机构的签字或者盖章

委托专利代理机构的，应当由专利代理机构加盖公章。未委托专利代理机构的，申请人为个人的应当由本人签字或者盖章，申请人为单位的应当加盖单位公章；有多个申请人的由全体申请人签字或者盖章。

【例 03-02】有下列哪些情形的，申请人应当在请求书中予以声明或者说明？
A. 同一申请人就同样的发明创造同日分别提出发明专利申请和实用新型专利申请
B. 申请专利的发明创造是依赖遗传资源完成的
C. 要求优先权
D. 要求提前公布发明专利申请

【参考答案】ABC

二、权利要求书

《专利法》(A26.4)	
①	《专利法》第二十六条第四款:"权利要求书应当以说明书为依据,清楚、简要地限定要求专利保护的范围。"

(一) 权利要求书撰写规范

1. 权利要求书的法律效力

(1) 权利要求书是确定发明保护范围的法律文件。

(2) 权利要求书是判断一件发明申请所要求保护的发明创造是否具备新颖性、创造性和实用性的对象。

2. 权利要求的类型

(1) 从技术方案的角度划分,权利要求分为物的权利要求和活动的权利要求。

① 物的权利要求(产品权利要求),包含有人类技术生产的物,如物品、物质、材料、工具、装置、设备等。

② 活动的权利要求(方法权利要求),包括有时间过程要素的活动(方法、用途)。活动的权利要求有制造方法、使用方法、通信方法、处理方法以及将产品用于特定用途的方法等权利要求。

(2) 从形式上划分,权利要求分为独立权利要求和从属权利要求。

① 独立权利要求。一件专利申请的权利要求书中,应当至少有一项独立权利要求。

② 从属权利要求。从属权利要求是在包含了其引用的在前的另一项同类型权利要求的基础上,又通过增加技术特征的方式,对其所引用的权利要求做了进一步限定。

3. "权利要求书应当以说明书为依据"的含义

(1) "权利要求书应当以说明书为依据"的含义如下:

① 权利要求书应当以说明书为依据是指权利要求应当得到说明书的支持。

② 权利要求书中的每一项权利要求所要求保护的技术方案应当是所属技术领域的技术人员能够从说明书充分公开的内容中得到或概括得出的技术方案,并且不得超出说明书公开的范围。

③ 在判断权利要求是否得到说明书的支持时,应当考虑说明书的全部内容,而不是仅限于具体实施方式部分的内容。

④ 独立权利要求得到说明书支持并不意味着从属权利要求也必然得到支持;方法权利要求得到说明书支持也并不意味着产品权利要求必然得到支持。

⑤ 当要求保护的技术方案的部分或全部内容在原始申请的权利要求书中已经记载而在说明书中没有记载时,允许申请人将其补入说明书。

⑥ 权利要求的技术方案在说明书中存在一致性的表述,并不意味着权利要求必然得到说明书的支持。

⑦ 只有当所属技术领域的技术人员能够从说明书充分公开的内容中得到或概括得出该项权利要求所要求保护的技术方案时,记载该技术方案的权利要求才被认为得到了说明书的

支持。

(2) 下列情形,权利要求书没有得到说明书的支持:

① 如果权利要求的概括包含申请人推测的内容,而其效果又难以预先确定和评价。

② 如果权利要求的上位概括或并列概括所包含的一种或多种下位概念或选择方式不能解决发明所要解决的技术问题,并达到相同的技术效果。

③ 纯功能性的权利要求。

(3) 在得到说明书支持的情况下,允许权利要求对发明作概括性的限定。通常,概括的方式有:

① 用上位概念概括。

② 用并列选择法概括,即用"或者"或者"和"并列几个必择其一的具体特征:

采用并列选择法概括时,被并列选择概括的具体内容应当是等效的,不得将上位概念概括的内容,用"或者"与其下位概念并列。

并列选择概括的概念,应含义清楚,如在"A、B、C、D 或者类似物(设备、方法、物质)"这一描述中,"类似物"这一概念的含义是不清楚的,因而不能与具体的物或者方法(A、B、C、D)并列。

4. "权利要求书应当清楚、简要地限定要求专利保护的范围"的含义

(1) "权利要求书应当清楚"的含义。"权利要求书应当清楚"是指单项权利要求要清楚,并且整个权利要求书也应当清楚,即单项权利要求的类型和保护范围均应当清楚,并且整个权利要求书也要清楚。

① 每项权利要求的类型要清楚。其是指权利要求的主题名称应当能够清楚地表明该权利要求的类型是产品权利要求,还是方法权利要求。不允许采用模糊不清的主题名称,如"一种……技术",或者在一项权利要求的主题名称中既包含产品又包含方法,如"一种……产品及其制造方法"。方法权利要求适用于方法发明,通常应当用工艺过程、操作条件、步骤或者流程等技术特征来描述。用途权利要求属于方法权利要求。

② 每项权利要求的范围要清楚。每项权利要求所确定的保护范围应当清楚,权利要求中的"最好是""尤其是"等类似用语,通常会导致保护范围不清楚。在特定情况下,如果说明书中指明了某词具有特定的含义,并且使用了该词的权利要求的保护范围由于说明书中对该词的说明而被限定得足够清楚,这种情况不会导致权利要求不清楚。

③ 整个权利要求书写清楚。权利要求书应当清楚,指构成权利要求书的所有权利要求作为一个整体也应当清楚,即权利要求之间的引用关系应当清楚。

(2) "权利要求书应当简要"的含义。权利要求书应当简要是指权利要求书中的每一项权利要求应当简要,并且构成权利要求书的所有权利要求作为一个整体也应当简要。其具体包括:①一件专利申请中不得出现两项或两项以上保护范围实质上相同的同类权利要求;②权利要求的表述应当简要,除记载技术特征外,不得对原因或者理由作不必要的描述,也不得使用商业性宣传用语。

5. 权利要求书中不得采用的用语

权利要求书中不得采用的用语规定如下,违反此规定将导致权利要求书要求保护的范围不清楚:

(1) 权利要求书中不得使用含义不确定的词语,如"厚""薄""强""弱""高温""高压""很宽范围"等,除非这种词语在特定技术领域中具有公认的确切含义,如放大器中的

"高频"。

(2) 权利要求书中不得出现限制不同保护范围的词语,如"例如""最好是""尤其是""必要时"等类似用语,因为这类用语会在一项权利要求中限定出不同的保护范围,导致保护范围不清楚。

(3) 在一般情况下,权利要求书中不得使用模糊限定词,如"约""接近""等""或类似物"等类似的用语,因为这类用语通常会使权利要求的范围不清楚。

(4) 尽量避免使用括号,除附图标记或者化学式及数学式中使用的括号之外,权利要求书中应尽量避免使用括号,以免造成权利要求不清楚,如"(混凝土)模制砖"。具有通常可接受含义的括号是允许的,如"(甲基)丙烯酸酯","含有 $10\%\sim60\%$(重量)的 A"。

6. 权利要求书的编号规则

权利要求的保护范围是由权利要求书中记载的全部内容作为一个整体限定的,因此每一项权利要求只允许在其结尾处使用句号。

权利要求书有几项权利要求的,应当用阿拉伯数字顺序编号。

7. 对权利要求书中使用的科技术语的要求

权利要求书中使用的科技术语应当满足下列要求:

(1) 权利要求中使用的科技术语应当与说明书中使用的科技术语一致。

(2) 权利要求中可以有化学式或者数学式,但是不得有插图。

(3) 除绝对必要外,权利要求中不得使用"如说明书……部分所述"或者"如图……所示"等类似用语。这里的"绝对必要"的情况是指当发明涉及的某特定形状仅能用图形限定而无法用语言表达时,权利要求可以使用"如图……所示"等类似用语。

(4) 权利要求中通常不允许使用表格,除非使用表格能够更清楚地说明发明要求保护的主题。

8. 权利要求中采用附图标记的规则

权利要求中的标记应当用括号括起来,放在相应的技术特征后面。附图标记不得解释为对权利要求保护范围的限制。

9. 权利要求常用表述方式释义

通常,一项权利要求用一个自然段表述,但是当技术特征较多,内容和相互关系较复杂,借助于标点符号难以将其关系表达清楚时,一项权利要求也可以用分行或者分小段的方式描述。

开放式的权利要求宜采用"包含""包括""主要由……组成"的表达方式,其解释为还可以含有该权利要求中没有述及的结构组成部分或方法步骤。

封闭式的权利要求宜采用"由……组成"的表达方式,其一般解释为不含有该权利要求所述以外的结构组成部分或方法步骤。

一般情况下,权利要求中包含数值范围的,其数值范围尽量以数学方式表达,如"$\geqslant 30℃$"">5"等。

通常,"大于""小于""超过"等被理解为不包括本数;"以上""以下""以内"等被理解为包括本数。

【例 03-03】一件专利申请的权利要求 1 和权利要求 2 如下:

权利要求 1:一种椅子,包括:(1) 正方形底座;(2) 装在底座底面上的四个细长构件；（3）装在底座上的圆形靠背。

权利要求 2：根据权利要求 1 的椅子，还包括连接靠背和底座的弹簧。

在都能够得到说明书支持的情况下，下面撰写的权利要求 3 哪些存在错误？

A. 权利要求 3：根据权利要求 1 的椅子，其特征在于底座是长方形的。

B. 权利要求 3：根据权利要求 2 的椅子，其特征在于所述连接在每个细长构件上的轮子是塑料的。

C. 权利要求 3：根据上述任何一项权利要求的椅子，其中圆形靠背是木制的。

D. 权利要求 3：根据上述权利要求的椅子，还包括连接在底座上的压敏装置。

【参考答案】ABD

（二）独立权利要求

1. 独立权利要求的撰写格式要求

独立权利要求应当包括前序部分和特征部分，按照下列规定撰写：

（1）前序部分：写明要求保护的发明技术方案的主题名称和发明主题与最接近的现有技术共有的必要技术特征；

（2）特征部分：使用"其特征是……"或者类似的用语，写明发明区别于最接近的现有技术的技术特征。

2. 独立权利要求的释义

（1）独立权利要求结构释义。

① 一项权利要求的"主题名称"，说明了该项发明创造要求保护的是什么。是产品，还是方法？是什么产品，什么方法？

② 一项独立权利要求的前序部分和特征部分的技术特征合在一起，构成一个发明要求保护的范围。

③ 独立权利要求应当从整体上反映发明的技术方案，记载解决技术问题的必要技术特征。

④ 一项发明或者实用新型应当只有一项独立权利要求，并且写在同一发明或者实用新型的从属权利要求之前。

⑤ 独立权利要求的前序部分中，发明或者实用新型主题与最接近的现有技术共有的必要技术特征，是指要求保护的发明或者实用新型技术方案与最接近的一份现有技术文件中所共有的技术特征。

⑥ 独立权利要求的前序部分中，除写明要求保护的发明或者实用新型技术方案的主题名称外，仅需写明那些与发明或实用新型技术方案密切相关的、共有的必要技术特征。

⑦ 独立权利要求的特征部分，应当记载发明或者实用新型的必要技术特征中与最接近的现有技术不同的区别技术特征，这些区别技术特征与前序部分中的技术特征一起，构成发明或者实用新型的全部必要技术特征，限定独立权利要求的保护范围。

（2）必要技术特征的判断方法。"必要技术特征"是指发明为解决其技术问题所不可缺少的技术特征，包括与最接近的现有技术共有的必要技术特征和与之相区别的技术特征，其总和足以构成发明的技术方案，使之区别于背景技术中所述的其他技术方案。

判断某一技术特征是否为必要技术特征，应当从所要解决的技术问题出发：

① 如果从技术方案中去除某个技术特征后不能够解决技术问题，则该技术特征为必要

技术特征；

② 如果从技术方案中去除某个技术特征后仍然能够解决技术问题，则该技术特征不是必要技术特征，应该从该项权利要求中去除。

3. 允许不采用两部分方式撰写独立权利要求的情形

特殊情况下，允许独立权利要求不采用两部分方式撰写：

（1）开拓性发明；

（2）由几个状态等同的已知技术整体组合而成的发明，其发明实质在组合本身；

（3）已知方法的改进发明，其改进之处在于省去某种物质或者材料，或者是用一种物质或材料代替另一种物质或材料，或者是省去某个步骤；

（4）已知发明的改进在于系统中部件的更换或者其相互关系上的变化。

（三）从属权利要求

1. 从属权利要求的撰写要求

（1）从属权利要求应当包括引用部分和限定部分，按照下列规定撰写：

① 引用部分：写明引用的权利要求的编号及其主题名称；

② 限定部分：写明发明附加的技术特征。

（2）从属权利要求只能引用在前的权利要求。

（3）从属权利要求的限定部分可以对在前的权利要求（独立权利要求或者从属权利要求）中的技术特征进行限定。

（4）直接或间接从属于某一项独立权利要求的所有从属权利要求都应当写在该独立权利要求之后，另一项独立权利要求之前。

2. 从属权利要求的引用部分应当记载的内容

从属权利要求的引用部分应当写明引用的权利要求的编号，其后应当重述引用的权利要求的主题名称。

3. 从属权利要求的限定部分应当记载的内容

从属权利要求的限定部分应当写明附加的技术特征。附加技术特征，可以是对所引用的权利要求的技术特征作进一步限定的技术特征，也可以是增加的技术特征。

4. 多项从属权利要求的含义

多项从属权利要求是指引用两项以上权利要求的从属权利要求，多项从属权利要求的引用方式包括引用在前的独立权利要求和从属权利要求，以及引用在前的几项从属权利要求。

5. 对多项从属权利要求的引用关系的限制

当从属权利要求是多项从属权利要求时，其引用的权利要求的编号应当用"或"或者其他与"或"同义的择一引用方式表达。

引用两项以上权利要求的多项从属权利要求只能以择一方式引用在前的权利要求，并不得作为被另一项多项从属权利要求引用的基础，即在后的多项从属权利要求不得引用在前的多项从属权利要求。

【例 03-04】一件专利申请的权利要求 1 如下：一种用于脱除氮氧化物的催化剂，其特征在于由整体式沸石载体和负载于所述载体上的活性组分组成，所述活性组分由化合物 X 和 Y 组成。在得到说明书支持的情况下，下列哪些权利要求 2 的撰写存在错误？

A. 权利要求 2：根据权利要求 1 所述的用于脱除氮氧化物的催化剂装置，还包括外壳和将所述催化剂固定于所述外壳上的支架。

B. 权利要求 2：根据权利要求 1 所述的用于脱除氮氧化物的催化剂，其中所述化合物 X 占所述活性组分总重量的 10% 至 35%，最好是占所述活性组分总重量的 15% 至 20%。

C. 权利要求 2：根据权利要求 1 所述的用于脱除氮氧化物的催化剂，其中所述化合物 X 占所述活性组分总重量的 10% 至 35%。

D. 权利要求 2：根据权利要求 1 所述的用于脱除硫氧化物和氮氧化物的催化剂，其中所述化合物 X 占所述活性组分总重量的 10% 至 35%。

【参考答案】ABD

三、说明书及说明书摘要

	《专利法》(A26.3)
①	《专利法》第二十六条第三款："说明书应当对发明或者实用新型作出清楚、完整的说明，以所属技术领域的技术人员能够实现为准；必要的时候，应当有附图。摘要应当简要说明发明或者实用新型的技术要点。"

（一）说明书

1. 说明书的法律效力

说明书和权利要求书是记载发明或者实用新型及确定其保护范围的法律文件。发明或者实用新型专利权的保护范围以其权利要求的内容为准，说明书及附图可以用于解释权利要求的内容。

申请日提交的说明书和权利要求书记载的范围还是申请人修改专利申请文件的基础。

说明书附图是说明书的一个组成部分，其作用在于用图形补充说明书文字部分的描述，使人能够直观地、形象化地理解发明或者实用新型的每个技术特征及整体技术方案。

2. 说明书应当充分公开发明、实用新型的含义

说明书对发明或者实用新型作出的清楚、完整的说明，应当达到所属技术领域的技术人员能够实现的程度，满足充分公开的要求。如果说明书没有满足充分公开的要求，则属于《专利法实施细则》规定的应当予以驳回的情形。

对于那些就满足充分公开要求而言必不可少的内容，不能采用引证其他文件的方式撰写，而应当将其具体内容写入说明书。

（1）"能够实现"的含义。所属技术领域的技术人员能够实现是指所属技术领域的技术人员按照说明书记载的内容，就能够实现该发明或者实用新型的技术方案，解决其技术问题，并且产生预期的技术效果。

说明书应当清楚地记载发明或者实用新型的技术方案，详细地描述实现发明或实用新型的具体实施方式，完整地公开对于理解和实现发明或者实用新型必不可少的技术内容，达到所属技术领域的技术人员能够实现该发明或者实用新型的程度。

（2）"无法实现"的情形。由于缺乏解决技术问题的技术手段而被认为无法实现的情形包括：

① 说明书中只给出任务和/或设想，或者只表明一种愿望和/或结果，而未给出任何使所属技术领域的技术人员能够实施的技术手段；

② 说明书中给出了技术手段，但对于所属技术领域的技术人员来说，该手段是含糊不清的，根据说明书记载的内容无法具体实施；

③ 说明书中给出了技术手段，但所属技术领域的技术人员采用该手段并不能解决发明或者实用新型所要解决的技术问题；

④ 申请的主题为由多个技术手段构成的技术方案，对于其中一个技术手段，所属技术领域的技术人员按照说明书记载的内容并不能实现；

⑤ 说明书中给出了具体的技术方案，但未给出实验证据，而该方案又必须依赖实验结果加以证实才能成立。

（3）化学产品发明的充分公开。化学产品包括化合物、组合物以及用结构和/或组成不能够清楚描述的化学产品。要求保护的发明为化学产品本身的，说明书中应当记载化学产品的确认、化学产品的制备以及化学产品的用途。

（4）化学方法发明的充分公开。对于化学方法发明，无论是物质的制备方法还是其他方法，均应当记载方法所用的原料物质、工艺步骤和工艺条件，必要时还应当记载方法对目的物质性能的影响，使所属技术领域的技术人员按照说明书中记载的方法去实施时能够解决该发明要解决的技术问题。

对于方法所用的原料物质，应当说明其成分、性能、制备方法或者来源，使得本领域技术人员能够得到。

（5）化学产品用途发明的充分公开。对于化学产品用途发明，在说明书中应当记载所使用的化学产品、使用方法及所取得的效果，使得本领域技术人员能够实施该用途发明。

如果本领域的技术人员无法根据现有技术预测该用途，足以使本领域的技术人员能够证明该物质可以用于所述用途并能解决所要解决的技术问题或者达到所述效果的实验数据。

3. 说明书应当包含的主要内容

发明或者实用新型专利申请的说明书应当写明发明或者实用新型的名称，该名称应当与请求书中的名称一致。说明书应当包括以下组成部分：技术领域、背景技术、发明或者实用新型内容、附图说明、具体实施方式。

（1）发明名称。发明或者实用新型的名称应当清楚、简要，写在说明书首页正文部分的上方居中位置。发明名称的撰写要求如下：

① 说明书中的发明或者实用新型的名称与请求书中的名称应当一致，一般不得超过25个字，特殊情况下，如化学领域的某些申请，可以允许最多为40个字；

② 采用所属技术领域通用的技术术语，最好采用国际专利分类表中的技术术语，不得采用非技术术语；

③ 清楚、简要、全面地反映要求保护的发明或者实用新型的主题和类型（产品或者方法），以利于专利申请的分类；

④ 不得使用人名、地名、商标、型号或者商品名称等，也不得使用商业性宣传用语。

（2）技术领域。发明或者实用新型的技术领域应当是要求保护的发明或者实用新型技术方案所属或直接应用的具体技术领域，而不是上位的或者相邻的技术领域，也不是发明或实用新型本身。

（3）背景技术。发明或者实用新型说明书的背景技术部分应当写明对发明或者实用新型的理解、检索、审查有用的背景技术,并且尽可能引证反映这些背景技术的文件。尤其要引证包含发明或者实用新型权利要求书中的独立权利要求前序部分技术特征的现有技术文件,即引证与发明或者实用新型专利申请最接近的现有技术文件。

在说明书背景技术部分中,还要客观地指出背景技术中存在的问题和缺点,但是,仅限于涉及由发明或者实用新型的技术方案所解决的问题和缺点。在可能的情况下,说明存在这种问题和缺点的原因以及解决这些问题时曾经遇到的困难。

说明书中引证的文件可以是专利文件,也可以是非专利文件:

① 引证文件应当是公开出版物,除纸件形式外,还包括电子出版物等形式;
② 引证专利文件的,至少要写明专利文件的国别、公开号,最好包括公开日期;
③ 引证非专利文件的,要写明这些文件的标题和详细出处;
④ 所引证的中国专利文件的公开日不能晚于本申请的公开日;
⑤ 所引证的非专利文件和外国专利文件的公开日应当在本申请的申请日之前;
⑥ 引证外国专利或非专利文件的,应当以所引证文件公布或发表时的原文所使用的文字写明引证文件的出处以及相关信息,必要时给出中文译文,并将译文放置在括号内。

(4) 发明内容。发明内容是发明专利申请文件的核心内容,主要包括本发明所要解决的技术问题、所采用的技术方案以及所实现的有益效果三个方面的内容,具体如下。

第一个方面:发明或者实用新型所要解决的技术问题是指发明或者实用新型要解决的现有技术中存在的技术问题。发明或者实用新型专利申请记载的技术方案应当能够解决这些技术问题。关于本发明"所要解决的技术问题"部分的撰写要求如下。

① 针对现有技术中存在的缺陷或不足。
② 用正面的、尽可能简洁的语言客观而有根据地反映发明或实用新型要解决的技术问题,也可以进一步说明其技术效果。
③ 对发明或者实用新型所要解决的技术问题的描述不得采用广告式宣传用语。
④ 一件专利申请的说明书可以列出发明或者实用新型所要解决的一个或者多个技术问题,但是同时应当在说明书中描述解决这些技术问题的技术方案。
⑤ 当一件申请包含多项发明或者实用新型时,说明书中列出的多个要解决的技术问题应当都与一个总的发明构思相关。

第二个方面:关于本发明"所采用的技术方案"的说明,具体要求如下。

① 一件发明或者实用新型专利申请的核心是其在说明书中记载的技术方案。
② 在技术方案这一部分,至少应反映包含全部必要技术特征的独立权利要求的技术方案,还可以给出包含其他附加技术特征的进一步改进的技术方案。
③ 说明书中记载的这些技术方案应当与权利要求所限定的相应技术方案的表述相一致。
④ 一般情况下,说明书技术方案部分首先应当写明独立权利要求的技术方案,其用语应当与独立权利要求的用语相应或者相同,以发明或者实用新型必要技术特征总和的形式阐明其实质,必要时,说明必要技术特征总和与发明或者实用新型效果之间的关系。
⑤ 申请人可以通过对该发明或者实用新型的附加技术特征的描述,反映对其作进一步改进的从属权利要求的技术方案。
⑥ 如果一件申请中有几项发明或者几项实用新型,应当说明每项发明或者实用新型的技术方案。

第三个方面:关于本发明"所实现的有益效果"的阐释,具体要求如下。

① 说明书应当清楚、客观地写明发明或者实用新型与现有技术相比所具有的有益效果。

② 有益效果是指由构成发明或者实用新型的技术特征直接带来的，或者是由所述的技术特征必然产生的技术效果。有益效果是确定发明是否具有"显著的进步"，实用新型是否具有"进步"的重要依据。

③ 通常，有益效果可以由产率、质量、精度和效率的提高，能耗、原材料、工序的节省，加工、操作、控制、使用的简便，环境污染的治理或者根治，以及有用性能的出现等方面反映出来。有益效果可以通过对发明或者实用新型结构特点的分析和理论说明相结合，或者通过列出实验数据的方式予以说明，不得只断言发明或者实用新型具有有益的效果。

④ 无论用哪种方式说明有益效果，都应当与现有技术进行比较，指出发明或者实用新型与现有技术的区别。机械、电气领域中的发明或者实用新型的有益效果，在某些情况下，可以结合发明或者实用新型的结构特征和作用方式进行说明。化学领域中的发明，在大多数情况下，不适于用这种方式说明发明的有益效果，而是借助于实验数据来说明。对于目前尚无可取的测量方法而不得不依赖于人的感官判断的，如味道、气味等，可以采用统计方法表示的实验结果来说明有益效果。在引用实验数据说明有益效果时，应当给出必要的实验条件和方法。

(5) 附图说明。说明书有附图的，应当写明各幅附图的图名，并且对图示的内容作简要说明。附图不止一幅的，应当对所有附图作出图面说明。

(6) 具体实施方式。实现发明或者实用新型的优选的具体实施方式是说明书的重要组成部分，它对于充分公开、理解和实现发明或者实用新型，支持和解释权利要求都是极为重要的。说明书中的具体实施方式关键点如下。

① 优选的具体实施方式。说明书应当详细描述申请人认为实现发明或者实用新型的优选的具体实施方式。在适当情况下，应当举例说明；有附图的，应当对照附图进行说明。

优选的具体实施方式应当体现申请中解决技术问题所采用的技术方案，并应当对权利要求的技术特征给予详细说明，以支持权利要求。对优选的具体实施方式的描述应当详细，使发明或者实用新型所属技术领域的技术人员能够实现该发明或者实用新型。

实施例是对发明或者实用新型的优选的具体实施方式的举例说明。

② 实施例的数量。实施例的数量应当根据发明或者实用新型的性质、所属技术领域、现有技术状况以及要求保护的范围来确定。当一个实施例足以支持权利要求所概括的技术方案时，说明书中可以只给出一个实施例。

当权利要求（尤其是独立权利要求）覆盖的保护范围较宽，其概括不能从一个实施例中找到依据时，应当给出至少两个不同实施例，以支持要求保护的范围。

当权利要求相对于背景技术的改进涉及数值范围时，通常应给出两端值附近（最好是两端值）的实施例，当数值范围较宽时，还应当给出至少一个中间值的实施例。

③ 产品发明的实施例。对于产品的发明或者实用新型，实施方式或者实施例应当描述产品的机械构成、电路构成或者化学成分，说明组成产品的各部分之间的相互关系。

对于可动作的产品，只描述其构成不能使所属技术领域的技术人员理解和实现发明或者实用新型时，还应当说明其动作过程或者操作步骤。

④ 方法发明的实施例。对于方法的发明，应当写明其步骤，包括可以用不同的参数或者参数范围表示的工艺条件。

⑤ 关于化学发明的实施例。说明书中实施例的数目，取决于权利要求的技术特征的概括程度，如并列选择要素的概括程度和数据的取值范围。一般的原则是，应当能足以理解发明如何实施，并足以判断在权利要求所限定的范围内都可以实施并取得所述的效果。

⑥ 关于化学发明的补交实验数据。对于申请日之后补交的实施例和实验数据，审查员应当予以审查。补交实验数据所证明的技术效果应当是所属技术领域的技术人员能够从专利申请公开的内容中得到的。

【例 03-05】 某项发明涉及一种治疗乙型肝炎的药物，该药物能使患者的乙肝表面抗原（HBsAg）转阴率达 90%。就该发明提交专利申请时，下列发明名称符合相关规定的是：

A. 一种治疗乙型肝炎的药物

B. 郭氏转阴排毒丸

C. 增强生命活力强健体质的新药

D. 乙肝特效药

【参考答案】 A

4. 说明书的整体撰写要求

（1）主题明确。说明书应当从现有技术出发，明确地反映出发明或者实用新型想要做什么和如何去做，使所属技术领域的技术人员能够确切地理解该发明或者实用新型要求保护的主题。

说明书应当写明发明或者实用新型所要解决的技术问题以及解决其技术问题采用的技术方案，并对照现有技术写明发明或者实用新型的有益效果。说明书记载的技术问题、技术方案和有益效果应当相互适应，不得出现相互矛盾或不相关联的情形。

（2）表述准确。说明书应当使用发明或者实用新型所属技术领域的技术术语。

说明书的表述应当准确地表达发明或者实用新型的技术内容，不得含糊不清或者模棱两可，以致所属技术领域的技术人员不能清楚、正确地理解该发明或者实用新型。

（3）说明书的内容应当完整。完整的说明书应当包括有关理解、实现发明或者实用新型所需的全部技术内容。一份完整的说明书应当包含：

① 帮助理解发明或者实用新型不可缺少的内容，如有关所属技术领域、背景技术状况的描述以及说明书有附图时的附图说明等；

② 确定发明或者实用新型具有新颖性、创造性和实用性所需的内容，如发明或者实用新型所要解决的技术问题，解决其技术问题采用的技术方案和发明或者实用新型的有益效果；

③ 实现发明或者实用新型所需的内容，如为解决发明或者实用新型的技术问题而采用的技术方案的具体实施方式；

对于克服了技术偏见的发明或者实用新型，说明书中还应当解释为什么说该发明或者实用新型克服了技术偏见，新的技术方案与技术偏见之间的差别以及为克服技术偏见所采用的技术手段。凡是所属技术领域的技术人员不能从现有技术中直接、唯一地得出的有关内容，均应当在说明书中描述。

（4）对于说明书撰写的其他要求。说明书的撰写，除要满足结构及内容的要求外，还应当满足下列格式规范。

① 说明书应当用词规范，语句清楚，容易理解，无含糊不清或者前后矛盾之处。

② 对于自然科学名词，应当采用国家统一的术语；国家没有规定的，可以采用约定俗成的术语；对于鲜为人知或者最新出现的，可以采用，以含义清楚、不造成误解为准。必要时可以采用自定义词，在这种情况下，应当给出明确的定义或者说明。不应当使用在所属技

术领域中具有基本含义的词汇来表示其他含义，以免误解和语义混乱。

③ 应当使用中文，但在不产生歧义的前提下，个别词语可以使用中文以外的其他文字。

④ 计量单位应当使用国家法定计量单位，包括国际计量单位和国家选定的其他计量单位。

⑤ 说明书中无法避免使用商品名称时，其后应当注明其型号、规格、性能及制造单位。说明书中应当避免使用注册商标来确定物质或者产品。

⑥ 说明书中不得使用"如权利要求……所述的……"一类的引用语，也不得使用商业性宣传用语。

【例 03-06】 阿司匹林是已知药物，具有解热镇痛的功效，是现有技术中用作感冒药的成分。某项发明涉及阿司匹林的新用途，该发明对现有技术的贡献在于：实验证实阿司匹林能有效防治心血管疾病。就此发明申请专利，说明书中不能缺少下列哪些内容？

A. 阿司匹林的制备方法
B. 阿司匹林用于防治心血管疾病的使用方法
C. 证明阿司匹林具有解热镇痛功效的实验证据
D. 证明阿司匹林能防治心血管疾病的实验证据

【参考答案】 BD

（二）说明书附图

1. 说明书附图的法律效力

附图是说明书的一个组成部分。附图是用图形补充说明书文字部分的描述，使人能够直观地、形象地理解发明要求保护的内容。

发明专利申请，用文字足以满足清楚、完整、能实现要求的，可以没有附图；必须有附图才可以清楚地表达发明的技术方案的，则应当有附图。

2. 说明书中对附图的要求

（1）附图不得使用工程蓝图、照片。

（2）附图应当使用包括计算机在内的制图工具和黑色墨水绘制，线条应当均匀清晰，并不得着色和涂改；附图的周围不得有与图无关的框线。

（3）附图应当用阿拉伯数字顺序编号，用图1、图2等表示，并应当标注在相应附图的正下方。

（4）附图的大小及清晰度，应当保证在该图缩小到三分之二时仍能清晰地分辨出图中的各个细节，以能够满足复印、扫描的要求为准。

（5）一件专利申请有多幅附图时，在用于表示同一实施方式的各附图中，表示同一组成部分（同一技术特征或者同一对象）的附图标记应当一致；在用于表示不同实施方式的附图中，表示同一技术特征的附图标记可以不一致。

（6）说明书中与附图中使用的相同的附图标记应当表示同一组成部分。

（7）说明书文字部分中未提及的附图标记不得在附图中出现，附图中未出现的附图标记也不得在说明书文字部分中提及。

（8）附图中除必需的词语外，不得含有其他的注释；词语应当使用中文，必要时，可以在其后的括号里注明原文。

（9）结构框图、逻辑框图、工艺流程图应当在其框内给出必要的文字和符号。

（10）同一幅附图中应当采用相同比例绘制，为清楚显示其中某一组成部分可增加一幅局部放大图。

（11）说明书附图应当用阿拉伯数字顺序编写页码。

（12）说明书附图应集中放在说明书文字部分之后。

（13）对照附图描述发明或者实用新型的优选的具体实施方式时，使用的附图标记或符号应当与附图中所示的一致，并放在相应的技术名称的后面，不加括号。

3. 实用新型说明书的附图

实用新型专利申请说明书应当有表示要求保护的产品的形状、构造或者其结合的附图。

【例 03-07】下列关于发明或者实用新型说明书附图的说法哪些是正确的？
A. 如果发明专利申请的文字足以清楚、完整地描述其技术方案，则可以没有附图
B. 如果实用新型专利申请的文字足以清楚、完整地描述其技术方案，则可以没有附图
C. 附图中未出现的附图标记不得在说明书文字部分中提及
D. 附图中不得出现文字
【参考答案】AC

（三）说明书摘要及摘要附图

1. 说明书摘要的法律效力

说明书摘要仅是一种技术信息，不具有法律效力。摘要的内容不属于发明或者实用新型原始记载的内容，不能作为以后修改说明书或者权利要求书的根据，也不能用来解释专利权的保护范围。

2. 说明书摘要文字部分的撰写要求及摘要附图的选择

（1）摘要应当写明发明或者实用新型的名称和所属技术领域，并清楚地反映所要解决的技术问题、解决该问题的技术方案的要点以及主要用途，其中以技术方案为主。

（2）摘要可以包含最能说明发明的化学式。

（3）有附图的专利申请，应当在请求书中指定一幅最能反映该发明或者实用新型技术特征的说明书附图作为摘要附图。

（4）摘要文字部分出现的附图标记应当加括号。

【例 03-08】下列有关说明书摘要的说法哪些是正确的？
A. 说明书摘要是一种技术情报
B. 说明书摘要属于发明原始公开的内容
C. 说明书摘要不能用来解释专利权的保护范围
D. 说明书摘要可以包括摘要附图
【参考答案】ACD

四、发明和实用新型专利申请的单一性

《专利法》(A31.1)	
①	《专利法》第三十一条第一款："一件发明或者实用新型专利申请应当限于一项发明或者实用新型。属于一个总的发明构思的两项以上的发明或者实用新型，可以作为一件申请提出。"

（一）单一性的概念

1. 单一性要求

单一性是指一件发明或者实用新型专利申请应当限于一项发明或者实用新型，属于一个总的发明构思的两项以上发明或者实用新型，可以作为一件申请提出。

如果一件申请包括几项发明，则只有在所有这几项发明之间有一个总的发明构思使之相互关联的情况下才被允许。

缺乏单一性不影响专利的有效性，因此缺乏单一性不应当作为专利无效的理由。

2. 总的发明构思的含义

《专利法实施细则》规定，可以作为一件专利申请提出的属于一个总的发明构思的两项以上的发明或者实用新型，应当在技术上相互关联，包含一个或者多个相同或者相应的特定技术特征。

判断一件申请中要求保护两项以上的发明或者实用新型是否属于一个总的发明构思，就是要判断该两项以上的发明或者实用新型是否在技术上相互关联。

《专利法》第三十一条第一款所称的"属于一个总的发明构思"，是指具有相同或者相应的特定技术特征。

3. 特定技术特征的含义

特定技术特征是指每一项发明或者实用新型作为整体，对现有技术作出贡献的技术特征。

特定技术特征就是使发明或者实用新型相对于现有技术具有新颖性和创造性的技术特征。是否为特定技术特征，需要从每一项要求保护的发明或者实用新型的整体上考虑后加以确定。

判断该两项以上的发明是否在技术上相互关联，就是要判断它们的权利要求中是否存在相同或者相应的特定技术特征。

（二）判断单一性的原则和方法

1. 具有单一性的两项以上权利要求的撰写

具有单一性的两项以上的权利要求，通常采用下列方式撰写：

（1）不能包括在一项权利要求内的两项以上产品①或方法②的同类独立权利要求。
（2）产品①和专用于制造该产品的方法②的独立权利要求。
（3）产品①和该产品的用途③的独立权利要求。
（4）产品①、专用于制造该产品的方法②和该产品的用途③的独立权利要求。
（5）产品①、专用于制造该产品的方法②和为实施该方法而专门设计的设备④的独立权利要求。
（6）方法②和为实施该方法而专门设计的设备④的独立权利要求。

以上所列 6 种方式并非穷举，还允许有其他的方式。

以上撰写方式中：

第（1）种方式中的"同类"是指独立权利要求的类型相同，且为两项以上产品发明，或者两项以上方法发明；只要有一个或多个相同或相应的特定技术特征使多项产品类或方法类独立权利要求在技术上相关联,则允许在一件专利申请中包含多项同类独立权利要求。

第(2)至(6)种方式涉及的是两项以上不同类独立权利要求的组合;"专用"方法使用的结果就是获得该产品,两者之间在技术上相关联;但"专用"并不意味着该产品不能用其他方法制造;对于产品与该产品用途独立权利要求的组合,该用途必须是由该产品的特定性能决定的,它们在技术上相关联;"专门设计的设备"的功能除能够实施该方法外,该设备对现有技术作出的贡献还必须与该方法对现有技术作出的贡献相对应。

2. 发明或者实用新型单一性的判断

(1)一般情况。通常,从属权利要求与其所从属的独立权利要求之间不存在缺乏单一性的问题。如果一项独立权利要求由于缺乏新颖性、创造性等理由而不能被授予专利权,则需要考虑其从属权利要求之间是否符合单一性的规定。

当申请与现有技术比较后,在否定了第一独立权利要求的新颖性或创造性的情形下,与其并列的其余独立权利要求之间是否还属于一个总的发明构思,应当重新确定。

(2)单一性审查的方法。如果这几项发明或者实用新型没有包含相同或相应的技术特征,或所包含的相同或相应的技术特征均属于本领域惯用的技术手段,则它们不可能包含相同或相应的体现发明或者实用新型对现有技术作出贡献的特定技术特征,因而明显不具有单一性。对于不明显缺乏单一性的两项以上发明或者实用新型,通常采用以下分析方法。

① 将第一项发明或者实用新型的主题与相关的现有技术进行比较,确定体现发明或者实用新型对现有技术作出贡献的特定技术特征。

② 判断第二项发明或者实用新型中是否存在一个或者多个与第一项发明或者实用新型相同或相应的特定技术特征,从而确定这两项发明或者实用新型是否在技术上相关联。

③ 如果在发明或者实用新型之间存在一个或者多个相同或者相应的特定技术特征,即存在技术上的关联,则可以得出它们属于一个总的发明构思的结论;相反,如果各项发明或者实用新型之间不存在技术上的关联,则可以作出它们不属于一个总的发明构思的结论,进而确定它们不具有单一性。

3. 马库什权利要求的单一性

如果一项申请在一个权利要求中限定多个并列的可选择要素,则构成马库什权利要求。如果一项马库什权利要求中的可选择要素(马库什要素)具有相类似的性质,则应当认为这些可选择要素在技术上相互关联,具有相同或相应的特定技术特征,该权利要求可被认为符合单一性的要求。

当马库什要素是化合物时,具有单一性的标准:所有可选择化合物具有共同的性能或作用,所有可选择化合物具有共同的结构,该共同结构能够构成它与现有技术的区别特征,并对通式化合物的共同性能或作用是必不可少的;或者在不能有共同结构的情况下,所有的可选择要素应属于该发明所属领域中公认的同一化合物类别。

"公认的同一化合物类别"是指根据本领域的知识可以预期到该类的成员对于要求保护的发明来说其表现是相同的一类化合物;也就是说,每个成员都可以互相替代而且可以预期所要达到的效果是相同的。

【例 03-09】下列说法哪个是正确的?

A. 同一组从属权利要求之间必然具有单一性

B. 若独立权利要求具有新颖性,则其从属权利要求之间必然具有单一性

C. 若独立权利要求具有创造性,则其从属权利要求之间必然具有单一性

D. 若从属权利要求的限定部分还包括了不同于独立权利要求的其他发明，则该从属权利要求和该独立权利要求之间不具有单一性

【参考答案】C

五、特殊申请

（一）涉及生物材料的专利申请

1. 涉及生物材料申请的申请文件应当满足的要求

为了满足 A26.3 充分公开的要求，应按规定将所涉及的生物材料送到国务院专利行政部门认可的保藏单位进行保藏。

对于涉及生物材料的申请，申请人除应当使申请符合专利法及其实施细则的有关规定外，还应当办理下列手续：

（1）在请求书和说明书中注明保藏该生物材料样品的单位名称、地址、保藏日期和编号，以及该生物材料的分类命名（注明拉丁文名称）；

（2）在申请文件中提供有关生物材料特征的资料。

涉及生物材料样品保藏的专利申请应当将生物材料的保藏日期、保藏单位全称及简称和保藏编号作为说明书的一个部分集中写在相当于附图说明的位置，还应当在请求书和说明书中写明该生物材料的分类命名（注明拉丁文名称）、保藏该生物材料样品的单位名称、地址、保藏日期和保藏编号；申请时未写明的，应当自申请日起 4 个月内补正；期满未补正的，视为未提交保藏。

2. 生物材料样品国际保藏单位

国务院专利行政部门认可的保藏单位是指布达佩斯条约承认的生物材料样品国际保藏单位，其中包括位于我国北京的中国微生物菌种保藏管理委员会普通微生物中心（CGMCC）和位于武汉的中国典型培养物保藏中心（CCTCC）。

2015 年 12 月 18 日，世界知识产权组织（WIPO）在官网上发出公告，确认广东省微生物菌种保藏中心（GDMCC）于 2016 年 1 月 1 日正式成为布达佩斯条约国际保藏单位，并履行职责。保藏单位应当是国务院专利行政部门认可的生物材料样品国际保藏单位，不符合规定的，审查员将发出视为未保藏通知书。在国务院专利行政部门认可的机构内保藏的生物材料，应当由该单位出具保藏证明，并确认生物材料的生存状况，即出具存活证明。

3. 提供保藏要求的法律意义

在布达佩斯条约成员国的范围内，只要申请人向条约所规定的任何一个国际保藏单位提交了生物材料的保藏，该条约的成员国均应承认所提交保藏的生物材料、该生物材料的保藏和存活事实、保藏日期和存活日期。

在说明书中的生物材料保藏信息和申请人提交的保藏证明和存活证明一并作为申请人公开其新的生物材料样品的依据。

4. 提交生物材料样品保藏的期限

申请人应当在申请日前或者最迟在申请日（有优先权的，指优先权日），将该生物材料样品提交至国务院专利行政部门认可的生物材料样品国际保藏单位保藏。

5. 提交保藏证明和存活证明的期限

申请涉及生物材料的发明专利，申请人应当在申请时或者最迟自申请日起 4 个月内提交

保藏单位出具的保藏证明和存活证明；期满未提交证明的，该样品视为未提交保藏。

【例 03-10】 下列哪个情形符合生物材料保藏要求？

A. 申请人自申请日起第 4 个月在国家知识产权局认可的保藏单位进行了生物保藏，并提交了保藏及存活证明

B. 申请人于申请日前 4 个月在国家知识产权局认可的保藏单位进行了生物保藏，在申请日后的第 5 个月提交了保藏及存活证明

C. 申请人于申请日前 1 个月在国家知识产权局认可的保藏单位进行了生物保藏，在申请日后的第 2 个月提交了保藏及存活证明

D. 申请人于申请日当天在其学校的国家重点生物实验室自行进行了生物保藏，在申请日后的第 2 个月提交了保藏及存活证明

【参考答案】 C

(二) 依赖遗传资源的专利申请

《专利法》(A26.5)	
①	《专利法》第二十六条第五款："依赖遗传资源完成的发明创造，申请人应当在专利申请文件中说明该遗传资源的直接来源和原始来源；申请人无法说明原始来源的，应当陈述理由。"

1. 遗传资源的直接来源

就依赖遗传资源完成的发明创造申请专利，申请人应当在请求书中对于遗传资源的来源予以说明，并填写遗传资源来源披露登记表，写明该遗传资源的直接来源和原始来源。专利法所称遗传资源的直接来源，是指获取遗传资源的直接渠道。

申请人说明遗传资源的直接来源，应当提供获取该遗传资源的时间、地点、方式、提供者等信息。

2. 遗传资源的原始来源

申请人无法说明原始来源的，应当陈述理由。

专利法所称遗传资源的原始来源，是指遗传资源所属的生物体在原生环境中的采集地。

遗传资源所属的生物体为自然生长的生物体的，原生环境是指该生物体的自然生长环境；遗传资源所属的生物体为培植或者驯化的生物体的，原生环境是指该生物体形成其特定性状或者特征的环境。申请人说明遗传资源的原始来源，应当提供采集该遗传资源所属的生物体的时间、地点、采集者等信息。

3. 遗传资源来源披露登记表的填写

在遗传资源来源披露登记表中应当填写的内容：

①发明名称；②申请号；③申请人；④申请日；⑤遗传资源名称；

⑥遗传资源的获取途径：

Ⅰ遗传资源取自：□动物 □植物 □微生物 □人；

Ⅱ获取方式：□购买 □赠送或交换 □保藏机构 □种子库（种质库）□基因文库 □自行采集 □委托采集 □其他。

⑦直接来源；⑧获取时间；

非采集方式：⑨提供者名称（姓名）；⑩提供者所处国家或地区；⑪提供者联系方式。

采集方式：⑫采集地［国家、省（市）］；⑬采集者名称（姓名）；⑭采集者联系方式。

⑮原始来源：⑯采集者名称（姓名）；⑰采集者联系方式；⑱获取时间；⑲获取地点［国家、省（市）］。

⑳无法说明遗传资源原始来源的理由；

㉑申请人或专利代理机构签字或者盖章。

【例 03-11】关于涉及遗传资源的专利申请，下列说法正确的是：

A. 对违反法律、行政法规的规定获取遗传资源，并依赖该遗传资源完成的发明创造，不授予专利权

B.《专利法》所称依赖遗传资源完成的发明创造，是指利用遗传资源的遗传功能完成的发明创造

C. 依赖遗传资源完成的发明创造，申请人只需在专利申请文件中说明遗传资源的直接来源

D. 遗传资源是指取自人体、动物、植物或者微生物等含有遗传功能单位并具有实际或者潜在价值的材料

【参考答案】ABD

第二节 外观设计专利申请文件

本节知识要点

本节主要介绍外观设计专利申请文件的准备，详细说明外观设计专利申请中请求书的填写内容及填写规范，作为表明专利保护范围的图片和照片该如何正确而规范地表达申请人的意愿，以及明确简要说明的撰写规定。

本节主要内容如图 3-3 所示。

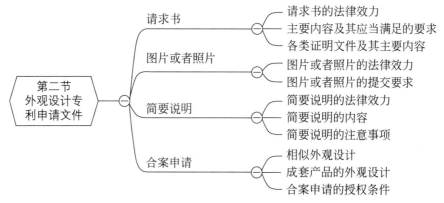

图 3-3 外观设计专利申请文件的主要内容

一、请求书

	《专利法》（A27.1）
①	《专利法》第二十七条第一款："申请外观设计专利的,应当提交请求书、该外观设计的图片或者照片以及对该外观设计的简要说明等文件。"

（一）请求书的法律效力

请求书是申请人向国务院专利行政部门表达请求授予专利权的愿望的一种专利申请文件。请求书用于披露申请人信息和代理人信息,以及披露与专利申请相关的法律手续相关信息。请求书、图片或者照片以及简要说明是外观设计专利申请能够被受理的必备文件。

（二）主要内容及其应当满足的要求

1. 使用外观设计的产品名称

（1）外观设计的产品名称应当与外观设计图片或者照片中表示的外观设计相符合,准确、简明地表明要求保护的产品的外观设计。

（2）产品名称一般应当符合国际外观设计分类表中小类列举的名称。

（3）产品名称一般不得超过20个字。

（4）外观设计产品的名称要避免的情形

① 含有人名、地名、国名、单位名称、商标、代号、型号或以历史时代命名的产品名称。

② 概括不当、过于抽象的名称,如"文具""炊具"等。

③ 描述技术效果、内部构造的名称,如"节油发动机"。

④ 附有产品规格、大小、规模、数量单位的名称,如"21英寸电视机"。

⑤ 以外国文字或无确定的中文意义的文字命名的名称,如"克莱斯酒瓶";已经众所周知并且含义确定的文字可以使用,如"DVD播放机"。

（5）包括图形用户界面的产品外观设计名称,应表明图形用户界面的主要用途和其所应用的产品,一般要有"图形用户界面"字样的关键词,动态图形用户界面的产品名称要有"动态"字样的关键词,如"带有温控图形用户界面的冰箱""手机的天气预报动态图形用户界面""带视频点播图形用户界面的显示屏幕面板"。不应笼统仅以"图形用户界面"名称作为产品名称,如"软件图形用户界面""操作图形用户界面"。

2. 设计人、申请人、联系人、代表人、代理机构信息及填写规范

外观设计专利申请的设计人、申请人、联系人、代表人、代理机构信息及要求填写规范,与发明或者实用新型专利申请的要求相同。

3. 包含相似外观设计的申请

（1）申请人声明本案为同一产品的相似外观设计,及其所包含的项数。

（2）同一产品两项以上的相似外观设计,可以作为一件申请提出。

（3）一件外观设计专利申请中的相似外观设计不得超过10项。

4. 包含成套产品外观设计的申请

（1）申请人声明本案为成套产品的多项外观设计，及其所包含的项数。

（2）用于同一类别并且成套出售或者使用的产品的两项以上外观设计，可以作为一件申请提出。

（3）成套产品外观设计专利申请中不应包含某一件或者几件产品的相似外观设计。

（三）各类证明文件及其主要内容

外观设计专利申请随同请求书应提交的各类证明文件及其主要内容要求，与发明或者实用新型专利申请的要求相同。

【例03-12】下列在请求书中写明的使用外观设计的产品名称哪些是正确的？

A. 虹吸式节水马桶

B. MP3播放器

C. 圆桌

D. 爱家牌抽油烟机

【参考答案】BC

二、图片或者照片

《专利法》(A27.2)
① 《专利法》第二十七条第二款："申请人提交的有关图片或者照片应当清楚地显示要求专利保护的产品的外观设计。"

（一）图片或者照片的法律效力

外观设计图片或者照片是确定外观设计保护范围的主要依据。

判定是否侵犯外观设计专利权，以表示在图片或者照片中的该产品的外观设计为准。

（二）图片或者照片的提交要求

1. 基本要求

（1）申请人请求保护色彩的，应当提交符合规定的彩色图片或者照片。色彩包括黑白灰系列和彩色系列。对于简要说明中声明请求保护色彩的外观设计专利申请，图片的颜色应着色牢固、不易褪色。

（2）申请局部外观设计专利的，应当提交整体产品的视图，并用虚线与实线相结合或者其他方式表明所需要保护的内容。

（3）申请人应当就每件外观设计产品所需要保护的内容提交有关图片或者照片。

（4）就立体产品的外观设计而言，产品设计要点涉及6个面的，应当提交六面正投影视图；产品设计要点仅涉及一个或几个面的，应当至少提交所涉及面的正投影视图和立体图，并应当在简要说明中写明省略视图的原因。

（5）就平面产品的外观设计而言，产品设计要点涉及一个面的，可以仅提交该面正投影视图；产品设计要点涉及两个面的，应当提交两面正投影视图。

（6）必要时，申请人还应当提交该外观设计产品的展开图、剖视图、剖面图、放大图以及变化状态图。

（7）申请人可提交参考图，参考图通常用于表明使用外观设计的产品的用途、使用方法或使用场所等。

（8）包括图形用户界面的产品外观设计。对于设计要点仅在于图形用户界面的，应当至少提交一幅包含该图形用户界面的显示屏幕面板的正投影视图。

如果需要清楚地显示图形用户界面设计在最终产品中的大小、位置和比例关系，需要提交图形用户界面所涉及面的一幅正投影最终产品视图。

图形用户界面为动态图案的，申请人应当至少提交一个状态的图形用户界面所涉及面的正投影视图作为主视图；其余状态可仅提交图形用户界面关键帧的视图作为变化状态图，所提交的视图应能唯一确定动态图案中动画完整的变化过程。标注变化状态图时，应根据动态变化过程的先后顺序标注。

对于用于操作投影设备的图形用户界面，除提交图形用户界面的视图之外，还应当提交至少一幅清楚显示投影设备的视图。

2. 视图名称及其标注

（1）六面正投影视图的视图名称是指主视图、后视图、左视图、右视图、俯视图和仰视图。主视图所对应的面应当是使用时通常朝向消费者的面或者最大限度反映产品的整体设计的面。各视图的视图名称应当标注在相应视图的正下方。

（2）对于成套产品，应当在其中每件产品的视图名称前以阿拉伯数字顺序编号标注，并在编号前加"套件"字样。

（3）对于同一产品的相似外观设计，应当在每个设计的视图名称前以阿拉伯数字顺序编号标注，并在编号前加"设计"字样。

（4）组件产品

① 无组装关系的组件产品：应当提交各构件的视图，并在每个构件的视图名称前以阿拉伯数字顺序编号标注，并在编号前加"组件"字样。

② 组装关系唯一的组件产品：应当提交组合状态的产品视图。

③ 组装关系不唯一的组件产品：应当提交各构件的视图，并在每个构件的视图名称前以阿拉伯数字顺序编号标注，并在编号前加"组件"字样。

（5）对于有多种变化状态的产品的外观设计，应当在其显示变化状态的视图名称后，以阿拉伯数字顺序编号标注。

3. 图片的绘制

（1）图片应当参照我国技术制图和机械制图国家标准中有关正投影关系、线条宽度以及剖切标记的规定绘制，并应当以粗细均匀的实线表达外观设计的形状。

（2）不得以阴影线、指示线、虚线、中心线、尺寸线、点划线等线条表达外观设计的形状。

（3）可以用两条平行的双点划线或自然断裂线表示细长物品的省略部分。

（4）图面上可以用指示线表示剖切位置和方向、放大部位、透明部位等，但不得有不必要的线条或标记。

（5）图片应当清楚地表达外观设计。

（6）图片可以使用包括计算机在内的制图工具绘制，但不得使用铅笔、蜡笔、圆珠笔绘制，也不得使用蓝图、草图、油印件。

4. 照片的拍摄

（1）照片应当清晰，避免因对焦等原因而导致产品的外观设计无法清楚地显示。

（2）照片背景应当单一，避免出现该外观设计产品以外的其他内容。

（3）产品和背景应有适当的明度差，以清楚地显示产品的外观设计。

（4）照片的拍摄通常应当遵循正投影规则，避免因透视产生的变形影响产品的外观设计的表达。

（5）照片应当避免因强光、反光、阴影、倒影等影响产品的外观设计的表达。

（6）照片中的产品通常应当避免包含内装物或者衬托物，但必须依靠内装物或者衬托物才能清楚地显示产品的外观设计时，则允许保留内装物或者衬托物。

5. 图片或者照片的缺陷

（1）视图投影关系有错误。例如，投影关系不符合正投影规则、视图之间的投影关系不对应或者视图方向颠倒等。

（2）外观设计图片或者照片不清晰。图片或者照片中显示的产品图形尺寸过小；或者虽然图形清晰，但因存在强光、反光、阴影、倒影、内装物或者衬托物等而影响产品外观设计的正确表达。

（3）外观设计图片中的产品绘制线条包含应删除或修改的线条。例如，视图中的阴影线、指示线、虚线、中心线、尺寸线、点划线等。

（4）表示立体产品的视图

表示立体产品的视图存在的缺陷有：

① 各视图比例不一致；

② 产品设计要点涉及 6 个面，而六面正投影视图不足。

例外情形有：

① 后视图与主视图相同或对称时可以省略后视图；

② 左视图与右视图相同或对称时可以省略左视图（或右视图）；

③ 俯视图与仰视图相同或对称时可以省略俯视图（或仰视图）；

④ 大型或位置固定的设备和底面不常见的物品可以省略仰视图。

（5）表示平面产品的视图。表示平面产品的视图存在的缺陷有：

① 各视图比例不一致；

② 产品设计要点涉及两个面，而两面正投影视图不足，但后视图与主视图相同或对称的情况以及后视图无图案的情况除外。

（6）细长物品如量尺、型材等，绘图时省略了中间一段长度，但没有使用两条平行的双点划线或自然断裂线断开的画法。

（7）剖视图或剖面图的剖面及剖切处的表示。剖视图或剖面图的剖面及剖切处的表示方法存在的缺陷有：

① 缺少剖面线或剖面线不完全；

② 表示剖切位置的剖切位置线、符号及方向不全或缺少上述内容（但可不给出表示从中心位置处剖切的标记）。

（8）有局部放大图，但在有关视图中没有标出放大部位的。

（9）组件产品的外观设计。组装关系唯一的组件产品缺少组合状态的视图；无组装关系或者组装关系不唯一的组件产品缺少必要的单个构件的视图。

（10）透明产品的外观设计，外层与内层有两种以上形状、图案和色彩时，没有分别表示出来。

【例 03-13】 下列关于外观设计专利申请中的图片或者照片的说法哪些是正确的？

A. 照片中的产品不允许包含内装物或者衬托物

B. 图片可以使用铅笔、蜡笔、圆珠笔绘制

C. 照片的拍摄通常应当遵循正投影规则，避免因透视产生的变形影响产品的外观设计的表达

D. 透明产品的外观设计，外层与内层有两种以上形状、图案和色彩时，应当分别表示出来

【参考答案】CD

三、简要说明

（一）简要说明的法律效力

外观设计专利权的保护范围以表示在图片或者照片中的该产品的外观设计为准，简要说明可以用于解释图片或者照片所表示的该产品的外观设计。

（二）简要说明的内容

简要说明应当包括以下内容。

（1）外观设计产品的名称。简要说明中的产品名称应当与请求书中的产品名称一致。

（2）外观设计产品的用途。简要说明中应当写明有助于确定产品类别的用途；对于具有多种用途的产品，简要说明应当写明所述产品的多种用途。

（3）外观设计的设计要点。设计要点是指与现有设计相区别的产品的形状、图案及其结合，或者色彩与形状、图案的结合，或者部位；对设计要点的描述应当简明扼要。

（4）指定一幅最能表明设计要点的图片或者照片。指定的图片或者照片用于出版专利公报。

（三）简要说明的注意事项

1. 应当在简要说明中写明的情形

（1）如果外观设计专利申请请求保护色彩，应当在简要说明中声明。

（2）申请局部外观设计专利的，必要时在简要说明中写明请求保护的局部。

（3）省略视图的，应当在简要说明中声明。

（4）包含同一产品的多项相似外观设计的，应当在简要说明中指定其中一项作为基本设计。

（5）对于花布、壁纸等平面产品，必要时应当描述单元图案两方连续或四方连续等无限定边界的情况。

（6）对于细长物品，必要时应当写明细长物品的长度采用省略画法。

（7）如果外观设计由透明材料或具有特殊视觉效果的新材料制成，必要时应当在简要说明中写明。

（8）如果外观设计产品属于成套产品，必要时应当写明各套件所对应的产品名称。

（9）包括图形用户界面的产品外观设计应在简要说明中清楚说明图形用户界面的用途，并与产品名称中体现的用途相对应。如果仅提交了包含该图形用户界面的显示屏幕面板的正投影视图，应当穷举该图形用户界面显示屏幕面板所应用的最终产品，如"该显示屏幕面板用于手机、电脑"。必要时说明图形用户界面在产品中的区域、人机交互方式以及变化过程等。

2. 不能写入简要说明的内容

（1）商业性宣传用语。

（2）产品的性能和内部结构。

【例 03-14】申请外观设计专利时，下列哪些内容可以在简要说明中写明？

A. 商业性宣传用语

B. 产品的性能和内部结构

C. 设计要点及其所在部位

D. 产品由具有特殊视觉效果的新材料制成

【参考答案】CD

四、合案申请

《专利法》(A31.2)
①	《专利法》第三十一条第二款："一件外观设计专利申请应当限于一项外观设计。同一产品两项以上的相似外观设计，或者用于同一类别并且成套出售或者使用的产品的两项以上外观设计，可以作为一件申请提出。"

（一）相似外观设计

1. 同一产品的相似外观设计

一件申请中的各项外观设计应当为同一产品的外观设计，如均为餐用盘的外观设计。如果各项外观设计分别为餐用盘、碟、杯、碗的外观设计，虽然各产品同属于国际外观设计分类表中的同一大类，但并不属于同一产品。

同一产品的其他外观设计应当与简要说明中指定的基本外观设计相似。

2. 相似外观设计的判断方式

判断相似外观设计时，应当将其他外观设计与基本外观设计单独进行对比。一般情况下，经整体观察，如果其他外观设计和基本外观设计具有相同或者相似的设计特征，并且二者之间的区别点在于局部细微变化、该类产品的惯常设计、设计单元重复排列或者仅色彩要素的变化等情形，则通常认为二者属于相似的外观设计。

3. 相似外观设计的项数

一件外观设计专利申请中的相似外观设计不得超过 10 项。

（二）成套产品的外观设计

1. 成套产品的定义

成套产品是指由两件以上（含两件）属于同一大类、各自独立的产品组成，各产品的设计构思相同，其中每一件产品具有独立的使用价值，而各件产品组合在一起又能体现出其组合使用价值的产品。

2. 同一类别

两项以上（含两项）外观设计可以作为一件申请提出的条件之一是该两项以上外观设计的产品属于同一类别，即该两项以上外观设计的产品属于国际外观设计分类表中的同一大类。产品属于同一大类并非是合案申请的充分条件，其还应当满足 A31.2 有关成套出售或者使用以及属于相同设计构思的要求。

3. 成套出售或者使用

成套出售或者使用，指习惯上同时出售或者同时使用并具有组合使用价值。

（1）同时出售。同时出售是指外观设计产品习惯上同时出售，如由床罩、床单和枕套等组成的多套件床上用品；为促销而随意搭配出售的产品，如书包和铅笔盒，虽然在销售书包时赠送铅笔盒，但是这不应被认为是习惯上同时出售，不能作为成套产品提出申请。

（2）同时使用。同时使用是指产品习惯上同时使用，也就是说，使用其中一件产品时，会产生使用联想，从而想到另一件或另几件产品的存在，而不是指在同一时刻同时使用这几件产品。例如，咖啡器具中的咖啡杯、咖啡壶、糖罐、牛奶壶等。

4. 各产品的设计构思相同

（1）设计构思相同的含义。设计构思相同是指各产品的设计风格是统一的，即对各产品的形状、图案或者其结合以及色彩与形状、图案的结合所作出的设计是统一的。设计统一是指：

① 形状的统一，各个构成产品都以同一种特定的造型为特征，或者各构成产品之间以特定的造型构成组合关系，即认为符合形状统一；

② 图案的统一，即各产品上图案设计的题材、构图、表现形式等方面应当统一；

③ 对于色彩的统一，不能单独考虑，应当与各产品的形状、图案综合考虑。

（2）判断是否设计构思相同的规则

① 当各产品的形状、图案符合统一协调的原则时，在简要说明中没有写明请求保护色彩的情况下，设计构思相同。

② 在简要说明中写明请求保护色彩的情况下，如果产品的色彩风格一致则设计构思相同。

③ 如果各产品的色彩变换较大，破坏了整体的和谐，则不能作为成套产品合案申请。

5. 成套产品中不应包含相似外观设计

成套产品外观设计专利申请中不应包含某一件或者几件产品的相似外观设计。例如，一件包含餐用杯和碟的成套产品外观设计专利申请中，不应再包括所述杯和碟的两项以上的相似外观设计。

（三）合案申请的授权条件

无论是涉及同一产品的两项以上的相似外观设计，还是成套产品的外观设计专利申请，其中的每一项外观设计或者每件产品的外观设计除应当满足上述合案申请的相关规定外，还应当分别具备其他授权条件。

如果其中的一项外观设计或者一件产品的外观设计不具备授权条件，则应当删除该项外观设计或者该件产品的外观设计，否则该专利申请不能被授予专利权。

【例 03-15】 下列哪些选项所示外观设计可以作为一件外观设计专利申请提出？

A. 轿车和轿车车模的相似外观设计

B. 设计构思相同的床、床头柜的外观设计

C. 咖啡杯和咖啡壶的成套产品外观设计，以及与其中的咖啡杯相似的另一款咖啡杯外观设计

D. 仅有色彩差别的产品包装盒的两项外观设计

【参考答案】 BD

本章要点回顾

依照规范准备符合要求的专利申请文件，是启动专利申请程序的基石。本章介绍了发明或者实用新型专利申请文件的请求书的填写规则，并详细介绍了发明或者实用新型专利申请的说明书、权利要求书的撰写规范，以及说明书摘要撰写应满足的条件。

权利要求书是判断一件发明或者实用新型授权范围的重要依据，如何撰写既能有效保护发明人的发明创造，又不会因为概括了没有得到说明书支持的技术方案而被驳回，是对撰写人最高的要求；同时由于说明书、权利要求书的法律属性，要求其撰写符合法律规定的形式要求及内容要求。

对于外观设计专利申请文件的撰写，图片和照片表示的内容是外观设计专利权保护的范围，因此申请文件中提供既符合要求又准确表达申请人意愿的图片或照片非常重要。对于技术要点，可以在简要说明中加以描述，以更好地解释外观设计要求保护的内容。

对于发明或者实用新型专利申请，判断权利要求之间是否具有单一性，就是判断它们之间是否具有相同的特定技术特征，因此对特定技术特征的含义和判断方法的掌握尤为重要。"特定技术特征"是为判断权利要求之间是否具有单一性而量身打造的一个概念。权利要求之间是否具有单一性，是以其所记载的技术方案是否具有创造性为基础的。在权利要求记载的技术方案均具有创造性的基础上，再判断它们之间是否具有相同的特定技术特征，因此对于不具有创造性，或者不具有新颖性，或者不具有实用性的权利要求，无从谈起是否具有单一性。

对于外观设计而言，同一产品的相似外观设计，同一大类并且同时出售或者同时使用的外观设计，可以作为一件专利申请提出。

第四章

申请获得专利权的程序及手续

 本章知识点框架

本章主要介绍发明、实用新型和外观设计三种专利申请获得授权的程序和手续。要求读者熟悉专利申请程序中的基本概念；熟悉发明、实用新型和外观设计专利的申请及审查流程；掌握关于专利申请及审查程序的规定和原则；熟悉与专利申请有关的手续及其文件。

本章知识点框架如图 4-1 所示。

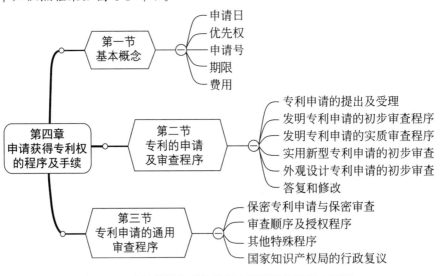

图 4-1 申请获得专利权的程序及手续的知识点框架

第一节 基本概念

本节知识要点

本节主要介绍对于三种专利类型都适用的基本概念,如申请日、优先权、申请号、期限及费用。2020年《专利法》中增加了外观设计的本国优先权,且对在先申请文件副本的提交时间做了较大的修改。

本节主要内容如图4-2所示。

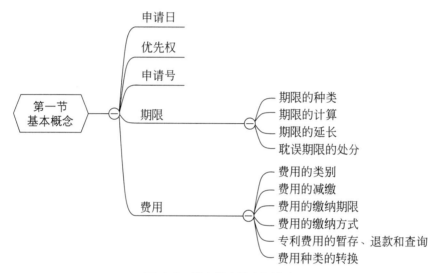

图4-2 基本概念的主要内容

一、申请日

《专利法》(A28)
①	《专利法》第二十八条:"国务院专利行政部门收到专利申请文件之日为申请日。如果申请文件是邮寄的,以寄出的邮戳日为申请日。"

1. 申请日的作用

(1) 根据先申请原则,同样的发明创造,专利权授予申请日在前的申请人。

(2) 申请日是判断发明创造是否具有新颖性、创造性的关键事件节点,申请日前的现有技术能够否定专利申请的可专利性。

(3) 申请日是专利申请授权后受到法律保护的时间起算点:发明专利保护期是20年;实用新型专利保护期是10年,外观设计专利保护期是15年。

(4) 对该申请日以后同样主题的申请因与其相抵触而将丧失新颖性,不能授予专利权。

(5) 申请日是判断专利申请先后的客观标准,申请日是许多期限的起算日。

2. 申请日的确定

国务院专利行政部门收到发明或者实用新型专利申请的请求书、说明书（实用新型必须包括附图）和权利要求书，或者外观设计专利申请的请求书、外观设计的图片或者照片和简要说明后，应当明确申请日、给予申请号，并通知申请人。

（1）纸件申请

① 向国务院专利行政部门受理处或者代办处窗口直接递交的专利申请，以收到日为申请日。

② 通过邮局邮寄递交到受理处或代办处的专利申请，以信封上的寄出邮戳日为申请日。

③ 通过快递公司递交到国务院专利行政部门受理处或者代办处的专利申请，以收到日为申请日。

④ 对于邮寄或者递交到国务院专利行政部门非受理部门或者个人的专利申请，以被转送到受理处或者代办处并实际收到日为申请日。

（2）电子申请。申请人提出电子专利申请的，以国务院专利行政部门专利电子申请系统收到符合专利法及其实施细则规定的专利申请文件之日为申请日。

（3）PCT 进入中国国家阶段的专利申请。由受理局确定的国际申请日视为该申请在中国的实际申请日。

（4）分案申请。提出分案申请的，以原申请的申请日为申请日。

3. 申请日的更正

申请人收到专利申请受理通知书之后认为该通知书上记载的申请日与邮寄该申请文件日期不一致的，可以请求国务院专利行政部门更正申请日。申请人请求更正申请日的条件：

（1）在递交专利申请文件之日起 2 个月内或者申请人收到专利申请受理通知书 1 个月内提出更正申请日的请求。

（2）附有收寄专利申请文件的邮局出具的寄出日期的有效证明，该证明中注明的寄出挂号号码与请求书中记录的挂号号码一致。

4. 重新确定申请日

申请文件中，提交的说明书中写有对附图的说明但无附图或者缺少部分附图的，申请人应当在国务院专利行政部门指定的期限内补交附图或者声明取消对附图的说明。

（1）申请人补交附图的，以向国务院专利行政部门提交或者邮寄附图之日为申请日，审查员应当发出重新确定申请日通知书。

（2）申请人取消对附图的说明的，保留原申请日。

【例 04-01】成都市民赵某通过邮局向国务院专利行政部门寄交了一件专利申请 S1，邮戳日为 2007 年 3 月 12 日，国务院专利行政部门受理处于 2007 年 3 月 15 日收到了该申请。赵某于 2007 年 3 月 13 日将另一件专利申请 S2 交付当地的速递公司，速递公司于次日上午送达成都代办处。在两份申请均符合受理条件的情况下，以下哪些说法是正确的？

A. S1 的申请日应当是 2007 年 3 月 12 日
B. S1 的申请日应当是 2007 年 3 月 15 日
C. S2 的申请日应当是 2007 年 3 月 13 日
D. S2 的申请日应当是 2007 年 3 月 14 日

【参考答案】AD

二、优先权

《专利法》（A29）	
①	《专利法》第二十九条第一款："申请人自发明或者实用新型在外国第一次提出专利申请之日起十二个月内，或者自外观设计在外国第一次提出专利申请之日起六个月内，又在中国就相同主题提出专利申请的，依照该外国同中国签订的协议或者共同参加的国际条约，或者依照相互承认优先权的原则，可以享有优先权。"
②	《专利法》第二十九条第二款："申请人自发明或者实用新型在中国第一次提出专利申请之日起十二个月内，或者自外观设计在中国第一次提出专利申请之日起六个月内，又向国务院专利行政部门就相同主题提出专利申请的，可以享有优先权。"

1. 优先权的定义

优先权是指专利申请人就其发明创造第一次在外国或者本国提出专利申请后，在法定期限内，又在中国以相同主题的发明创造提出专利申请的，可以要求享有第一次专利申请的优先权。

2. 优先权日

优先权日，即作为优先权基础的在先申请的申请日。

3. 优先权的期限

（1）发明或者实用新型的优先权期限是12个月，即作为优先权基础的在先申请为发明或者实用新型，在其申请日起12个月内，申请人提出在后的发明或者实用新型的，可以要求享有在先申请的优先权。

（2）外观设计的优先权期限为6个月，即在先申请为外观设计的，在其申请日起6个月内，申请人提出在后的外观设计专利申请的，可以要求享有在先申请的优先权。

4. 优先权的种类

（1）根据在先申请的受理国划分，优先权可分为外国优先权和本国优先权。

① 外国优先权，即在先申请是在外国提出的首次专利申请，在后申请是在中国提出的专利申请。发明、实用新型、外观设计三种专利类型，均可以要求享有外国优先权。

② 本国优先权，即在先申请和在后申请均是在中国提出的专利申请。发明、实用新型、外观设计三种专利类型，均可以要求享有本国优先权。

（2）根据专利类型划分，优先权可分为发明专利申请优先权、实用新型专利申请优先权和外观设计专利申请优先权。

① 发明专利申请优先权。自优先权日起12个月内，发明专利申请人就相同主题向国务院专利行政部门提出的在后发明专利申请的，作为优先权基础的在先申请，可以是发明专利申请，也可以是实用新型专利申请。

② 实用新型专利申请优先权。自优先权日起12个月内，实用新型专利申请人就相同主题向国务院专利行政部门提出的在后实用新型专利申请的，作为优先权基础的在先申请，可以是实用新型专利申请，也可以是发明专利申请。

③ 外观设计专利申请优先权。自优先权日起6个月内，外观设计专利申请人就相同主

题向国务院专利行政部门提出的在后外观设计专利申请的,作为优先权基础的在先申请,可以是外观设计专利申请,也可以是附图显示有相同主题的本国实用新型或者是发明专利申请。

5. 在后申请的申请人和发明人

(1) 申请人

① 外国优先权:要求优先权的在后申请的申请人与在先申请文件副本中记载的申请人应当一致,或者是在先申请文件副本中记载的申请人之一。申请人完全不一致的,应当在提出在后申请之日起 3 个月内提交证明文件。

② 本国优先权:要求优先权的在后申请的申请人与在先申请中记载的申请人应当一致;不一致的,在后申请的申请人应当在提出在后申请之日起 3 个月内提交证明文件。

(2) 发明人。无论是外国优先权还是本国优先权,在后申请与在先申请中记载的发明人可以一致,也可以不一致。这一点与"分案申请"中对发明人的要求是完全不同的。

6. 多项优先权、部分优先权

(1) 多项优先权。多项优先权,即在一件专利申请中,申请人要求享有两项或者两项以上优先权。申请人在一件专利申请中,要求多项优先权的,该申请的优先权期限从最早的优先权日起计算。多项优先权既适用于外国优先权,也适用于本国优先权。

多项优先权的最小单位为技术方案,即一件专利申请中要求享有在先申请一个或多个技术方案的优先权,而不是仅仅要求享有在先申请中部分技术特征的优先权。

(2) 部分优先权。要求优先权的在后申请中,除要求保护作为优先权基础的申请中记载的技术方案外,还要求保护一个或多个新的技术方案。部分优先权既适用于外国优先权,也适用于本国优先权。享有优先权的一项或多项权利要求可专利性评价时间点为优先权日,其他项权利要求的评价时间点为在后申请的实际申请日。

7. 优先权的效力

除 A28(专利申请的申请日)和 A42(专利权的保护期限)规定的情形外,专利法所称申请日,有优先权的,指优先权日。

这就意味着优先权的效力主要存在于两个角度。

(1) 避免他人在优先权期间的专利申请获得授权。在优先权期间内,任何单位和个人可能会就相同主题的发明创造提出专利申请。由于优先权的效力,任何单位和个人提出的相同主题发明创造的专利申请不能被授予专利权。也就是说,由于有作为优先权基础的在先申请的存在,从在先申请的申请日至在后申请的申请日,这期间由任何单位和个人提出的相同主题的发明创造专利申请因失去新颖性而不能被授予专利权。

(2) 扩大自己获得授权的可能性。由于优先权的效力,评价专利申请人的专利申请的可专利性的对比文件提前到了优先权日之前。在优先权日至申请日期间,任何方式的公开都不能使专利申请人的专利申请丧失新颖性、创造性。

【例 04-02】甲 2001 年 10 月向美国提出首次申请,其中权利要求请求保护技术方案 A1,说明书还描述了技术方案 A2。甲后于 2001 年 12 月向德国也提出一份申请,其中权利要求请求保护技术方案 A1 和 A3。2002 年 5 月,甲又向中国国家知识产权局提出申请,请求保护技术方案 A1、A2 和 A3,并要求享有美国和德国的优先权。下列说法正确的是:

A. 方案 A1、A3 能享有优先权,A2 不能享有优先权

B. 方案 A1、A2 能享有优先权，A3 不能享有优先权
C. 方案 A3 能享有优先权，A1、A2 不能享有优先权
D. 方案 A1、A2 和 A3 都能享有优先权

【参考答案】D

三、申请号

1. 申请号的含义

申请号是各工业产权局在受理专利（注册证书）申请时为每件申请编制的序号。中国专利申请号是指国务院专利行政部门受理一件专利申请时给出的标识号码。

2. 申请号的组成及申请种类号

（1）申请号的组成。在我国，申请号是用 12 位阿拉伯数字表示，由申请年号（第 1～4 位）、申请种类号（第 5 位）和申请流水号三个部分组成。

按照从左向右的次序，专利申请号中的第 1～4 位数字表示受理专利申请的年号，第 5 位数字表示专利申请的种类，第 6～12 位数字（共 7 位）为申请流水号，表示受理专利申请的相对顺序。专利申请号中使用的每一位阿拉伯数字均为十进制。

（2）申请种类号。
① 1 表示发明专利申请。
② 2 表示实用新型专利申请。
③ 3 表示外观设计专利申请。
④ 8 表示进入中国国家阶段的 PCT 发明专利申请。
⑤ 9 表示进入中国国家阶段的 PCT 实用新型专利申请。

【例 04-03】下列哪个号码是进入中国国家阶段的 PCT 发明专利申请的申请号？

A. 200710077832.3　　　　　　B. 200930143483.0
C. 200480002090.2　　　　　　D. 200490000001.3

【参考答案】C

四、期限

（一）期限的种类

1. 法定期限

法定期限是指专利法及其实施细则规定的各种期限。例如，专利申请人对复审决定不服的，可以自收到之日起 3 个月内提起行政诉讼。

2. 指定期限

指定期限是指审查员在根据专利法及其实施细则作出的各种通知中，规定申请人（或专利权人）、其他当事人作出答复或者进行某种行为的期限。

指定期限一般为 2 个月。在发明专利申请的实质审查程序中申请人答复第一次审查意见通知书的期限为 4 个月；在复审或无效宣告程序中，申请人或专利权人答复的期限为 1 个月。

（二）期限的计算

1. 期限的起算日

大部分法定期限是自申请日、优先权日、授权公告日等固定日期起计算的。以通知和决定的推定收到日为起算日：

（1）全部指定期限和部分法定期限自通知和决定的推定收到日起计算；

（2）推定收到日为自国务院专利行政部门发出文件之日（该日期记载在通知和决定上）起满 15 日。

2. 期限的届满日

期限起算日加上法定或者指定的期限即为期限的届满日。相应的行为应当在期限届满日之前，最迟在届满日当天完成。

期限届满日是法定休假日或者移用周休息日的，以法定休假日或者移用周休息日后的第一个工作日为期限届满日，该第一个工作日为周休息日的，期限届满日顺延至周一。

3. 期限的计算

期限的第一日（起算日）不计算在期限内。期限以年或者月计算的，以其最后一月的相应日（与起算日相对应的日期）为期限届满日；该月无相应日的，以该月最后一日为期限届满日。

（三）期限的延长

1. 允许延长的期限种类

当事人因正当理由不能在期限内进行或者完成某一行为或者程序时，可以请求延长期限。可以请求延长的期限仅限于指定期限，但在无效宣告程序中国务院专利行政部门指定的期限不得延长。

2. 请求延长期限的手续

当事人请求延长国务院专利行政部门指定的期限的，应当在期限届满前，向国务院专利行政部门说明理由并办理有关手续。请求延长期限的，应当在期限届满前提交延长期限请求书，说明理由，并缴纳延长期限请求费。

延长的期限不足 1 个月的，以 1 个月计算；延长的期限不得超过 2 个月。对同一通知或者决定中指定的期限一般只允许延长一次。

（四）耽误期限的处分

1. 处分的种类

申请人（或专利权人）因耽误期限作出的处分决定主要包括：视为撤回专利申请权、视为放弃取得专利权的权利、专利权终止、不予受理、视为未提出请求和视为未要求优先权等。例如：

（1）视为撤回专利申请的情形

① 申请人未在指定期限内答复审查意见或者补正的，其专利申请视为撤回。

② 发明专利申请人自申请日（有优先权的，为优先权日）3 年内未提出实质审查请求的，其专利申请视为撤回。

（2）视为放弃取得专利权的权利。申请人在收到办理登记手续通知书后，期满未办理专利登记或手续不合格的，视为放弃取得专利权的权利。

（3）专利权终止。专利权人没有按照规定缴纳年费的，专利权在期限届满前终止。

2. 补救措施

处分决定作出后，专利申请权（或专利权）丧失的，应当按照规定给予2个月（自该处分决定的推定收到日起算）的恢复权利请求期限。

【例04-04】国家知识产权局于2005年3月25日向申请人发出第一次审查意见通知书，要求其在收到通知书之日起4个月内答复。申请人于2005年4月1日收到该通知书，如果申请人因正当理由不能在指定期限内答复，则下列哪些做法是符合规定的？

A. 申请人于2005年7月31日提出延期2个月答复审查意见通知书的请求，并同时缴纳延长期限请求费

B. 申请人于2005年5月29日提出延期3个月答复审查意见通知书的请求，并于提出延期请求之日起2个月内缴纳了延长期限请求费

C. 申请人于2005年7月31日提出延期1个月答复审查意见通知书的请求，并于8月1日缴纳了延长期限请求费

D. 申请人于2005年7月1日提出延期2个月答复审查意见通知书的请求，并于提出延期请求之日起1个月内缴纳了延长期限请求费

【参考答案】ACD

五、费用

《专利法》(A81)	
①	《专利法》第八十一条："向国务院专利行政部门申请专利和办理其他手续,应当按照规定缴纳费用。"

（一）费用的类别

（1）启动专利申请进入审查所缴纳的费用：申请费；申请附加费（包括权利要求附加费和说明书附加费）；公布印刷费；优先权要求费。

（2）授权前的费用：发明专利申请实质审查费；复审费；恢复权利请求费；延长期限请求费；变更发明人、申请人的著录事项变更费。

（3）授权时的费用：授权当年的年费。

（4）授权后的费用：无效宣告请求费；年费、专利权期限补偿年费；药品专利期限补偿年费；权利评价报告费。

（5）对于进入中国国家阶段的国际申请，除上述费用之外，还包括：申请费、公布印刷费，必要时的申请附加费；宽限费；优先权要求费；译文改正费；单一性恢复费。

（二）费用的减缴

1. 允许请求收费减缴的费用种类

可以申请减缴的专利费用仅限于下列各项：

(1) 申请费（不包括公布印刷费、申请附加费）；
(2) 发明专利申请实质审查费；
(3) 复审费；
(4) 年费（自授予专利权当年起 10 年的年费）；
(5) 国际申请的申请人缴纳复审费和年费确有困难的，可以根据《专利收费减缴办法》向国务院专利行政部门提出费用减缴的请求。

2. 请求减缴的手续及其审批

(1) 申请减缴费用的主体应满足下列条件：
① 申请人或者专利权人是个人，其上一年度月均收入低于 5000 元的；
② 申请人或者专利权人是小型微利企业，其上年度企业应纳税所得额低于 100 万元的；
③ 共同请求人，每个请求人需分别符合对个人和企业要求的条件；
④ 事业单位、社会团体、非营利性科研机构视为上述规定的小型微利企业；
⑤ 开放许可实施期间的专利年费。

(2) 申请费用减缴的比例。批注申请人减缴专利费用的，可减缴的比例如下：
① 请求人为单一个体的，可以请求减缴费用的 85%；
② 请求人为共有权利人的，可以请求减缴费用的 70%。

(3) 费用减缴的手续。专利申请人或者专利权人只能请求减缴尚未到期的收费。

减缴申请费的请求应当与专利申请同时提出，减缴其他收费的请求可以与专利申请同时提出，也可以在相关收费缴纳期限届满日两个半月之前提出。

电子申请中申请人委托专利代理机构办理费用减缴手续的，应当在电子文件形式的专利代理委托书中声明。

专利申请人或者专利权人通过专利事务服务系统提交专利收费减缴请求并经审核批准备案的，在一个自然年度内再次请求减缴专利收费，仅需提交收费减缴请求书，无需再提交相关证明材料。

收费减缴请求批准后，专利申请人或者专利权人发生变更的，对于尚未缴纳的收费，变更后的专利申请人或者专利权人应当重新提交收费减缴请求。

(4) 对收入证明的要求
① 个人收入状况证明：个人请求减缴专利收费的，应当在收费减缴请求书中如实填写本人上年度收入情况，同时提交所在单位出具的年度收入证明。无固定工作的，提交户籍所在地或者经常居住地县级民政部门或者乡镇人民政府（街道办事处）出具的关于其经济困难情况证明。
② 企业收入状况证明：企业请求减缴专利收费的，应当在收费减缴请求书中如实填写经济困难情况，同时提交上年度企业所得税年度纳税申报表复印件。在汇算清缴期内，企业提交上年度企业所得税年度纳税申报表复印件。
③ 事业单位、社会团体、非营利性科研机构请求减缴专利收费的，应提交法人证明材料复印件。

【例 04-05】 李某与甲公司共同提出一份发明专利申请的同时，提出费用减缴请求，并指定李某为代表人，因甲公司不具有费减资格，国家知识产权局作出不予费减决定。则以下说法错误的是：

A. 李某与甲公司应当在指定期限内足额缴纳申请费及其他需要在受理程序中缴纳

的费用，否则该申请将被视为撤回

B. 如果甲公司在下一年具备费减资格条件，对于尚未到期的费用，李某与甲公司可以在相关收费缴纳期限届满日两个半月之前继续提出费用减缴请求

C. 在甲公司具备费减资格条件后，李某与甲公司继续提出费用减缴请求的，其在费用减缴请求书中只需填写甲公司的信息即可，并且无需再次提交李某的费减资格证明

D. 专利授权公告第二年李某与甲公司获得70%费减比例后，将该专利权转让给冯某和乙公司的，则冯某和乙公司可在费减年限内继续享有年费70%的费减比例，无须提出新的费用减缓请求

【参考答案】CD

（三）费用的缴纳期限

1. 申请费、优先权要求费

优先权要求费的数额以作为优先权基础的在先申请的项数计算。申请费、优先权要求费的缴纳期限是自申请日起2个月内，或者自收到受理通知书之日起15日内；需要在该期限内缴纳的费用有优先权要求费和申请附加费以及发明专利申请的公布印刷费。

2. 实质审查费

发明专利申请的实质审查费的缴纳期限是自申请日（有优先权的，为优先权日）起3年内。

3. 延长期限请求费

延长期限请求费的缴纳期限是在相应期限届满之日前。

4. 恢复权利请求费

恢复权利请求费的缴纳期限是自当事人收到国务院专利行政部门确认权利丧失通知之日起2个月内。

5. 复审费

复审费的缴纳期限是自申请人收到国务院专利行政部门作出的驳回决定之日起3个月内。

6. 授权当年的年费

授权当年的年费的缴纳期限是自申请人收到国务院专利行政部门作出的授予专利权通知书和办理登记手续通知书之日起2个月内。

7. 著录事项变更费、权利评价报告请求费和无效宣告请求费

著录事项变更费、权利评价报告请求费、无效宣告请求费的缴纳期限均自提出相应请求之日起1个月内。

【例04-06】申请人张某向国务院专利行政部门提交了一件要求国内优先权的实用新型专利申请，申请日为2007年1月16日，该申请包括20项权利要求。张某在2007年3月16日前应当向国务院专利行政部门缴纳下列哪些费用？（2007-45）

A. 申请费　　　　　　　　B. 优先权要求费
C. 申请附加费　　　　　　D. 公布印刷费

【参考答案】ABC

(四）费用的缴纳方式

1. 缴费方式

（1）直接缴纳。可以直接向国务院专利行政部门（包括国务院专利行政部门各代办处）缴纳费用，缴纳方式包括现金、支票、微信或支付宝扫码支付等。

（2）通过邮局或者银行汇付。

（3）通过网上支付，即通过中国专利电子申请网缴纳费用。

2. 缴费日

（1）直接缴纳。直接向国务院专利行政部门缴纳费用的，以缴纳当日为缴费日。

（2）通过邮局汇付。以邮局汇付方式缴纳费用的，以邮局汇出的邮戳日为缴费日。

（3）通过银行汇付。以银行汇付方式缴纳费用的，以银行实际汇出日为缴费日。

（4）网上支付。通过中国专利电子申请网缴纳费用的，以缴纳当日为缴费日。

3. 缴费信息的补充

费用通过邮局或者银行汇付时遗漏必要缴费信息的，当日补充不完整而再次补充的，以专利局收到完整缴费信息之日为缴费日。

（五）专利费用的暂存、退款和查询

1. 暂存

因缴费人信息填写不完整或者不准确而造成费用不能退回或者退款无人接收的，费用暂时存入国务院专利行政部门账户。费用暂存的，视为未办理缴费手续。

暂存满 3 年仍无法查清其内容的，进行清账上缴。

2. 退款

（1）退款请求。多缴、重缴、错缴专利费用的，当事人可以自缴费日起 3 年内，提出退款请求。退款请求人应当是该款项的缴款人；申请人（专利权人）、专利代理机构作为非缴款人请求退款的，应当声明是受缴款人委托办理退款手续。

退款请求应当注明申请号（或专利号）和要求退款的款项的信息（如票据号、费用金额等）及收款人信息。

（2）国务院专利行政部门主动退款的情形

① 专利申请已被视为撤回或者撤回专利申请的声明已被批准后，并且在国务院专利行政部门作出发明专利申请进入实质审查阶段通知书之前，已缴纳的实质审查费。

② 在专利权终止或者宣告专利权全部无效的决定公告后缴纳的年费。

③ 恢复权利请求审批程序启动后，国务院专利行政部门作出不予恢复权利决定的，当事人已缴纳的恢复权利请求费及相关费用。

（3）不予退款的情形

① 对多缴、重缴、错缴的费用，当事人在自缴费日起 3 年后才提出退款请求的。

② 当事人不能提供错缴费用证据的。

③ 在费用减缴请求被批准之前已经按照规定缴纳的各种费用，当事人又请求退款的。

（4）退款的效力。退款后，被退的款项视为自始未缴纳。

3. 查询费用的范围和方式

当事人需要查询费用缴纳情况的，应当提供银行汇单复印件或者邮局汇款凭证复印件（未收到国务院专利行政部门收费收据的）或者提供收据复印件（已收到国务院专利行政部门收费收据的）。查询时效为1年，自汇出费用之日起算。

（六）费用种类的转换

对于同一专利申请（或专利）缴纳费用时，费用种类填写错误的，缴纳该款项的当事人可以请求转换并附具相应证明。不同申请号（或专利号）之间的费用不能转换。

当事人缴纳的费用种类明显错误，审查员可以依职权对费用种类进行转换。

费用种类转换的，缴费日不变。

第二节 专利的申请及审查程序

本节知识要点

本节主要介绍三种专利类型从受理、初步审查到实质审查、修改等主程序的相关规定。本节主要内容如图4-3所示。

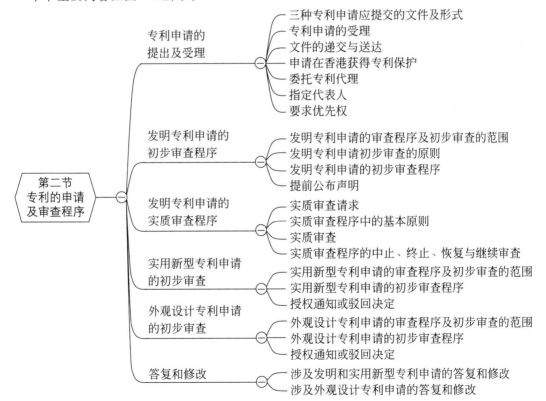

图4-3 专利的申请及审查程序的主要内容

一、专利申请的提出及受理

（一）三种专利申请应提交的文件及形式

1. 书面形式

专利法及其实施细则规定的各种手续，应当以书面形式或者国务院专利行政部门规定的其他形式办理。书面形式包括电子形式和纸件形式。

以书面形式申请专利的，应当符合规定的要求。

2. 标准表格

办理专利申请（或专利）手续时应当使用专利局制定的标准表格。标准表格由专利局按照一定的格式和样式统一制定、修订和公布。

3. 证明文件

专利申请人提出专利申请时提交的证明文件包括：国籍证明；经常居所地证明；注册地或经常营业所所在地证明；申请人资格证明；申请人（或专利权人）名称变更或者权利转移证明；文件寄发日期证明等；请求费减且已完成费减资格备案证明；要求宽限期证明文件等。

4. 签字或者盖章

向国务院专利行政部门提交申请文件或者办理各种手续，应当由申请人、专利权人、其他利害关系人或者其代表人签字或者盖章；委托专利代理机构的，由专利代理机构盖章。

签名或盖章在电子形式文件中是指电子签名。电子申请文件采用的电子签名与纸件文件的签字或者盖章具有相同的法律效力。

请求变更发明人姓名、专利申请人和专利权人的姓名或者名称、国籍和地址、专利代理机构的名称、地址和代理师姓名的，应当向国务院专利行政部门办理著录事项变更手续，必要时应提交变更理由的证明材料。

（二）专利申请的受理

1. 专利代办处

专利代办处全称为"国家知识产权局专利局XX代办处"，是国家知识产权局专利局在各省、自治区、直辖市知识产权局设立的专利业务派出机构，主要承担专利局授权或委托的专利业务工作及相关的服务性工作。

2. 受理的地点

国务院专利行政部门受理处和代办处应当开设受理窗口，未经过受理登记的文件，不得进入审批程序。

邮寄或者直接交给国务院专利行政部门的任何个人或者非受理部门的申请文件和其他有关文件，其邮寄文件的邮戳日或者提交文件的提交日都不具有确定申请日和递交日的效力。

3. 专利申请的受理条件

（1）具备下列条件的专利申请，将予以受理：

① 申请文件中有请求书；该请求书中申请专利的类别明确；写明了申请人姓名或者名称及其地址；专利申请文件以及其他文件，除由外国政府部门出具的或者在外国形成的证明

或者证据材料外，应当使用中文。

② 发明专利申请文件中有说明书和权利要求书；实用新型专利申请文件中有说明书、说明书附图和权利要求书；外观设计专利申请文件中有图片或者照片和简要说明。

③ 申请文件按照规定撰写或绘制的。

④ 申请人是外国人、外国企业或者外国其他组织的，国籍国与中国相互承认，属于强制委托的已委托。

⑤ 申请人是中国香港、澳门或者台湾地区的个人、企业或者其他组织的，属于强制委托的已委托。

（2）下列专利申请，将不予受理：

① 发明专利申请缺少请求书、说明书或者权利要求书的；实用新型专利申请缺少请求书、说明书、说明书附图或者权利要求书的；外观设计专利申请缺少请求书、图片或照片或者简要说明的。

② 未使用中文的。

③ 未按照规定撰写或绘制的。

④ 请求书中缺少申请人姓名或者名称，或者缺少地址的。

⑤ 外国申请人因国籍或者居所原因，明显不具有提出专利申请的资格的。

⑥ 属于强制委托的外国人、中国港澳台个人及外国组织、中国港澳台组织，而没有依法委托的。

⑦ 直接从外国、中国香港、中国澳门或者中国台湾地区向国务院专利行政部门邮寄的。

⑧ 专利申请类别（发明、实用新型或者外观设计）不明确或者难以确定的。

⑨ 分案申请改变申请类别的。

4. 查询

专利局受理处设置收文登记簿。当事人除能提供专利局或者专利代办处的收文回执或者受理通知书外，以收文登记簿的记载为准。

查询时效为1年，自提交该文件之日起算。

（三）文件的递交与送达

1. 文件递交方式和递交日

向国务院专利行政部门邮寄的各种文件，以寄出的邮戳日为递交日；邮戳日不清晰的，除当事人能够提出证明外，以国务院专利行政部门收到日为递交日。以电子形式提交专利申请和各种文件的，以国务院专利行政部门电子系统收到之日为递交日。

2. 文件送达方式及接收人

国务院专利行政部门的各种文件，可以通过电子形式、邮寄、直接送交或者其他方式送达当事人。

当事人委托专利代理机构的，文件送交专利代理机构；未委托专利代理机构的，文件送交请求书中指明的联系人。

3. 文件送达日的确定

（1）送达推定收到日。国务院专利行政部门通过电子形式、邮寄发出的各种文件，自文件发出之日起满15日，推定为当事人收到文件之日。

(2) 直接送交的以交付日为送达日。根据国务院专利行政部门的规定应当直接送交的文件，以交付日为送达日。

(3) 公告送达方式的收到日。文件送交地址不清，无法邮寄的，可以通过公告的方式送达当事人。自公告之日起满1个月，该文件视为已经送达。

(四) 申请在中国香港获得专利保护

1. 标准专利

(1) PCT途径发明专利申请。要求获得中国发明专利的国际申请在进入中国国家阶段后，申请人为获得香港标准专利的保护，应当向香港知识产权署办理标准专利的注册手续。即自该申请由中国专利局以中文公布之日起6个月内，或者该申请已由国际局以中文公布的、自中国专利局国家申请号通知书发文日起6个月内，向香港知识产权署办理记录请求手续；并自该申请由中国专利局授予专利权之日起6个月内向香港知识产权署办理注册与批予请求手续。

(2) 中国发明专利申请。向中国专利局提出发明专利申请的申请人，为获得香港标准专利的保护，应当按照香港《专利条例》的有关规定，向香港知识产权署办理标准专利的注册手续。即自该申请由中国专利局公布之日起6个月内向香港知识产权署办理记录请求手续；并自该申请由中国专利局授予专利权之日起6个月内向香港知识产权署办理注册与批予请求手续。

2. 短期专利

(1) PCT途径实用新型专利申请。要求获得中国实用新型专利的国际申请人为使其国际申请也获得香港短期专利的保护，应当在进入中国国家阶段之日起6个月内，或自中国专利局国家申请号通知书发文日起6个月内，向香港知识产权署办理短期专利的批予请求手续。

(2) 中国实用新型和外观设计专利申请。要求获得香港实用新型保护短期专利或注册外观设计保护的，应当按照香港《专利条例》或《注册外观设计条例》的规定，向香港知识产权署办理有关手续。

(五) 委托专利代理

《专利法》(A18.3)	
①	《专利法》第十八条第三款："专利代理机构应当遵守法律、行政法规，按照被代理人的委托办理专利申请或者其他专利事务；对被代理人发明创造的内容，除专利申请已经公布或者公告的以外，负有保密责任。专利代理机构的具体管理办法由国务院规定。"

1. 委托专利代理机构

委托专利代理机构办理专利事务的，委托的双方当事人是委托人和被委托的专利代理机构。专利申请程序中，被委托的专利代理机构仅限一家。

专利代理机构接受委托后，应当指定该专利代理机构的专利代理师办理有关事务，被指定的专利代理师不得超过两名。

2. 委托书

申请人委托专利代理机构向国务院专利行政部门申请专利和办理其他专利事务的，应当同时提交委托书，写明委托权限。申请人委托专利代理机构向国务院专利行政部门申请专利和办理其他专利事务的,应当提交委托书。

委托书应当使用国务院专利行政部门制定的标准表格,写明委托权限、发明创造名称、专利代理机构名称、专利代理师姓名,并应当与请求书中填写的内容相一致。

在专利申请确定申请号后提交委托书的,还应当注明专利申请号。

申请人是个人的,委托书应当由申请人签字或者盖章;申请人是单位的,应当加盖单位公章,同时也可以附有其法定代表人的签字或者盖章;申请人有两个以上的,应当由全体申请人签字或者盖章。此外,委托书还应当由专利代理机构加盖公章。

3. 解除委托和辞去委托

申请人(或专利权人)委托专利代理机构后,可以解除委托;专利代理机构接受申请人(或专利权人)委托后,可以辞去委托。

办理解除委托或者辞去委托手续的,应当事先通知对方当事人。

(1) 解除委托时,申请人(或专利权人)应当提交著录项目变更申报书,并附具全体申请人(或专利权人)签字或者盖章的解聘书,或者仅提交由全体申请人(或专利权人)签字或者盖章的著录项目变更申报书。

(2) 辞去委托时,专利代理机构应当提交著录项目变更申报书,并附具申请人(或专利权人)或者其代表人签字或者盖章的同意辞去委托声明,或者附具由专利代理机构盖章的表明已通知申请人(或专利权人)的声明。

(六)指定代表人

1. 代表人的指定

申请人有两人以上且未委托专利代理机构的,除请求书中另有声明外,以第一署名申请人为代表人。

以电子形式提交的专利申请,申请人有两人以上且未委托专利代理机构的,以提交电子形式专利申请的申请人为代表人。

2. 代表人的权利

除直接涉及共有权利的手续外,代表人可以代表全体申请人办理在国务院专利行政部门的其他手续。

直接涉及共有权利的手续包括:提出专利申请,委托专利代理,转让专利申请权、优先权或者专利权,撤回专利申请,撤回优先权要求,放弃专利权等。直接涉及共有权利的手续应当由全体权利人签字或者盖章。

(七)要求优先权

《专利法》(A30)	
①	《专利法》第三十条第一款:"申请人要求发明专利、实用新型专利优先权的,应当在申请的时候提出书面声明,并且在第一次提出申请之日起十六个月内,提交第一次提出的专利申请文件的副本。"
②	《专利法》第三十条第二款:"申请人要求外观设计专利优先权的,应当在申请的时候提出书面声明,并且在三个月内提交第一次提出的专利申请文件的副本。"
③	《专利法》第三十条第三款:"申请人未提出书面声明或者逾期未提交专利申请文件副本的,视为未要求优先权。"

1. 提交在先申请文件的副本

（1）提交在先申请文件副本的时间

① 申请人要求发明专利、实用新型专利优先权的，应当在申请的时候提出书面声明，并且在第一次提出发明、实用新型专利申请之日起 16 个月内，提交第一次提出的专利申请文件的副本。

② 申请人要求外观设计专利优先权的，应当在申请的时候提出书面声明，并且在 3 个月内提交第一次提出的专利申请文件的副本。

（2）提交在先申请文件副本的方式

① 要求外国优先权的，申请人提交的在先申请文件副本应当经原受理机构证明。依照国务院专利行政部门与该受理机构签订的协议，国务院专利行政部门通过电子交换等途径获得在先申请文件副本的，视为申请人提交了经该受理机构证明的在先申请文件副本。

② 要求本国优先权，申请人在请求书中写明在先申请的申请日和申请号的，视为提交了在先申请文件副本。

2. 视为未要求优先权

（1）申请人未提出书面声明或者逾期未提交专利申请文件副本的，视为未要求优先权。

（2）要求优先权，但请求书中漏写或者错写在先申请的申请日、申请号和原受理机构名称中的一项或者两项内容的，国务院专利行政部门应当通知申请人在指定期限内补正；期满未补正的，视为未要求优先权。

（3）要求优先权的申请人的姓名或者名称与在先申请文件副本中记载的申请人姓名或者名称不一致的，应当提交优先权转让证明材料，未提交该证明材料的，视为未要求优先权。

（4）外观设计专利申请的申请人要求外国优先权，其在先申请未包括对外观设计的简要说明，申请人的在后中国申请文件中提交的简要说明未超出在先申请文件的图片或者照片表示的范围的，不影响其享有优先权。

3. 要求本国优先权

（1）在先申请应当具备的条件。要求本国优先权的，提出后一申请时，在先申请的主题有下列情形之一的，不得作为要求本国优先权的基础：

① 已经要求外国优先权或者本国优先权的；

② 已经被授予专利权的；

③ 属于按照规定提出的分案申请的。

（2）对在先申请的处理。申请人要求本国优先权的，其在先申请自后一申请提出之日起即视为撤回，但外观设计专利申请的申请人要求以发明或者实用新型专利申请作为本国优先权基础的除外。

4. 在后申请的发明人/设计人

在后申请的发明人/设计人和作为优先权基础的在先申请的发明人/设计人可以相同，也可以不相同。

5. 在后申请的申请人

（1）外国优先权。要求优先权的在后申请的申请人与在先申请文件副本中记载的申请人应当一致。申请人完全不一致，且在先申请的申请人将优先权转让给在后申请的申请人的，应当在提出在后申请之日起 3 个月内提交由在先申请的全体申请人签字或者盖章的优先权转让证明文件。申请人期满未提交优先权转让证明文件或者提交的优先权转让证明文件不符合规定的,视为未要求优先权。

(2) 本国优先权。要求优先权的在后申请的申请人与在先申请中记载的申请人应当一致。申请人不一致的,在后申请的申请人应当在提出在后申请之日起 3 个月内提交由在先申请的全体申请人签字或者盖章的优先权转让证明文件。

在后申请的申请人期满未提交优先权转让证明文件,或者提交的优先权转让证明文件不符合规定的,视为未要求优先权。

【例 04-07】专利申请文件有以下哪些情形的,国务院专利行政部门不予受理,并且通知申请人?

A. 专利申请类别(发明、实用新型或者外观设计)不明确或者难以确定
B. 请求书中缺少申请人的地址
C. 说明书使用日文撰写
D. 发明或者实用新型专利申请缺少说明书摘要

【参考答案】ABC

二、发明专利申请的初步审查程序

(一)发明专利申请的审查程序及初步审查的范围

1. 发明专利申请的审查、授权与救济程序简介

一件发明专利申请的审查、授权、救济程序如图 4-4 所示。

图 4-4 发明专利申请的审查、授权与救济程序简图

根据图 4-4 可以看出,一件发明专利申请的审查、授权与救济程序主要包括以下阶段:
(1)专利申请的提出和受理阶段;
(2)专利申请的分类和保密审查阶段;
(3)专利申请的初步审查、公布和实质审查阶段;
(4)专利申请的授权登记与公告阶段;
(5)专利申请被驳回的复审救济程序、专利权授予之后的无效宣告程序。

2. 发明专利申请初步审查的范围

发明专利申请初步审查的范围包括以下四个方面。
(1)申请文件的形式审查。其具体包括发明专利申请是否包含请求书、说明书及附图、权利要求书、说明书摘要,以及它们的文件格式是否明显不符合相关规定。
(2)申请文件的明显实质性缺陷审查。其具体包括:
① 专利申请是否明显属于不授予专利权的对象、主题(A5、A25);
② 专利申请人是否不具有在中国申请专利的主体资格,以及属于强制委托对象的是否已经委托了专利代理机构(A17、A18);
③ 专利申请人是否属于未报请国家知识产权局进行保密审查而私自向外国申请了专利,现又回到中国申请专利的(A19);
④ 专利申请是否明显不属于发明专利的客体(A2.2);

⑤ 专利申请是依赖遗传资源完成的发明创造，是否明显不符合规定，没有说明直接来源及原始来源（A26.5）；

⑥ 专利申请是否明显不具有单一性（A31）；

⑦ 专利申请文件的修改是否明显超范围（A33）；

⑧ 说明书的撰写是否明显不符合规定（A26.3）；

⑨ 权利要求书的撰写是否明显不符合规定（A26.4）。

（3）其他文件的形式审查。其具体包括：

① 要求享有宽限期的，是否有相关证明文件；

② 要求享有优先权的，是否符合优先权要求；

③ 委托专利代理机构的，是否有相应的委托手续；

④ 提交相关文件的时间是否符合期限的要求；

⑤ 专利申请涉及生物材料的，是否在期限内提交了保藏，并附有保藏证明和存活证明；

⑥ 说明书附图与说明书中的表述是否一致；

⑦ 申请人是否提出有撤回专利申请的声明；

⑧ 申请人是否提交了提前公布的声明；

⑨ 属于分案申请的，是否满足提出分案申请的条件；

⑩ 申请人申请费用减缴的手续审查等。

（4）有关费用的审查。其具体包括专利申请人是否按照规定缴纳了申请费、优先权要求费等相关费用。

（二）发明专利申请初步审查的原则

1. 保密原则

对于尚未公布、公告的专利申请文件和与专利申请有关的其他内容，以及其他不适宜公开的信息，审查员负有保密责任。

2. 书面审查原则

审查员应当以申请人提交的书面文件为基础进行审查，审查意见（包括补正通知）和审查结果应当以书面形式通知申请人。

3. 听证原则

审查员在作出驳回决定之前，应当将驳回所依据的事实、理由和证据通知申请人，至少给申请人一次陈述意见和/或修改申请文件的机会。

4. 程序节约原则

对于存在可以通过补正克服的缺陷的申请，审查员应当进行全面审查，并尽可能在一次补正通知书中指出全部缺陷。对于申请文件中文字和符号的明显错误，审查员可以依职权自行修改，并通知申请人。对于存在不可能通过补正克服的实质性缺陷的申请，审查员在审查意见通知书中可以仅指出实质性缺陷。

（三）发明专利申请的初步审查程序

1. 申请文件的补正

初步审查中，对于申请文件存在可以通过补正克服的缺陷的专利申请，审查员应当进行全面审查，并发出补正通知书。

补正通知书中应当指明专利申请存在的缺陷，说明理由，同时指定答复期限。

2. 通知书的答复

申请人在收到补正通知书或者审查意见通知书后，应当在指定的期限内补正或者陈述意见。申请人对专利申请进行补正的，应当提交补正书和相应修改文件替换页。对申请文件的修改，应当针对通知书指出的缺陷进行。

修改的内容不得超出申请日提交的说明书和权利要求书记载的范围。

申请人期满未答复的，审查员应当根据情况发出视为撤回通知书或者其他通知书。

申请人因正当理由难以在指定的期限内作出答复的，可以提出延长期限请求。

对于因不可抗拒事由或者因其他正当理由耽误期限而导致专利申请被视为撤回的，申请人可以在规定的期限内向国务院专利行政部门提出恢复权利的请求。

3. 申请文件的修改

（1）修改不超范围原则。申请人可对其专利申请文件进行修改，但是对专利申请文件的修改不得超出原说明书和权利要求书记载的范围。下列情形均属于修改明显超范围的情形：

① 申请人修改了数据或者扩大了数值范围；

② 增加了原说明书中没有相应文字记载的技术方案的权利要求；

③ 增加一页或者数页原说明书或者权利要求书中没有记载的发明的实质内容。

（2）依职权修改。对于发明专利申请文件中文字和符号的明显错误，审查员可以在初步审查合格之前依职权进行修改，并通知申请人。依职权修改的常见情形如下。

① 请求书。修改申请人地址或联系人地址中漏写、错写或者重复填写的省（自治区、直辖市）、市、邮政编码等信息。

② 权利要求书和说明书。改正明显的文字错误和标点符号错误，修改明显的文本编辑错误，删除明显多余的信息。但是，可能导致原始申请文件记载范围发生变化的修改，不属于依职权修改的范围。

③ 摘要。添加明显遗漏的内容，改正明显的文字错误和标点符号错误，删除明显多余的信息，指定摘要附图。

4. 审查结果

（1）初步审查合格。经初步审查，对于申请文件符合专利法及其实施细则有关规定并且不存在明显实质性缺陷的专利申请，应当认为初步审查合格。审查员应当发出初步审查合格通知书，指明公布所依据的申请文本，之后进入公布程序。

（2）申请的驳回。申请文件存在明显实质性缺陷，在审查员发出审查意见通知书后，经申请人两次及以上陈述意见或者修改后仍然没有消除的，或者申请文件存在形式缺陷，经申请人陈述意见或者补正后仍然没有消除的，审查员可以作出驳回决定。

驳回决定正文应当包括三部分内容：案由、驳回的理由、决定。

申请人对专利申请被驳回的决定不服的，可以在收到决定之日起3个月内，向国务院专利行政部门提出复审请求。

（四）提前公布声明

	《专利法》(A34)
①	《专利法》第三十四条："国务院专利行政部门收到发明专利申请后,经初步审查认为符合本法要求的,自申请日起满十八个月,即行公布。国务院专利行政部门可以根据申请人的请求早日公布其申请。"

1. 发明专利申请的一般公布程序

国务院专利行政部门收到发明专利申请后,发明专利申请经初步审查合格后,自申请日(有优先权的,为优先权日)起满 15 个月进行公布准备,并于 18 个月期满时公布。国防专利、保密专利不经公布直接进入实质审查程序。

2. 发明专利申请的提前公布声明

国务院专利行政部门可以根据申请人的请求早日公布其申请。提前公布声明只适用于发明专利申请。申请人提出提前公布声明不能附有任何条件。申请人请求早日公布其发明专利申请的,应当向国务院专利行政部门声明:

(1) 在专利申请请求书中提出。
(2) 在申请受理之后、公布之前提出。

国务院专利行政部门对该申请进行初步审查后,除予以驳回的外,应当立即将申请予以公布。提前公布声明不符合规定的,审查员应当发出视为未提出通知书;符合规定的,在专利申请初步审查合格后立即进入公布准备。

3. 撤销提前公布声明

进入公布准备后,申请人要求撤销提前公布声明的,该要求视为未提出,申请文件照常公布。撤回专利申请的声明是在专利申请进入公布准备后提出的,申请文件照常公布或者公告,但审查程序终止。对于已经公布的发明专利申请,还应当在专利公报上予以公告。

4. 发明专利申请的延迟公布与不公布

自申请日(有优先权的,为优先权日)起满 15 个月,因各种原因初步审查尚未合格的发明专利申请将延迟公布。

在初步审查程序中被驳回、被视为撤回以及在公布准备之前申请人主动撤回或确定保密的发明专利申请不予公布。

【例 04-08】下列关于发明专利申请提前公布的说法哪个是正确的?

A. 申请人应当在提出发明专利申请的同时提交提前公布声明
B. 申请人应当在提交提前公布声明的同时缴纳提前公布费
C. 申请人应当在发明专利申请初步审查合格之前提交提前公布声明
D. 申请人提出提前公布声明不能附有任何条件

【参考答案】D

三、发明专利申请的实质审查程序

(一) 实质审查请求

《专利法》(A35、A36)	
①	《专利法》第三十五条第一款:"发明专利申请自申请日起三年内,国务院专利行政部门可以根据申请人随时提出的请求,对其申请进行实质审查;申请人无正当理由逾期不请求实质审查的,该申请即被视为撤回。"
②	《专利法》第三十五条第二款:"国务院专利行政部门认为必要的时候,可以自行对发明专利申请进行实质审查。"

续表

	《专利法》(A35、A36)
③	《专利法》第三十六条第一款:"发明专利的申请人请求实质审查的时候,应当提交在申请日前与其发明有关的参考资料。"
④	《专利法》第三十六条第二款:"发明专利已经在外国提出过申请的,国务院专利行政部门可以要求申请人在指定期限内提交该国为审查其申请进行检索的资料或者审查结果的资料;无正当理由逾期不提交的,该申请即被视为撤回。"

1. 实质审查请求的提出

(1) 依申请。申请人自申请日（有优先权日的,自优先权日）起3年内,向国务院专利行政部门提出实质审查请求,并缴纳实质审查费;申请人在无正当理由逾期不请求实质审查的,该申请即被视为撤回。发明专利的申请人请求实质审查的时候,应当提交在申请日前与其发明有关的参考资料。

发明专利已经在外国提出过申请的,国务院专利行政部门可要求申请人在指定期限内提交该国为审查其申请进行检索的资料或审查结果的资料;无正当理由逾期不提交的,该申请即被视为撤回。

(2) 依职权。国务院专利行政部门认为必要的时候,可以自行对发明专利申请进行实质审查。

2. 实质审查请求手续

(1) 申请人提出实质审查请求。申请人提出实质审查请求在距期限届满超过3个月（自申请日起0～33个月）期间提出实质审查请求书并缴纳了实质审查费,但实质审查请求书的形式不符合规定的,审查员可以发出视为未提出通知书。

在实质审查请求的提出期限届满前3个月时,申请人尚未提出实质审查请求的,审查员应发出期限届满前通知书。

在审查员发出期限届满前通知书（距期限届满日小于3个月）后,申请人提出实质审查请求书并缴纳了实质审查费,但实质审查请求书的形式不符合规定的,审查员应当发出办理手续补正通知书,通知申请人在规定期限内补正;期满未补正或者补正后仍不符合规定的,审查员应当发出视为未提出通知书。

申请人提交了实质审查请求书,但未在规定的期限内缴纳或者缴足实质审查费的,审查员应发出视为撤回通知书。

(2) 申请人未提出实质审查请求。申请人未在规定的期限内提交实质审查请求书,审查员应当发出视为撤回通知书。

(3) 进入实质审查阶段。实质审查请求符合规定的,在进入实质审查程序时,审查员应当发出发明专利申请进入实质审查阶段通知书。

(二) 实质审查程序中的基本原则

1. 请求原则

除专利法及其实施细则另有规定外,实质审查程序只有在申请人提出实质审查请求的前提下才能启动。

2. 听证原则

审查员作出驳回决定时，驳回所依据的事实、理由和证据应当在之前的审查意见通知书中已经告知过申请人。

在实质审查过程中，审查员在作出驳回决定之前，应当给申请人提供至少一次针对驳回所依据的事实、理由和证据陈述意见和/或修改申请文件的机会。

3. 程序节约原则

审查员要设法尽早地结案。除非确认申请根本没有被授权的前景，审查员应当在第一次审查意见通知书中，将申请中不符合专利法及其实施细则规定的所有问题通知申请人，要求其在指定期限内对所有问题给予答复，尽量地减少与申请人通信的次数，以节约程序。审查员不得以节约程序为理由而违反请求原则和听证原则。

【例 04-09】有关发明专利申请实质审查程序，下列说法正确的是：
A. 实质审查程序所遵循的原则有程序节约原则、公平原则、听证原则、请求原则
B. 实质审查程序中不会接受申请人主动提交的不符合有关修改时机规定的修改文本
C. 实质审查程序只有在申请人提出实质审查请求后才能启动
D. 在实质审查程序中可以采用会晤、电话讨论和现场调查等辅助手段

【参考答案】D

（三）实质审查

《专利法》(A37、A38、A39)	
①	《专利法》第三十七条："国务院专利行政部门对发明专利申请进行实质审查后，认为不符合本法规定的，应当通知申请人，要求其在指定的期限内陈述意见，或者对其申请进行修改；无正当理由逾期不答复的，该申请即被视为撤回。"
②	《专利法》第三十八条："发明专利申请经申请人陈述意见或者进行修改后，国务院专利行政部门仍然认为不符合本法规定的，应当予以驳回。"
③	《专利法》第三十九条："发明专利申请经实质审查没有发现驳回理由的，由国务院专利行政部门作出授予发明专利权的决定，发给发明专利证书，同时予以登记和公告。发明专利权自公告之日起生效。"

1. 审查的文本

审查员首次审查所针对的文本通常是申请人按照专利法及其实施细则规定提交的原始申请文件或者应国务院专利行政部门初步审查部门要求补正后的文件。

申请人在提出实质审查请求时，或者在收到国务院专利行政部门发出的发明专利申请进入实质审查阶段通知书之日起的 3 个月内，对发明专利申请进行了主动修改的，无论修改的内容是否超出原说明书和权利要求书记载的范围，均应当以申请人提交的经过该主动修改的申请文件作为审查文本。

2. 对缺乏单一性申请的处理

对于缺乏单一性的申请，审查员可以采用下述之一的方法进行处理。

（1）先通知申请人修改。审查员在阅读申请文件时，能立即判断出申请的主题之间明显缺乏单一性的，可以暂缓进行检索，先向申请人发出分案通知书，通知申请人在指定的 2 个

月期限内对其申请进行修改。

（2）检索后再通知申请人修改。检索后才能确定申请的主题之间缺乏单一性的，审查员可以视情况决定是暂缓进一步检索和审查，还是继续进一步检索和审查。

3. 全面审查

在发出第一次审查意见通知书之前对专利申请进行全面审查。依据《专利法实施细则》规定进行的审查，权利要求书的审查顺序及内容如下。

（1）申请的主题不属于专利法规定的不授予专利权的情形（A5、A25），符合专利法规定的发明专利的保护客体（A2.2）。

（2）具有专利法所规定的实用性（A22.4），且说明书充分公开了请求保护的主题（A26.3）。

（3）审查独立权利要求是否具备新颖性和创造性（A22.2、A22.3）：

① 如果经审查认为全部独立权利要求和从属权利要求均不具备新颖性或创造性，则对权利要求书不必再继续进行审查；

② 如果经审查认为独立权利要求不具备新颖性或创造性，则应进一步审查从属权利要求是否具备新颖性和创造性。

（4）如果经审查认为独立权利要求具备新颖性和创造性，或者虽然独立权利要求不具备新颖性或创造性，但是从属权利要求具备新颖性和创造性，则该申请有被授予专利权的前景，则对权利要求书进行下述审查：

① 审查权利要求书中的全部权利要求是否得到说明书（及其附图）的支持，以及是否清楚、简要地限定要求专利保护的范围（A26.4）；

② 审查独立权利要求是否表述了一个针对发明所要解决的技术问题的完整的技术方案，独立权利要求是否记载了解决上述技术问题的全部必要技术特征。

（5）审查从属权利要求：

① 从属权利要求是否用附加的技术特征，对引用的权利要求作进一步限定；

② 作为多项从属权利要求，是否是以择一的方式引用，并且不存在作为另一项多项从属权利要引用基础的情形（注意该条款不是驳回条款）。

（6）申请的修改是否符合不超出原说明书、权利要求书记载的范围的规定（A33）。

（7）分案申请是否符合超出原案的范围。

（8）对于依赖遗传资源完成的发明创造，申请文件是否说明了直接来源和原始来源，对于未说明原始来源的，是否说明了理由（A26.5）。

（9）如果申请所涉及的发明是在中国完成，且向外国申请专利之前未报经国务院专利行政部门进行保密审查，将依照规定不授予专利（A19.4）。

（10）审查是否存在有同样的发明创造，避免重复授权（A9）。

4. 对公众意见的处理

自发明专利申请公布之日起至公告授予专利权之日止，任何人均可以对不符合专利法规定的专利申请向国务院专利行政部门提出意见，并说明理由。

任何人对不符合专利法规定的发明专利申请向国务院专利行政部门提出的意见，应当存入该申请文档中供审查员在实质审查时考虑；如果公众的意见是在审查员发出授予专利权的通知之后收到的，就不必考虑。

国务院专利行政部门对公众意见的处理情况，不必通知提出意见的公众。

5. 会晤

在实质审查过程中，审查员可以约请申请人会晤，以加快审查程序。申请人亦可以要求会晤，此时，只要通过会晤能达到有益的目的，有利于澄清问题、消除分歧、促进理解，审查员就应当同意申请人提出的会晤要求。在某些情况下，审查员可以拒绝会晤要求，如通过书面方式、电话讨论等，双方意见已经表达充分、相关事实认定清楚的。

（1）会晤的启动。不管是审查员约请的还是申请人要求的会晤，都应当预先约定。

会晤日期确定后一般不得变动；必须变动时，应当提前通知对方。申请人无正当理由不参加会晤的，审查员可以不再安排会晤，而通过书面方式继续审查。

（2）会晤地点。会晤应当在专利局指定的地点进行，审查员不得在其他地点同申请人就有关申请的问题进行会晤。

（3）会晤参加人。申请人委托了专利代理机构的，会晤必须有代理人参加。参加会晤的代理人应当出示代理人执业证。申请人更换代理人的，应当办理著录项目变更手续，并在著录项目变更手续合格后由变更后的代理人参加会晤。在委托代理机构的情况下，申请人可以与代理人一起参加会晤。

申请人没有委托专利代理机构的，申请人应当参加会晤；申请人是单位的，由该单位指定的人员参加，该参加会晤的人员应当出示证明其身份的证件和单位出具的介绍信。

为共同申请人的，除非另有声明或者委托了代理机构，共有专利申请的单位或者个人都应当参加会晤。必要时，发明人受申请人的指定或委托，可以同代理人一起参加会晤，或者在申请人未委托代理机构的情况下受申请人的委托代表申请人参加会晤。

参加会晤的申请人或代理人等的总数，一般不得超过两名；两个以上单位或者个人共有一项专利申请，又未委托代理机构的，可以按共同申请的单位或个人的数目确定参加会晤的人数。

（4）会晤记录。会晤结束后，审查员应当填写会晤记录。会晤记录不能代替申请人的正式书面答复或者修改。如果会晤时，申请人提出了新的文件，而会晤前审查员没有收到这些文件，审查员可以决定中止会晤。

6. 电话讨论及其他方式

在实质审查过程中，审查员与申请人可以就发明和现有技术的理解、申请文件中存在的问题等进行电话讨论，也可以通过视频会议、电子邮件等其他方式与申请人进行讨论。必要时，审查员应当记录讨论的内容，并将其存入申请案卷。

对于讨论中审查员同意的修改内容，属于明显错误的，审查员可以依职权进行修改。

7. 取证和现场调查

一般说来，在实质审查程序中审查员不必要求申请人提供证据。

如果申请人决定提供证据，审查员应当给予申请人一个适当的机会，使其能提供任何可能有关的证据。申请人可以申请提供书面文件证据实物模型：

（1）申请人提供有关发明的技术优点方面的资料，以证明其申请具有创造性；

（2）申请人提供实物模型进行演示，以证明其申请具有实用性等。

如果某些申请中的问题，需要审查员到现场调查方能得到解决，则应当由申请人提出要求，审查员经过批准方可去现场调查。调查所需的费用由国务院专利行政部门承担。

8. 实质审查的审查结果

经过实质审查的发明专利申请的审查结果类型包括：

(1) 专利申请被视为撤回。申请人无正当理由对审查意见通知书、分案通知书或提交资料通知书等逾期不答复的，专利申请将被视为撤回。

(2) 专利申请被驳回。专利申请经申请人陈述意见或者修改后，仍然存在通知书中指出过的属于《专利法实施细则》所列情形的实质性缺陷的，专利申请将被驳回。

(3) 专利申请获得授权。专利申请经申请人陈述意见或者修改后，消除了原有缺陷的，审查员将发出授予发明专利权的通知书。

发明专利申请经实质审查没有发现驳回理由的，国务院专利行政部门应当作出授予专利权的决定。在作出授予专利权的决定之前，应当发出授予发明专利权的通知书。

授权的文本必须是经申请人以书面形式最后确认的文本。

【例 04-10】有关会晤，下列说法正确的是：
A. 会晤应当是在审查员已发出第一次审查意见通知书之后进行
B. 审查员可以根据案情需要约请申请人会晤，申请人也可以要求会晤
C. 除非另有声明或者委托了代理机构，共有专利申请的单位或者个人都应当参加会晤
D. 申请人委托了专利代理机构的，会晤必须有代理人参加

【参考答案】BCD

（四）实质审查程序的中止、终止、恢复与继续审查

1. 实质审查程序的中止

实质审查程序可能因专利申请权归属纠纷的当事人提出请求而中止，或者因财产保全而中止。一旦审查员接到程序中止调回案卷的通知，应当在规定的期限内将案卷返还流程管理部门。

2. 实质审查程序的终止

发明专利申请实质审查程序终止的情形包括：
(1) 因审查员作出驳回决定且决定生效而终止。
(2) 因发出授予专利权的通知书而终止。
(3) 因申请人主动撤回申请而终止。
(4) 因申请被视为撤回而终止。

3. 实质审查程序的恢复

(1) 因耽误期限而恢复。申请恢复基于的事由包括：
① 不可抗拒事由；
② 正当理由。

(2) 因程序中止而恢复。对于因专利申请权归属纠纷当事人的请求而中止的实质审查程序，在国务院专利行政部门收到发生法律效力的调解书或判决书后，凡不涉及权利人变动的，应及时予以恢复。涉及权利人变动的，在办理相应的著录项目变更手续后予以恢复。

若自当事人请求中止之日起 1 年内，专利申请权归属纠纷未能结案，请求人又未请求延长中止的，国务院专利行政部门将自行恢复被中止的实质审查程序。

4. 继续审查

申请人可以向国务院专利行政部门请求恢复被终止的实质审查程序，权利被恢复的，国

务院专利行政部门恢复实质审查程序。

在复审程序中,审查员应当对国务院专利行政部门转送的复审请求书进行前置审查,根据前置审查意见书,决定撤销原驳回决定的,应当恢复审查程序,继续审查。

国务院专利行政部门作出撤销专利局的驳回决定的复审决定后,审查员应当对专利申请进行继续审查。

四、实用新型专利申请的初步审查

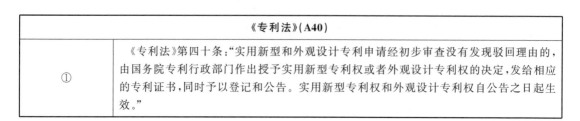

《专利法》(A40)
①	《专利法》第四十条:"实用新型和外观设计专利申请经初步审查没有发现驳回理由的,由国务院专利行政部门作出授予实用新型专利权或者外观设计专利权的决定,发给相应的专利证书,同时予以登记和公告。实用新型专利权和外观设计专利权自公告之日起生效。"

(一)实用新型专利申请的审查程序及初步审查的范围

1. 实用新型专利申请的审查、授权与救济程序简介

一件实用新型专利申请的审查、授权、救济程序如图 4-5 所示。

图 4-5 实用新型专利申请的审查、授权与救济程序简图

根据图 4-5 可以看出,一件实用新型专利申请的审查、授权与救济程序主要包括以下阶段:

(1)专利申请的提出和受理阶段。

(2)专利申请的分类和保密审查阶段。

(3)专利申请的初步审查、授权登记与公告阶段。

(4)专利申请被驳回的复审救济程序、专利权授予之后的无效宣告程序。

2. 实用新型专利申请初步审查的范围

实用新型专利申请初步审查的范围包括以下四个方面。

(1)申请文件的形式审查。其具体包括发明专利申请是否包含请求书、说明书及附图(必须有附图)、权利要求书、说明书摘要,以及它们的文件格式是否明显不符合相关规定。

(2)申请文件的明显实质性缺陷审查。其具体包括:

① 专利申请是否明显属于不授予专利权的对象、主题(A5、A25);

② 专利申请人是否不具有在中国申请专利的主体资格,以及属于强制委托对象的是否已经委托了专利代理机构(A17、A18);

③ 专利申请人是否属于未报请国家知识产权局进行保密审查而私自向外国申请了专利,现又回到中国申请专利的(A19);

④ 专利申请是否明显不属于实用新型专利的客体(A2.3);

⑤ 专利申请是否明显不具有单一性(A31);

⑥ 专利申请文件的修改是否明显超范围(A33);

⑦ 说明书、权利要求书的撰写是否明显不符合规定（A26.3、A26.4）。

(3) 其他文件的形式审查。其具体包括：

① 要求享有宽限期的，是否有相关证明文件；
② 要求享有优先权的，是否符合优先权的要求；
③ 委托专利代理机构的，是否有相应的委托手续；
④ 说明书附图与说明书中的表述是否一致；
⑤ 属于分案申请的，是否满足提出分案申请的条件；
⑥ 申请人申请费用减缴的手续审查等。

(4) 有关费用的审查。其具体包括专利申请人是否按照规定缴纳了申请费、优先权要求费等相关费用。

(二) 实用新型专利申请的初步审查程序

1. 通知书的答复

(1) 通知书的类型

① 补正通知书。初步审查中，对于申请文件存在可以通过补正克服的缺陷的专利申请，审查员应当进行全面审查，并发出补正通知书。经申请人补正后，申请文件仍然存在缺陷的，审查员应当再次发出补正通知书。

② 审查意见通知书。对于申请文件存在不可能通过补正方式克服的明显实质性缺陷的专利申请，审查员应当发出审查意见通知书。

(2) 通知书的答复。申请人答复通知书的规定如下：

① 申请人在收到补正通知书或者审查意见通知书后，应当在指定的期限内补正或者陈述意见；
② 申请人对专利申请进行补正的，应当提交补正书和相应修改文件替换页；
③ 对申请文件的修改，应当针对通知书指出的缺陷进行修改；
④ 修改的内容不得超出申请日提交的说明书和权利要求书记载的范围；
⑤ 申请人期满未答复的，审查员应当根据情况发出视为撤回通知书或者其他通知书。

申请人因正当理由难以在指定的期限内作出答复的，可以提出延长期限请求。

对于因不可抗拒事由或者其他正当理由耽误期限而导致专利申请被视为撤回的，申请人可以在规定的期限内向国务院专利行政部门提出恢复权利的请求。

2. 新颖性审查

初步审查中，审查员对于实用新型专利申请是否明显不具备新颖性进行审查。审查员可以根据其获得的有关现有技术或者抵触申请的信息，审查实用新型专利申请是否明显不具备新颖性。

实用新型可能涉及非正常申请的，如明显抄袭现有技术或者重复提交内容明显实质相同的专利申请，审查员应当根据检索获得的对比文件或者其他途径获得的信息，审查实用新型专利申请是否明显不具备新颖性。

3. 申请文件的修改

申请文件修改的要求包括：

(1) 申请人可以对其实用新型专利申请文件进行修改，但是，对申请文件的修改不得超出原说明书和权利要求书记载的范围（A33）。

（2）如果申请人对申请文件进行修改时，加入了所属技术领域的技术人员不能从原说明书和权利要求书中直接地、毫无疑义地确定的内容，这样的修改被认为超出了原说明书和权利要求书记载的范围。

（3）申请人从申请中删除某个或者某些特征，也有可能导致超出原说明书和权利要求书记载的范围。

（4）说明书中补入原权利要求书中记载而原说明书中没有描述过的技术特征，并做了扩大其内容的描述的，被认为修改超出了原说明书和权利要求书记载的范围。

（5）说明书中补入原说明书和权利要求书中没有记载的技术特征并且借助原说明书附图表示的内容不能毫无疑义地确定的，被认为修改超出了原说明书和权利要求书记载的范围。

（6）申请人对明显错误的更正，不能被认为超出了原说明书和权利要求书记载的范围。

（7）申请人对于附图中明显可见并有唯一解释的结构，允许补入说明书并写入权利要求书中，不能被认为超出了原说明书和权利要求书记载的范围。

4. 审查员依职权修改的内容

审查员在作出授予实用新型专利权通知前，可以对申请文件中文字和符号的明显错误依职权进行修改。审查员依职权修改的内容包括：

① 请求书。修改申请人地址或联系人地址中漏写、错写或者重复填写的省（自治区、直辖市）、市、邮政编码等信息。

② 说明书。修改明显不适当的实用新型名称和/或所属技术领域；改正错别字、错误的符号和标记等；修改明显不规范的用语；增补说明书各部分所遗漏的标题；删除附图中不必要的文字说明等。

③ 权利要求书。改正错别字、错误的标点符号、错误的附图标记，附图标记增加括号。但是，可能引起保护范围变化的修改，不属于依职权修改的范围。

④ 摘要。修改摘要中不适当的内容及明显的错误，指定摘要附图。

审查员依职权修改的内容，应当在文档中记载并通知申请人。

（三）授权通知或驳回决定

1. 授予专利权通知

实用新型专利申请经初步审查没有发现驳回理由的，审查员应当作出授予实用新型专利权通知。能够授予专利权的实用新型专利申请包括不需要补正就符合初步审查要求的专利申请，以及经过补正符合初步审查要求的专利申请。授予专利权通知书除写明收件人信息、著录项目外，还应指明授权所依据的文本和实用新型名称。

2. 申请的驳回

（1）申请存在明显实质性缺陷时的驳回条件。申请文件存在审查员认为不可能通过补正方式克服的明显实质性缺陷，审查员发出审查意见通知书后，在指定的期限内申请人未提出有说服力的意见陈述和/或证据，也未针对通知书指出的缺陷进行修改，审查员可以作出驳回决定。

（2）申请可以补正的缺陷时的驳回条件。申请文件存在可以通过补正方式克服的缺陷，审查员针对该缺陷已发出过两次补正通知书，并且在指定的期限内经申请人陈述意见或者补正后仍然没有消除的，审查员可以作出驳回决定。

3. 申请被驳回的救济措施

申请人对专利申请被驳回的决定不服的,可以在收到决定之日起 3 个月内,向国务院专利行政部门提出复审请求。

【例 04-11】下列有关实用新型专利申请的说法哪些是正确的?

A. 实用新型专利申请缺少说明书附图的,国家知识产权局不予受理

B. 在初步审查中,国家知识产权局应当对实用新型是否明显不具备创造性进行审查

C. 属于一个总的发明构思的两项以上的实用新型,可以作为一件实用新型专利申请提出

D. 对于不需要补正就符合初步审查要求的实用新型专利申请,国家知识产权局可以直接作出授予实用新型专利权的决定

【参考答案】ACD

五、外观设计专利申请的初步审查

(一) 外观设计专利申请的审查程序及初步审查的范围

1. 外观设计专利申请的审查、授权与救济程序简介

一件外观设计专利申请的审查、授权、救济程序如图 4-6 所示。

图 4-6 外观设计专利申请的审查、授权与救济程序简图

根据图 4-6 可以看出,一件外观设计专利申请的审查、授权与救济程序主要包括以下阶段:

(1) 专利申请的提出和受理阶段;

(2) 专利申请的分类阶段;

(3) 专利申请的初步审查、授权登记与公告阶段;

(4) 专利申请被驳回的复审救济程序、专利权授予之后的无效宣告程序。

2. 外观设计专利申请初步审查的范围

外观设计专利申请初步审查的范围包括以下四个面。

(1) 申请文件的形式审查。其具体包括发明专利申请是否包含请求书、图片或者照片、简要说明,以及它们的文件格式是否明显不符合相关规定(A27.1)。

(2) 申请文件的明显实质性缺陷审查。其具体包括:

① 专利申请是否明显属于不授予专利权的对象、主题(A5、A25);

② 专利申请人是否不具有在中国申请专利的主体资格,以及属于强制委托对象的是否已经委托了专利代理机构(A17、A18);

③ 专利申请是否明显不属于外观设计专利的客体(A2.4);

④ 专利申请是否明显不具有单一性(A31);

⑤ 专利申请文件的修改是否明显超范围(A33);

⑥ 图片或照片、简要说明是否明显不符合规定(A27.2、A27.3)。

(3) 其他文件的形式审查。其具体包括:

① 要求享有宽限期的，是否有相关证明文件；
② 要求享有优先权的，是否符合优先权的要求；
③ 委托专利代理机构的，是否有相应的委托手续；
④ 属于分案申请的，是否满足提出分案申请的条件；
⑤ 申请人申请费用减缴的手续审查等。

（4）有关费用的审查。其具体包括专利申请人是否按照规定缴纳了申请费、优先权要求费等相关费用。

（二）外观设计专利申请的初步审查程序

1. 根据 A23.1 新颖性的审查

初步审查中，审查员可以根据其获得的有关现有设计或抵触申请的信息，对于外观设计专利申请是否明显不符合 A23.1 新颖性的规定进行审查。

外观设计可能涉及非正常申请的，如明显抄袭现有设计或者重复提交内容明显实质相同的专利申请，审查员应当根据检索获得的对比文件或者其他途径获得的信息，审查外观设计专利申请是否明显不符合 A23.1 的规定。

2. 根据 A33 修改是否超范围的审查

申请人对其外观设计专利申请文件的修改不得超出原图片或者照片表示的范围。修改超出原图片或者照片表示的范围，是指修改后的外观设计与原始申请文件中表示的相应的外观设计相比，属于不相同的设计。

3. 根据 A9 是否属于同样的发明创造的审查

在判断是否构成 A9 所述的同样的发明创造时，应当以表示在两件外观设计专利申请或专利的图片或者照片中的产品的外观设计为准。

同样的外观设计是指两项外观设计相同或者实质相同。

（1）相同的外观设计。外观设计相同是指与对比设计是相同种类产品的外观设计，并且全部外观设计要素与对比设计的相应设计要素相同，其中外观设计要素是指形状、图案以及色彩。如果两件外观设计仅属于常用材料的替换，或者仅存在产品功能、内部结构、技术性能或者尺寸的不同，而未导致产品外观设计的变化，二者仍属于相同的外观设计。

（2）实质相同的外观设计。外观设计实质相同的判断仅限于相同或者相近种类的产品外观设计。对于产品种类不相同也不相近的外观设计，不进行与对比设计是否实质相同的比较和判断，即可认定两件外观设计不构成实质相同。

相近种类的产品是指用途相近的产品；当产品具有多种用途时，如果其中部分用途相同，而其他用途不同，则二者应属于相近种类的产品。

4. 根据 A29 和 A30 要求优先权的条件和手续的审查

（1）外观设计的优先权。

① 外国优先权。申请人自外观设计在外国第一次提出专利申请之日起 6 个月内，又在中国就相同主题提出专利申请的，依照该外国同中国签订的协议或者共同参加的国际条约，或者依照相互承认优先权的原则，可以享有优先权。

② 本国优先权。申请人自外观设计在中国第一次提出专利申请之日起 6 个月内，又向国务院专利行政部门就相同主题提出专利申请的，可以享有优先权。

(2) 享有优先权应当满足的条件。申请人申请外观设计专利，要求享有优先权的，应当满足下列条件。

① 内容条件。申请人要求享有优先权的在后申请与在先申请中的内容相同，构成同样的发明创造。

② 时间条件。申请人提出在后申请的时间，需在第一次申请的申请日起 6 个月内。申请人要求优先权的请求，应当在提出专利申请的同时提出书面声明。

③ 证明文件。申请人要求优先权的，应当在提出外观设计专利申请之日起 3 个月内，提交第一次提出的专利申请文件的副本；未提出书面声明或者逾期未提交专利申请文件副本的，视为未要求优先权。

④ 缴纳优先权要求费。申请人要求享有优先权的，应当在缴纳申请费的同时缴纳优先权要求费。

（三）授权通知或驳回决定

1. 授予专利权通知

外观设计专利申请经初步审查没有发现驳回理由的，审查员应当作出授予外观设计专利权通知。能够授予专利权的外观设计专利申请包括不需要补正就符合初步审查要求的专利申请，以及经过补正符合初步审查要求的专利申请。

2. 申请的驳回

（1）申请存在明显实质性缺陷时的驳回条件。申请文件存在审查员认为不可能通过补正方式克服的明显实质性缺陷，审查员发出审查意见通知书后，在指定的期限内申请人未提出有说服力的意见陈述和/或证据，也未针对通知书指出的缺陷进行修改，审查员可以作出驳回决定。

（2）申请可以补正的缺陷时的驳回条件。申请文件存在可以通过补正方式克服的缺陷，审查员针对该缺陷已发出过两次补正通知书，并且在指定的期限内经申请人陈述意见或者补正后仍然没有消除的，审查员可以作出驳回决定。

3. 申请被驳回的救济措施

申请人对专利申请被驳回的决定不服的，可以在收到决定之日起 3 个月内，向国务院专利行政部门提出复审请求。

六、答复和修改

《专利法》(A33)	
①	《专利法》第三十三条："申请人可以对其专利申请文件进行修改,但是,对发明和实用新型专利申请文件的修改不得超出原说明书和权利要求书记载的范围,对外观设计专利申请文件的修改不得超出原图片或者照片表示的范围。"

（一）涉及发明和实用新型专利申请的答复和修改

1. 答复的期限

（1）第一次审查意见通知书。审查员对申请进行实质审查后，通常以审查意见通知书的形式,将审查的意见和倾向性结论通知申请人。在审查意见通知书中,审查员应当指定答复期限;答复第一次审查意见通知书的期限为 4 个月。

为了使申请人尽快地作出符合要求的修改,必要时审查员可以提出修改的建议供申请人修改时参考。除该申请因存在严重实质性缺陷而无授权前景或者审查员因申请缺乏单一性而暂缓继续审查之外,第一次审查意见通知书应当写明审查员对申请的实质方面和形式方面的全部意见(相反表达曾作为真题选项)。

在审查文本不符合 A33 规定的情况下,即申请人的修改超出了原说明书和权利要求书记载的范围的,审查员也可以针对审查文本之外的其他文本提出审查意见,供申请人参考(曾直接表述为真题选项)。

(2)再次审查意见通知书。申请人根据审查员的意见,对申请做了修改,消除了可能导致被驳回的缺陷,使修改后的申请有可能被授予专利权的,如果申请仍存在某些缺陷,则审查员应当再次通知申请人消除这些缺陷,必要时,还可以通过与申请人会晤的方式来加速审查。申请经申请人陈述意见或者进行修改后,仍然存在原审查意见通知书中指出过的、属于《专利法实施细则》规定情形的缺陷的,在符合听证原则的前提下,审查员可以作出驳回申请的决定。申请经过修改或申请人陈述意见后已经符合专利法及其实施细则的规定的,审查员应发出授予发明专利权通知书。必要时,审查员应当再次发出审查意见通知书;再次审查意见通知书指定的答复期限为 2 个月。

2. 答复的方式

申请人收到审查意见通知书后的答复有两种方式。

(1)审查员发出补正通知书的,通常说明专利申请文件中存在形式性的缺陷。申请人可根据补正通知书指出的问题进行修改,并答复。

(2)审查员发出审查意见通知书的,通常说明专利申请文件中存在实质性的缺陷。申请人针对审查意见通知书中指出的问题,存在两种答复策略:

① 对专利申请文件进行修改,提交修改后的专利申请文件及修改说明;

② 对指出的缺陷进行申辩,提出反对意见,说明专利申请文件中不存在审查员指出的缺陷。

3. 答复的签署

申请人未委托专利代理机构的,其提交的意见陈述书或者补正书,应当有申请人的签字或者盖章。申请人是单位的,应当加盖公章;申请人有两个以上的,可以由其代表人签字或者盖章。申请人委托了专利代理机构的,其答复应当由其所委托的专利代理机构盖章,并由委托书中指定的专利代理师签字或者盖章。

4. 主动修改的时机

(1)发明专利申请的主动修改时机。发明专利申请人在提出实质审查请求时以及在收到国务院专利行政部门发出的发明专利申请进入实质审查阶段通知书之日起的 3 个月内,可以对发明专利申请主动提出修改。

① 申请人提出实质审查请求时可以对专利申请文件进行修改。这里是"提出实质审查请求时",所表达的仅仅是一个时点,即在提出实质审查请求时同时提出主动修改。在提出实质审查请求之后的一定时间段内虽然能够提出主动修改,但法律依据不是"提出实质审查请求时",而是"收到国务院专利行政部门发出的发明专利申请进入实质审查阶段通知书之日起的 3 个月内"。

② 申请人在收到国务院专利行政部门发出的发明专利申请进入实质审查阶段通知书之日起的 3 个月内，可以对其专利申请文件进行主动修改。这里的"3 个月"的时间起点依据国务院专利行政部门发出通知的方式不同而不同，通常为发出日之后加 15 日，视为收到日；收到日起，再加 3 个月，为期限届满日；3 个月为法定期限，但适用于耽误期限的恢复程序，不可以申请延长期限。

（2）实用新型专利申请的主动修改时机。申请人可以自申请日起 2 个月内对实用新型专利申请文件主动提出修改。对于超过 2 个月的修改，如果修改的文件消除了原申请文件存在的缺陷，并且具有被授权的前景，则该修改文件可以被接受。对于不予接受的修改文件，审查员应当发出视为未提出通知书。

5. 允许的修改

申请人对其专利申请文件进行主动修改的，应当符合下列要求。

（1）在得到原说明书和权利要求书支持的前提下允许对权利要求书进行的修改：

① 通过增加或变更独立权利要求的技术特征，或者通过变更独立权利要求的主题类型或主题名称以及其相应的技术特征，来改变该独立权利要求请求保护的范围；

② 增加或者删除一项或多项权利要求；

③ 修改独立权利要求，使其相对于最接近的现有技术重新划界；

④ 修改从属权利要求的引用部分，改正其引用关系，或者修改从属权利要求的限定部分，以清楚地限定该从属权利要求请求保护的范围。

（2）允许对说明书及其摘要的修改。对于说明书的修改，主要有两种情况：一种是针对说明书中本身存在的不符合专利法及其实施细则规定的缺陷作出的修改；另一种是根据修改后的权利要求书作出的适应性修改。此两种修改只要不超出原说明书和权利要求书记载的范围，则都是允许的。允许的说明书及其摘要的修改包括下述各种情形。

① 修改发明名称，使其准确、简要地反映要求保护的主题的名称。如果独立权利要求的类型包括产品、方法和用途，则这些请求保护的主题都应当在发明名称中反映出来。发明名称应当尽可能简短，一般不得超过 25 个字，特殊情况下，如化学领域的某些专利申请，可以允许最多达到 40 个字。

② 修改发明所属技术领域。为便于公众和审查员清楚地理解发明和其相应的现有技术，应当允许修改发明所属技术领域，使其与国际专利分类表中最低分类位置涉及的领域相关。

③ 修改背景技术部分，使其与要求保护的主题相适应。如果审查员通过检索发现了比申请人在原说明书中引用的现有技术更接近所要求保护的主题的对比文件，则应当允许申请人修改说明书，将该文件的内容补入这部分，并引证该文件，同时删除描述不相关的现有技术的内容。这种修改实际上使说明书增加了原申请的权利要求书和说明书未曾记载的内容，但由于修改仅涉及背景技术而不涉及发明本身，且增加的内容是申请日前已经公知的现有技术，因此是允许的。

④ 修改发明内容部分中与该发明所解决的技术问题有关的内容，使其与要求保护的主题相适应，即反映该发明的技术方案相对于最接近的现有技术所解决的技术问题。当然，修改后的内容不应超出原说明书和权利要求书记载的范围。

⑤ 修改发明内容部分中与该发明技术方案有关的内容，使其与独立权利要求请求保护的主题相适应。

⑥ 修改发明内容部分中与该发明的有益效果有关的内容。只有在某（些）技术特征在

原始申请文件中已清楚地记载，而其有益效果没有被清楚地提及，但所属技术领域的技术人员可以直接地、毫无疑义地从原始申请文件中推断出这种效果的情况下，才允许对发明的有益效果作合适的修改。

⑦ 修改附图说明。申请文件中有附图，但缺少附图说明的，允许补充所缺的附图说明；附图说明不清楚的，允许根据上下文作出合适的修改。

⑧ 修改最佳实施方式或者实施例。这种修改中允许增加的内容一般限于补入原实施方式或者实施例中具体内容的出处以及已记载的反映发明的有益效果数据的标准测量方法（包括所使用的标准设备、器具）。

⑨ 修改附图。删除附图中不必要的词语和注释，可将其补入说明书文字部分之中；修改附图中的标记使之与说明书文字部分相一致；在文字说明清楚的情况下，为使局部结构清楚起见，允许增加局部放大图；修改附图的阿拉伯数字编号，使每幅图使用一个编号。

⑩ 修改摘要。通过修改使摘要写明发明的名称和所属技术领域，清楚地反映所要解决的技术问题、解决该问题的技术方案的要点以及主要用途；删除商业性宣传用语；更换摘要附图，使其最能反映发明技术方案的主要技术特征。

⑪ 修改由所属技术领域的技术人员能够识别出的明显错误，即语法错误、文字错误和打印错误。对这些错误的修改必须是所属技术领域的技术人员能从说明书的整体及上下文看出的唯一的正确答案。

6. 不允许的修改

（1）不予接受的修改

① 主动删除独立权利要求中的技术特征，扩大了该权利要求请求保护的范围。

② 主动改变独立权利要求中的技术特征，导致扩大了请求保护的范围。

③ 主动将仅在说明书中记载的与原来要求保护的主题缺乏单一性的技术内容作为修改后权利要求的主题。

④ 主动增加新的独立权利要求，该独立权利要求限定的技术方案在原权利要求书中未出现过。

⑤ 主动增加新的从属权利要求，该从属权利要求限定的技术方案在原权利要求书中未出现过。

（2）不允许改变内容的修改

① 改变权利要求中的技术特征，超出了原权利要求书和说明书记载的范围。

② 由不明确的内容改成明确具体的内容而引入原申请文件中没有的新的内容。

③ 将原申请文件中的几个分离的特征，改变成一种新的组合，而原申请文件没有明确提及这些分离的特征彼此间的关联。

④ 改变说明书中的某些特征，使得改变后反映的技术内容不同于原申请文件记载的内容，超出了原说明书和权利要求书记载的范围。

（3）不允许删除某些内容的修改

① 从独立权利要求中删除在原申请中明确认定为发明的必要技术特征的限定词，导致扩大了保护范围，且超出了原说明书记载的范围，不能得到说明书的支持，因而是不允许的。

② 从权利要求中删除一个与说明书记载的技术方案有关的技术术语，导致该技术术语限定的技术范围扩大。

③ 从权利要求中删除在说明书中明确认定的关于具体应用范围的技术特征，导致扩大

应用范围，从而扩大技术保护范围。

④ 从说明书中删除某些内容而导致修改后的说明书超出了原说明书和权利要求书记载的范围。

（二）涉及外观设计专利申请的答复和修改

1. 通知书的答复

（1）通知书的类型

① 补正通知书。对于申请文件存在可以通过补正克服的缺陷的专利申请，审查员应当进行全面审查，并发出补正通知书。经申请人补正后，申请文件仍然存在缺陷的，审查员应当再次发出补正通知书。

② 审查意见通知书。对于申请文件存在不可能通过补正方式克服的明显实质性缺陷的专利申请，审查员应当发出审查意见通知书。

（2）通知书的答复。申请人答复通知书的规定如下：

① 申请人在收到补正通知书或者审查意见通知书后，应当在指定的期限内补正或者陈述意见；

② 申请人对专利申请进行补正的，应当提交补正书和相应修改文件替换页；

③ 对申请文件的修改，应当针对通知书指出的缺陷进行；

④ 修改的内容不得超出申请日提交的图片或者照片表示的范围；

⑤ 申请人期满未答复的，审查员应当根据情况发出视为撤回通知书或者其他通知书。

申请人因正当理由难以在指定的期限内作出答复的，可以提出延长期限请求。

对于因不可抗拒事由或者因其他正当理由耽误期限而导致专利申请被视为撤回的，申请人可以在规定的期限内向国务院专利行政部门提出恢复权利的请求。

2. 修改超出原图片或者照片表示的范围

在判断申请人对其外观设计专利申请文件的修改是否超出原图片或者照片表示的范围时，如果修改后的内容在原图片或者照片中已有表示，或者可以直接地、毫无疑义地确定，则认为所述修改符合 A33 的规定。

3. 申请人主动修改

申请人主动修改专利申请文件的，应当符合下列规定：

（1）申请人可以自申请日起 2 个月内对外观设计专利申请文件主动提出修改；

（2）对于超过 2 个月的修改，如果修改的文件消除了原申请文件存在的缺陷，并且具有被授权的前景，则该修改文件可以接受；

（3）对于不接受的修改文件，审查员应当发出视为未提出通知书。

4. 针对通知书指出的缺陷进行修改

申请人的被动修改是指按照审查员的审查意见通知书中指出的缺陷进行的修改，其规定如下。

（1）申请人在收到国务院专利行政部门的审查意见通知书或者补正通知书后，应当针对通知书指出的缺陷对专利申请文件进行修改。

（2）对于针对通知书指出的缺陷进行的修改，不允许超出原图片或者照片表示的范围。

（3）对于申请人提交的包含并非针对通知书所指出的缺陷进行修改的修改文件，如果其修改符合 A33 的规定，并消除了原申请文件存在的缺陷，且具有授权的前景，则该修改可以被视为是针对通知书指出的缺陷进行的修改，经此修改的申请文件应当予以接受。

（4）申请人提交的修改文件超出了原图片或者照片表示的范围的，审查员应当发出审查意见通知书，通知申请人进行补正；期满不补正或补正仍不符合规定的，申请将被根据规定予以驳回。

5. 审查员依职权修改的内容

审查员依职权修改的范围包括：

（1）明显的产品名称错误。

（2）明显的视图名称错误。

（3）明显的视图方向错误。

（4）外观设计图片中的产品绘制线条包含应删除的线条，如阴影线、指示线、中心线、尺寸线、点划线等。

（5）简要说明中写有明显不属于简要说明可以写明的内容，如关于产品内部结构、技术效果的描述、产品推广宣传等用语。

（6）申请人在简要说明中指定的最能表明设计要点的图片或者照片明显不恰当。

（7）请求书中，申请人地址或联系人地址漏写、错写或者重复填写的省（自治区、直辖市）、市、邮政编码等信息。

审查员依职权修改的内容，应当在文档中记载并通知申请人。

【例 04-12】以下哪些情况属于不允许的修改？

A. 原申请文件仅记载了弹簧，将其修改为原申请说明书或权利要求书中未记载的"弹性部件"

B. 原申请文件仅记载了较高的温度，将其修改为原申请说明书或权利要求书中未记载的"大于 200℃"

C. 将说明书中对某一技术特征的具体描述补充到权利要求对应的技术特征部分中

D. 将不同实施例的内容进行组合得到没有记载在原申请文件的新技术方案

【参考答案】ABD

第三节 专利申请的通用审查程序

本节知识要点

本节主要介绍保密专利申请及审查程序、向外申请专利的保密审查程序、审查顺序及授权程序以及分案申请等特殊程序。一件专利申请从受理到授权，是一般专利申请经过的程序，但申请人有权提出专利申请，同样有权在过程中采用申请优先审查、决定撤回专利申请、请求中止等手段，对专利申请进行处置。对过程中的行政决定不服时，还可以采取一定的救济手段，如提出行政复议。

本节主要内容如图 4-7 所示。

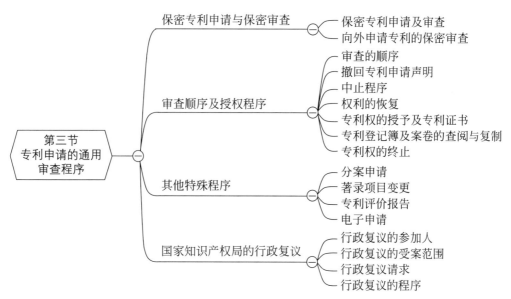

图 4-7 专利申请的通用审查程序的主要内容

一、保密专利申请与保密审查

	《专利法》(A4)
①	《专利法》第四条:"申请专利的发明创造涉及国家安全或者重大利益需要保密的,按照国家有关规定办理。"

(一)保密专利申请及审查

1. 保密专利申请

(1) 保密专利的含义。保密专利是指专利申请的内容属于涉及国家安全、重大利益的发明创造。

(2) 保密专利的确定。确定保密专利的情形如下:

① 国务院专利行政部门受理的专利申请涉及国防利益需要保密的,应当及时移交国防专利机构进行审查;

② 国务院专利行政部门认为其受理的发明或者实用新型专利申请涉及国防利益以外的国家安全或者重大利益需要保密的,应当及时作出按照保密专利申请处理的决定,并通知申请人。

(3) 保密专利的提出。申请人认为其发明或实用新型专利申请涉及国防利益以外的国家安全或者重大利益需要保密的。申请人提出保密专利申请的时机如下列两种:

① 提出发明或实用新型专利申请时,在请求书中作出要求保密的表示;

② 在发明专利申请进入公布准备之前、在实用新型专利公告授权之前单独提出。

对于已确定为保密专利申请的电子申请,申请人此后应当以纸件形式向国务院专利行政部门或国防专利局递交各种文件,不得通过电子专利申请系统提交文件。

2. 保密专利申请的审批流程

（1）保密专利审查方式。发明专利申请的初步审查和实质审查，实用新型专利申请的初步审查，按照与一般专利申请相同的基准进行。

（2）作为保密专利的发明专利申请的审查程序

① 经初步审查合格的，不予公布。

② 实质审查请求符合规定的，直接进入实质审查程序。

③ 经实质审查没有发现驳回理由的，作出授予保密发明专利权的决定，并发出授予发明专利权通知书和办理登记手续通知书。

（3）作为保密专利的实用新型专利申请的审查程序。实用新型专利申请经初步审查没有发现驳回理由的，国务院专利行政部门作出授予保密实用新型专利权的决定，并发出授予实用新型专利权通知书和办理登记手续通知书。

（4）授权公告。保密专利申请的授权公告仅公布专利号、申请日和授权公告日。

3. 保密专利申请（或专利）的解密程序

（1）依申请。保密专利申请的申请人或者保密专利的专利权人可以书面提出解密请求。专利局对提出解密请求的保密专利申请（或专利）进行解密确定，并将结果通知申请人。

（2）专利局定期解密。专利局每两年对保密专利申请（或专利）进行一次复查，经复查认为不需要继续保密的，通知申请人予以解密。

（3）解密后的处理。发明或者实用新型专利解密后，应当进行解密公告、出版发明或者实用新型专利单行本，并按照一般专利进行管理。

【例 04-13】关于专利申请的保密审查，下列说法正确的是：

A. 就发明、实用新型、外观设计向外国申请专利或者证书的，应当事先报经国务院专利行政部门进行保密审查

B. 任何中国单位或者个人完成的发明或者实用新型向外国申请专利的，应当事先报经国务院专利行政部门进行保密审查

C. 申请人向国家知识产权局提出专利国际申请的，无需再提出保密审查请求

D. 任何外国人或外国企业将在中国完成的发明或者实用新型向外国申请专利的，应当事先报经国务院专利行政部门进行保密审查

【参考答案】CD

（二）向外申请专利的保密审查

《专利法》(A19.1、A19.4、A78)	
①	《专利法》第十九条第一款："任何单位或者个人将在中国完成的发明或者实用新型向外国申请专利的，应当事先报经国务院专利行政部门进行保密审查。保密审查的程序、期限等按照国务院的规定执行。"
②	《专利法》第十九条第四款："对违反本条第一款规定向外国申请专利的发明或者实用新型，在中国申请专利的，不授予专利权。"
③	《专利法》第七十八条："违反本法第十九条规定向外国申请专利，泄露国家秘密的，由所在单位或者上级主管机关给予行政处分；构成犯罪的，依法追究刑事责任。"

1. "在中国完成的发明或者实用新型"的含义

A19.1 所称在中国完成的发明或者实用新型，是指技术方案的实质性内容在中国境内完成的发明或者实用新型。

2. 保密审查请求的提出

申请人提出保密审查请求的要求如下。

（1）申请人直接向外国申请专利或者向有关国外机构（包括国际局）提交专利国际申请的，应当事先向国务院专利行政部门提出请求，并详细说明其技术方案。

（2）申请人向国务院专利行政部门申请专利后拟向外国申请专利或者向有关国外机构提交专利国际申请的，可以在：

① 提交专利申请的同时提出；

② 提交专利申请之后，向外国申请之前单独提出。

（3）申请人向作为受理局的国务院专利行政部门提出 PCT 申请的，视为提出保密审查请求。

（4）申请人向外国申请专利保密审查请求的文件应当包括向外国申请专利保密审查请求书和技术方案说明书。请求书和技术方案说明书应当使用中文。

3. 保密审查的程序。

申请人提出保密审查请求的，国务院专利行政部门的审查规定如下。

（1）保密审查通知。请求人未在其请求递交日起 4 个月内收到向外国申请专利保密审查通知的，可以就该发明或者实用新型向外国申请专利或向有关国外机构提交专利国际申请。

（2）保密审查决定。请求人未在其请求递交日起 6 个月内收到需要保密的决定的，可以就该发明或者实用新型向外国申请专利或者向有关国外机构提交专利国际申请。

4. 擅自向外申请专利的法律后果

（1）不授予专利权。经审查认为涉及国家安全需要保密的，不得就该申请的内容向外国申请专利。擅自向外国申请专利又在中国申请专利的，不授予专利权。

（2）宣告专利权无效。擅自向外国申请专利的发明或者实用新型，在中国申请专利时被错误授予专利权的，任何单位和个人可以以该理由向国务院专利行政部门申请宣告其无效。国务院专利行政部门经审查认定确实属于擅自向外国申请的发明或者实用新型的，应当宣告该专利权自始即无效。

【例 04-14】下列哪些发明创造向外国申请专利前，需要经过国家知识产权局的保密审查？

A. 某外资公司在深圳完成的发明

B. 李某在浙江完成的外观设计

C. 资料收集在天津完成，技术方案的实质性内容在纽约完成的某发明

D. 某中资企业在北京完成的实用新型

【参考答案】AD

二、审查顺序及授权程序

（一）审查的顺序

1. 一般原则

对于发明、实用新型和外观设计专利申请，一般应当按照申请提交的先后顺序启动初步审查。对于发明专利申请，在符合启动实审程序的其他条件前提下，一般应当按照提交实质审查请求书并缴纳实质审查费的先后顺序启动实质审查；另有规定的除外。

2. 优先审查

对涉及国家、地方政府重点发展或鼓励的产业，对国家利益或者公共利益具有重大意义的申请，或者在市场活动中具有一定需求的申请等，由申请人提出请求，经批准后，可以优先审查，并在随后的审查过程中予以优先处理。按照规定由其他相关主体提出优先审查请求的，依照规定处理。

（1）优先审查适用的专利申请或案件的类型。下列专利申请或者案件的适用优先审查：
① 实质审查阶段的发明专利申请；
② 实用新型和外观设计专利申请；
③ 发明、实用新型和外观设计专利申请的复审；
④ 发明、实用新型和外观设计专利的无效宣告。

不予优先审查的情形：同一申请人同日（仅指申请日）对同样的发明创造既申请实用新型又申请发明的，对于其中的发明专利申请一般不予优先审查。

（2）优先审查适用的领域。有下列情形之一的专利申请或者专利复审案件，可以请求优先审查：
① 涉及节能环保、新一代信息技术、生物、高端装备制造、新能源、新材料、新能源汽车、智能制造等国家重点发展产业；
② 涉及各省级和设区的市级人民政府重点鼓励的产业；
③ 涉及互联网、大数据、云计算等领域且技术或者产品更新速度快；
④ 专利申请人或者复审请求人已经做好实施准备或者已经开始实施，或者有证据证明他人正在实施其发明创造；
⑤ 就相同主题首次在中国提出专利申请又向其他国家或者地区提出申请的该中国首次申请；
⑥ 其他对国家利益或者公共利益具有重大意义需要优先审查。

（3）优先审查适用的无效宣告案件。有下列情形之一的无效宣告案件，可以请求优先审查：
① 针对无效宣告案件涉及的专利发生侵权纠纷，当事人已请求地方知识产权局处理、向人民法院起诉或者请求仲裁调解组织仲裁调解；
② 无效宣告案件涉及的专利对国家利益或者公共利益具有重大意义。

（4）申请专利优先审查的主体
① 专利申请、专利复审案件。对专利申请、专利复审案件提出优先审查请求，应当经全体申请人或者全体复审请求人同意。
② 无效宣告案件。对无效宣告案件提出优先审查请求，应当经无效宣告请求人或者全

体专利权人同意。

③ 专利侵权纠纷案件。处理、审理涉案专利侵权纠纷的地方知识产权局、人民法院或者仲裁调解组织可以对无效宣告案件提出优先审查请求。

（5）请求优先审查。请求优先审查的需采用电子申请方式提交优先审查请求书及信息材料和证明文件、推荐意见（作为向外申请的优先权基础的除外）。

（6）停止优先审查。下列情形下，停止优先审查，按普通程序处理，并及时通知优先审查请求人：

① 发明专利申请收到通知之日起 2 个月内，实用新型和外观设计 15 日内申请人未答复或主动修改专利申请文件的。
② 复审请求人延期答复的。
③ 无效宣告请求人补充证据和理由的。
④ 专利权人以删除以外的方式修改权利要求书的。
⑤ 专利复审或者无效宣告程序被中止。
⑥ 案件审理依赖于其他案件的审查结论。
⑦ 疑难案件，并经专利复审委员会主任批准。

3. 延迟审查

申请人可以对发明和外观设计专利申请提出延迟审查请求。

发明专利延迟审查请求，应当由申请人在提出实质审查请求的同时提出，但发明专利申请延迟审查请求自实质审查请求生效之日起生效；外观设计延迟审查请求，应当由申请人在提交外观设计申请的同时提出。

延迟期限为自提出延迟审查请求生效之日起 1 年、2 年或 3 年。延迟期限届满后，该申请将按顺序待审。必要时，专利局可以自行启动审查程序并通知申请人，申请人请求的延迟审查期限终止。

4. 专利局自行启动

对于专利局自行启动实质审查的专利申请，可以优先处理。

【例 04-15】 根据国家知识产权局令第七十六号《专利优先审查管理办法》，下列哪些情形的专利申请或者专利复审案件，可以请求优先审查？

A. 涉及节能环保、新一代信息技术、生物、高端装备制造、新能源、新材料、新能源汽车、智能制造等国家重点发展产业

B. 涉及互联网、大数据、云计算等领域且技术或者产品更新速度快

C. 专利申请人或者复审请求人已经做好实施准备或者已经开始实施，或者有证据证明他人正在实施其发明创造

D. 就相同主题首次在中国提出专利申请又向其他国家或者地区提出申请的该中国首次申请

【参考答案】 ABCD

（二）撤回专利申请声明

《专利法》(A32)	
①	《专利法》第三十二条："申请人可以在被授予专利权之前随时撤回其专利申请。"

1. 撤回专利申请的时间

授予专利权之前，申请人随时可以主动要求撤回其专利申请。

撤回专利申请不得附有任何条件。

2. 撤回专利申请的程序

申请人撤回专利申请的，应当提交撤回专利申请声明，并附具全体申请人签字或者盖章同意撤回专利申请的证明材料，或者仅提交由全体申请人签字或者盖章的撤回专利申请声明。

委托专利代理机构的，撤回专利申请的手续应当由专利代理机构办理，并附具全体申请人签字或者盖章同意撤回专利申请的证明材料，或者仅提交由专利代理机构和全体申请人签字或者盖章的撤回专利申请声明。

3. 提出撤回专利申请声明后的效力

撤回专利申请声明不符合规定的，审查员应当发出视为未提出通知书；符合规定的，审查员应当发出手续合格通知书。

撤回专利申请的生效日为手续合格通知书的发文日。对于已经公布的发明专利申请，还应当在专利公报上予以公告。申请人无正当理由不得要求撤销撤回专利申请的声明，被恶意撤回的除外。撤回专利申请的声明是在专利申请进入公布准备后提出的，申请文件照常公布或者公告，但审查程序终止。

（三）中止程序

1. 中止审查程序

（1）请求/要求方

① 民事主体。民事主体之间因专利申请权或者专利权纠纷，已经请求地方知识产权管理部门处理或者向人民法院提起诉讼，可以请求中止有关审查程序。

② 人民法院。民事案件中，需要对专利申请权或者专利权进行保全的，人民法院要求国家知识产权局中止有关程序。

（2）中止对象

① 暂停专利申请的初步审查、实质审查、复审程序、授予专利权程序。

② 暂停办理放弃、变更、转移专利权或者专利申请权手续。

③ 暂停办理专利权质押手续以及专利权期限届满前的终止手续等。

中止请求批准前已进入公布或者公告准备的，该程序不受中止的影响。

2. 中止程序的启动

（1）权属纠纷。专利申请权（或专利权）权属纠纷的当事人请求专利局中止有关程序的，应当符合下列规定：

① 提交中止程序请求书；

② 附具证明文件，即地方知识产权管理部门或者人民法院的写明专利申请号（或专利号）的有关受理文件正本或者副本。

（2）协助执行。因人民法院要求协助执行财产保全措施而需要中止有关程序的，应当符合下列规定：

① 人民法院应当将对专利申请权（或专利权）进行财产保全的民事裁定书及协助执行通知书送达专利局指定的接收部门，并提供人民法院的通信地址、邮政编码和收件人姓名；

② 民事裁定书及协助执行通知书应当写明要求专利局协助执行的专利申请号（或专利号）、发明创造名称、申请人（或专利权人）的姓名或者名称、财产保全期限等内容；

③ 要求协助执行财产保全的专利申请（或专利）处于有效期内。

3. 中止的期限及中止程序结束

（1）因权属纠纷而请求中止。对于专利申请权（或专利权）权属纠纷的当事人提出的中止请求，中止期限一般不得超过一年。有关专利申请权（或专利权）权属纠纷在中止期限一年内未能结案，需要继续中止程序的，请求人应当在中止期满前请求延长中止期限，并提交权属纠纷受理部门出具的说明尚未结案原因的证明文件。中止程序可以延长一次，延长的期限不得超过6个月。期满未请求延长的，国务院专利行政部门自行恢复有关程序。

管理专利工作的部门作出的调解书或者人民法院作出的判决生效后，当事人应当向国务院专利行政部门办理恢复有关程序的手续。中止期限届满，专利局自行恢复有关程序，审查员应当向权属纠纷的双方当事人发出中止程序结束通知书。

对于尚在中止期限内的专利申请（或专利），地方知识产权管理部门作出的处理决定或者人民法院作出的判决产生法律效力之后（涉及权利人变更的，在办理著录项目变更手续之后），专利局应当结束中止程序。

对于涉及无效宣告程序中的专利，应权属纠纷当事人请求的中止，中止期限不超过一年，中止期限届满专利局将自行恢复有关程序。

（2）因协助执行保全而要求中止。对于人民法院要求专利局协助执行财产保全而执行中止程序的，按照民事裁定书及协助执行通知书写明的财产保全期限中止有关程序。

人民法院要求继续采取财产保全措施的，应当在中止期限届满前将继续保全的协助执行通知书送达专利局，经审核符合规定的，中止期限予以续展。

中止期限届满，人民法院没有要求继续采取财产保全措施的，审查员应当发出中止程序结束通知书，通知人民法院和申请人（或专利权人），恢复有关程序，并对专利权保全解除予以公告。有轮候保全登记的，对轮候登记在先的，自前一保全结束之日起轮候保全开始，中止期限为民事裁定书及协助执行通知书写明的财产保全期限。

要求协助执行财产保全的人民法院送达解除保全通知书后，经审核符合规定的，审查员应当发出中止程序结束通知书，通知人民法院和申请人（或专利权人），恢复有关程序，并对专利权的保全解除予以公告。

【例04-16】以下说法正确的是：

A. 人民法院受理的侵犯发明专利权纠纷案件，被告在答辩期内请求宣告该项专利权无效的，人民法院应当中止诉讼

B. 当事人因专利权的归属发生纠纷，已向人民法院起诉的，可以请求国家知识产权局中止该专利的无效宣告程序

C. 实用新型和外观设计侵权纠纷案件中，人民法院可以根据案件审理需要要求原告提交检索报告或者专利权评价报告，原告无正当理由不提交的，人民法院可以裁定中止诉讼

D. 侵犯实用新型、外观设计专利权纠纷案件的被告请求中止诉讼的，应当在答辩期

内对原告的专利权提出宣告无效的请求

【参考答案】 BCD

（四）权利的恢复

1. 不可恢复的权利

不丧失新颖性的宽限期、优先权期限、专利权期限和侵权诉讼时效这四种期限被耽误而造成的权利丧失，不能请求恢复权利。

2. 不可抗拒事由

当事人因不可抗拒的事由而延误期限导致其权利丧失的，自障碍消除之日起 2 个月内，最迟自期限届满之日起 2 年内，可以向国务院专利行政部门请求恢复权利。

请求恢复权利的，应当提交恢复权利请求书，说明理由，必要时附具有关证明文件，并办理权利丧失前应当办理的相应手续。

3. 正当理由

当事人因其他正当理由而延误期限导致权利丧失，请求恢复权利的，应当自收到国务院专利行政部门的通知或者国务院专利行政部门的处分决定之日起 2 个月内提交恢复权利请求书，说明理由，并同时缴纳恢复权利请求费。

当事人请求恢复权利的，还应当缴纳恢复权利请求费。当事人在请求恢复权利的同时，应当办理权利丧失前应当办理的相应手续，消除造成权利丧失的原因。

（五）专利权的授予及专利证书

1. 专利权的授予程序

（1）授予专利权通知。发明专利申请经实质审查没有发现驳回理由的，实用新型和外观设计专利申请经初步审查没有发现驳回理由的，由国务院专利行政部门作出授予发明专利权的决定。国务院专利行政部门发出授予专利权通知书的同时，应当发出办理登记手续通知书，申请人应当在收到该通知之日起 2 个月内办理登记手续。

（2）登记手续及结果。申请人在办理登记手续时，应当按照办理登记手续通知书中写明的费用金额缴纳授权当年（办理登记手续通知书中指明的年度）的年费，同时还应当缴纳专利证书印花税。申请人在规定期限之内办理登记手续的，国务院专利行政部门应当颁发专利证书，并同时予以登记和公告，专利权自公告之日起生效。

国务院专利行政部门发出授予专利权的通知书和办理登记手续通知书后，申请人未在规定期限内办理登记手续的，视为放弃取得专利权的权利。

对于发明专利申请，视为放弃取得专利权的，还应当在专利公报上予以公告。

【例 04-17】 申请人在办理专利权登记手续时应当缴纳下列哪项费用？

A. 专利登记费　　　　　　　　　B. 授权当年的年费
C. 公告印刷费　　　　　　　　　D. 专利证书工本费

【参考答案】 B

2. 专利证书

（1）专利证书的格式

专利证书由证书首页和专利单行本构成。专利证书应当记载与专利权有关的重要著录事项、国家知识产权局印记、局长签字和授权公告日等。

著录事项包括专利证书号（顺序号）、发明创造名称、专利号（即申请号）、专利申请日、发明人或者设计人姓名和专利权人姓名或者名称。

（2）专利证书副本

一件专利有两名以上专利权人的，根据共同权利人的请求，国务院专利行政部门可以颁发不超过共有权利人数的专利证书副本。颁发专利证书后，因专利权转移发生专利权人变更的，国务院专利行政部门不再向新专利权人或者新增专利权人颁发专利证书副本。

专利证书遗失的，除国务院专利行政部门的原因造成的以外，不予补发。

（3）专利证书的更换与更正

专利权因权属纠纷依照生效的法律文书改变权利人的，国务院专利行政部门根据请求及相关证明文件予以更换专利证书。

① 专利证书损坏的，专利权人可以请求更换专利证书。

② 因专利权的转移、专利权人更名发生专利权人姓名或者名称变更的，均不予更换专利证书。

③ 专利证书中存在打印错误时，专利权人可以退回该证书，请求国务院专利行政部门更正。

（4）电子专利证书

对于授权公告日在 2020 年 3 月 3 日（含当日）之后的专利电子申请，国家知识产权局将通过专利电子申请系统颁发电子专利证书，不再颁发纸质专利证书。

（六）专利登记簿及案卷的查阅与复制

1. 专利登记簿

（1）专利登记簿的内容。专利局授予专利权时应当建立专利登记簿。专利登记簿登记的内容包括：

① 专利权的授予；

② 专利申请权、专利权的转移；

③ 专利权的质押、保全及其解除；

④ 专利实施许可合同的备案；

⑤ 国防专利、保密专利的解密；

⑥ 专利权的无效宣告；

⑦ 专利权的终止；

⑧ 专利权的恢复；

⑨ 专利权期限的补偿；

⑩ 专利实施的开发许可；

⑪ 专利实施的强制许可；

⑫ 专利权人的姓名或者名称、国籍和地址的变更。

（2）专利登记簿的效力。授予专利权时，专利登记簿与专利证书上记载的内容是一致的，在法律上具有同等效力。

专利权授予之后，专利的法律状态的变更仅在专利登记簿上记载，由此导致专利登记簿与专利证书上记载的内容不一致的，以专利登记簿上记载的法律状态为准。

(3) 专利登记簿副本。专利登记簿副本依据专利登记簿制作。

专利权授予公告之后，任何人都可以向国务院专利行政部门请求出具专利登记簿副本。请求出具专利登记簿副本的，应当提交办理文件副本请求书并缴纳相关费用。

2. 案卷及登记簿的查阅、复制和保存

(1) 仅当事人及其代理人可查阅和复制的情形。下列情形中的专利文件，仅限于当事人及其专利代理师可以查阅和复制。

① 国务院专利行政部门对公布前的发明专利申请、授权公告前的实用新型和外观设计专利申请负有保密责任；在此期间，查阅和复制请求人仅限于该案申请人及其专利代理师。

② 国务院专利行政部门对尚未审结的复审和无效案卷负有保密责任；对于复审和无效宣告程序中的文件，查阅和复制请求人仅限于该案当事人。

③ 案件结论为视为未提出、不予受理、主动撤回、视为撤回的复审和无效案卷，对于复审和无效宣告程序中的文件，查阅和复制请求人仅限于该案当事人。

(2) 任何人均可请求查阅和复制的情形。下列情形中的专利文件，任何人都可以请求查阅和复制。

① 公布后的发明专利申请案卷和授权后的实用新型和外观设计专利申请案卷，任何人均可查阅和复制。

② 对于已经公布但尚未公告授予专利权的发明专利申请案卷，可以查阅和复制该专利申请案卷中直到公布日为止的有关内容，其包括：申请文件，与申请直接有关的手续文件，公布文件，以及在初步审查程序中向申请人发出的通知书和决定书、申请人对通知书的答复意见正文，以及在实质审查程序中向申请人发出的通知书、检索报告和决定书。

③ 对于已经公告授予专利权的专利申请案卷，可以查阅和复制的内容包括：申请文件，优先权文件，与申请直接有关的手续文件，发明专利申请单行本，发明专利、实用新型专利和外观设计专利单行本，专利登记簿，权利评价报告，以及在各已审结的审查程序（包括初步审查、实质审查、复审和无效宣告等）中国务院专利行政部门向申请人或者有关当事人发出的通知书、检索报告和决定书、申请人或者有关当事人对通知书的答复意见正文。

④ 对于已经审结的复审案件和无效宣告案件的案卷，原则上可以查阅和复制。

(3) 不可查阅和复制的情形。涉及国家利益或者因国务院专利行政部门内部业务及管理需要在案卷中留存的有关文件，不予查阅和复制。

(4) 案卷的保存和销毁。不同情形中，案卷的保存和销毁期限规定如下。

① 未授权结案的案卷的保存期限不少于2年，一般为3年。

② 授权后结案的案卷的保存期限不少于2年，一般为5年；保存期限自结案日起算。

③ 作出不受理决定的专利申请文件保存期限为1年；保存期限自不受理通知书发出之日起算。

④ 销毁前通过计算机作出案卷销毁清册，该清册记载被销毁的案卷的案卷号、基本著录项目、销毁日期。

⑤ 清册经主管局长签署同意销毁后，由主管案卷部门实施销毁工作。

（七）专利权的终止

1. 年费及其滞纳金

《专利法》(A43、A44)	
①	《专利法》第四十三条："专利权人应当自被授予专利权的当年开始缴纳年费。"
②	《专利法》第四十四条第一款："有下列情形之一的,专利权在期限届满前终止:(一)没有按照规定缴纳年费的;(二)专利权人以书面声明放弃其专利权的。"
③	《专利法》第四十四条第二款："专利权在期限届满前终止的,由国务院专利行政部门登记和公告。"

（1）年费

授予专利权当年的年费应当在办理登记手续的同时缴纳,以后的年费应当在上一年度期满前缴纳。

缴费期限届满日是申请日在该年的相应日。例如,某专利申请的申请日为2015年7月1日,则授权后,专利权人应当在每年的7月1日前缴纳下一年的年费。

专利年度从申请日起算,与优先权日、授权日无关,与自然年度也没有必然联系。

（2）滞纳金

专利权人未按时缴纳年费（不包括授予专利权当年的年费）或者缴纳的数额不足的,可以在年费期满之日起6个月内补缴,补缴时间超过规定期限但少于或等于1个月时,不缴纳滞纳金。设补缴时间为X,则X>1个月的滞纳金数额的计算如下：

① 1个月<X≤2个月的,缴纳数额为全额年费的5%；
② 2个月<X≤3个月的,缴纳数额为全额年费的10%；
③ 3个月<X≤4个月的,缴纳数额为全额年费的15%；
④ 4个月<X≤5个月的,缴纳数额为全额年费的20%；
⑤ 5个月<X≤6个月的,缴纳数额为全额年费的25%。

凡因年费和/或滞纳金缴纳逾期或者不足而造成专利权终止的,在恢复程序中,除补缴年费之外,还应当缴纳或者补足全额年费25%的滞纳金。

2. 期满终止

专利权的所有人所拥有的专利权发生终止的情形如下。

（1）专利权因保护期限届满而终止。

（2）专利权在保护期限届满前的终止：

① 专利权有效期限内,专利权人因未缴纳年费而导致的专利权终止；

② 专利权有效期限内,专利权因专利权人主动声明放弃而终止。

发明专利权的期限为20年,实用新型专利权的期限为10年,外观设计专利权的期限为15年,均自申请日起计算。

例如,一件实用新型专利的申请日是2009年9月6日,该专利的期限为2009年9月6日至2019年9月5日,专利权期满终止日为2019年9月6日（遇节假日不顺延）。

专利权期满时应当及时在专利登记簿和专利公报上分别予以登记和公告,并进行失效处理。

3. 欠费终止

专利年费滞纳期满仍未缴纳或者缴足专利年费或者滞纳金的，自滞纳期满之日起 2 个月后审查员应当发出专利权终止通知书。

专利权人未启动恢复程序或者恢复权利请求未被批准的，国务院专利行政部门应当在终止通知书发出 4 个月后，进行失效处理，并在专利公报上公告。

专利权自应当缴纳年费期满之日起终止。

三、其他特殊程序

（一）分案申请

1. 分案的情形

（1）首次分案申请。一件专利申请包括两项以上发明的，申请人可以主动提出或者依据审查员的审查意见提出分案申请。

（2）在原案基础上再次分案。在首次分案申请提出之后，在满足分案条件的情况下，申请人可以在原案的基础上再次提出分案申请。

（3）在首次分案基础上的再次分案。在审查员指出首次分案申请依然存在单一性缺陷时，申请人可以按照审查员的审查意见，在首次分案申请的基础上，再次提出分案申请。

2. 分案申请请求书

分案申请应当在请求书中填写原申请的申请号和申请日。

（1）国内申请

① 请求书中原申请的申请号填写正确，申请日填写错误的，可补正；期满未补正的，视为撤回。

② 分案申请请求书中原申请的申请号填写正确，但未填写原申请的申请日的，以原申请号所对应的申请日为申请日。

③ 分案申请请求书中未填写原申请的申请号或填写的原申请的申请号有误的，按照一般专利申请受理。

（2）PCT 国际申请。原申请是国际申请的，分案申请请求书中填写的原申请的申请日应当是其国际申请日；原申请的申请号是进入国家阶段时国务院专利行政部门给予的申请号，并应当在其后的括号内注明原申请的国际申请号。

（3）再分案申请。对于在首次分案申请的基础上再次分案的申请，申请人还应当在原申请的申请号后的括号内填写该分案申请的申请号。

3. 分案申请的申请人

分案申请的申请人应当与提出分案申请时原申请的申请人相同。针对分案申请提出再次分案申请的申请人应当与该分案申请的申请人相同。

4. 分案申请的发明人

分案申请的发明人应当是原申请的发明人或者是其中的部分成员。针对分案申请提出的再次分案申请的发明人应当是该分案申请的发明人或者是其中的部分成员。

5. 分案申请的时间

（1）提出分案申请的时机，应当满足的要求

① 一件专利申请包括两项以上发明、实用新型或者外观设计的，申请人可以在办理授权登记的 2 个月期限届满前，向国务院专利行政部门提出分案申请。

② 办理授权登记的 2 个月期限届满后，或者原申请已被驳回，或者原申请已撤回，或者原申请被视为撤回且未被恢复权利的，一般不得再提出分案申请。

③ 对于审查员已发出驳回决定的原申请，自申请人收到驳回决定之日起 3 个月内，不论申请人是否提出复审请求，均可以提出分案申请。在提出复审请求以后以及对复审决定不服提起行政诉讼期间，申请人也可以提出分案申请。

（2）在原案基础上再次提出分案申请的时机。对于已提出过分案申请，申请人需要针对该分案申请再次提出分案申请的，再次提出的分案申请的递交时间仍应当根据原申请审核。再次分案的递交日仍然需要满足上述条件，即原案不得已授权、已撤回、已被视为撤回以及已被驳回且上述决定已经生效的，否则不得分案。

（3）在分案基础上的再次分案提出的时机。因审查员发出分案通知书或审查意见通知书中指出分案申请存在单一性的缺陷，申请人按照审查员的审查意见再次提出分案申请的，再次提出分案申请的递交时间应当以该存在单一性缺陷的分案申请为基础审核。不符合规定的，不得以该分案申请为基础进行分案。

6. 分案申请的类别

分案申请的类别应当与原申请的类别一致。原申请为发明专利申请的，分案申请只能是发明专利申请。实用新型、外观设计专利申请亦是如此。

7. 分案申请的文本

分案申请应当在其说明书的起始部分，即发明所属技术领域之前，说明本申请是哪一件申请的分案申请，并写明原申请的申请日、申请号和发明创造名称。

原申请的国际公布使用外文的，除提交原申请的中文副本外，还应当同时提交原申请国际公布文本的副本。

8. 分案申请的内容

分案申请的内容不得超出原申请记载的范围。否则，应当以不符合专利法即实施细则相关规定为理由驳回该分案申请。分案以后的原申请与分案申请的权利要求书应当分别要求保护不同的发明。分案以后的原申请与分案申请的说明书可以不做修改，也可以只保留与权利要求书一致的内容。

例如，分案前原申请有 A、B 两项发明；分案之后，原申请的权利要求书若要求保护 A，其说明书可以仍然是 A 和 B，也可以只保留 A；分案申请的权利要求书若要求保护 B，其说明书可以仍然是 A 和 B，也可以只是 B。

9. 分案申请的期限

分案申请适用的各种法定期限，如提出实质审查请求的期限，应当从原申请日起算。对于已经届满或者自分案申请递交日至期限届满日不足 2 个月的各种期限，申请人可以自分案申请递交日起 2 个月内或者自收到受理通知书之日起 15 日内补办各种手续；期满未补办的，审查员应当发出视为撤回通知书。

10. 分案申请的费用

对于分案申请，应当视为一件新申请收取各种费用。对于已经届满或者自分案申请递交日至期限届满日不足 2 个月的各种费用，申请人可以在自分案申请递交日起 2 个月内或者自收到受理通知书之日起 15 日内补缴。

期满未补缴的，视为撤回该分案申请。

11. 外观设计分案申请的特殊规定

原申请中包含两项以上外观设计的，分案申请应当是原申请中的一项或几项外观设计，并且不得超出原申请表示的范围。

原申请为产品整体外观设计的，不允许将其中的一部分作为分案申请提出，如一件专利申请请求保护的是摩托车的外观设计，摩托车的零部件不能作为分案申请提出。

【**例 04-18**】某发明专利申请已经被视为撤回且未恢复权利，针对该申请提出的分案申请，下列说法正确的是：

A. 分案申请视为未提出，该分案申请作新申请处理

B. 分案申请视为未提出，该分案申请作结案处理

C. 分案申请成立与否取决于其内容是否超出原申请公开的范围

D. 分案申请不成立，该分案申请将被驳回

【**参考答案**】B

（二）著录项目变更

1. 著录项目变更申报书

办理著录项目变更手续应当提交著录项目变更申报书。

（1）一申报书可同时申报多项变更。例如，同时变更申请人、发明人、专利代理机构的，可仅提交一份申报书。

（2）一申报书变更事项仅限一次。例如，一份申报书只能变更一次申请人，不能变更两次申请人。

（3）一事项连续多次变更逐次申报。对于一事项连续多次变更的，应当逐次申报。例如，连续变更两次申请人的，需提交两份申报书，如第一份变更申请人 A 为 B，第二份变更申请人 B 为 C。

（4）多项专利相同内容变更不得写入一份申报书中。例如，虽然多份专利中均是变更申请人 A 为 B，但一专利一著录事项变更申报书。

2. 著录项目变更手续费缴纳期限

著录项目变更手续费应当自提出请求之日起 1 个月内缴纳，另有规定的除外；期满未缴纳或者未缴足的，视为未提出著录项目变更申报。

著录项目（即著录事项）是指专利文件扉页中记载的内容。其主要包括：申请号；申请日；发明创造名称；分类号；优先权事项（包括在先申请的申请号、申请日和原受理机构的名称）；申请人或者专利权人事项（包括申请人或者专利权人的姓名或者名称、国籍或者注册的国家或地区、地址、邮政编码、统一社会信用代码或者居民身份证件号码）；发明人姓名；专利代理事项（包括专利代理机构的名称、机构代码、地址、邮政编码、专利代理师姓名、执业证号码、联系电话）；联系人事项（包括姓名、地址、邮政编码、联系电话）；代表人事项等。

其中：著录事项变更涉及"申请号""申请日""发明创造名称""分类号""优先权事项"的，由国务院专利行政部门依职权办理，无需申请；著录事项变更涉及"申请人或者专利权人事项""专利代理事项""联系人事项""代表人事项"的，应当由当事人或其委托的专利代理机构办理，且需提交请求书，除变更"专利代理事项"之外，还要缴纳著录事项变更费。

3. 办理著录项目变更手续的人

未委托专利代理机构的,著录项目变更手续应当由申请人(或专利权人)或者其代表人办理。已委托专利代理机构的,应当由专利代理机构办理。

因权利转移而引起的变更,也可以由新的权利人或者其委托的专利代理机构办理。

4. 著录项目变更证明文件

(1) 变更发明人

① 因发明人更改姓名提出变更请求的,应当提交户籍管理部门出具的证明文件。

② 因漏填或者错填发明人提出变更请求的,应当提交由全体申请人(或专利权人)和变更前全体发明人签字或者盖章的证明文件。

③ 因发明人资格纠纷提出变更请求的,提交生效文书办理变更手续。

④ 因更改中文译名提出变更请求的,应当提交发明人声明。

(2) 变更专利权人或者专利申请人

① 因权属纠纷而发生权利转移的变更。因权属纠纷而导致权利转移:通过协商解决的,应当提交全体当事人签字或者盖章的权利转移协议书;纠纷是由地方知识产权管理部门调解解决的,应当提交该部门出具的调解书;纠纷是由人民法院调解或者判决确定的,应当提交生效的判决书;纠纷是由仲裁机构调解或者裁决确定的,应当提交仲裁调解书或者仲裁裁决书。

② 因权利的转让或赠与而发生权利转移的变更。因权利的转让或赠与而发生权利转移:应当提交双方签字或者盖章的转让或者赠与合同。必要时还应当提交主体资格证明,例如:有当事人对专利申请权(或专利权)转让或者赠与有异议的;当事人办理专利申请权(或专利权)转移手续,多次提交的证明文件相互矛盾的;转让或者赠与协议中申请人或专利权人的签字或者盖章与案件中记载的签字或者盖章不一致的。该合同是由单位订立的,应当加盖单位公章或者合同专用章。公民订立合同的,由本人签字或者盖章。有多个申请人(或专利权人)的,应当提交全体权利人同意转让或者赠与的证明材料。

必要的时候提交国务院商务部出具的《技术出口许可证》或者由商务部或地方商务部门出具的《自由出口技术合同登记证书》。

③ 因企业合并、分立、解散而导致变更。因企业合并、分立、解散提出变更请求的,提交登记管理部门出具的证明文件。

④ 因继承需要变更。因继承提出变更请求的,提交公证文书证明请求人是全部合法继承人或其他继承人放弃继承权。

⑤ 因发生拍卖而导致变更。因拍卖提出变更请求的,应当提交有法律效力的证明文件。

⑥ 专利权质押期间的专利权转移。专利权质押期间,专利权发生转移,除应当提交变更所需的证明文件外,还应当提交质押双方当事人同意变更的证明文件。

5. 著录项目变更的生效

著录项目变更手续自国务院专利行政部门发出变更手续合格通知书之日起生效。专利申请权(或专利权)的转移自登记日起生效,登记日即上述的手续合格通知书的发文日。著录项目变更手续生效前,专利局发出的通知书以及已进入专利公布或公告准备的有关事项,仍以变更前为准。

【例 04-19】某公司提交了一件发明专利申请,现该公司欲增加漏填的发明人。该公司应当办理下列哪些手续?

A. 提交著录项目变更申报书

B. 缴纳著录项目变更费
C. 提交由全体申请人和变更前全体发明人签章的证明文件
D. 提交专利申请权转让证明

【参考答案】ABC

(三) 专利评价报告

	《专利法》(A66.2)
①	《专利法》第六十六条第二款："专利侵权纠纷涉及实用新型专利或者外观设计专利的，人民法院或者管理专利工作的部门可以要求专利权人或者利害关系人出具由国务院专利行政部门对相关实用新型或者外观设计进行检索、分析和评价后作出的专利权评价报告，作为审理、处理专利侵权纠纷的证据；专利权人、利害关系人或者被控侵权人也可以主动出具专利权评价报告。"

1. 评价报告的客体和主体

授予实用新型或者外观设计专利权的决定公告后，专利权人、利害关系人或者被控侵权人可以请求国务院专利行政部门作出权利评价报告。

(1) 评价报告的客体为实用新型、外观设计专利权的，主体为专利权人、利害关系人或者被控侵权人。

(2) 评价报告的客体为即将办理登记的实用新型、外观设计专利申请的，主体为申请人。实用新型或者外观设计专利权或者专利申请权属于多个权利人共有的，请求人可以是部分权利人。

2. 请求的受理条件

(1) 评价报告请求的客体

① 有效的专利权。权利评价报告请求的客体应当是已经授权公告的实用新型专利或者外观设计专利，包括已经终止或者放弃的实用新型专利或者外观设计专利。

② 即将办理授权登记手续的实用新型专利申请或者外观设计专利申请。

针对下列情形提出的权利评价报告请求视为未提出：

① 正在审查中的实用新型专利申请或者外观设计专利申请；

② 已被国务院专利行政部门宣告全部无效的实用新型专利或者外观设计专利；

③ 国务院专利行政部门已作出评价报告的实用新型或者外观设计。

(2) 评价报告请求书。请求作出评价报告的，应当提交评价报告请求书，写明申请号或者专利号。每项请求应当限于一项专利申请或者专利权。

评价报告请求书不符合规定的，国务院专利行政部门应当通知请求人在指定期限内补正；请求人期满未补正的，视为未提出请求。

(3) 申请费用。请求人应当自提出评价报告请求之日起1个月内缴纳评价报告请求费，期满未缴纳或者未缴足的，评价报告请求视为未提出。

3. 作出评价报告的部门

有权作出评价报告的部门为国务院专利行政部门。

4. 评价报告的作出

国务院专利行政部门应当自收到权利评价报告请求书后2个月内作出权利评价报告。

5. 评价报告的内容

（1）对评价报告内容的基本要求。未发现被评价专利存在不符合专利法及其实施细则规定的授予专利权条件的，审查员应当在权利评价报告中给出明确结论。

评价报告说明部分应当记载和反映专利权评价的结论。对于不符合专利法及其实施细则规定的授予专利权条件的被评价专利，还应当给出明确、具体的评价意见。

① 对于不符合专利法及其实施细则规定的授予专利权条件的实用新型专利，应当给出具体的评价说明，并明确结论，必要时应当引证对比文件。例如：对于不具备新颖性和/或创造性的权利要求，审查员应当逐一进行评述；对于多项从属权利要求，应当对其引用不同的权利要求时的技术方案分别进行评述；对于具有并列选择方案的权利要求，应当对各选择方案分别进行评述。

② 对于不符合专利法及其实施细则规定的授予专利权条件的外观设计专利的每项外观设计，均须给出具体的评价说明，并明确结论，必要时应当引证对比文件。

（2）对实用新型专利权作出的权利评价报告，其内容包括：

① 实用新型是否属于 A5 或者 A25 规定的不授予专利权的情形；
② 实用新型是否属于 A2.3 规定的客体；
③ 实用新型是否具备 A22.4 规定的实用性；
④ 实用新型专利的说明书是否按照 A26.3 的要求充分公开了专利保护的主题；
⑤ 实用新型是否具备 A22.2 规定的新颖性；
⑥ 实用新型是否具备 A22.3 规定的创造性；
⑦ 实用新型是否符合 A26.4 规定的权利要求书应当以说明书为依据，清楚、简要地限定要求专利保护的范围；
⑧ 实用新型是否符合《专利法实施细则》规定的独立权利要求记载了解决技术问题的必要技术特征；
⑨ 实用新型专利文件的修改是否符合 A33 的规定，没有超出原始申请文件记载的范围；
⑩ 分案的实用新型专利是否符合《专利法实施细则》的规定，没有超出原案记载的范围；
⑪ 实用新型是否符合 A9 的规定，不存在重复授权。

（3）对外观设计专利权作出的权利评价报告，其内容包括：

① 外观设计是否属于 A5 或者 A25 规定的不授予专利权的情形；
② 外观设计是否属于 A2.4 规定的客体；
③ 外观设计是否符合 A23.1 规定的新颖性；
④ 外观设计是否符合 A23.2 的规定，与现有设计或者现有设计特征的组合相比，应当具有明显区别；
⑤ 外观设计专利的图片或者照片是否符合 A27.2 的规定，清楚地显示要求专利保护的产品的外观设计；
⑥ 外观设计专利文件的修改是否符合 A33 的规定，没有超出原始申请文件记载的范围；
⑦ 分案的外观设计专利是否符合《专利法实施细则》的规定，没有超出原案记载的范围；
⑧ 外观设计是否符合 A9 的规定，不存在重复授权。

6. 权利评价报告的查阅与复制

对同一项实用新型或者外观设计专利申请或者专利权，有多个请求人请求作出权利评价报告的,国务院专利行政部门仅作出一份权利评价报告。任何单位或者个人可以查阅或者复制该权利评价报告。

7. 评价报告的更正

(1) 作出权利评价报告的部门自行启动。作出权利评价报告的部门在发现权利评价报告中存在需要更正的错误后,可以自行启动更正程序;更正后的权利评价报告应当及时发送给请求人。

(2) 请求人请求启动。请求人认为作出的权利评价报告存在需要更正的错误的,可以在收到权利评价报告后 2 个月内提出更正请求;提出更正请求的,应当以意见陈述书的形式书面提出,写明需要更正的内容及更正的理由,但不得修改专利文件。

(3) 权利评价报告作出后,其中可更正的内容包括:

① 著录项目信息或文字错误;

② 作出权利评价报告的程序错误;

③ 法律适用明显错误;

④ 结论所依据的事实认定明显错误;

⑤ 其他应当更正的错误。

8. 评价报告的法律效力

专利侵权纠纷涉及实用新型专利或者外观设计专利的,人民法院或者管理专利工作的部门可以要求专利权人或者利害关系人出具权利评价报告,作为审理、处理专利侵权纠纷的证据。权利评价报告不是行政决定,因此专利权人或者利害关系人不能就此提起行政复议和行政诉讼。

【例 04-20】关于专利权评价报告,下列说法错误的是:

A. 国家知识产权局根据专利权人或者利害关系人的请求,对相关发明专利、实用新型专利或者外观设计专利进行检索,作出专利权评价报告

B. 专利权评价报告可以作为人民法院或者管理专利工作的部门审理、处理专利侵权纠纷的证据

C. 专利权人或者利害关系人对专利权评价报告有异议的,可以提起行政复议

D. 已经终止或者放弃的实用新型专利或者外观设计专利不可以作为专利权评价报告请求的客体

【参考答案】ACD

(四) 电子申请

1. 电子申请用户

电子申请用户是指已经与国务院专利行政部门签订电子专利申请系统用户注册协议,办理了有关注册手续,获得用户代码和密码的申请人和专利代理机构。

申请人有两人以上且未委托专利代理机构的,以提交电子申请的电子申请用户为代表人。需要在专利申请文件中签字或者盖章的,在电子申请文件中是指电子签名。

2. 电子申请的受理范围

(1) 发明、实用新型和外观设计专利申请。

(2) 进入国家阶段的国际申请。
(3) 复审和无效宣告请求。

3. 电子申请的特殊审查规定

(1) 专利代理委托书。申请人委托专利代理机构使用电子文件形式申请专利和办理其他专利事务的，应当提交电子文件形式的专利代理委托书和专利代理委托书纸件原件。申请人委托专利代理机构办理费用减缴手续的，应当在电子文件形式的专利代理委托书中声明。

(2) 解除委托和辞去委托。电子申请的申请人已委托专利代理机构的，在办理解除委托或者辞去委托手续时，应当至少有一名申请人是电子申请用户。

(3) 需要提交纸件原件的文件。申请人提出电子申请并被受理的，办理专利申请的各种手续应当以电子文件形式提交。规定必须以原件形式提交的文件，如费用减缴证明、专利代理委托书、著录项目变更证明和复审及无效程序中的证据等，应当在规定的期限内提交纸件原件。其中，申请专利时提交费用减缴证明的，申请人还应当同时提交费用减缴证明纸件原件的扫描文件。

(4) 纸件申请和电子申请的转换。申请人或专利代理机构可以请求将纸件申请转换为电子申请，涉及国家安全或者重大利益需要保密的专利申请不得将纸件申请转换为电子申请。

提出请求的申请人或专利代理机构应当是电子申请用户，并且应当通过电子文件形式提出请求。经审查符合要求的，该专利申请后续手续均应当以电子文件形式提交。使用纸件形式提出请求的，审查员应当发出纸件形式的视为未提出通知书。

4. 电子发文

国务院专利行政部门以电子文件形式通过电子专利申请系统向电子申请用户发送各种通知书和决定。电子申请用户应当及时接收国务院专利行政部门电子文件形式的通知书和决定。电子申请用户未及时接收的，不作公告送达。

自发文日起 15 日内申请人未接收电子文件形式的通知书和决定的，国务院专利行政部门可以发出纸件形式的该通知书和决定的副本。

【例 04-21】下列关于电子申请的说法哪些是正确的？

A. 申请人或者专利代理机构只有通过办理合格的电子申请用户注册手续，才能成为电子申请用户

B. 申请人可以通过电子申请系统提交包括保密申请在内的各种专利申请

C. 进入中国国家阶段的 PCT 国际申请可以采用电子文件形式提交

D. 国务院专利行政部门以电子发文形式发送的各种通知书和决定，电子申请用户未及时接收的，国务院专利行政部门应当公告送达

【参考答案】AC

四、国家知识产权局的行政复议

（一）行政复议的参加人

1. 行政复议申请人

公民、法人或者其他组织认为国家知识产权局的具体行政行为侵犯其合法权益的，可以

依照《国家知识产权局行政复议规程》向国家知识产权局申请行政复议。

在专利申请、复审、无效程序中，对国务院专利行政部门的具体行政行为不服的专利申请人、专利权人是复议申请人。在具体行政行为作出时其权利或者利益受到损害的其他利害关系人作为第三人参加行政复议。

复议申请人、第三人可以委托代理人代为参加行政复议。对涉及共有权利的具体行政行为不服申请复议的，共有人可以单独提出复议申请，也可以共同提出复议申请。

2. 行政复议被申请人

在专利申请、复审、无效程序中，专利申请人、专利权人对国务院专利行政部门作出的决定不服申请行政复议的，国务院专利行政部门是被申请人。

3. 复议机构及其职责

国家知识产权局负责法制工作的机构（以下称"行政复议机构"）具体办理行政复议事项，履行下列职责：

（1）受理行政复议申请。

（2）向有关部门及人员调查取证，调阅有关文档和资料。

（3）审查具体行政行为是否合法与适当。

（4）办理一并请求的行政赔偿事项。

（5）拟订、制作和发送行政复议法律文书。

（6）办理因不服行政复议决定提起行政诉讼的应诉事项。

（7）督促行政复议决定的履行。

（8）办理行政复议、行政应诉案件统计和重大行政复议决定备案事项。

（9）研究行政复议工作中发现的问题，及时向有关部门提出行政复议意见或者建议。

（二）行政复议的受案范围

1. 可以依法申请行政复议的情形

（1）对国务院专利行政部门作出的有关专利申请、专利权的具体行政行为不服的。

（2）对国务院专利行政部门作出的有关集成电路布图设计登记申请、布图设计专有权的具体行政行为不服的。

（3）对国务院专利行政部门作出的有关专利复审、无效的程序性决定不服的。

（4）对国务院专利行政部门作出的有关专利代理管理的具体行政行为不服的。

（5）认为国务院专利行政部门作出的其他具体行政行为侵犯其合法权益的。

2. 不能申请行政复议的情形

（1）专利申请人对驳回专利申请的决定不服的（应当提出复审）。

（2）复审请求人对复审请求审查决定不服的（应当提起诉讼）。

（3）专利权人或者无效宣告请求人对无效宣告请求审查决定不服的（应当提起诉讼）。

（4）专利权人或者专利实施强制许可的被许可人对强制许可使用费的裁决不服的（应当提起诉讼）。

（5）国际申请的申请人对国务院专利行政部门作为国际申请的受理单位、国际检索单位和国际初步审查单位所作决定不服的（应当提起诉讼）。

（三）行政复议请求

1. 提出行政复议的时间要求

公民、法人或者其他组织认为国务院专利行政部门的具体行政行为侵犯其合法权益的，可以自知道该具体行政行为之日起 60 日内提出行政复议申请。

因不可抗力或者其他正当理由耽误规定的期限的，该期限自障碍消除之日起继续计算。

2. 救济程序择一原则

有权申请行政复议的公民、法人或者其他组织向人民法院提起行政诉讼，人民法院已经依法受理的，不得向国务院专利行政部门申请行政复议。

向国务院专利行政部门申请行政复议，行政复议机构已经依法受理的，在法定行政复议期限内不得向人民法院提起行政诉讼。

国务院专利行政部门受理行政复议申请后，发现在受理前或者受理后当事人向人民法院提起行政诉讼并且人民法院已经依法受理的，驳回行政复议申请。

3. 行政复议的提出方式及费用

行政复议申请书应当以邮寄、传真或者当面递交等方式向行政复议机构提交。行政复议不收取费用。

（四）行政复议的程序

1. 复议期间原行政行为的效力

行政复议期间，具体行政行为原则上不停止执行。

行政复议机构认为需要停止执行的，应当向有关部门发出停止执行通知书，并通知复议申请人及第三人。

2. 行政复议的审理原则

行政复议不适用调解。但是，对行使法律、法规规定的自由裁量权作出的具体行政行为不服申请行政复议的，行政复议机关可以按照自愿、合法的原则进行调解。

3. 行政复议审理期限

行政复议决定应当自受理行政复议申请之日起 60 日内作出，但是情况复杂不能在规定期限内作出的，经审批后可以延长期限，并通知复议申请人和第三人。延长的期限最多不得超过 30 日。

4. 行政赔偿

复议申请人申请行政复议时可以一并提出行政赔偿请求。

行政复议机构依据国家赔偿法的规定对行政赔偿请求进行审理，在行政复议决定中对赔偿请求一并作出决定。

【例 04-22】下列哪些情形不能申请行政复议？
A. 专利申请人对驳回专利申请的决定不服的
B. 复审请求人对复审请求审查决定不服的
C. 集成电路布图设计登记申请人对驳回登记申请的决定不服的
D. 专利权人或者专利实施强制许可的被许可人对强制许可使用费的裁决不服的

【参考答案】ABCD

本章要点回顾

专利申请的受理,标志着专利申请程序的正式启动,因此是专利申请的重要环节。

优先权是一个非常重要的概念,包括外国优先权和本国优先权。优先权的在后申请可以是发明、实用新型、外观设计。如果在规定的时间内没有要求优先权,在发明或者实用新型情况下,超过12个月但未超过14个月的可以要求恢复优先权。这是2020年《专利法》中修改的内容,与PCT国际申请一致化,并且相应修改了优先权文件副本的提交时间,由原来的自申请日起3个月内修改为16个月内。同时增加了外观设计的本国优先权及相关要求。

关于专利申请中有关期限的要求及适用是贯穿于专利申请与审查始终的。申请人在无法确保能在期限内完成相应行为时,或者已经收到通知但因为错过了期限而丧失某种权利时,可以申请延长期限或者要求恢复权利。

对于专利申请中有关费用的要求,是申请人必须履行的义务,否则可能会导致丧失权利。但是有关费用的规定一直是发展变化的,国家鼓励创新,不断会推出一些有关费用减免的规定,值得大家重视。

本章介绍了发明专利申请的初步审查、公布、实质审查程序,同时还介绍了专利申请中的部分通用程序,如授权取得专利权证书程序、专利权终止程序,期间申请人还有可能随时实施撤回权、分案权而涉及的子程序,以几个关键点子流程,诠释了专利申请的完整程序。

2020年修改的《专利审查指南》中对"包含算法特征或商业规则和方法特征的发明专利申请审查"完善了其规定,使得对于包含算法特征或商业规则和方法特征的发明专利申请具有更强的可操作性。此次完善很大程度上满足了社会发展中新生事物对国家规定的需求。

对于实用新型、外观设计两种专利类型,我国采用的是初步审查制,即通过初步审查的即可授予专利权,因此对实用新型和外观设计进行的初步审查要严格于发明专利申请的初步审查。

由于发明创造对社会进步具有很大的推动作用,尤其是其中涉及国家安全、重大利益的发明创造,如果申请人希望直接到外国申请专利,则在向外国申请之前,需请求做保密审查,否则排除申请人在中国获得专利的权利。

法律规定,一件专利申请仅限于一项发明创造;当一件专利申请包含了多项发明创造且之间不具有单一性时,审查员将要求申请人分案,否则申请将被驳回。申请人也可以在多项权利要求之间具有单一性的情况下,主动提出分案,这样的意思自治行为,国家并不禁止。2020年《专利审查指南》对分案申请及再分案完善了其相关规定。

中止程序是申请人在专利申请审查程序中,因为权利归属发生纠纷,可以请求停止审查程序的一种救济方式;同时在其他民事诉讼中,如果专利权或者专利申请权被作为财产要求法院进行保全,法院也可以通知审查部门予以协助,中止正在进行中的有关程序。

原有的"专利权评价报告"在新的专利法及其实施细则规范下,应当表述为"评价报告"。因为评价报告不仅针对已经授权的专利,还增加了取得授权通知书尚未办理授权登记的专利申请的评价报告。

第五章

专利申请的复审与专利权的无效宣告

 本章知识点框架

本章主要介绍授予专利申请被驳回后的复审救济程序,以及授予专利权之后任何单位或个人均可以要求启动的无效宣告程序。要求读者熟悉复审请求与无效宣告请求的审查制度和程序;掌握复审请求与无效宣告请求的审查原则及规定;掌握关于口头审理的规定以及无效宣告程序中有关证据的规定。

本章知识点框架如图 5-1 所示。

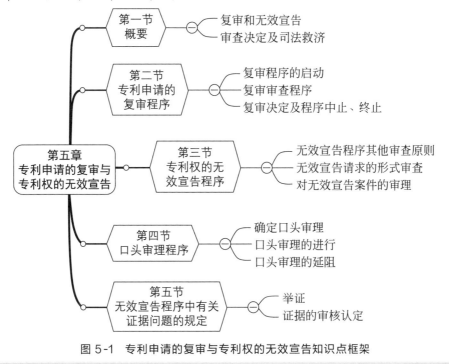

图 5-1 专利申请的复审与专利权的无效宣告知识点框架

165

第一节 概　要

> **本节知识要点**

本节主要介绍专利申请人对专利申请被驳回后不服提起复审，以及针对已经授予的专利权提起无效宣告，复审及无效部门的审查原则，并介绍对复审和无效部门作出的决定不服时的救济方式。

本节主要内容如图 5-2 所示。

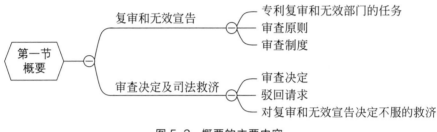

图 5-2　概要的主要内容

一、复审和无效宣告

《专利法》(A41.2、A46.2)	
①	《专利法》第四十一条第二款："专利申请人对国务院专利行政部门的复审决定不服的，可以自收到通知之日起三个月内向人民法院起诉。"
②	《专利法》第四十六条第二款："对国务院专利行政部门宣告专利权无效或者维持专利权的决定不服的，可以自收到通知之日起三个月内向人民法院起诉。人民法院应当通知无效宣告请求程序的对方当事人作为第三人参加诉讼。"

（一）专利复审和无效部门的任务

国务院专利行政部门设立专利复审和无效审理部。国务院专利行政部门对复审请求进行受理和审查，并作出决定。复审请求案件包括对初步审查和实质审查程序中驳回专利申请的决定不服而请求复审的案件。

当事人对国务院专利行政部门的决定不服，依法向人民法院起诉的，国务院专利行政部门可出庭应诉。

（二）审查原则

1. 合法原则

国务院专利行政部门应当依法行政，复审案件和无效宣告案件的审查程序和审查决定应当符合法律、法规、规章等有关规定。

2. 公正执法原则

国务院专利行政部门以客观、公正、准确、及时为原则，坚持以事实为根据、以法律为准绳，独立地履行审查职责，不徇私情，全面、客观、科学地分析判断，作出公正的决定。

3. 请求原则

（1）依申请而启动。复审程序和无效宣告程序均应当基于当事人的请求启动。

（2）复审程序中请求人撤回其请求：

① 在国务院专利行政部门作出复审请求审查决定前，程序终止；

② 在审查决定的结论已宣布或者书面决定已经发出之后撤回请求的，不影响审查决定的有效性，已宣布或已发出的决定依然有效。

（3）无效宣告程序中请求人撤回其请求。通常，在国务院专利行政部门作出无效宣告请求审查决定并且审查决定没有宣布或者书面决定没有发出之前，程序终止。但是，如果国务院专利行政部门认为根据已进行的审查工作能够作出宣告专利权无效或者部分无效的决定的，不因请求撤回而终止，依然会作出宣告专利权无效或者部分无效的决定。

4. 依职权调查原则

国务院专利行政部门可以对所审查的案件依职权进行审查，而不受当事人请求的范围和提出的理由、证据的限制。

5. 听证原则

在作出审查决定之前，应当给予审查决定对其不利的当事人针对审查决定所依据的理由、证据和认定的事实陈述意见的机会。在作出审查决定之前，如果专利权人根据人民法院或者地方知识产权管理部门作出的生效的判决或者调解决定发生了变更，则国务院专利行政部门应当给予变更后的专利申请人或者专利权人以陈述意见的机会。

6. 公开原则

以公开审理为原则，不公开审理为例外。

（1）公开审理原则。专利复审案件和无效宣告案件应当公开进行口头审理。

（2）不公开审理的例外情形

① 依法不公开：根据国家法律、法规等规定需要保密的案件，如国防专利案件、保密专利案件、在发明专利申请初审阶段尚未公开即被驳回的案件。

② 依申请不公开：涉及商业秘密的案件，依照当事人请求不公开的案件。

不管审理是否公开，审查决定一律公开出版发行。

（三）审查制度

1. 合议审查

国务院专利行政部门合议审查的案件，应当由三或五人组成的合议组负责审查。国务院专利行政部门作出维持专利权有效或者宣告专利权部分无效的审查决定以后，同一请求人针对该审查决定涉及的专利权以不同理由或者证据提出新的无效宣告请求的，作出原审查决定的主审员不再参加该无效宣告案件的审查工作。

对于审查决定被人民法院的判决撤销后重新审查的案件，一般应当重新成立合议组。

2. 独任审查

对于简单的案件，可以由一人独任审查。

3. 回避制度

（1）应当回避的情形。在初步审查、实质审查、复审和无效宣告程序中，实施审查和审理的人员有下列情形之一的，应当自行回避，当事人或者其他利害关系人可以要求其回避：

① 是当事人或者其专利代理师的近亲属的；

② 与专利申请或者专利权有利害关系的；

③ 与当事人或者其专利代理师有其他关系，可能影响公正审查和审理的；

④ 复审和无效宣告程序中，曾参与原申请的审查的。

（2）回避请求的提出和处理。当事人请求合议组成员回避的或者认为代理人应当回避规定的，应当以书面方式提出，并且说明理由，必要时附具有关证据。

国务院专利行政部门对当事人提出的请求，应当以书面方式作出决定，并通知当事人。

【例 05-01】在下列哪些情形下，审理无效宣告请求案件的合议组成员应当回避？

A. 曾参与过该案件申请阶段的初审审查

B. 曾参与过该案件申请阶段的实质审查

C. 是无效宣告请求人所委托的代理人的弟弟

D. 曾作为合议组组长审理过同一请求人针对同一专利权提出的其他无效宣告请求案件

【参考答案】ABC

二、审查决定及司法救济

（一）审查决定

1. 审查决定的构成

（1）审查决定的著录项目

① 复审请求审查决定的著录项目应当包括决定号、决定日、发明创造名称、国际分类号（或者外观设计分类号）、复审请求人、申请号、申请日、发明专利申请的公开日和合议组成员。

② 无效宣告请求审查决定的著录项目应当包括决定号、决定日、发明创造名称、国际分类号（或者外观设计分类号）、无效宣告请求人、专利权人、专利号、申请日、授权公告日和合议组成员。

（2）审查决定的法律依据，是指审查决定的理由所涉及的法律、法规条款。

（3）案由部分，应当按照时间顺序叙述复审或者无效宣告请求的提出、范围、理由、证据、受理，文件的提交、转送，审查过程以及主要争议等情况。在针对发明或者实用新型专利申请或者专利的复审或者无效宣告请求的审查决定中，应当写明审查决定所涉及的权利要求的内容。

（4）结论部分，应当给出具体的审查结论，并且应当对后续程序的启动、时限和受理单位等给出明确、具体的指示。

2. 审查决定的出版

国务院专利行政部门对其所作的复审和无效宣告请求审查决定的正文，除所针对的专利申请未公开的情况以外，应当全部公开出版。

对于应当公开出版的审查决定，当事人对审查决定不服向法院起诉并已被受理的，在人民法院判决生效后，审查决定与判决书一起公开。

（二）驳回请求

对于已经受理的复审或者无效宣告案件，经审查认定不符合受理条件的，经主任委员或者副主任委员批准后，作出驳回复审请求或者驳回无效宣告请求的决定。

（三）对复审和无效宣告决定不服的救济

1. 可以请求司法救济的情形

（1）专利申请人对国务院专利行政部门的复审决定不服的，可以自收到通知之日起3个月内向人民法院起诉。

（2）对国务院专利行政部门宣告专利权无效或者维持专利权的决定不服的，可以自收到通知之日起3个月内向人民法院起诉。人民法院应当通知无效宣告请求程序的对方当事人作为第三人参加诉讼。

2. 管辖法院

对复审、无效宣告决定不服提起诉讼的，管辖法院为北京知识产权法院。

3. 对法院生效判决的执行

（1）复审请求或者无效宣告请求审查决定被人民法院的生效判决撤销后，国务院专利行政部门应当重新作出审查决定。

（2）因主要证据不足或者法律适用错误而导致审查决定被撤销的，不得以相同的理由和证据作出与原决定相同的决定。

（3）因违反法定程序而导致审查决定被撤销的，根据人民法院的判决，在纠正程序错误的基础上，重新作出审查决定。

第二节 专利申请的复审程序

本节知识要点

本节主要介绍专利复审程序的具体规定，尤其是复审程序的启动条件、复审审查程序、复审决定的类型和效力以及程序的中止、终止情形。

本节主要内容如图5-3所示。

一、复审程序的启动

《专利法》(A41.1)	
①	《专利法》第四十一条第一款："专利申请人对国务院专利行政部门驳回申请的决定不服的，可以自收到通知之日起三个月内向国务院专利行政部门请求复审。国务院专利行政部门复审后，作出决定，并通知专利申请人。"

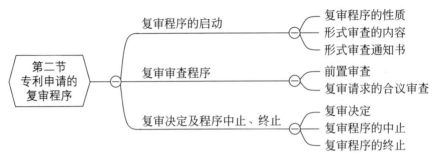

图 5-3 专利申请的复审程序的主要内容

（一）复审程序的性质

复审程序是因申请人对驳回决定不服而启动的救济程序，同时也是专利审批程序的延续。

（1）国务院专利行政部门一般仅针对驳回决定所依据的理由和证据进行审查，不承担对专利申请全面审查的义务。

（2）国务院专利行政部门可以依职权对驳回决定未提及的明显实质性缺陷进行审查。

（二）形式审查的内容

1. 复审请求的提出

专利申请人对国务院专利行政部门作出的驳回决定不服，向国务院专利行政部门提出复审请求的，应当提交复审请求书，说明理由，必要时还应当附具有关证据。复审请求书应当符合规定的格式，不符合规定格式的，在指定期限内补正；期满未补正或经两次补正后仍存在同样缺陷的，复审请求视为未提出。

2. 复审请求客体

复审请求不是针对国务院专利行政部门作出的驳回决定的，不予受理。

3. 复审请求人资格

复审请求人不是被驳回申请的申请人的，其复审请求不予受理。

多个申请人的共同申请，如果复审请求人不是全部共有申请人的，通知请求人在指定期限内补正；期满未补正的，其复审请求视为未提出。

4. 提出的期限

复审请求须在收到国务院专利行政部门作出的驳回决定之日起 3 个月内提出。提出复审请求的期限不符合规定的，复审请求不予受理。

5. 需缴纳的费用

复审请求人在收到驳回决定之日起 3 个月内提出了复审请求，应当缴纳复审费；但在此期限内未缴纳或者未缴足复审费的，其复审请求视为未提出。

6. 委托手续

（1）委托手续的办理。复审程序的委托手续或者解除、辞去委托的手续应当在国务院专利行政部门办理，无需办理著录项目变更手续。

（2）委托内容明确。提交的委托书中未写明委托权限仅限于办理复审程序有关事务的，应当在指定期限内补正；期满未补正的，视为未委托。

（3）委托了多个专利代理机构的，须指定或确定一个专利代理机构作为收件人；无指定也无法确定的，通知复审请求人在指定期限内指定；未在指定期限内指定的，视为未委托。

（4）属于强制委托对象的。对于根据专利法的规定应当委托专利代理机构的复审请求人，未按规定委托的，其复审请求不予受理。

（三）形式审查通知书

1. 需补正

复审请求经形式审查不符合有关规定需要补正的，国务院专利行政部门应当发出补正通知书，要求复审请求人在收到通知书之日起 15 日内补正。

2. 视为未提出或者不予受理

复审请求不符合规定被视为未提出或者不予受理的，国务院专利行政部门应当发出相应通知书，通知复审请求人。

3. 受理通知书

复审请求经形式审查符合有关规定的，国务院专利行政部门应当发出复审请求受理通知书，通知复审请求人。

【例 05-02】在满足其他受理条件的情况下，下列哪个复审请求应当予以受理？
A. 甲和乙共有的发明专利申请被驳回后，甲独自提出复审请求
B. 某公司的发明专利申请被驳回，该申请的发明人作为复审请求人提出复审请求
C. 申请人自收到驳回决定之日起 2 个月内提出复审请求
D. 申请人对国家知识产权局作出的专利申请视为撤回通知书不服提出复审请求
【参考答案】C

二、复审审查程序

（一）前置审查

1. 前置审查必经程序

国务院专利行政部门受理复审案件后，应当将合格的复审请求书连同案卷一并转交作出驳回决定的原审查部门进行前置审查。原审查部门应当提出前置审查意见，作出前置审查意见书；除特殊情况外，前置审查应当在收到案卷后 1 个月内完成。

2. 前置审查意见

前置审查意见的类型包括：
（1）复审请求成立，同意撤销驳回决定；
（2）复审请求人提交的申请文件修改文本克服了申请中存在的缺陷，同意在修改文本的基础上撤销驳回决定；
（3）复审请求人陈述的意见和提交的申请文件修改文本不足以使驳回决定被撤销，因而坚持驳回决定。

3. 允许审查部门补充证据和增加驳回理由

原审查部门在前置审查意见中可以对驳回决定和前置审查意见中主张的公知常识补充相

应的技术词典、技术手册、教科书等所属技术领域中的公知常识性证据。

原审查部门认为驳回决定指出的缺陷仍然存在的，如果发现审查文本中还存在其他明显实质性缺陷或者与驳回决定所指出的缺陷性质相同的缺陷，可以一并指出。

（二）复审请求的合议审查

1. 理由和证据的审查

在复审程序中，合议组一般仅针对驳回决定所依据的理由和证据进行审查。在合议审查中，合议组可以引入所属技术领域的公知常识，或者补充相应的技术词典、技术手册、教科书等所属技术领域中的公知常识性证据。

2. 修改文本的审查

（1）复审请求人的修改。请求人在提出复审请求或者在对国务院专利行政部门的复审通知书作出答复时，可以修改专利申请文件；但是，修改应当仅限于消除驳回决定或者复审通知书指出的缺陷。

（2）下列复审请求人对申请文件的修改不符合规定：

① 修改后的权利要求相对于驳回决定针对的权利要求扩大了保护范围；

② 将与驳回决定针对的权利要求所限定的技术方案缺乏单一性的技术方案作为修改后的权利要求；

③ 改变权利要求的类型或者增加权利要求；

④ 针对驳回决定指出的缺陷未涉及的权利要求或者说明书进行修改；但修改明显文字错误，或者修改与驳回决定所指出的缺陷性质相同的缺陷的情形除外。

3. 审查方式

针对一项复审请求，合议组可以采取书面审理、口头审理或者书面审理与口头审理相结合的方式进行审查。

【例 05-03】复审请求人在复审程序中何时可以对申请文件进行修改？

A. 提出复审请求时　　　　　　B. 答复复审通知书时

C. 参加口头审理时　　　　　　D. 在复审程序中的任意时间

【参考答案】ABC

三、复审决定及程序中止、终止

（一）复审决定

1. 复审决定的类型

（1）撤销原决定。撤销驳回决定的情形包括：

① 因驳回决定适用法律错误而撤销；

② 因原审查违反法定程序而撤销；

③ 因专利申请文件修改后克服了驳回决定所指出的缺陷而撤销。

国务院专利行政部门进行复审后，认为原驳回决定不符合专利法及其实施细则有关规定的，或者认为经过修改的专利申请文件消除了原驳回决定和复审通知书指出的缺陷的，应当撤销原驳回决定，由原审查部门继续进行审查程序。

（2）驳回复审请求。国务院专利行政部门进行复审后，认为复审请求不符合专利法及其实施细则有关规定或者专利申请存在依职权引入的实质性缺陷的，应当通知复审请求人，要求其在指定期限内陈述意见。期满未答复的，该复审请求视为撤回；经陈述意见或者进行修改后，国务院专利行政部门认为仍不符合专利法及其实施细则有关规定的，应当作出驳回复审请求的复审决定。

2. 复审决定的效力

复审决定撤销原审查部门作出的决定的，国务院专利行政部门应当将有关的案卷返回原审查部门，由原审查部门继续审批程序。原审查部门应当执行国务院专利行政部门的决定，不得以同样的事实、理由和证据作出与该复审决定意见相反的决定。

（二）复审程序的中止

（1）专利申请权发生权属纠纷，且已经被地方知识产权管理部门受理的，当事人可以向国务院专利行政部门申请中止复审程序。

（2）人民法院已经受理当事人因专利申请权发生权属纠纷提起的民事诉讼的，人民法院可以作出裁定，要求国务院专利行政部门中止复审程序，协助执行对专利申请权采取的保全措施。

（三）复审程序的终止

（1）复审请求因期满未答复而被视为撤回的，复审程序终止。
（2）在作出复审决定前，复审请求人撤回其复审请求的，复审程序终止。
（3）已受理的复审请求因不符合受理条件而被驳回请求的，复审程序终止。
（4）复审请求人对复审决定不服的，可以在收到复审决定之日起 3 个月内向人民法院起诉；在规定的期限内未起诉或者人民法院的生效判决维持该复审决定的，复审程序终止。

【例 05-04】下列哪些情形会导致复审程序终止？
A. 复审程序涉及的专利申请出现权属纠纷
B. 复审请求人在指定期限内未对复审通知书进行答复而被视为撤回
C. 复审请求人在指定期限内未提交口头审理通知书回执
D. 复审请求人在国务院专利行政部门作出复审决定前撤回复审请求
【参考答案】BD

第三节　专利权的无效宣告程序

本节知识要点

本节主要介绍专利权的无效宣告程序的启动、审查程序。无效宣告程序是一个双方当事人参加的程序，因此无效宣告部门需要将受理的符合要求的无效宣告请求书转送给专利权人；专利权人答复的，还需要将答复转送给请求人。请求人在符合条件的情况下可以补充理由和证据；专利权人可以修改权利要求书。基于一件发明创造只能授予一项专利权的规定，对于同样的发明创造存在重复授权的,可以在无效宣告程序中予以纠正。

本节主要内容如图 5-4 所示。

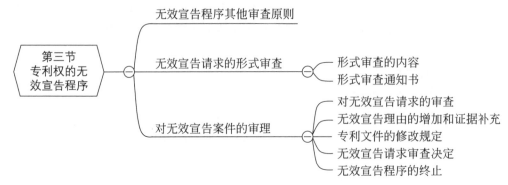

图 5-4 专利权的无效宣告程序的主要内容

一、无效宣告程序其他审查原则

《专利法》(A45、A46.1、A47)	
①	《专利法》第四十五条:"自国务院专利行政部门公告授予专利权之日起,任何单位或者个人认为该专利权的授予不符合本法有关规定的,可以请求国务院专利行政部门宣告该专利权无效。"
②	《专利法》第四十六条第一款:"国务院专利行政部门对宣告专利权无效的请求应当及时审查和作出决定,并通知请求人和专利权人。宣告专利权无效的决定,由国务院专利行政部门登记和公告。"
③	《专利法》第四十七条第一款:"宣告无效的专利权视为自始即不存在。"
④	《专利法》第四十七条第二款:"宣告专利权无效的决定,对在宣告专利权无效前人民法院作出并已执行的专利侵权的判决、调解书,已经履行或者强制执行的专利侵权纠纷处理决定,以及已经履行的专利实施许可合同和专利权转让合同,不具有追溯力。但是因专利权人的恶意给他人造成的损失,应当给予赔偿。"
⑤	《专利法》第四十七条第三款:"依照前款规定不返还专利侵权赔偿金、专利使用费、专利权转让费,明显违反公平原则的,应当全部或者部分返还。"

1. 一事不再理原则

对已作出并生效的审查决定的无效宣告案件涉及的专利权,以同样的理由和证据再次提出无效宣告请求的,不予受理和审理。

如果再次提出的无效宣告理由或者证据因时限等原因未被在先的无效宣告请求审查决定所考虑,则该请求不属于不予受理和审理的情形。

2. 当事人处置原则

无效宣告程序中,以当事人对权利的自行处置为原则。当事人对权利的处置表现在以下几个方面。

(1) 请求人可以放弃全部或者部分无效宣告请求的范围、理由及证据;对于请求人放弃的无效宣告请求的范围、理由和证据,国务院专利行政部门通常不再审查。

（2）在无效宣告程序中，当事人有权自行与对方和解。

（3）专利权人主动放弃部分权利：

① 专利权人针对无效宣告请求主动缩小专利权保护范围。专利权人针对无效宣告请求主动缩小专利权保护范围且相应的修改文本已被国务院专利行政部门接受的，视为专利权人承认大于该保护范围的权利要求自始不存在，并且承认请求人对该权利要求的无效宣告请求，从而免去请求人对宣告该权利要求无效这一主张的举证责任。

② 专利权人声明放弃部分权利要求或者多项外观设计中的部分项。专利权人声明放弃部分权利要求或者多项外观设计中的部分项的，视为专利权人承认该项权利要求或者外观设计自始不存在，并且承认请求人对该项权利要求或者外观设计的无效宣告请求，从而免去请求人对宣告该项权利要求或外观设计无效这一主张的举证责任。

3. 保密原则

在作出审查决定之前，合议组的成员不得私自将自己、其他合议组成员、负责审批的主任委员或者副主任委员对该案件的观点明示或者暗示给任何一方当事人。

为了保证公正执法和保密，合议组成员原则上不得与一方当事人会晤；举行口头审理，需通知双方当事人参加。

二、无效宣告请求的形式审查

（一）形式审查的内容

1. 提出无效宣告请求的基本要求

（1）范围明确。无效宣告请求书中应当明确无效宣告请求范围，未明确的，国务院专利行政部门应当通知请求人在指定期限内补正；期满未补正的，无效宣告请求视为未提出。

（2）理由具体。请求人未具体说明无效宣告理由的，或者提交有证据但未结合提交的所有证据具体说明无效宣告理由的，或者未指明每项理由所依据的证据的，其无效宣告请求不予受理。

（3）理由法定。无效宣告理由仅限于《专利法实施细则》规定的理由，并且应当以专利法及其实施细则中有关的条、款、项作为独立的理由提出。无效宣告理由不属于《专利法实施细则》规定的理由的，不予受理。

（4）一事不再理。在国务院专利行政部门就一项专利权已作出无效宣告请求审查决定后，又以同样的理由和证据提出无效宣告请求的，不予受理，但所述理由或者证据因时限等原因未被所述决定考虑的情形除外。

（5）文件形式符合要求。无效宣告请求书及其附件应当一式两份，并符合规定的格式，不符合规定格式的，国务院专利行政部门应当通知请求人在指定期限内补正；期满未补正或者在指定期限内补正但经两次补正后仍存在同样缺陷的，无效宣告请求视为未提出。

2. 无效宣告请求客体

无效宣告请求的客体应当是已经公告授权的专利，包括已经终止或者放弃（自申请日起放弃的除外）的专利。无效宣告请求不是针对已经公告授权的专利的，不予受理。国务院专利行政部门作出宣告专利权全部或者部分无效的审查决定且生效后，针对已被该决定宣告无效的专利权提出的无效宣告请求不予受理。

3. 无效宣告请求人资格

无效宣告程序是专利公告授权后依当事人请求而启动的、通常为双方当事人参加的程序。对无效宣告的请求人的主体资格规定如下：

（1）请求人不具备民事诉讼主体资格的，其无效宣告请求不予受理；

（2）以授予专利权的外观设计与他人在申请日以前已经取得的合法权利相冲突为理由请求宣告外观设计专利权无效，但请求人不能证明是在先权利人或者利害关系人的，其无效宣告请求不予受理；

（3）专利权人针对其专利权提出无效宣告请求且请求宣告专利权全部无效、所提交的证据不是公开出版物，其无效宣告请求不予受理；

（4）请求人不是共有专利权的所有专利权人提出无效其共同拥有的专利权的，其无效宣告请求不予受理；

（5）多个请求人共同提出一件宣告他人专利权无效请求的，其无效宣告请求不予受理。

4. 无效宣告请求的理由

请求人提出的无效宣告理由仅限于《专利法实施细则》规定的理由，并且应当对所提出的理由进行具体说明。无效宣告理由的具体内容如下：

（1）申请的主题是否属于专利法不授予专利权的情形（A5、A25）；

（2）专利权是否属于发明创造保护的客体（A2）；

（3）如果申请所涉及的发明是在中国完成，且向外国申请专利之前未报经国务院专利行政部门进行保密审查，将依照专利法规定不授予专利权（A19）；

（4）专利权是否符合诚实信用原则，且是否损害公共利益或者他人的合法权益（A20.1）；

（5）发明或者实用新型专利权是否具备可专利性（A22）；

（6）外观设计专利权是否具备可专利性（A23）；

（7）发明或者实用新型专利说明书是否满足充分公开（A26.3）；

（8）发明或者实用新型专利权利要求书是否以说明书为依据，清楚、简要地限定要求专利保护的范围（A26.4）；

（9）外观设计的图片或者照片是否符合清楚地显示要求专利保护的产品的外观设计（A27.2）；

（10）专利文件的修改是否超出原说明书、权利要求书记载的范围（A33）；

（11）独立权利要求是否表述了一个解决技术问题的完整的技术方案；

（12）分案申请是否符合超出原案的范围；

（13）是否属于同样的发明创造（A9）。

5. 无效宣告请求的证据

请求人提交有证据的，应当结合提交的所有证据具体说明。

对于发明或者实用新型专利需要进行技术方案对比的，应当具体描述涉案专利和对比文件中相关的技术方案，并进行比较分析；对于外观设计专利需要进行对比的，应当具体描述涉案专利和对比文件中相关的图片或者照片表示的产品外观设计，并进行比较分析。

例如，请求人针对A22.3（创造性判断）的无效宣告理由提交多篇对比文件的，应当指明与请求宣告无效的专利最接近的对比文件以及单独对比还是结合对比的对比方式，具体描述涉案专利和对比文件的技术方案，并进行比较分析。如果是结合对比，存在两种或者两种以上结合方式的，应当首先将最主要的结合方式进行比较分析。未明确最主要结合方式的，则默认第一组对比文件的结合方式为最主要结合方式。

对于不同的独立权利要求，可以分别指明最接近的对比文件。

6. 无效宣告请求费

请求人自提出无效宣告请求之日起 1 个月内未缴纳或者未缴足无效宣告请求费的，其无效宣告请求视为未提出。1 个月的时间起算点是"请求人自提出无效宣告请求之日"，与国务院专利行政部门什么时间受理无关。

7. 委托手续

（1）无效宣告程序中的委托。请求人或者专利权人在无效宣告程序中委托专利代理机构的，应当提交无效宣告程序授权委托书，且专利权人应当在委托书中写明委托权限仅限于办理无效宣告程序有关事务。

在无效宣告程序中，即使专利权人此前已就其专利委托了在专利权有效期内的全程代理并继续委托该全程代理的机构的，也应当提交无效宣告程序授权委托书。

在无效宣告程序中，请求人委托专利代理机构的，或者专利权人委托专利代理机构且委托书中写明其委托权限仅限于办理无效宣告程序有关事务的，其委托手续或者解除、辞去委托的手续应当在国务院专利行政部门办理，无需办理著录项目变更手续。

（2）请求人和专利权人委托了相同的专利代理机构的处理方式

① 国务院专利行政部门应当通知双方当事人在指定期限内变更委托。

② 未在指定期限内变更委托的，后委托的视为未委托（委托合同在前的优先）。

③ 同一日委托的，视为双方均未委托。

（3）请求人为强制委托对象的。对于根据专利法的规定属于强制委托专利代理机构的请求人，未按规定委托的，其无效宣告请求不予受理。

（4）委托多个专利代理机构的收件人的确定。请求人委托了多个专利代理机构的，需指定一家专利代理机构作为收件人。收件人不唯一指定时的确定方式：

① 当事人应当以书面方式指定其中一个专利代理机构作为收件人（指定优先）。

② 未指定的，国务院专利行政部门将在无效宣告程序中最先委托的专利代理机构视为收件人。

③ 最先委托的代理机构有多个的，国务院专利行政部门将署名在先的专利代理机构视为收件人。

④ 署名无先后（同日分别委托）的，国务院专利行政部门应当通知当事人在指定期限内指定；未在指定期限内指定的，视为未委托。

（5）公民代理。当事人委托公民代理（权利受限）的，参照有关委托专利代理机构的规定办理；公民代理的权限仅限于在口头审理中陈述意见和接收当庭转送的文件。

（6）代理师需要具有特别授权的委托书的委托事项

① 专利权人的代理师代为承认请求人的无效宣告请求。

② 专利权人的代理师代为修改权利要求书。

③ 代理师代为和解。

④ 请求人的代理师代为撤回无效宣告请求。

（二）形式审查通知书

1. 需补正的处理

无效宣告请求经形式审查不符合专利法及其实施细则和审查指南有关规定需要补正的，

国务院专利行政部门应当发出补正通知书，要求请求人在收到通知书之日起 15 日内补正。

2. 视为未提出或者不予受理

无效宣告请求视为未提出或者不予受理的，国务院专利行政部门应当发出无效宣告请求视为未提出通知书或者无效宣告请求不予受理通知书，通知请求人。

3. 予以受理及文件转送

无效宣告请求经形式审查符合专利法及其实施细则和审查指南有关规定的，国务院专利行政部门应当向请求人和专利权人发出无效宣告请求受理通知书，并将无效宣告请求书和有关文件副本转送专利权人，要求其在收到该通知书之日起 1 个月内答复。专利权人就其专利委托了在专利权有效期内的全程代理的，所述无效宣告请求书和有关文件副本转送该全程代理的机构。

4. 需等待同一专利权已有的无效宣告决定的生效判决

受理的无效宣告请求需等待在先作出的专利权无效或部分无效的审查决定生效而暂时无法审查的，国务院专利行政部门应当发出通知书通知请求人和专利权人；在先审查决定生效或者被人民法院生效判决予以撤销后，国务院专利行政部门应当及时恢复审查。

5. 同一专利权存在进行中的侵权纠纷案件

与司法机关的协调受理的无效宣告请求涉及专利侵权案件的，国务院专利行政部门可以应人民法院、地方知识产权管理部门或者当事人的请求，向处理该专利侵权案件的人民法院或者地方知识产权管理部门发出无效宣告请求案件审查状态通知书。

【例 05-05】以下关于无效宣告程序的说法正确的是？
A. 只有共同专利权人可以针对其共有的专利权共同提出一件无效宣告请求
B. 无效宣告请求的对象可以是已经终止的专利
C. 任何单位和个人均可以请求宣告专利权全部无效
D. 无效宣告请求人是某研究机构的科技处，不予受理
【参考答案】ABD

三、对无效宣告案件的审理

（一）对无效宣告请求的审查

1. 合议审查的范围

（1）合议审查的规定

在无效宣告程序中，国务院专利行政部门通常仅针对当事人提出的无效宣告请求的范围、理由和提交的证据进行审查，不承担全面审查专利有效性的义务。

国务院专利行政部门作出宣告专利权部分无效的审查决定后，当事人未在收到该审查决定之日起 3 个月内向人民法院起诉或者人民法院生效判决维持该审查决定的，针对该专利权的其他无效宣告请求的审查以维持有效的专利权为基础。

（2）可以依职权审查的情形

① 请求人提出的无效宣告理由明显与其提交的证据不相对应的，国务院专利行政部门可以允许请求人变更或者依职权变更为相对应的无效宣告理由。

② 专利权存在请求人未提及的明显不属于专利保护客体的缺陷，国务院专利行政部门

可以引入相关的无效宣告理由进行审查。

③ 专利权存在请求人未提及的缺陷而导致无法针对请求人提出的无效宣告理由进行审查的，国务院专利行政部门可以依职权针对专利权的上述缺陷引入相关无效宣告理由并进行审查。

④ 国务院专利行政部门可以依职权认定技术手段是否为公知常识，并可以引入技术词典、技术手册、教科书等所属技术领域中的公知常识性证据。

2. 文件的转送

国务院专利行政部门根据案件审查需要将有关文件转送有关当事人；需要指定答复期限的，指定答复期限为1个月；当事人期满未答复的，视为当事人已得知转送文件中所涉及的事实、理由和证据，并且未提出反对意见（放弃权利，非视为撤回，而是不影响后续程序）。

专利权人和无效宣告请求人应当在指定期限内答复国务院专利行政部门发出的转送文件通知书或者无效宣告请求审查通知书；期满未答复的，不影响国务院专利行政部门审理。

当事人提交的意见陈述书及其附件应当一式两份。

3. 案件的合并审理

为了提高审查效率和减少当事人负担，国务院专利行政部门可以对案件合并审理。可以合并审理的情形如下：

（1）针对一项专利权的多个无效宣告案件，尽可能合并口头审理；

（2）针对不同专利权的无效宣告案件，部分或者全部当事人相同且案件事实相互关联的，国务院专利行政部门可以依据当事人书面请求或者自行决定合并口头审理。

合并审理的各无效宣告案件的证据不得相互组合使用。

（二）无效宣告理由的增加和证据补充

1. 无效宣告理由的增加

（1）期限内增加。请求人在提出无效宣告请求之日起1个月内增加无效宣告理由的，应当在该期限内对所增加的无效宣告理由具体说明；否则，国务院专利行政部门不予考虑。

（2）期限外增加。请求人在提出无效宣告请求之日起1个月后增加无效宣告理由的，国务院专利行政部门一般不予考虑，但下列情形除外：

① 针对专利权人以删除以外方式修改的权利要求，在国务院专利行政部门指定期限内针对修改内容增加无效宣告理由，并在该期限内对所增加的无效宣告理由具体说明的；

② 对明显与提交的证据不相对应的无效宣告理由进行变更的。

2. 无效宣告证据的补充

（1）期限内举证。请求人在提出无效宣告请求之日起1个月内补充证据的，应当在该期限内结合该证据具体说明相关的无效宣告理由，否则，国务院专利行政部门不予考虑。

外文证据的提交要求：

① 请求人提交的证据是外文的，提交其中文译文也需要在1个月内，否则不予考虑；

② 请求人直接提交了外文证据的中文译文，其外文原文的提交，也需要在1个月内。

（2）期限外举证。请求人在提出无效宣告请求之日起 1 个月后补充证据的，国务院专利行政部门一般不予考虑。

下列情形，期限外举证的应当予以受理：

① 专利权人依法提交了反证，国务院专利行政部门指定请求人在一定期限内补充证据，并在该期限内结合该证据具体说明相关无效宣告理由，请求人在期限内补充证据并说明理由的，国务院专利行政部门将予以接受；

② 在口头审理辩论终结前提交技术词典、技术手册和教科书等所属技术领域中的公知常识性证据或用于完善证据法定形式的公证文书、原件等证据，并在该期限内结合该证据具体说明相关无效宣告理由的，国务院专利行政部门将予以接受。

3. 专利权人举证

专利权人举证，应当符合下列条件：

（1）专利权人应当在国务院专利行政部门指定的答复期限内（1 个月）提交或补充证据，并在期限内对提交或补充的证据具体说明；

（2）专利权人提交的证据是外文的，提交其中文译文的期限适用该证据的举证期限；

（3）专利权人提交或者补充证据不符合期限规定或未在上述期限内对所提交或者补充的证据具体说明的，国务院专利行政部门不予考虑；

（4）对于技术词典、技术手册和教科书等所属技术领域中的公知常识性证据或者用于完善证据法定形式的公证文书、原件等证据，可以在口头审理辩论终结前补充。

4. 延期举证

在无效宣告请求审查程序中，国务院专利行政部门指定的期限不得延长。

对于有证据表明因无法克服的困难在指定期限内不能提交的证据，当事人可以在所述期限内书面请求延期提交（非延长期限）；不允许延期提交明显不公平的，国务院专利行政部门应当允许延期提交。

【例 05-06】下列哪些不能作为宣告专利权无效的理由？

A. 与他人在先取得的合法权利相冲突

B. 权利要求之间缺乏单一性

C. 说明书公开不充分

D. 独立权利要求相对于最接近的现有技术的划界不正确

【参考答案】BD

（三）专利文件的修改规定

1. 专利文件的修改原则

无效宣告专利文件的修改应当满足下列要求。

（1）发明或者实用新型专利文件的修改仅限于权利要求书：

① 修改不得改变原权利要求的主题名称；

② 与授权的权利要求相比，不得扩大原专利的保护范围；

③ 修改不得超出原说明书和权利要求书记载的范围。

（2）一般不得增加未包含在授权的权利要求书中的技术特征。

（3）外观设计专利的专利权人不得修改其专利文件。

2. 专利文件的修改方式

无效宣告程序中的专利文件的修改方式如下：

（1）权利要求的删除，是指从权利要求书中去掉某项或者某些项权利要求，如独立权利要求或者从属权利要求；

（2）技术方案的删除，是指从同一权利要求中并列的两种以上技术方案中删除一种或者一种以上技术方案；

（3）权利要求的进一步限定，是指在权利要求中补入其他权利要求中记载的一个或者多个技术特征，以缩小保护范围；

（4）明显错误的修正。

3. 专利文件的修改的限制

（1）在国务院专利行政部门作出审查决定之前，专利权人可以删除权利要求或删除权利要求中包括的技术方案。

（2）在答复期限内允许的修改

① 针对无效宣告请求书，专利权人可以以删除以外的方式（即权利要求的进一步限定和明显错误的修正）修改权利要求书；

② 针对请求人增加的无效宣告理由或者补充的证据，专利权人可以以删除以外的方式（即权利要求的进一步限定和明显错误的修正）修改权利要求书；

③ 针对国务院专利行政部门引入的请求人未提及的无效宣告理由或者证据，专利权人可以以删除以外的方式（即权利要求的进一步限定和明显错误的修正）修改权利要求书。

【例 05-07】关于无效宣告程序中专利权人对权利要求进行修改的时机，下列说法正确的是：

A. 任何方式的修改都可以在收到受理通知书之日起 1 个月内提交

B. 任何方式的修改都可以在收到合议组转送的无效宣告请求补充意见 1 个月内提交

C. 任何方式的修改都可以在口头审理时当庭提交

D. 删除式修改最迟可以在口头审理辩论终结前提交

【参考答案】AB

（四）无效宣告请求审查决定

1. 无效宣告请求审查决定的类型

无效宣告请求审查决定分为以下 3 种类型：

（1）宣告专利权全部无效；

（2）宣告专利权部分无效；

（3）维持专利权有效。

2. 无效宣告请求审查决定的效力

宣告专利权无效包括宣告专利权全部无效和部分无效两种情形；宣告无效的专利权视为自始即不存在。

一项专利权被宣告部分无效后，被宣告无效的部分应视为自始即不存在；但是被维持的部分（包括修改后的权利要求）也同时应视为自始即存在。

3. 无效宣告请求审查决定的登记和公告

国务院专利行政部门作出宣告专利权无效（包括全部无效和部分无效）的审查决定后，当事人未在收到该审查决定之日起 3 个月内向人民法院起诉或者人民法院生效判决维持该审查决定的，由专利局予以登记和公告。

（五）无效宣告程序的终止

1. 无效宣告程序终止的情形

（1）已受理的无效宣告请求因不符合受理条件而被驳回请求的，无效宣告程序终止。

（2）在国务院专利行政部门对无效宣告请求作出审查决定之后，当事人未在收到该审查决定之日起 3 个月内向人民法院起诉，或者人民法院生效判决维持该审查决定的，无效宣告程序终止。

（3）在国务院专利行政部门作出宣告专利权全部无效的审查决定后，当事人未在收到该审查决定之日起 3 个月内向人民法院起诉，或者人民法院生效判决维持该审查决定的，针对该专利权的所有其他无效宣告程序终止。

2. 无效宣告程序不终止的情形

（1）请求人在国务院专利行政部门对无效宣告请求作出审查决定之前，撤回其无效宣告请求的，无效宣告程序终止，但国务院专利行政部门认为根据已进行的审查工作能够作出宣告专利权无效或者部分无效的决定的除外。

（2）请求人未在指定的期限内答复口头审理通知书，且不参加口头审理，其无效宣告请求被视为撤回的，无效宣告程序终止，但国务院专利行政部门认为根据已进行的审查工作能够作出宣告专利权无效或者部分无效的决定的除外。

【例 05-08】在下列哪个情形下无效宣告程序终止？

A. 请求人请求撤回其无效宣告请求，但国务院专利行政部门认为根据已进行的审查工作能够作出宣告专利权无效的决定

B. 专利权人未提交口头审理回执，也未参加口头审理

C. 当事人在收到无效宣告请求审查决定之日起 3 个月内未向人民法院起诉

D. 国务院专利行政部门对无效宣告请求作出维持专利权有效的审查决定

【参考答案】C

第四节 口头审理程序

本节知识要点

本节主要介绍复审和无效宣告程序中的口头审理程序。口头审理是为了给当事人一个当庭说明情况的机会，以利于查清案情，保证审查的公平与合理性。

本节主要内容如图 5-5 所示。

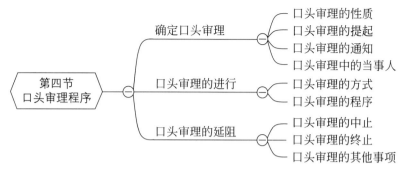

图 5-5 口头审理程序的主要内容

一、确定口头审理

（一）口头审理的性质

口头审理是根据《专利法实施细则》的规定而设置的行政听证程序，其目的在于查清事实，给当事人当庭陈述意见的机会。

（二）口头审理的提起

1. 无效宣告程序中当事人请求口头审理

在无效宣告程序中，有关当事人可以向国务院专利行政部门提出进行口头审理的请求，并且说明理由。请求应当以书面方式提出。

无效宣告程序的当事人可以依据下列理由请求进行口头审理：

（1）当事人一方要求同对方当面质证和辩论；
（2）需要当面向合议组说明事实；
（3）需要实物演示；
（4）需要请出具过证言的证人出庭作证。

对于尚未进行口头审理的无效宣告案件，国务院专利行政部门在审查决定作出前收到当事人依据上述理由以书面方式提出口头审理请求的，合议组应当同意进行口头审理。

2. 复审程序中当事人请求口头审理

在复审程序中，复审请求人可以向国务院专利行政部门提出进行口头审理的请求，并且说明理由。请求应当以书面方式提出。

复审请求人可以依据下列理由请求进行口头审理：

（1）需要当面向合议组说明事实或者陈述理由；
（2）需要实物演示。

复审请求人提出口头审理请求的，合议组根据案件的具体情况决定是否进行口头审理。

3. 合议组决定口头审理

在无效宣告程序或者复审程序中，合议组可以根据案情需要自行决定进行口头审理。针对同一案件已经进行过口头审理的，必要时可再次进行口头审理。

（三）口头审理的通知

1. 口头审理通知书及回执

在无效宣告程序中，确定需要进行口头审理的，合议组应当向当事人发出口头审理通知书，通知进行口头审理的日期和地点等事项。

在复审程序中，确定需要进行口头审理的，合议组应当向复审请求人发出口头审理通知书，通知进行口头审理的日期、地点以及口头审理拟调查的事项。当事人应当在收到口头审理通知之日起7日内向国务院专利行政部门提交口头审理通知书回执。无效宣告程序或者复审程序的口头审理通知书回执中应当有当事人的签名或者盖章。表示参加口头审理的，应当写明参加口头审理人员的姓名。要求委派出具过证言的证人就其证言出庭作证的，应当在口头审理通知书回执中声明，并且写明该证人的姓名、工作单位（或者职业）和要证明的事实。

2. 当事人不参加口头审理的法律后果

（1）无效宣告程序。无效宣告请求人期满未提交回执，并且不参加口头审理的，其无效宣告请求视为撤回，无效宣告请求审查程序终止。但国务院专利行政部门认为根据已进行的审查工作能够作出宣告专利权无效或者部分无效的决定的除外。

专利权人不参加口头审理的，可以缺席审理。

（2）复审程序。复审请求人可以选择参加口头审理进行口头答辩，或者在指定的期限内进行书面意见陈述。复审请求人既未出席口头审理，也未在指定的期限内进行书面意见陈述，其复审请求视为撤回。

（四）口头审理中的当事人

1. 口头审理参加人

参加口头审理的各方当事人及其代理人的数量不得超过4人。回执中写明的参加口头审理人员不足4人的，可以在口头审理开始前指定其他人参加口头审理。一方有多人参加口头审理的，应当指定其中之一作为第一发言人进行主要发言。

当事人不能在指定日期参加口头审理的，可以委托其专利代理师或者其他人代表出庭。

当事人属于强制委托对象并依照专利法规定委托专利代理机构代理的，该机构应当指派专利代理师参加口头审理。

2. 证人出庭作证

出具过证言并在口头审理通知书回执中写明的证人可以就其证言出庭作证。证人出庭作证时，应当出示证明其身份的证件；合议组应当告知其诚实作证的法律义务和作伪证的法律责任。出庭作证的证人不得旁听案件的审理。

询问证人时，其他证人不得在场，但需要证人对质的除外。证人应当对合议组提出的问题作出明确回答，对于当事人提出的与案件无关的问题可以不回答。

3. 当事人的权利

在复审和无效宣告程序中，当事人具有如下权利：

（1）当事人有权请求审案人员回避；

（2）无效宣告程序中的当事人有权与对方当事人和解；

（3）无效宣告程序中的当事人有权在口头审理中请出具过证言的证人就其证言出庭作证；

（4）当事人有权请求演示物证；

（5）当事人有权进行辩论；

（6）无效宣告请求人有权请求撤回无效宣告请求，放弃无效宣告请求的部分理由及相应证据，以及缩小无效宣告请求的范围；

（7）无效宣告程序中的当事人专利权人有权放弃部分权利要求及其提交的有关证据；

（8）复审请求人有权撤回复审请求；

（9）复审请求人有权提交修改文件。

二、口头审理的进行

（一）口头审理的方式

口头审理按照通知书指定的日期进行。

口头审理应当公开进行，但根据国家法律、法规等规定需要保密的除外。

（二）口头审理的程序

1. 口头审理第一阶段

在口头审理开始前，合议组应当核对参加口头审理人员的身份证件，并确认其是否有参加口头审理的资格。

口头审理由合议组组长主持。合议组组长宣布口头审理开始后，介绍到庭的全部人员，明确各方的权利义务，并询问当事人是否要求回避，是否请证人作证和请求演示物证。

对于无效宣告案件，询问双方是否愿意和解：有和解愿望的，暂停口头审理进行协商；无和解愿望的，口头审理继续进行。

2. 口头审理第二阶段

第二阶段为口头审理调查阶段。

（1）无效宣告案件

① 先由无效宣告请求人陈述无效宣告请求的范围及其理由，并简要陈述有关事实和证据，再由专利权人进行答辩。

② 由合议组就案件的无效宣告请求的范围、理由和各方当事人提交的证据进行核对，确定口头审理的审理范围。

③ 由无效宣告请求人就无效宣告理由以及所依据的事实和证据进行举证，然后由专利权人进行质证，需要时专利权人可以提出反证，由对方当事人进行质证。

（2）复审案件。在复审程序的口头审理中，在合议组告知复审请求人口头审理调查的事项后，由复审请求人进行陈述。

3. 口头审理第三阶段

第三阶段为口头审理辩论阶段。在辩论阶段，可以根据案件情况随时恢复口头审理调查。调查结束后，继续进行口头审理辩论。

（1）无效宣告案件

① 在口头审理辩论阶段，由当事人就证据所表明的事实、争议的问题和适用的法律、

法规各自陈述其意见,并进行辩论。

② 在口头审理辩论时,合议组成员可以提问,但不得发表自己的倾向性意见,也不得与任何一方当事人辩论。

③ 在双方当事人的辩论意见表达完毕后,合议组组长宣布辩论终结,由双方当事人作最后意见陈述。

(2) 复审案件。在复审程序的口头审理调查后,合议组可以就有关问题发表倾向性意见,并听取复审请求人的意见。

4. 口头审理第四阶段

在口头审理过程中,合议组可以根据案情需要休庭合议。经合议组合议后,由合议组组长宣布口头审理结论。至此,口头审理结束。

三、口头审理的延阻

(一) 口头审理的中止

有下列情形之一的,合议组组长可以宣布中止口头审理,并在必要时确定继续进行口头审理的日期:

(1) 当事人请求审案人员回避的;
(2) 因和解需要协商的;
(3) 需要对发明创造进一步演示的;
(4) 合议组认为必要的其他情形。

(二) 口头审理的终止

有下列情形之一的,由合议组组长宣布口头审理终止,并在此后的一定期限内,将决定的全文以书面形式送达当事人:

(1) 对于事实已经调查清楚、可以作出审查决定并且不属于需要经过审核批准的案件,合议组可以当场宣布审查决定的结论;
(2) 需要经过审核批准的案件,应当在批准后宣布审查决定的结论,由合议组组长当场作简要说明。

(三) 口头审理的其他事项

1. 当事人的缺席

无效宣告程序中,有当事人未出席口头审理的,只要一方当事人的出庭符合规定,合议组按照规定的程序进行口头审理。

2. 当事人中途退庭

在口头审理过程中,未经合议组许可,当事人不得中途退庭。在无效宣告程序中,当事人未经合议组许可而中途退庭的,或者因妨碍口头审理进行而被合议组责令退庭的,合议组可以缺席审理。

【例 05-09】下列有关口头审理的说法哪些是正确的?
A. 无效宣告请求人可以以需要当面向合议组说明事实为由,请求进行口头审理
B. 参加口头审理的各方当事人及其代理人的数量不得超过 3 人

C. 当事人请求审案人员回避的,合议组组长可以宣布中止口头审理
D. 若请求人未出席口头审理,则其无效宣告请求视为撤回,该案件的审理结束

【参考答案】AC

第五节 无效宣告程序中有关证据问题的规定

本节知识要点

本节主要介绍无效宣告程序中有关证据的规定。在无效宣告程序中,请求人负有对其请求举证的责任。请求人或者专利权人提供的证据形式上需要符合法律规定。

本节主要内容如图5-6所示。

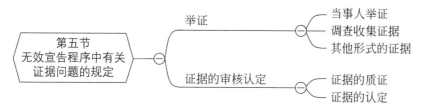

图5-6 无效宣告程序中有关证据问题的规定的主要内容

一、举证

(一)当事人举证

1. 举证责任的分配

当事人对自己提出的无效宣告请求所依据的事实或者反驳对方无效宣告请求所依据的事实有责任提供证据加以证明。没有证据或者证据不足以证明当事人的事实主张的,由负有举证责任的当事人承担不利后果。

2. 外文证据的提交

(1)当事人提交的外文证据应当有中文译文:

① 当事人提交外文证据的,应当提交中文译文,未在举证期限内提交中文译文的,该外文证据视为未提交;

② 当事人应当以书面方式提交中文译文,未以书面方式提交中文译文的,该中文译文视为未提交;

③ 当事人可以仅提交外文证据的部分中文译文。该外文证据中没有提交中文译文的部分,不作为证据使用。

(2)对外文证据的中文译文有异议的情形的处理:

① 对方当事人对中文译文内容有异议的,应当在指定的期限内对有异议的部分提交中文译文。没有提交中文译文的,视为无异议。

② 对中文译文出现异议时,以双方当事人最终认可的中文译文为准。

③ 双方当事人未能就异议部分达成一致意见的，必要时，国务院专利行政部门可以委托双方当事人认可的翻译单位进行翻译。双方当事人就委托翻译达不成协议的，国务院专利行政部门可以自行委托专业翻译单位进行翻译。委托翻译所需翻译费用由双方当事人各承担50%；拒绝支付翻译费用的，视为其承认对方当事人提交的中文译文正确。

（3）域外证据及中国港澳台形成的证据的证明手续。当事人提供的公文书证系在中华人民共和国领域外形成的，该证据应经所在国公证机关证明，或者履行中华人民共和国与该所在国订立的有关条约中规定的证明手续。当事人向国务院专利行政部门提供的证据是在国外或中国港澳台形成的，应当履行相关的证明手续。

当事人可以不办理相关证明手续的情形：

① 该证据是能够从除中国香港、澳门、台湾地区外的中国公共渠道获得的，如从国务院专利行政部门获得的国外专利文件，或者从公共图书馆获得的国外文献资料；

② 有其他证据足以证明该证据真实性的；

③ 对方当事人认可该证据的真实性的。

3. 物证的提交

当事人应当在规定的举证期限内向国务院专利行政部门提交物证，并具体说明依据该物证所要证明的事实。当事人确有正当理由不能在举证期限内提交物证的，应当在举证期限内书面请求延期提交。当事人最迟在口头审理辩论终结前提交该物证。

对于经公证机关公证封存的物证，当事人在举证期限内可以仅提交公证文书而不提交该物证，但最迟在口头审理辩论终结前提交该物证。

（二）调查收集证据

1. 依申请为原则，依职权为例外

国务院专利行政部门一般不主动调查收集审查案件需要的证据。对当事人及其代理人确因客观原因不能自行收集的证据，应当事人在举证期限内提出的申请，国务院专利行政部门认为确有必要时，可以调查收集。

2. 费用承担

应当事人的申请对证据进行调查收集的，所需费用由提出申请的当事人或者国务院专利行政部门承担。

国务院专利行政部门自行决定调查收集证据的，所需费用由国务院专利行政部门承担。

（三）其他形式的证据

1. 互联网证据的公开时间

公众能够浏览互联网信息的最早时间为该互联网信息的公开时间，一般以互联网信息的发布时间为准。

2. 申请日后记载的使用公开或者口头公开

申请日后（含申请日）形成的记载有使用公开或者口头公开内容的书证，或者其他形式的证据可以用来证明专利在申请日前使用公开或者口头公开。在判断上述证据的证明力时，形成于专利公开前（含公开日）的证据的证明力一般大于形成于专利公开后的证据的证明力。

3. 技术内容和问题的咨询、鉴定

国务院专利行政部门可以根据需要邀请有关单位或者专家对案件中涉及的技术内容和问题提供咨询性意见，必要时可以委托有关单位进行鉴定，所需的费用根据案件的具体情况由国务院专利行政部门或者当事人承担。

4. 当事人提交的不作为证据的物品的处理

在无效宣告程序中，当事人在提交样品等不作为证据的物品时，有权以书面方式请求在其案件审结后取走该物品。

二、证据的审核认定

（一）证据的质证

证据应当由当事人质证，未经质证的证据，不能作为认定案件事实的依据。

质证时，当事人应当围绕证据的关联性、合法性、真实性，针对证据证明力有无以及证明力大小，进行质疑、说明和辩驳。

（二）证据的认定

1. 确认证据的证明力

对于一方当事人提出的证据，另一方当事人认可或者提出的相反证据不足以反驳的，国务院专利行政部门可以确认其证明力。

对于一方当事人提出的证据，另一方当事人有异议并提出反驳证据，对方当事人对反驳证据认可的，可以确认反驳证据的证明力。

双方当事人对同一事实分别举出相反的证据，但都没有足够的依据否定对方证据的，国务院专利行政部门应当结合案件情况，判断一方提供证据的证明力是否明显大于另一方提供证据的证明力，并对证明力较大的证据予以确认。

2. 证人证言

证人应当陈述其亲历的具体事实。证人根据其经历所作的判断、推测或者评论，不能作为认定案件事实的依据。

证人应当出席口头审理作证，接受质询。未能出席口头审理作证的证人所出具的书面证言不能单独作为认定案件事实的依据，但证人确有困难不能出席口头审理作证的除外。

3. 认可和承认

（1）认可。在无效宣告程序中，一方当事人明确认可的另外一方当事人提交的证据，国务院专利行政部门应当予以确认，但其与事实明显不符，或者有损国家利益、社会公共利益，或者当事人反悔并有相反证据足以推翻的除外。

（2）当事人的承认。在无效宣告程序中，对一方当事人陈述的案件事实，另外一方当事人明确表示承认的，国务院专利行政部门应当予以确认，但其与事实明显不符，或者有损国家利益、社会公共利益，或者当事人反悔并有相反证据足以推翻的除外；另一方当事人既未承认也未否认，经合议组充分说明并询问后，其仍不明确表示肯定或者否定的，视为对该项事实的承认。

（3）代理人的承认。当事人委托代理人参加无效宣告程序的，代理人的承认视为当事人的承认。但是，未经特别授权的代理人对事实的承认直接导致承认对方无效宣告请求的除外；当事人在场但对其代理人的承认不作否认表示的，视为当事人的承认。

（4）调解、和解时的承认。在无效宣告程序中，当事人为达成调解协议或者和解的目的作出妥协所涉及的对案件事实的认可，不得在其后的无效宣告程序中作为对其不利的证据。

4. 公知常识

主张某技术手段是本领域公知常识的当事人，对其主张承担举证责任。该当事人未能举证证明或者未能充分说明该技术手段是本领域公知常识，并且对方当事人不予认可的，合议组对该技术手段是本领域公知常识的主张不予支持。

当事人可以通过教科书或者技术词典、技术手册等工具书记载的技术内容来证明某项技术手段是本领域的公知常识。

5. 公证文书

一方当事人将公证文书作为证据提交时，有效公证文书所证明的事实，应当作为认定事实的依据，但有相反证据足以推翻公证证明的除外。

如果公证文书在形式上存在严重缺陷，如缺少公证人员签章，则该公证文书不能作为认定案件事实的依据。

【例 05-10】王某提出一项无效宣告请求，理由是权利要求 1 与对比文件 1 的区别特征 A 是所属技术领域的公知常识，因此权利要求 1 不具备创造性。下列说法正确的是：

A. 王某主张区别特征 A 是所属技术领域的公知常识，对其主张承担举证责任

B. 王某可以在口头审理辩论终结前提交公知常识性证据，证明区别特征 A 是所属领域的公知常识

C. 王某可以通过教科书或者技术词典、技术手册等工具书记载的技术内容来证明区别特征 A 是本领域的公知常识

D. 王某必须在提出无效宣告请求之日起 1 个月内提交公知常识性证据，证明区别特征 A 是所属领域的公知常识

【参考答案】ABC

📖 本章要点回顾

复审和无效宣告审理部门应当遵循合法原则、请求原则、听证原则等。无论是复审还是无效宣告程序，均是依申请而启动的程序。我国专利制度中没有依职权启动无效宣告程序的规定。听证原则是保证申请人、请求人、专利权人权利的重要原则，即在行政部门作出决定之前需告知当事人理由，至少给当事人一次陈述意见的机会，否则就违背了程序公正这一前提。

专利申请的复审程序是审查程序的延续，是专利申请人对驳回专利申请不服的唯一救济途径。专利申请人对决定不服的，还可以以国家知识产权局为被告，提出行政诉讼以寻求救济。

无效宣告程序是一个双方当事人参加的程序。在 2017 年的《专利审查指南》修改

中，重点修改了无效宣告程序中请求人补充理由、证据和专利权人修改权利要求书的有关规定。在此次修改中，强化了无效宣告请求人在举证期限内举证的责任。也就是要求请求人在举证期限内，针对权利要求书中披露的技术特征，假定专利权人可能采取的修改手段，完善举证，以防在专利权人修改权利要求书后，没有针对性的无效证据支持其无效宣告请求。

在特定情况下，当事人可以请求进行口头审理，行政部门可以依职权要求进行口头审理，以加快审理程序，给当事人充分表达自己主张的机会。

在无效宣告程序中当事人提供的证据为域外文书证据时，由于不涉及身份关系，因此只需要提供该外国公证机关的证明，而不需要提供我国驻该国使领馆的认证。这是2019年最高人民法院《关于民事诉讼证据的若干规定》新修改的内容，值得关注。

第六章

专利的实施与保护

 本章知识点框架

本章主要介绍专利权授予之后的实施与运用，以及发生专利侵权、假冒专利及其他专利纠纷时的救济程序。要求读者熟悉专利权人的权利、专利权的期限及专利权保护范围；掌握专利侵权判断原则及救济方法；掌握其他专利纠纷与救济方法；掌握有关专利的指定许可和强制许可的规定；掌握有关专利管理和运用的知识技能。

本章知识点框架如图 6-1 所示。

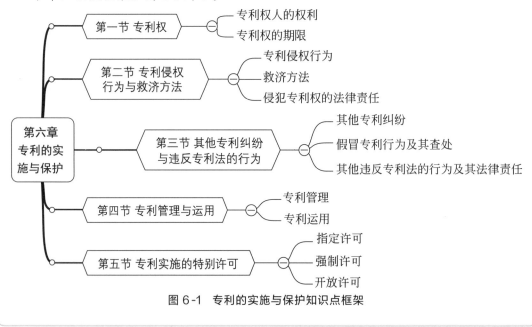

图 6-1 专利的实施与保护知识点框架

第一节 专利权

本节知识要点

本节主要介绍专利权人因为拥有的专利权所拥有的相应民事权利。专利权是私权,是一项在专利权期限内的技术垄断权,因此任何单位或个人在未取得专利权人同意的情况下,不得擅自实施其专利。2020年《专利法》对外观设计专利权的期限做了重大调整,由原来的10年修改为15年,自申请日起计算。

本节主要内容如图6-2所示。

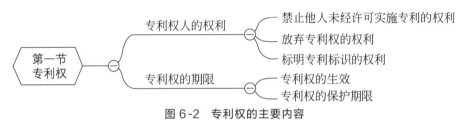

图6-2 专利权的主要内容

一、专利权人的权利

《专利法》(A11)	
①	《专利法》第十一条第一款:"发明和实用新型专利权被授予后,除本法另有规定的以外,任何单位或者个人未经专利权人许可,都不得实施其专利,即不得为生产经营目的制造、使用、许诺销售、销售、进口其专利产品,或者使用其专利方法以及使用、许诺销售、销售、进口依照该专利方法直接获得的产品。"
②	《专利法》第十一条第二款:"外观设计专利权被授予后,任何单位或者个人未经专利权人许可,都不得实施其专利,即不得为生产经营目的制造、许诺销售、销售、进口其外观设计专利产品。"

(一)禁止他人未经许可实施专利的权利

1. "为生产经营目的"的含义

对于"为生产经营目的",可以从以下几个角度理解。

(1)"为生产经营目的"是指为工业、农业生产或者为商业经营的目的。
(2)"为生产经营目的"不能被理解为"以营利为目的"。
(3)为了个人使用的目的而制造某专利产品,就不属于侵犯专利权的行为。
(4)为了科学实验目的使用有关专利,也不属于为生产经营目的的行为。
(5)以捐赠、免费为名,谋利益之实的行为,仍然是"为生产经营目的"。
(6)医院为了给患者治疗疾病而制造专利设备、销售专利药品的行为,属于"为生产经营目的"。

2. "使用专利产品"的含义

对于"使用专利产品",可以从以下几个角度理解。

(1) 使用发明或者实用新型专利产品是指权利要求所记载的产品技术方案的技术功能得到了应用或者效果得以实现。

(2) 将侵犯发明或者实用新型专利权的产品作为零部件,制造另一产品的,人民法院应当认定其属于 A11 规定的使用行为;销售该另一产品的,人民法院应当认定其属于 A11 规定的销售行为。

(3) 使用外观设计专利产品是指该外观设计产品的功能、技术性能得到了应用。

(4) 如果将外观设计专利产品作为零部件制造另一产品,若该零部件在最终产品的正常使用中只具有技术功能,而不产生视觉效果,则构成对该外观设计专利产品的使用,不属于侵权行为。

3. "使用专利方法"的含义

对于"使用专利方法",可以从以下几个角度理解。

(1) 产品制造方法专利不仅保护方法本身,还延及依照该专利方法直接获得的产品。

(2) 方法专利延及产品,指一项方法发明专利权被授予后,任何单位或个人未经专利权人许可,除不得为生产经营目的使用该专利方法外,还不得为生产经营目的使用、许诺销售、销售、进口依照该专利方法所直接获得的产品。

(3) 构成实施产品制造方法专利的行为包括:

① 为生产经营目的而使用该方法;

② 为生产经营目的而使用、许诺销售、销售、进口依照该方法直接获得的产品。

(4) 对于使用专利方法获得的原始产品(第一代),人民法院应当认定其为 A11 规定的依照专利方法直接获得的产品。对于将上述原始产品(第一代)进一步加工、处理而获得后续产品(第二代)的行为,人民法院应当认定其属于 A11 规定的使用依照该专利方法直接获得的产品。对于将依照专利方法直接获得的产品(第一代)进一步加工、处理而获得的后续产品(第二代),进行再加工、处理的(第三代及以上),人民法院应当认定其不属于 A11 规定的"使用依照该专利方法直接获得的产品"。

4. "制造专利产品"的含义

对于"制造专利产品",可以从以下几个角度理解。

(1) 该种侵权方式仅适用于产品专利。

(2) 制造发明或者实用新型专利产品是指权利要求书中所记载的产品技术方案被实现,产品的数量、质量不影响对制造行为的认定。

(3) 制造发明或者实用新型专利产品的行为:

① 以不同制造方法制造产品的行为,但以方法限定的产品权利要求除外;

② 将部件组装成专利产品的行为。

(4) 将侵犯发明或者实用新型专利权的产品作为零部件,制造另一产品的,人民法院应当认定其属于 A11 规定的使用行为。

(5) 专利侵权产品的使用者在一定条件下可以不承担赔偿责任,而制造者则不能免除赔偿责任。

5. "许诺销售"的含义

对于"许诺销售",可以从以下几个角度理解。

(1) 在销售侵犯他人专利权的产品行为实际发生前,被诉侵权人作出销售侵犯他人专利权产品意思表示的,构成许诺销售。

(2) "许诺销售"是指以做广告、在商店橱窗中陈列或者在展销会上展出等方式作出销售商品的意思表示。

(3) 许诺销售的行为既包括了合同法意义上的要约行为,也包括了要约邀请的行为(招标公告、价目表)。

(4) 以做广告、在商店橱窗中陈列、在网络或者在展销会上展出等方式作出销售侵犯他人专利权产品的意思表示的,可以认定为许诺销售。

(5) 许诺销售行为既可能是面向特定对象的,也可能是面向不特定对象的;既可能是口头形式,也可能是书面形式;既可能通过展示或者演示的途径,也可能通过电话、电传、报刊、网络或者其他途径。例如,将专利产品陈列在商店中,列入拍卖清单,在报纸、电视、网络上做广告等行为,都明确表明销售该专利产品的意愿,都属于"许诺销售"行为。

6. "销售"的含义

对于"销售",可以从以下几个角度理解。

(1) "销售专利产品"就是把落入专利权保护范围的产品的所有权从一方(卖方)有偿转移给另一方(买方)。

(2) 侵犯专利权的产品买卖合同依法成立的,即可认定构成销售侵犯专利权的产品,该产品所有权是否实际发生转移一般不影响销售是否成立的认定。

(3) 搭售或以其他方式转让侵犯专利权产品的所有权,变相获取商业利益的,属于销售该产品。

(4) 以生产经营目的赠送侵犯他人专利权的产品的,属于销售该产品。

(5) 将侵犯他人专利权的产品用于出租的,应当认定属于对专利产品的销售。

(6) 将侵犯发明或者实用新型专利权的产品作为零部件或中间产品,制造另一产品后,销售该另一产品的,应当认定其属于对专利产品的销售。但该中间产品在制造过程中的物理化学性能发生实质性变化的除外。

(7) 将侵犯外观设计专利权的产品作为零部件,制造另一产品并销售的,人民法院应当认定其属于 A11 规定的销售行为,但侵犯外观设计专利权的产品在该另一产品中仅具有技术功能的除外(不侵权)。

7. "进口依照专利方法直接获得的产品"与"进口专利产品"的含义

对于"进口依照专利方法直接获得的产品"与"进口专利产品",可以从以下几个角度理解。

(1) 进口专利产品是指将落入产品专利权利要求保护范围的产品、依照专利方法直接获得的产品或者含有外观设计专利的产品在空间上从境外越过边界运进境内的行为。

(2) 不论进口者是否实际知道其进口的产品为专利产品,只要未经专利权人许可,都要承担全部的侵权责任。

(3) 权利用尽不侵权,即如果专利权人在中国及某外国同时享有专利权,且进口产品的人在国外合法购买了"依照专利方法直接获得的产品"或者"专利产品",之后进口到中国,则不构成侵权(平行进口)。

【例06-01】王某拥有一项外观设计专利权。未经其许可,他人为生产经营目的不得实施下列哪些行为?

A. 制造该外观设计专利产品
B. 使用该外观设计专利产品
C. 许诺销售该外观设计专利产品
D. 进口该外观设计专利产品

【参考答案】ACD

(二) 放弃专利权的权利

1. 放弃专利权的法律效力

授予专利权后,专利权人随时可以主动要求放弃专利权。专利权人放弃专利权的,专利权自手续合格通知书的发文日起终止。

2. 放弃专利权的方式

专利权人放弃其专利权的,应当向国务院专利行政部门提交放弃专利权声明。专利权为共有权利的,且未委托专利代理机构的,放弃专利权的声明应当由全体共有权利人签字或者盖章;或者由请求书中确定的代表人签字或者盖章,并附具全体专利权人签字或盖章的同意放弃专利权的证明材料。

委托专利代理机构的,应当由专利代理机构办理相关手续,在声明中盖章,并由全体专利权人在声明中签字或者盖章,或者附具全体专利权人签字或盖章的同意放弃专利权的证明材料。

放弃专利权只能放弃一件专利的全部,放弃部分专利权的声明视为未提出。放弃专利权声明的生效日为手续合格通知书的发文日,放弃的专利权自该日起终止。专利权人无正当理由不得要求撤销放弃专利权的声明。除非在专利权非真正拥有人恶意要求放弃专利权后,专利权真正拥有人(应当提供生效的法律文书来证明)可要求撤销放弃专利权声明。

【例06-02】甲委托某专利代理机构申请了一项发明专利。下列有关甲放弃该项权利的说法正确的是:

A. 甲随时可以主动要求放弃该项专利权
B. 甲可以要求放弃该项专利权中的某个特定部分
C. 放弃专利权的手续应当由该专利代理机构办理
D. 甲放弃专利权后,该专利权视为自始即不存在

【参考答案】AC

(三) 标明专利标识的权利

《专利法》(A16.2)
① 《专利法》第十六条第二款:"专利权人有权在其专利产品或者该产品的包装上标明专利标识。"

1. 允许标注专利标识的期限

(1) 专利权授予之前的标注规定

① 专利权被授予前允许在产品、该产品的包装或者该产品的说明书等材料上进行标注

的，应当采用中文标明中国专利申请的类别、专利申请号，并标明"专利申请，尚未授权"字样。

② 专利申请号、专利申请的类别和"专利申请，尚未授权"的标记字样须同时标注。

③ 在专利申请被驳回或者被视为撤回后仍标注专利申请标记，或者专利授权后已终止或被宣告无效后依然标注专利申请标记的，属于专利申请标记不规范行为。

（2）在授权后的专利有效期内，专利权人享有的标注权利为：专利权人有权在其专利产品、依照专利方法直接获得的产品上标明专利标识；专利权人有权在其专利产品的包装上、产品说明书中标明专利标识。

（3）为避免重复授权放弃一项专利权的。对于专利申请人就同样的发明创造同日提出一发明一实用新型两件专利申请，后为了避免重复授权放弃某一专利权后，继续在产品说明书等材料中标注有关该专利标识的，为专利标识标注不规范行为；但继续在产品或者产品包装上标注该专利标识的，为假冒专利行为。

2. 标注专利标识的载体

专利权人有权在其专利产品、该产品的包装上及该产品的说明书等材料上标明专利标识。专利产品包括产品专利中的产品及方法专利中采用专利方法直接获得的产品。随着互联网技术的发展，标注行为载体扩展到了电子载体、包括但不限于新闻网站、网上商城、个人或者企业网站等。

3. 专利标识的标注方式

专利权人在其专利产品或者该产品的包装上标明专利标识的，应当按照国务院专利行政部门规定的方式予以标明。

（1）采用中文标明专利权的类别，如中国发明专利、中国实用新型专利、中国外观设计专利。

（2）国务院专利行政部门授予专利权的专利号：专利号中"ZL"表示"专利"，前4位数字表示该专利申请受理的年份，第5位数字表示专利类别，第5位以后为流水号和计算机校验位。

除上述内容之外，可以附加其他文字、图形标记，但附加的文字、图形标记及其标注方式不得误导公众。在实践中，许多专利权人没有标明专利的种类，也往往没有标明专利号，而是仅仅写上"专利产品，仿制必究"的字样。该行为不符合规定，将被责令改正。

4. 标注专利标识不当的法律后果

（1）标注专利标识不当的行为

① 在未被授予专利权的产品或者其包装上标注专利标识。

② 专利权被宣告无效后或者终止后继续在产品或者其包装上标注专利标识，或者未经许可在产品或者产品包装上标注他人的专利号。

③ 销售前述不当标识构成的假冒专利产品。

（2）标注专利标识不当的法律责任。标注专利标识不当，侵犯他人专利权的，应当承担民事责任；构成假冒专利的，应当承担行政责任；构成犯罪的，依法追究刑事责任。

二、专利权的期限

《专利法》(A42)	
①	《专利法》第四十二条第一款:"发明专利权的期限为二十年,实用新型专利权的期限为十年,外观设计专利权的期限为十五年,均自申请日起计算。"
②	《专利法》第四十二条第二款:"自发明专利申请日起满四年,且自实质审查请求之日起满三年后授予发明专利权的,国务院专利行政部门应专利权人的请求,就发明专利在授权过程中的不合理延迟给予专利权期限补偿,但由申请人引起的不合理延迟除外。"
③	《专利法》第四十二条第三款:"为补偿新药上市审评审批占用的时间,对在中国获得上市许可的新药相关发明专利,国务院专利行政部门应专利权人的请求给予专利权期限补偿。补偿期限不超过五年,新药批准上市后总有效专利权期限不超过十四年。"

(一)专利权的生效

发明专利申请经实质审查、实用新型和外观设计专利申请经初步审查,没有发现驳回理由的,专利局应当作出授予专利权的决定,颁发专利证书,并同时在专利登记簿和专利公报上予以登记和公告。专利权自公告之日起生效。

(二)专利权的保护期限

1. 一般保护期限

发明专利权的期限为 20 年,实用新型专利权的期限为 10 年,外观设计专利权的期限为 15 年,均自申请日起计算。

2. 因审查过程不合理延迟而补偿

(1)适用对象:发明专利申请。

(2)时间条件:自发明专利申请日起满 4 年,且自实质审查请求之日起满 3 年后才授予发明专利权。

(3)启动条件:依申请,即需要专利申请人提出请求。

(4)补偿原因:发明专利在授权过程中存在不合理延迟。

不予补偿的除外情形:不合理延迟是由申请人引起的,包括:①未在指定期限内答复国务院专利行政部门发出的通知;②申请延迟审查;③援引加入;④其他情形。

因权属纠纷、财产保全依法中止审查程序的,不属于不合理延迟。

3. 因新药上市审评审批占用时间而补偿

(1)适用专利类型:发明专利。

(2)审查部门:国务院专利行政部门。

(3)补偿原因:新药上市前的审评审批程序占用了时间。

(4)补偿前提:新药最终获得批准在中国上市。

(5)启动条件:依申请,即专利权人提出了希望给予专利权期限补偿的请求。

(6)补偿期限:补偿期限不超过 5 年,新药批准上市后总有效专利权期限不超过 14 年。

第二节 专利侵权行为与救济方法

本节知识要点

本节主要介绍专利权人的专利权利受到侵害时的救济手段与救济程序,需记忆侵权人应当承担的法律责任。

本节主要内容如图6-3所示。

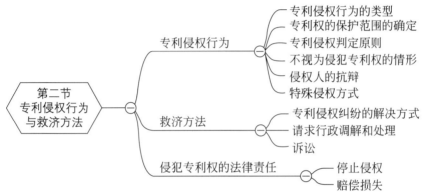

图6-3 专利侵权行为与救济方法的主要内容

一、专利侵权行为

	《专利法》(A64)
①	《专利法》第六十四条第一款:"发明或者实用新型专利权的保护范围以其权利要求的内容为准,说明书及附图可以用于解释权利要求的内容。"
②	《专利法》第六十四条第二款:"外观设计专利权的保护范围以表示在图片或者照片中的该产品的外观设计为准,简要说明可以用于解释图片或者照片所表示的该产品的外观设计。"

(一)专利侵权行为的类型

1. 专利侵权行为的构成要件

(1)侵权主体。侵权主体为未经专利权人许可的任何单位或个人。

(2)侵权客体。侵权客体为有效的专利权,其包括:方法发明;产品发明和实用新型;产品外观设计。

(3)侵权的主观方面。侵权的主观方面为以生产经营为目的的故意与过失侵权行为。

(4)侵权的客观方面。侵权的客观方面包括存在实施专利的行为,且实施行为的客体落入到了专利权保护的范围。

2. 侵犯产品发明或实用新型专利权的行为

对产品发明或者实用新型专利权的侵权方式包括：制造、使用、许诺销售、销售、进口专利产品。

3. 侵犯方法发明专利权的行为

对方法发明专利权的侵权方式包括：使用专利方法，以及使用、许诺销售、销售、进口依照该专利方法直接获得的产品。

4. 侵犯外观设计专利权的行为

对外观设计专利权的侵权方式包括：制造、许诺销售、销售、进口外观设计专利产品。

（二）专利权的保护范围的确定

1. 发明和实用新型专利权的保护范围

专利法规定，发明或者实用新型专利权的保护范围以其权利要求的内容为准，说明书及附图可以用于解释权利要求的内容。

权利要求书是确定发明或者实用新型专利权保护范围的法律文件，说明书及附图相当于权利要求书的词典，能够在此过程中起到帮助解释权利要求的作用。

对权利要求的解释应当从本领域普通技术人员的角度进行。一项权利要求记载的全部技术特征都是用来限定保护范围的，每一个技术特征都对权利要求的保护范围产生一定的限定作用。这些技术特征的总和构成了该权利要求所要求保护的技术方案。

权利要求包含两个以上的并列技术方案的，应当将每个并列技术方案分别确定为一个整体技术方案。对于权利要求中以功能或者效果表述的技术特征，人民法院应当结合说明书和附图描述的该功能或者效果的具体实施方式及其等同的实施方式，确定该技术特征的内容。

实用新型专利权利要求中包含非形状、非构造技术特征的，该技术特征对确定专利权的保护范围具有限定作用。

2. 外观设计专利权的保护范围

外观设计专利权的保护范围以表示在图片或者照片中的该产品的外观设计为准，简要说明可以用于解释图片或者照片所表示的该产品的外观设计。

在侵权判断中，外观设计专利的图片或者照片类似于权利要求书，而简要说明则类似于说明书所发挥的作用。由于外观设计是对产品的形状、图案或者其结合以及色彩与形状、图案的结合所作出的富有美感并适于工业应用的新设计，因此外观设计专利权保护的客体不是产品本身，而是由产品的形状、图案、色彩等设计要素构成的该产品的外观设计。

人民法院应当根据外观设计产品的用途，认定产品种类是否相同或者相近。确定产品的用途，可以参考外观设计的简要说明、国际外观设计分类表、产品的功能以及产品销售、实际使用的情况等因素。人民法院应当以外观设计专利产品的一般消费者的知识水平和认知能力，判断外观设计是否相同或者近似。

【例 06-03】下列关于专利权保护范围的说法哪些是正确的？

A. 仅在发明专利说明书或者附图中描述而在权利要求中未记载的技术方案，权利人在侵犯专利权纠纷案件中将其纳入专利权保护范围的，人民法院不予支持

B. 实用新型专利权的保护范围以其权利要求的内容为准，说明书及附图可以用于解释权利要求的内容

C. 外观设计专利权的保护范围以表示在图片或者照片中的该产品的外观设计为准，简要说明可以用于解释图片或者照片所表示的该产品的外观设计

D. 人民法院判定被诉侵权技术方案是否落入专利权的保护范围，应当审查权利人主张的权利要求所记载的全部技术特征

【参考答案】ABCD

(三) 专利侵权判定原则

1. 全面覆盖原则

全面覆盖原则是指在判定被控侵权技术方案是否落入专利权的保护范围时，应当审查权利人主张的权利要求所记载的全部技术特征，并以权利要求中记载的全部技术特征与被控侵权技术方案所对应的全部技术特征逐一进行比较。

被控侵权技术方案包含与权利要求记载的全部技术特征相同或者等同的技术特征的，应认定其落入专利权的保护范围。

如果被控侵权技术方案中缺少权利要求中的一个或一个以上技术特征，或者有一个或一个以上技术特征不相同也不等同，则应认定其未落入专利权的保护范围。

2. 禁止反悔原则

禁止反悔原则是指在专利授权或者无效程序中，专利申请人或专利权人通过对权利要求、说明书的限缩性修改或者以意见陈述的方式放弃的保护范围，在侵犯专利权诉讼中确定是否构成等同侵权时，禁止权利人将已放弃的内容重新纳入专利权的保护范围。禁止反悔原则，可以从以下几个角度理解：

（1）禁止反悔原则也是"专利权的保护范围以其权利要求的内容为准"的原则的一种具体化；

（2）专利申请人或专利权人在专利授权、确权程序中对权利要求进行的修改，对于因修改而导致权利要求保护范围缩小的情形，权利人在侵犯专利权纠纷案件中又将其纳入专利权保护范围的，人民法院不予支持；

（3）专利申请人或专利权人在专利授权、确权程序中关于权利要求的解释对其保护范围产生了限缩性影响，适用于禁止反悔原则。

禁止反悔原则是民法中的诚实信用原则在专利侵权领域的具体体现。

3. 捐献原则

捐献原则是指对于仅在说明书或者附图中公开，而在权利要求中未记载的技术方案，认为专利权人已将该技术方案捐献给了社会公众，不能再通过主张构成等同侵权而获得保护。

4. 相同侵权

相同侵权即字面含义上的侵权，是指被控侵权技术方案包含了与专利权利要求限定的一项完整技术方案记载的全部技术特征相同的对应技术特征。

相同侵权中的"相同"包括被控侵权技术方案的技术特征与专利权利要求的技术特征在表述上完全相同，或者表述上虽不完全相同，但表达的实质含义相同，或者被控侵权技术方案的技术特征属于专利权利要求相应技术特征的下位概念，或者被控侵权技术方案在包含了权利要求中的全部技术特征的基础上，又增加了新的技术特征，且该技术特征没有被专利文件明确排除的情形。

5. 等同侵权

等同侵权是指被控侵权技术方案有一个或者一个以上技术特征与权利要求中的相应技术特征,虽然从字面上看不相同,但是属于等同特征,即与权利要求所记载的技术特征以基本相同的手段,实现基本相同的功能,达到基本相同的效果,并且本领域普通技术人员无须经过创造性劳动就能够联想到的技术特征。

(四) 不视为侵犯专利权的情形

《专利法》(A75)	
①	《专利法》第七十五条:"有下列情形之一的,不视为侵犯专利权:(一)专利产品或者依照专利方法直接获得的产品,由专利权人或者经其许可的单位、个人售出后,使用、许诺销售、销售、进口该产品的;(二)在专利申请日前已经制造相同产品、使用相同方法或者已经作好制造、使用的必要准备,并且仅在原有范围内继续制造、使用的;(三)临时通过中国领陆、领水、领空的外国运输工具,依照其所属国同中国签订的协议或者共同参加的国际条约,或者依照互惠原则,为运输工具自身需要而在其装置和设备中使用有关专利的;(四)专为科学研究和实验而使用有关专利的;(五)为提供行政审批所需要的信息,制造、使用、进口专利药品或者专利医疗器械的,以及专门为其制造、进口专利药品或者专利医疗器械的。"

1. 权利用尽

(1) 权利用尽的方式

① 专利权人或者其被许可人在中国境内售出其专利产品或者依照专利方法直接获得的产品后,购买者在中国境内使用、许诺销售、销售该产品。

② 专利权人或者其被许可人在中国境外售出其专利产品或者依照专利方法直接获得的产品后,购买者将该产品进口到中国境内以及随后在中国境内使用、许诺销售、销售该产品。

③ 专利权人或者其被许可人售出其专利产品的专用部件后,使用、许诺销售、销售该部件或将其组装制造专利产品。

④ 方法专利的专利权人或者其被许可人售出专门用于实施其专利方法的设备后,使用该设备实施该方法专利。

(2) 权利用尽行为的构成需满足的条件

① 行为对象:发明、实用新型专利中的专利产品或方法发明中依照专利方法直接获得的产品,由专利权人或经其许可的单位、个人制造并销售。

② 行为主体:合法渠道购买合法专利产品的购买者,对专利产品拥有完整物权——所有权。

③ 购买行为发生地:专利权人拥有专利权的任何国家。

④ 购买后行为:合法购买者购买后再使用、许诺销售、销售、进口所购买的专利产品。

⑤ 行为结果:不视为侵犯专利权。

2. 先用权

(1) 对先用权的理解,可以从以下几个角度进行:

① 使用、许诺销售、销售具有先用权条件下制造的专利产品或者依照专利方法直接获得的产品的,不视为侵犯专利权。

② 先用权并不是一种独立存在的权利，而仅仅是一种对抗专利侵权指控的抗辩权。
（2）享有先用权的所应当具备的条件
① 做好了制造、使用的必要准备。即已经完成实施发明创造所必需的主要技术图纸或者工艺文件，或者已经制造或者购买实施发明创造所必需的主要设备或者原材料。
② 仅在原有范围内继续制造、使用。"原有范围"包括专利申请日前已有的生产规模以及利用已有的生产设备或者根据已有的生产准备可以达到的生产规模。
③ 在先制造产品或者在先使用的方法或设计，应是先用权人自己独立研究完成或者以合法手段从专利权人或其他独立研究完成者处取得的，而不是在专利申请日前抄袭、窃取或者以其他不正当手段获取的。被诉侵权人以非法获得的技术或者设计主张先用权抗辩的，不应予以支持。
④ 先用权的移转（包括转让、继承等）或者许可是受到限制的。先用权人对于自己在先实施的技术不能转让，除非连同所属企业一并转让。即先用权人在专利申请日后将其已经实施或做好实施必要准备的技术或设计转让或者许可他人实施，被诉侵权人主张该实施行为属于在原有范围内继续实施的，不应予以支持，但该技术或设计与原有企业一并转让或者承继的除外。
⑤ 在先使用行为必须是"善意"的。被诉侵权人以非法获得的技术或者设计主张先用权抗辩的，人民法院不予支持。

3. 为临时过境外国运输工具自身需要而使用

临时过境不包括用交通运输工具对专利产品的"转运"，即从一个交通运输工具转到另一个交通运输工具的行为。享有临时过境不侵权的条件如下：
（1）享有这种例外的对象是临时进入中国领土的外国运输工具，该外国运输工具是在中国以外的其他国家或者地区登记注册的，包括船舶、航空器和陆地运输车辆等；
（2）享有这种例外的范围是运输工具为自身需要在其装置和设备中使用有关专利的行为，即为构成运输工具本身的功能所必要的；
（3）在外国交通工具上的使用专利，指使用专利产品或者专利方法，不包括制造、许诺销售、销售和进口专利产品或者依照专利方法直接获得的产品的行为；
（4）享有这种例外的前提条件是运输工具所属国与我国有协议、条约规定或者实施互惠原则。

4. 为科学研究和实验而使用

"专为科学研究和实验"，是指专门针对专利技术方案本身进行的科学研究和实验，其目的是研究、验证、改进他人专利技术，在已有专利技术的基础上产生新的技术成果。"使用有关专利"的行为，包括该研究实验者自行制造、使用、进口有关专利产品或使用专利方法的行为，也包括他人为该研究实验者制造、进口有关专利产品的行为。

行为主体可以是营利性单位也可以是非营利性组织，行为目的必须仅仅是对某项专利技术本身进行研究和实验。如果为生产经营目的利用某项专利产品或者依照专利方法直接获得的产品作为工具进行其他的科研项目，则构成侵犯专利权的行为。

在科学研究、实验过程中，未经专利权人许可，制造、使用、进口有关专利产品或使用专利方法作为工具、手段等进行其他技术的研究实验，或者是研究实施专利技术方案的商业前景等，其结果与专利技术没有直接关系的行为，构成侵犯专利权的行为。

5. 药品和医疗器械的行政审批例外

Bolar例外的行为构成要件如下。

(1) 行为主体：①药品生产者或者研发机构；②药品生产者或者研发机构的供应商。
(2) 行为对象：专利药品或者专利医疗器械。
(3) 行为目的：为提供行政审批所需要的信息。
(4) 行为方式：①制造、使用、进口专利药品或者专利医疗器械；②供应商为了向药品生产者或者研发机构提供专利药品或者专利医疗器械而制造、进口的行为。
(5) 行为结果：不视为侵犯专利权。

【例 06-04】下列哪些情形不视为侵犯专利权？
A. 某药厂为提供行政审批所需要的信息进口一批专利药品
B. 甲获得一项发明专利，乙在该专利申请日前已经实施与之相同的技术并在原有范围内继续实施
C. 某临时通过中国领空的美联航飞机上为其自身需要而使用有关专利
D. 某大学实验室使用有关专利进行科学研究以便对其加以改进
【参考答案】ABCD

(五) 侵权人的抗辩

《专利法》(A67)	
①	《专利法》第六十七条："在专利侵权纠纷中,被控侵权人有证据证明其实施的技术或者设计属于现有技术或者现有设计的,不构成侵犯专利权。"

1. 现有技术/现有设计抗辩

(1) 现有技术抗辩。现有技术抗辩是指被诉落入专利权保护范围的全部技术特征，与一项现有技术方案中的相应技术特征相同或者等同，或者所属技术领域的普通技术人员认为被诉侵权技术方案是一项现有技术与所属领域公知常识的简单组合的，应当认定被诉侵权人实施的技术属于现有技术，被诉侵权人的行为不构成侵犯专利权。

(2) 现有设计抗辩。现有设计抗辩是指被诉侵权外观与一项现有设计相同或者相近似，或者被诉侵权产品的外观设计是一项现有外观设计与该产品的惯常设计的简单组合，则被诉侵权外观构成现有设计，被诉侵权人的行为不构成侵犯外观设计专利。

(3) 单独对比原则。判断是否构成涉案专利的现有技术/现有设计，采用单独对比原则。

被诉落入专利权保护范围的全部技术特征，与一项现有技术方案中的相应技术特征相同或者无实质性差异的，人民法院应当认定被诉侵权人实施的技术属于专利法规定的现有技术，而不能与两件记载现有技术的文献的组合进行对比。被诉侵权设计与一个现有设计相同或者无实质性差异的，人民法院应当认定被诉侵权人实施的设计属于专利法规定的现有设计，而不能与两件记载现有设计的文献的组合进行对比。

抵触申请不属于现有技术或现有设计，不能作为现有技术抗辩或现有设计抗辩的理由。

2. 侵权人以拥有专利权抗辩

侵权人以拥有专利权抗辩，人民法院不予支持。

侵权人以拥有专利权抗辩的特点如下：
(1) 涉案专利权的申请日在先，侵权人的专利权申请日在后；
(2) 被诉侵权技术方案或者外观设计落入在先的涉案专利权的保护范围，被诉侵权人以其技术方案或者外观设计被授予专利权为由抗辩不侵犯涉案专利权的，人民法院不予支持。

3. 标准实施抗辩

（1）不予支持的标准实施抗辩。侵权人以专利权被写入标准为由提出抗辩，人民法院不予支持。推荐性国家、行业或者地方标准明示所涉必要专利的信息，被诉侵权人以实施该标准无需专利权人许可为由抗辩不侵犯该专利权的，人民法院一般不予支持。

（2）专利权人拒绝许可的情形。推荐性国家、行业或者地方标准明示所涉必要专利的信息，专利权人、被诉侵权人协商该专利的实施许可条件时，专利权人故意违反其在标准制定中承诺的公平、合理、无歧视的许可义务，导致无法达成专利实施许可合同，且被诉侵权人在协商中无明显过错的，对于权利人请求停止标准实施行为的主张，人民法院一般不予支持。法律、行政法规对实施标准中的专利另有规定的，从其规定。

（六）特殊侵权方式

	《专利法》（A77）
①	《专利法》第七十七条："为生产经营目的使用、许诺销售或者销售不知道是未经专利权人许可而制造并售出的专利侵权产品，能证明该产品合法来源的，不承担赔偿责任。"

1. 善意侵权

最高人民法院《关于审理侵犯专利权纠纷案件应用法律若干问题的解释（二）》规定，为生产经营目的使用、许诺销售或者销售不知道是未经专利权人许可而制造并售出的专利侵权产品，且举证证明该产品合法来源的，对于权利人请求停止上述使用、许诺销售、销售行为的主张，人民法院应予支持，但被诉侵权产品的使用者举证证明其已支付该产品的合理对价的除外。因此，善意侵权行为的特点可归纳如下。

（1）善意行为人为生产经营目的使用、许诺销售或者销售不知道是未经专利权人许可而制造并售出的专利侵权产品的行为，仍然属于侵权行为。

（2）能够部分免责的行为仅限于使用、许诺销售或者销售行为，不包括制造和进口的行为。

（3）善意侵权行为的对象不仅包括未经许可生产、销售的专利产品，还包括未经许可生产销售的依照专利方法所直接获得的产品。

（4）免除被控侵权人赔偿责任的前提是其主观上是善意的，并且能够证明其产品的合法来源。

（5）对于善意不知情且已支付合理对价的侵权产品使用人，其可以继续使用侵权产品，即善意使用侵权人不赔偿并可以继续使用。

2. 共同侵权

两人或两人以上共谋实施或者相互分工协作实施侵犯专利权行为的，构成共同侵权。委托人明知他人实施的行为构成 A11 规定的侵犯专利权行为，而委托他人制造或者在产品上标明"监制"等类似参与行为，委托人与受托人构成共同侵权。

最高人民法院《关于审理侵犯专利权纠纷案件应用法律若干问题的解释（二）》规定，明知他人的实施行为构成专利法规定的侵犯专利权行为，而予以教唆、帮助的，教唆人或帮助人与实施人为共同侵权人，应当承担连带责任。

（1）帮助侵权行为

① 明知行为人实施侵犯他人专利权的行为而为该实施行为提供场所、仓储、运输等便

利条件的,构成帮助他人实施侵犯专利权行为。

② 明知有关产品系专门用于实施专利的材料、设备、零部件、中间物等,未经专利权人许可,为生产经营目的将该产品提供给他人实施了侵犯专利权的行为,权利人主张该提供者的行为属于帮助他人实施侵权行为的,人民法院应予支持。

（2）教唆侵权行为

① 明知有关产品、方法被授予专利权,未经专利权人许可,为生产经营目的积极诱导他人实施了侵犯专利权的行为,权利人主张该诱导者的行为构成教唆他人实施侵权行为的,人民法院应予支持。

② 未经专利权人许可,行为人以提供图纸、产品说明书、传授技术方案、进行产品演示等方式,为生产经营目的积极诱导他人实施特定技术方案,且他人实际实施了侵犯专利权行为的,行为人的诱导行为构成教唆他人实施侵犯专利权行为。

3. 因代价巨大而判决不停止侵权

被诉侵权行为构成对专利权的侵犯,但判令停止侵权会有损国家利益、公共利益的,可以不判令被诉侵权人停止侵权行为,而判令其支付相应的合理费用。可以认定为有损国家利益或公共利益的情形如下:

（1）有损于我国政治、经济、军事等安全的。
（2）可能导致公共安全事件发生的。
（3）可能危及公共卫生的。
（4）可能造成重大环境保护事件的。
（5）可能导致社会资源严重浪费等利益严重失衡的其他情形。

【例06-05】关于现有技术抗辩,以下说法错误的是:

A. 用于不侵权抗辩的现有技术,必须是可以自由使用的现有技术,不包括仍在有效保护期内的专利技术

B. 可以使用抵触申请作为不侵权抗辩的现有技术

C. 仅当被控侵权物的全部技术特征与一份现有技术方案的相应技术特征完全相同时,才可以认为不侵权抗辩成立

D. 如果被控侵权人主张被控侵权物相对于两份现有技术的结合显而易见则该抗辩理由不成立

【参考答案】ABC

二、救济方法

《专利法》（A65）
①	《专利法》第六十五条:"未经专利权人许可,实施其专利,即侵犯其专利权,引起纠纷的,由当事人协商解决;不愿协商或者协商不成的,专利权人或者利害关系人可以向人民法院起诉,也可以请求管理专利工作的部门处理。管理专利工作的部门处理时,认定侵权行为成立的,可以责令侵权人立即停止侵权行为,当事人不服的,可以自收到处理通知之日起十五日内依照《中华人民共和国行政诉讼法》向人民法院起诉;侵权人期满不起诉又不停止侵权行为的,管理专利工作的部门可以申请人民法院强制执行。进行处理的管理专利工作的部门应当事人的请求,可以就侵犯专利权的赔偿数额进行调解;调解不成的,当事人可以依照《中华人民共和国民事诉讼法》向人民法院起诉。"

（一）专利侵权纠纷的解决方式

1. 协商

协商是一种自力救济方式，应当完全遵循自愿的原则。对于专利侵权纠纷和其他专利纠纷，当事人双方均为民事主体，因此可以采用协商的方式进行解决。

通过协商达成的协议，双方都可能反悔；协议不具有强制执行力。

我国专利保护为行政保护与司法保护双轨制，因此专利纠纷双方协商不成或者不愿意协商的，既可以请求负责专利执法的部门处理，也可以向人民法院起诉。

2. 行政调解

管理专利工作的部门处理专利侵权纠纷案件时，可以根据当事人的意愿进行调解。双方当事人达成一致的，由管理专利工作的部门制作调解协议书，加盖其公章，并由双方当事人签名或者盖章。调解不成的，应当及时作出处理决定。

3. 行政处理

行政处理，即专利权人或者利害关系人请求负责专利执法的部门对专利纠纷进行处理，要求责令侵权人停止有关侵权行为（属于行政执法，具有法律约束力和执行力；此处理过程中，双方当事人也可以就赔偿额请求管理专利工作的部门调解）的一种救济方式。

4. 司法救济

向人民法院起诉这一司法救济方式，包括民事诉讼和行政诉讼。

（1）民事诉讼是指专利权人或者利害关系人可以就专利侵权纠纷向人民法院提起民事诉讼。

（2）行政诉讼是指当事人对专利行政部门的行政处罚决定不服时向人民法院提起行政诉讼。

（二）请求行政调解和处理

1. 请求行政处理的条件

请求负责专利执法的部门处理专利侵权纠纷的，应当符合下列条件：

（1）请求人是专利权人或者利害关系人。

（2）有明确的被请求人。

（3）有明确的请求事项和具体事实、理由。

（4）属于受案管理专利工作的部门的受案和管辖范围。

（5）当事人没有就该专利侵权纠纷向人民法院起诉。

这里的利害关系人包括专利实施许可合同的被许可人、专利权人的合法继承人。专利实施许可合同的被许可人中，独占实施许可合同的被许可人可以单独提出请求；排他实施许可合同的被许可人在专利权人不请求的情况下，可以单独提出请求；除合同另有约定外，普通实施许可合同的被许可人不能单独提出请求。

2. 行政处理的管辖

（1）国务院专利行政部门处理侵权纠纷。国务院专利行政部门应当对处理专利侵权纠纷、查处假冒专利行为、调解专利纠纷进行业务指导。国务院专利行政部门可以应专利权人或者利害关系人的请求处理在全国有重大影响的专利侵权纠纷。

（2）地方人民政府管理专利工作的部门处理专利侵权纠纷。当事人请求处理专利侵权纠纷或者调解专利纠纷的，由被请求人所在地或者侵权行为地的管理专利工作的部门管辖。

两个以上管理专利工作的部门都有管辖权的专利纠纷，当事人可以向其中一个管理专利工作的部门提出请求；当事人向两个以上有管辖权的管理专利工作的部门提出请求的，由最先受理的管理专利工作的部门管辖。管理专利工作的部门对管辖权发生争议的，由其共同的上级人民政府管理专利工作的部门指定管辖；无共同上级人民政府管理专利工作的部门的，由国务院专利行政部门指定管辖。

地方人民政府管理专利工作的部门应专利权人或者利害关系人请求处理专利侵权纠纷，对在本行政区域内侵犯其同一专利权的案件可以合并处理；对跨区域侵犯其同一专利权的案件可以请求上级地方人民政府管理专利工作的部门处理。

3. 行政处理请求的提出

请求管理专利工作的部门处理专利侵权纠纷应当提交的材料：

（1）请求书，应当由请求人签名或者盖章，记载的内容包括：

① 请求人的姓名或者名称、地址；法定代表人或者主要负责人的姓名、职务；委托代理人的，代理人的姓名和代理机构的名称、地址。

② 被请求人的姓名或者名称、地址。

③ 请求处理的事项以及事实和理由。

（2）以附件形式提交的证据和证明材料

① 主体资格证明，即个人应当提交居民身份证或者其他有效身份证件，单位应当提交有效的营业执照或者其他主体资格证明文件副本及法定代表人或者主要负责人的身份证明。

② 专利权有效的证明，即专利登记簿副本，或者专利证书和当年缴纳专利年费的收据。

专利侵权纠纷涉及实用新型或者外观设计专利的，管理专利工作的部门可以要求请求人出具由国家知识产权局作出的专利权评价报告（实用新型专利检索报告）。

请求人应当按照被请求人的数量提供请求书副本及有关证据。

4. 行政处理的程序

（1）不予受理的。请求不符合规定条件的，管理专利工作的部门应当在收到请求书之日起5个工作日内通知请求人不予受理，并说明理由。

（2）予以立案的

① 请求符合受理条件的，管理专利工作的部门应当在收到请求书之日起5个工作日内立案并通知请求人，同时指定3名或者3名以上单数执法人员处理该专利侵权纠纷。

② 管理专利工作的部门应当在立案之日起5个工作日内将请求书及其附件的副本送达被请求人，要求其在收到之日起15日内提交答辩书并按照请求人的数量提供答辩书副本。被请求人逾期不提交答辩书的，不影响管理专利工作的部门进行处理。

③ 被请求人提交答辩书的，管理专利工作的部门应当在收到之日起5个工作日内将答辩书副本送达请求人。

（3）行政处理的口头审理。管理专利工作的部门处理专利侵权纠纷，可以根据案情需要决定是否进行口头审理。管理专利工作的部门决定进行口头审理的，应当至少在口头审理3个工作日前将口头审理的时间、地点通知当事人。当事人无正当理由拒不参加的，或者未经允许中途退出的，对请求人按撤回请求处理，对被请求人按缺席处理。

5. 调查取证

（1）调查收集证据的启动

① 依申请。在专利侵权纠纷处理过程中，当事人因客观原因不能自行收集部分证据的，可以书面请求管理专利工作的部门调查取证。管理专利工作的部门根据情况决定是否调查收集有关证据。

② 依职权。在处理专利侵权纠纷、查处假冒专利行为过程中，管理专利工作的部门可以根据需要依职权调查收集有关证据。

执法人员调查收集有关证据时，应当向当事人或者有关人员出示其行政执法证件。

（2）行政处理措施。管理专利工作的部门应专利权人或者利害关系人的请求处理专利侵权纠纷时，可以采取下列措施：

① 询问有关当事人，调查与涉嫌违法行为有关的情况；

② 对当事人涉嫌违法行为的场所实施现场检查；

③ 检查与涉嫌违法行为有关的产品。

管理专利工作的部门依法行使前述规定的职权时，当事人应当予以协助、配合，不得拒绝、阻挠。

涉嫌侵犯制造方法专利权的，管理专利工作的部门可以要求被调查人进行现场演示。

（3）抽样取证。管理专利工作的部门调查收集证据可以采取抽样取证的方式。

（4）证据的登记保存。在证据可能灭失或者以后难以取得，又无法进行抽样取证的情况下，管理专利工作的部门可以进行登记保存，并在 7 日内作出决定。

经登记保存的证据，被调查的单位或者个人不得销毁或者转移。

6. 行政处理中止

在处理专利侵权纠纷过程中，被请求人提出无效宣告请求并被国务院专利行政部门受理的，可以请求管理专利工作的部门中止处理。

7. 行政处理决定

（1）行政处理决定的执行。管理专利工作的部门作出认定专利侵权行为成立并责令侵权人立即停止侵权行为的处理决定后，被请求人向人民法院提起行政诉讼的，在诉讼期间不停止决定的执行。侵权人对管理专利工作的部门作出的认定侵权行为成立的处理决定期满不起诉又不停止侵权行为的，管理专利工作的部门可以申请人民法院强制执行。

（2）对行政处理决定不服的法律救济途径。管理专利工作的部门处理时，认定侵权行为成立的，可以责令侵权人立即停止侵权行为，当事人不服的，可以自收到处理通知之日起 15 日内依照行政诉讼法向人民法院起诉。

8. 赔偿数额的调解

进行处理的管理专利工作的部门应当事人的请求，可以就侵犯专利权的赔偿数额进行调解；调解不成的，当事人可以依照民事诉讼法向人民法院起诉。

单独请求调解侵犯专利权赔偿数额的，应当提交有关管理专利工作的部门作出的认定侵权行为成立的处理决定书副本。

【例 06-06】管理专利工作的部门应当事人的请求，可以对下列哪些专利纠纷进行调解？

A. 专利申请权归属纠纷

B. 发明人资格纠纷
C. 职务发明创造的发明人的奖励和报酬纠纷
D. 发明专利申请公布后至专利权授予前使用发明而未支付适当费用的纠纷

【参考答案】ABCD

(三) 诉讼

	《专利法》(A72、A73、A74、A66.1)
①	《专利法》第七十二条:"专利权人或者利害关系人有证据证明他人正在实施或者即将实施侵犯专利权、妨碍其实现权利的行为,如不及时制止将会使其合法权益受到难以弥补的损害的,可以在起诉前依法向人民法院申请采取财产保全、责令作出一定行为或者禁止作出一定行为的措施。"
②	《专利法》第七十三条:"为了制止专利侵权行为,在证据可能灭失或者以后难以取得的情况下,专利权人或者利害关系人可以在起诉前依法向人民法院申请保全证据。"
③	《专利法》第七十四条第一款:"侵犯专利权的诉讼时效为三年,自专利权人或者利害关系人知道或者应当知道侵权行为以及侵权人之日起计算。"
④	《专利法》第七十四条第二款:"发明专利申请公布后至专利权授予前使用该发明未支付适当使用费的,专利权人要求支付使用费的诉讼时效为三年,自专利权人知道或者应当知道他人使用其发明之日起计算,但是,专利权人于专利权授予之日前即已知道或者应当知道的,自专利权授予之日起计算。"
⑤	《专利法》第六十六条第一款:"专利侵权纠纷涉及新产品制造方法的发明专利的,制造同样产品的单位或者个人应当提供其产品制造方法不同于专利方法的证明。"

1. 人民法院的受案范围

(1) 人民法院受理的专利侵权纠纷民事案件
① 侵犯专利权纠纷案件;
② 诉前申请行为保全案件;
③ 诉前申请财产保全案件;
④ 因申请行为保全损害责任纠纷案件;
⑤ 因申请财产保全损害责任纠纷案件;
⑥ 确认不侵害专利权纠纷案件;
⑦ 因恶意提起专利权诉讼损害责任纠纷案件;
⑧ 标准必要专利使用费纠纷案件;
⑨ 确认是否落入专利权保护范围纠纷案件。

(2) 人民法院受理的其他专利纠纷民事案件
① 专利申请权纠纷案件;
② 专利权权属纠纷案件;
③ 专利合同纠纷案件;
④ 假冒他人专利纠纷案件;
⑤ 发明专利临时保护期使用费纠纷案件;
⑥ 职务发明创造发明人、设计人奖励、报酬纠纷案件;

⑦ 发明创造发明人、设计人署名权纠纷案件；
⑧ 专利权宣告无效后返还费用纠纷案件。
（3）人民法院受理的专利行政纠纷案件
① 不服国务院专利行政部门维持驳回申请复审决定案件；
② 不服国务院专利行政部门专利权无效宣告请求决定案件；
③ 不服国务院专利行政部门实施强制许可决定案件；
④ 不服国务院专利行政部门实施强制许可使用费裁决案件；
⑤ 不服国务院专利行政部门行政复议决定案件；
⑥ 不服国务院专利行政部门作出的其他行政决定案件；
⑦ 不服管理专利工作的部门行政决定案件；
⑧ 其他专利纠纷案件。

2. 诉讼时效

（1）一般诉讼时效。侵犯专利权的诉讼时效为3年，自专利权人或者利害关系人知道或者应当知道权利受到损害以及义务人侵权行为之日起计算。

（2）发明专利权的临时保护的诉讼时效。发明专利申请公布后至专利权授予前使用该发明未支付适当使用费的，专利权人要求支付使用费的诉讼时效为3年，自专利权人知道或者应当知道他人使用其发明之日起计算，但是，专利权人于专利权授予之日前即已知道或者应当知道的，自专利权授予之日起计算。

（3）诉讼失效的中止。在诉讼时效期间的最后6个月内，因为客观障碍而导致权利人不能行使自己的权利的诉讼时效期间要暂停计算，自障碍消除之日起诉讼时效继续计算6个月止。

（4）诉讼时效中断。在诉讼时效期间内，如果权利人主张了自己的请求权，无论是向对方当事人主张或者向法院起诉，或者对方当事人同意履行义务的，诉讼时效期间中断，此前经过的期间归零，下一个诉讼时效期间将重新开始计算。

（5）诉讼时效期间届满的效力。诉讼时效期间届满，权利人起诉权并没有消灭，其丧失的是请求法院保护其民事权利的权利，即丧失胜诉权。
① 权利人超过诉讼时效期间向人民法院起诉的，人民法院应当受理。
② 如果对方当事人以超过诉讼时效抗辩的，人民法院将驳回权利人的起诉。
③ 在诉讼中如果当事人没有提出诉讼时效抗辩的，人民法院不得主动适用诉讼时效的规定，也不应提醒当事人适用诉讼时效抗辩。

诉讼时效期间届满，当事人一方向对方当事人作出同意履行义务的意思表示或者自愿履行义务后，又以诉讼时效期间届满为由进行抗辩的，人民法院不予支持。

（6）专利侵权纠纷中专利权被宣告无效案件的诉讼时效。权利人在专利侵权诉讼中主张的权利要求被国务院专利行政部门宣告无效的，审理侵犯专利权纠纷案件的人民法院可以裁定驳回权利人基于该无效权利要求的起诉。有证据证明宣告上述权利要求无效的决定被生效的行政判决撤销的，权利人可以另行起诉。专利权人另行起诉的，诉讼时效期间从无效决定被生效的行政判决撤销且行政判决书送达之日起计算。

3. 诉前保全

（1）诉前证据保全。为了制止专利侵权行为，在证据可能灭失或者以后难以取得的情况下，专利权人或者利害关系人可以在起诉前依法向人民法院申请保全证据。

申请诉前证据保全的主体为专利权人或者利害关系人。利害关系人包括专利实施许可合同的被许可人和专利财产权利的合法继承人。专利实施许可合同的被许可人指：

① 独占实施许可合同的被许可人，其可以单独向人民法院提出申请；

② 排他实施许可合同的被许可人，其在专利权人不申请的情况下可以单独提出申请；

③ 普通许可合同的被许可人，其经权利人明确授权以自己的名义起诉的，可以单独提出申请。

（2）诉前行为保全。专利权人或者利害关系人有证据证明他人正在实施或者即将实施侵犯专利权、妨碍其实现权利的行为，如不及时制止将会使其合法权益受到难以弥补的损害的，可以在起诉前依法向人民法院申请采取责令作出一定行为或者禁止作出一定行为的措施。

（3）诉前财产保全。专利权人或者利害关系人有证据证明他人正在实施或者即将实施侵犯专利权的行为，如不及时制止将会使其合法权益受到难以弥补的损害的，可以在起诉前依法向人民法院申请采取财产保全行为的措施。

4. 诉讼管辖

（1）级别管辖。级别管辖是指不同级别的人民法院在受理第一审民事纠纷案件上的权限分工，它解决的是案件由哪一级人民法院审理的问题。

当前，专利纠纷第一审案件的管辖法院包括：①最高人民法院确定的中级人民法院和基层人民法院；②知识产权法院；③最高人民法院设立的知识产权法庭。

（2）地域管辖。地域管辖是指同级人民法院之间在受理第一审民事纠纷案件上的分工和权限，它解决的是在同一级法院之间案件由哪一个人民法院管辖的问题。对于民事诉讼，一般地域管辖实行"原告就被告"的原则，即案件由被告住所地的人民法院管辖。

① 侵权纠纷管辖权。因侵犯专利权行为提起的诉讼，由侵权行为地或者被告住所地人民法院管辖。侵权行为地包括：被诉侵犯发明、实用新型专利权的产品的制造、使用、许诺销售、销售、进口等行为的实施地；专利方法使用行为的实施地，依照该专利方法直接获得的产品的使用、许诺销售、销售、进口等行为的实施地；外观设计专利产品的制造、许诺销售、销售、进口等行为的实施地；假冒他人专利的行为实施地。上述侵权行为的侵权结果发生地。

② 销售地的特殊地位。原告仅对侵权产品制造者提起诉讼，未起诉销售者，侵权产品制造地与销售地不一致的，制造地人民法院有管辖权；以制造者与销售者为共同被告起诉的，销售地人民法院有管辖权。销售者是制造者分支机构，原告在销售地起诉侵权产品制造者制造、销售行为的，销售地人民法院有管辖权。

5. 侵权纠纷的审理

（1）一般举证责任原则。在民事诉讼中，实行的是"谁主张，谁举证"的原则。负有举证责任的一方当事人没有证据或者证据不足的，要承担不利的法律后果。

（2）方法专利的举证责任倒置。专利侵权纠纷涉及新产品制造方法的发明专利的，制造同样产品的单位或者个人应当提供其产品制造方法不同于专利方法的证明。

"新产品"是指在国内外第一次生产出的产品，该产品与专利申请日之前已有的同类产品相比，在产品的组分、结构或者其质量、性能、功能方面有明显区别。是否属于"新产品"，应由权利人举证证明。权利人提交证据初步证明该产品属于专利法规定的新产品的，视其尽到举证责任。产品或者制造产品的技术方案在专利申请日以前为国内外公众所知的，人民法院应当认定该产品不属于专利法规定的新产品。

(3) 实用新型和外观设计专利权人的举证责任。专利侵权纠纷涉及实用新型专利或者外观设计专利的，人民法院或者管理专利工作的部门可以要求专利权人或者利害关系人出具由国务院专利行政部门对相关实用新型或者外观设计进行检索、分析和评价后作出的权利评价报告，作为审理、处理专利侵权纠纷的证据。专利权人、利害关系人或者被控侵权人也可以主动出具权利评价报告。

6. 诉讼中止

人民法院受理的侵犯实用新型、外观设计专利权纠纷案件，被告在答辩期间内请求宣告该项专利权无效的，人民法院应当中止诉讼，但具备下列情形之一的，可以不中止诉讼：

（1）原告出具的检索报告或者专利权评价报告未发现导致实用新型或者外观设计专利权无效的事由的；

（2）被告提供的证据足以证明其使用的技术已经公知的；

（3）被告请求宣告该项专利权无效所提供的证据或者依据的理由明显不充分的；

（4）人民法院认为不应当中止诉讼的其他情形。

人民法院受理的侵犯实用新型、外观设计专利权纠纷案件，被告在答辩期间届满后请求宣告该项专利权无效的，人民法院不应当中止诉讼，但经审查认为有必要中止诉讼的除外。

人民法院受理的侵犯发明专利权纠纷案件或者经国务院专利行政部门审查维持专利权的侵犯实用新型、外观设计专利权纠纷案件，被告在答辩期间内请求宣告该项专利权无效的，人民法院可以不中止诉讼。

7. 判决执行中专利权被宣告无效

（1）判决侵权成立后，所针对的专利权被宣告无效，且判决书尚未执行的：

① 宣告专利权无效的决定作出后，当事人根据该涉案专利权无效决定依法申请再审，请求撤销专利权无效宣告前人民法院作出但未执行的专利侵权的判决、调解书的，人民法院可以裁定中止再审审查，并中止原判决、调解书的执行。

② 专利权人向人民法院提供充分、有效的担保，请求继续执行前述所称判决、调解书的，人民法院应当继续执行；侵权人向人民法院提供充分、有效的反担保，请求中止执行的，人民法院应当准许。

③ 人民法院生效裁判未撤销宣告专利权无效的决定的，专利权人应当赔偿因继续执行而给对方造成的损失；宣告专利权无效的决定被人民法院生效裁判撤销，专利权仍有效的，人民法院可以依据前述所称判决、调解书直接执行上述反担保财产。

（2）判决侵权成立后，所针对的专利权被宣告无效且生效，且判决书尚未执行的：

① 在法定期限内对宣告专利权无效的决定不向人民法院起诉或者起诉后生效裁判未撤销该决定，当事人根据该决定依法申请再审，请求撤销宣告专利权无效前人民法院作出但未执行的专利侵权的判决、调解书的，人民法院应当再审。

② 当事人根据该决定，依法申请终结执行宣告专利权无效前人民法院作出但未执行的专利侵权的判决、调解书的，人民法院应当裁定终结执行。

（3）判决侵权成立后，所针对的专利权被宣告无效，且判决书已经执行的，已经执行的判决书不因为专利权的无效而具有追溯力，即不再执行回转。

【例06-07】甲未经专利权人许可在A市制造了一批专利产品，并由乙运往B市销售。A市、B市中级人民法院都具有专利纠纷案件的管辖权。下列说法正确的是：

A. 如果专利权人仅起诉甲、未起诉乙，可向A市中级人民法院起诉

B. 如果专利权人同时起诉甲和乙,可向 A 市中级人民法院起诉
C. 如果专利权人同时起诉甲和乙,可向 B 市中级人民法院起诉
D. 如果专利权人同时起诉甲和乙,专利权人可选择 A 市、B 市中级人民法院的其中一个起诉

【参考答案】AC

三、侵犯专利权的法律责任

《专利法》(A71)	
①	《专利法》第七十一条第一款:"侵犯专利权的赔偿数额按照权利人因被侵权所受到的实际损失或者侵权人因侵权所获得的利益确定;权利人的损失或者侵权人获得的利益难以确定的,参照该专利许可使用费的倍数合理确定。对故意侵犯专利权,情节严重的,可以在按照上述方法确定数额的一倍以上五倍以下确定赔偿数额。"
②	《专利法》第七十一条第二款:"权利人的损失、侵权人获得的利益和专利许可使用费均难以确定的,人民法院可以根据专利权的类型、侵权行为的性质和情节等因素,确定给予三万元以上五百万元以下的赔偿。"
③	《专利法》第七十一条第三款:"赔偿数额还应当包括权利人为制止侵权行为所支付的合理开支。"
④	《专利法》第七十一条第四款:"人民法院为确定赔偿数额,在权利人已经尽力举证,而与侵权行为相关的账簿、资料主要由侵权人掌握的情况下,可以责令侵权人提供与侵权行为相关的账簿、资料;侵权人不提供或者提供虚假的账簿、资料的,人民法院可以参考权利人的主张和提供的证据判定赔偿数额。"

(一)停止侵权

1. 停止侵权的含义

停止侵权是侵权人应承担的主要法律责任之一,也是保护专利权最有效、最直接的救济方式。根据专利法的规定,判定侵权行为成立的,应当责令侵权人停止侵权行为。所谓停止侵权行为,对于发明或者实用新型专利权来讲,是指侵权人停止被认定为侵权的制造、使用、许诺销售、销售、进口专利产品或者使用专利方法,以及使用、许诺销售、销售、进口依照该专利方法直接获得的产品的行为;对于外观设计专利权来讲,是指停止被认定为侵权的制造、许诺销售、销售、进口外观设计专利产品的行为。

2. 停止侵权的例外

被告构成对专利权的侵犯,权利人请求判令其停止侵权行为的,人民法院应予支持,但基于国家利益、公共利益的考量,人民法院可以不判令被告停止被诉行为,而判令其支付相应的合理费用。

3. 制止侵权的措施

管理专利工作的部门认定专利侵权行为成立,作出处理决定,责令侵权人立即停止侵权行为的,应当采取下列制止侵权行为的措施。

(1)侵权人制造专利侵权产品的,责令其立即停止制造行为,销毁制造侵权产品的专用

设备、模具，并且不得销售、使用尚未售出的侵权产品或者以任何其他形式将其投放市场；侵权产品难以保存的，责令侵权人销毁该产品。

（2）侵权人未经专利权人许可使用专利方法的，责令侵权人立即停止使用行为，销毁实施专利方法的专用设备、模具，并且不得销售、使用尚未售出的依照专利方法所直接获得的侵权产品或以任何其他形式将其投放市场；侵权产品难以保存的，责令侵权人销毁该产品。

（3）侵权人销售专利侵权产品或者依照专利方法直接获得的侵权产品的，责令其立即停止销售行为，并且不得使用尚未售出的侵权产品或者以任何其他形式将其投放市场；尚未售出的侵权产品难以保存的，责令侵权人销毁该产品。

（4）侵权人许诺销售专利侵权产品或者依照专利方法直接获得的侵权产品的，责令其立即停止许诺销售行为，消除影响，并且不得进行任何实际销售行为。

（5）侵权人进口专利侵权产品或者依照专利方法直接获得的侵权产品的，责令侵权人立即停止进口行为；侵权产品已经入境的，不得销售、使用该侵权产品或者以任何其他形式将其投放市场；侵权产品难以保存的，责令侵权人销毁该产品；侵权产品尚未入境的，可以将处理决定通知有关海关。

（6）责令侵权的参展方采取从展会上撤出侵权展品、销毁或者封存相应的宣传材料、更换或者遮盖相应的展板等撤展措施。

（7）停止侵权行为的其他必要措施。管理专利工作的部门认定电子商务平台上的专利侵权行为成立，作出处理决定的，应当通知电子商务平台提供者及时对专利侵权产品或者依照专利方法直接获得的侵权产品相关网页采取删除、屏蔽或者断开链接等措施。

（二）赔偿损失

1.赔偿损失的含义

赔偿损失是认定构成侵权行为后侵权人承担的民事责任，是对被侵害的专利权的一种重要的补救措施。

2.计算赔偿数额应考虑的因素

（1）侵犯发明、实用新型专利权的产品系另一产品的零部件的，人民法院应当根据该零部件本身的价值及其在实现成品利润中的作用等因素合理确定赔偿数额。

（2）侵犯外观设计专利权的产品为包装物的，人民法院应当按照包装物本身的价值及其在实现被包装产品利润中的作用等因素合理确定赔偿数额。

3.赔偿数额的计算方法

（1）有约定的，依照约定。权利人、侵权人依法约定专利侵权的赔偿数额或者赔偿计算方法，并在专利侵权诉讼中主张依据该约定确定赔偿数额的，人民法院应予支持。

（2）无约定的，赔偿数额包括权利人为制止侵权行为所支付的合理开支，且：

① 侵犯专利权的赔偿数额按照权利人因被侵权所受到的实际损失或者侵权人因侵权所获得的利益确定；

② 权利人的损失或者侵权人获得的利益难以确定的，参照该专利许可使用费的倍数合理确定。

惩罚性赔偿：对故意侵犯专利权，情节严重的，可以在按照上述方法确定数额的1倍以上5倍以下确定赔偿数额。

法定赔偿数额：权利人的损失、侵权人获得的利益和专利许可使用费均难以确定的，人民法院可以根据专利权的类型、侵权行为的性质和情节等因素,确定给予3万元以上500万元以下的赔偿。

4. 计算赔偿数额时文书举证责任

人民法院为确定赔偿数额,在权利人已经尽力举证,而与侵权行为相关的账簿、资料主要由侵权人掌握的情况下,可以责令侵权人提供与侵权行为相关的账簿、资料;侵权人不提供或者提供虚假的账簿、资料的,人民法院可以参考权利人的主张和提供的证据判定赔偿数额。

第三节 其他专利纠纷与违反专利法的行为

本节知识要点

本节主要介绍其他专利纠纷的类型、救济方式,以及对假冒专利的查处规定。假冒专利行为往往成本低、利润大,危害程度高,因此我国对假冒专利的惩罚力度远远高于专利侵权。2020年《专利法》新增了药品上市前审评审批过程中专利纠纷的早期解决机制:既可以向人民法院起诉,也可以请求国务院专利行政部门裁决。要求确认是否落入专利权保护范围。

本节主要内容如图6-4所示。

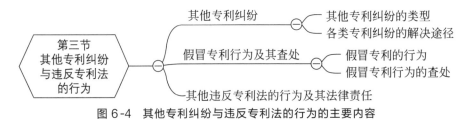

图6-4 其他专利纠纷与违反专利法的行为的主要内容

一、其他专利纠纷

	《专利法》(A13、A76)
①	《专利法》第十三条:"发明专利申请公布后,申请人可以要求实施其发明的单位或者个人支付适当的费用。"
②	《专利法》第七十六条第一款:"药品上市审评审批过程中,药品上市许可申请人与有关专利权人或者利害关系人,因申请注册的药品相关的专利权产生纠纷的,相关当事人可以向人民法院起诉,请求就申请注册的药品相关技术方案是否落入他人药品专利权保护范围作出判决。国务院药品监督管理部门在规定的期限内,可以根据人民法院生效裁判作出是否暂停批准相关药品上市的决定。"
③	《专利法》第七十六条第二款:"药品上市许可申请人与有关专利权人或者利害关系人也可以就申请注册的药品相关的专利权纠纷,向国务院专利行政部门请求行政裁决。"
④	《专利法》第七十六条第三款:"国务院药品监督管理部门会同国务院专利行政部门制定药品上市许可审批与药品上市许可申请阶段专利权纠纷解决的具体衔接办法,报国务院同意后实施。"

(一)其他专利纠纷的类型

1. 专利申请权归属纠纷

专利申请权归属纠纷是指一项发明创造在申请专利之后、授予专利权以前,当事人之间就专利申请权的归属产生的纠纷,主要包括:

(1) 发明人或设计人与其单位因发明创造是否属于职务发明创造而产生的专利申请权的归属纠纷;

(2) 关于合作完成或委托完成的发明创造的专利申请权的归属纠纷;

(3) 因专利申请权转让产生的归属纠纷;

(4) 因专利申请权继承产生的归属纠纷等。

2. 专利权归属纠纷

专利权归属纠纷是指一项发明创造被授予专利权之后,当事人之间就该专利权的归属产生的纠纷,专利权归属纠纷产生的原因与专利申请权归属纠纷相同。

专利权归属纠纷的当事人应当和专利申请权归属纠纷的当事人一样,如果当事人没有在专利申请阶段产生纠纷,而是在专利授权后产生纠纷的,就成为了专利权归属纠纷。

3. 发明人或设计人资格纠纷

发明人或设计人资格纠纷是指在确定谁是发明创造的发明人或者设计人时产生的纠纷。发明创造的发明人或者设计人是指对发明创造的实质性特点作出创造性贡献的人。在完成发明创造过程中,只负责组织工作的人、为物质技术条件的利用提供方便的人或者从事其他辅助工作的人,不是发明人或者设计人。当事人之间就谁属于某项发明创造的发明人或者设计人产生纠纷的,将根据这一条规定的条件来认定。

4. 职务发明创造的发明人或设计人奖励、报酬纠纷

被授予专利权的单位应当对职务发明创造的发明人或者设计人给予奖励;发明创造专利实施后,根据其推广应用的范围和取得的经济效益,对发明人或者设计人给予合理的报酬。《专利法实施细则》第六章规定了给予奖酬的方式和标准。职务发明创造的发明人或者设计人与其所在单位就职务发明创造的奖酬的方式和数额产生的纠纷,属于职务发明创造的发明人、设计人的奖励和报酬纠纷。

5. 临时保护使用费纠纷

(1) 临时保护使用费纠纷的含义。发明专利申请公布后,申请人可以要求实施其发明的单位或者个人支付适当的费用。临时保护使用费纠纷是指在发明专利申请公布后、专利权授予前实施发明而未支付适当费产生的纠纷。因临时保护使用费产生的纠纷,只有在专利授权之后,才可以请求管理专利工作的部门调解,或者向人民法院起诉。

(2) 发明专利授权前专利申请人的权利。发明专利授权前,专利申请人已经发现行为人使用其专利申请中记载的技术方案的,可以向使用者提出支付其适当费用的请求(请求权);使用者拒绝支付适当费用的,专利申请人在其专利申请授权之日起,可以向人民法院提起诉讼(诉讼请求权)。

(3) 临时保护使用费纠纷的技术要件。被诉技术方案同时落入授权前后保护范围重叠部分,专利权人才有权要求行为人支付适当的费用,即发明专利申请公布时申请人请求保护的范围与发明专利公告授权时的专利权保护范围不一致,被诉技术方案均落入上述两种范围

的,人民法院应当认定被告在发明专利申请公布日至授权公告日期间内实施了该发明;被诉技术方案仅落入其中一种范围的,人民法院应当认定被告在发明专利申请公布日至授权公告日期间内未实施该发明。

(4)临时保护使用费数额的确定。权利人依据 A13 诉请在发明专利申请公布日至授权公告日期间实施该发明的单位或者个人支付适当费用的,人民法院可以参照有关专利许可使用费合理确定。

6. 药品专利确认侵权纠纷

药品专利确认侵权之诉为药品专利纠纷提供了早期解决机制。药品上市许可申请人在药品上市审评审批过程中与专利权人或者利害关系人发生专利纠纷的,即可以选择提起请求确认落入专利权保护范围之民事诉讼,也可以请求国务院专利行政部门进行行政裁决。

(二)各类专利纠纷的解决途径

根据我国专利法及其相关规定,对于各类专利纠纷确定了多种解决途径:
(1)自行协商解决;
(2)请求专利执法部门调解和处理;
(3)向人民法院起诉;
(4)申请仲裁。

上述纠纷解决途径为当事人提供了多种选择,各途径之间并不一定是互相排斥的关系。例如,当事人可以先尝试自行协商,协商不成可以请求管理专利工作的部门处理,不服管理专利工作部门的处理决定,还可以向人民法院起诉。不过需要注意的是,当事人如果选择了仲裁途径,就不能再选择司法途径。

二、假冒专利行为及其查处

(一)假冒专利的行为

《专利法》(A68)	
①	《专利法》第六十八条:"假冒专利的,除依法承担民事责任外,由负责专利执法的部门责令改正并予公告,没收违法所得,可以处违法所得五倍以下的罚款;没有违法所得或者违法所得在五万元以下的,可以处二十五万元以下的罚款;构成犯罪的,依法追究刑事责任。"

1. 假冒专利行为的构成要件

假冒专利的行为是一种侵害公众利益、破坏社会市场经济秩序的行为,不仅侵害专利权人的民事权利,而且扰乱专利管理秩序,具有更大的社会危害性。假冒专利行为的构成要件如下。

(1)无论被假冒的专利是否真实存在都构成假冒专利。
① 如果被假冒的专利是真实存在的而且是他人的专利,则行为人既需要承担行政违法责任,还需要向被假冒的专利权人承担民事侵权责任。
② 如果被假冒的专利是编造的,则应承担行政责任,情节严重的需承担刑事责任。
(2)假冒专利的行为不以假冒产品是否落入他人专利权保护范围为要件。

2. 属于假冒专利的行为

(1) 属于专利法规定的假冒专利的行为

① 生产假冒产品。在未被授予专利权的产品或者其包装上标注专利标识，专利权被宣告无效后继续在产品或者其包装上标注专利标识，或者未经许可在产品或者产品包装上标注他人的专利号。

② 销售第①项所述假冒产品。

③ 虚假宣传导致误认。在产品说明书等材料中将未被授予专利权或专利权被无效的技术或者设计称为专利技术或者专利设计，将专利申请称为专利，或者未经许可使用他人的专利号，使公众将所涉及的技术或者设计误认为是专利技术或者专利设计。

④ 伪造或者变造专利证书、专利文件或者专利申请文件。

⑤ 其他使公众混淆，将未被授予专利权的技术或者设计误认为是专利技术或者专利设计的行为。

(2) 善意假冒行为。销售不知道是假冒专利的产品，并且能够证明该产品合法来源的，由负责专利执法的部门责令停止销售，但免除其他行政处罚。

对于该假冒专利的产品，只有在消除假冒的标识后，才可以继续销售该产品。

3. 假冒专利行为的法律责任

假冒专利行为人承担的法律责任包括：

(1) 民事赔偿责任，即赔偿专利权人的损失。

(2) 行政责任。假冒专利的，除依法承担民事责任外，由负责专利执法的部门责令改正并予公告，没收违法所得，同时可以并处违法所得5倍以下的罚款；没有违法所得或者违法所得在5万元以下的，可以处25万元以下的罚款。

(3) 刑事责任：构成犯罪的，根据情节轻重，处3年以下有期徒刑或拘役，并处或单处罚金。

（二）假冒专利行为的查处

《专利法》(A69.1、A69.3)	
①	《专利法》第六十九条第一款："负责专利执法的部门根据已经取得的证据，对涉嫌假冒专利行为进行查处时，有权采取下列措施：(一)询问有关当事人，调查与涉嫌违法行为有关的情况；(二)对当事人涉嫌违法行为的场所实施现场检查；(三)查阅、复制与涉嫌违法行为有关的合同、发票、账簿以及其他有关资料；(四)检查与涉嫌违法行为有关的产品；(五)对有证据证明是假冒专利的产品，可以查封或者扣押。"
②	《专利法》第六十九条第三款："负责专利执法的部门、管理专利工作的部门依法行使前两款规定的职权时，当事人应当予以协助、配合，不得拒绝、阻挠。"

1. 查处的管辖

查处假冒专利行为由行为发生地的管理专利工作的部门管辖。

管理专利工作的部门对管辖权发生争议的，由其共同的上级人民政府管理专利工作的部门指定管辖；无共同上级人民政府管理专利工作的部门的，由国家知识产权局指定管辖。

国务院专利行政部门应当对查处假冒专利行为、调解专利纠纷进行业务指导。

2. 当事人的权利和义务

(1) 当事人的权利

① 当事人的知情权。专利执法部门作出行政处罚决定前,应当告知当事人作出处罚决定的事实、理由和依据,并告知当事人依法享有的权利。

② 当事人的请求听证的权利。专利执法部门作出较大数额罚款的决定之前,应当告知当事人有要求举行听证的权利。当事人提出听证要求的,应当依法组织听证。

③ 当事人的申辩权。当事人有权进行陈述和申辩,专利执法部门不得因当事人申辩而加重行政处罚。

(2) 当事人的义务。负责专利执法的部门、管理专利工作的部门依法行使专利法规定的职权时,当事人应当予以协助、配合,不得拒绝、阻挠。

3. 查处的程序

查处假冒专利的行为是负责专利执法的部门的职责,既可以根据当事人的举报进行查处,也可以是对自行发现的假冒专利行为主动执法。

(1) 立案。管理专利工作的部门发现或者接受举报、投诉发现涉嫌假冒专利行为的,应当自发现之日起5个工作日内或者收到举报、投诉之日起10个工作日内立案,并指定两名或者两名以上执法人员进行调查。

(2) 调查取证。负责专利执法的部门根据已经取得的证据,对涉嫌假冒专利行为进行查处时,有权采取下列措施:

① 询问有关当事人,调查与涉嫌违法行为有关的情况;

② 对当事人涉嫌违法行为的场所实施现场检查;

③ 查阅、复制与涉嫌违法行为有关的合同、发票、账簿以及其他有关资料;

④ 检查与涉嫌违法行为有关的产品;

⑤ 对有证据证明是假冒专利的产品,可以查封或者扣押。

(3) 查封、扣押。由于查封、扣押的强制措施对当事人影响较大,因此管理专利工作的部门查封、扣押假冒专利的产品的,需要经其负责人批准。

查封、扣押时,应当向当事人出具有关通知书,查封、扣押当事人涉嫌假冒专利产品的,应当当场清点;制作笔录和清单,由当事人和案件承办人员签名或者盖章,并将该清单交由当事人留存一份。如果当事人拒绝签名或者盖章的,案件承办人员要在笔录上注明。

(4) 行政处罚决定。案件调查终结,经管理专利工作的部门负责人批准,根据案件情况分别作如下处理:

① 如果假冒专利行为成立的,应当决定给予行政处罚;

② 如果涉嫌构成犯罪的应当移送公安机关;

③ 如果假冒专利行为轻微并已及时改正的,免予处罚;

④ 假冒专利行为不成立的,应当依法撤销案件。

4. 处罚决定的执行

专利执法部门认定假冒专利行为成立的,应当根据不同的假冒行为责令行为人分别采取下列改正措施:

(1) 对于在未被授予专利权的产品或者其包装上标注专利标识、专利权被宣告无效后或者终止后继续在产品或者其包装上标注专利标识或者未经许可在产品或者产品包装上标注他人的专利号的假冒行为,责令行为人立即停止标注行为,消除尚未售出的产品或者其包装上的专利标识；如果产品上的专利标识难以消除的，应当销毁该产品或者包装。

（2）对于销售前述产品的假冒行为，应当责令行为人立即停止销售行为。

（3）对于在产品说明书等材料中将未被授予专利权的技术或者设计称为专利技术或者专利设计，将专利申请称为专利，或者未经许可使用他人的专利号，使公众将所涉及的技术或者设计误认为是他人的专利技术或者专利设计的假冒行为，应当责令行为人立即停止发放该材料，销毁尚未发出的材料，并消除影响。

（4）对于伪造或者变造专利证书、专利文件或者专利申请文件的假冒行为，应当责令行为人立即停止伪造或者变造行为，销毁伪造或者变造的专利证书、专利文件或者专利申请文件，并消除影响。假冒专利行为的行为人应当自收到处罚决定书之日起15日内，到指定的银行缴纳处罚决定书写明的罚款；到期不缴纳的，每日按罚款数额的3％加处罚款。

5. 对处罚决定不服的法律救济途径

管理专利工作的部门作出处罚决定后，当事人申请行政复议或者向人民法院提起行政诉讼的，在行政复议或者诉讼期间不停止决定的执行。

【例06-08】下列哪个行为不属于假冒专利的行为？
A. 未经许可在产品包装上标注他人的专利号
B. 销售不知道是假冒专利的产品，并且能够证明该产品合法来源
C. 在产品说明书中将专利申请称为专利
D. 专利权终止前依法在专利产品上标注专利标识，在专利权终止后销售该产品

【参考答案】D

三、其他违反专利法的行为及其法律责任

	《专利法》(A79、A80)
①	《专利法》第七十九条第一款："管理专利工作的部门不得参与向社会推荐专利产品等经营活动。"
②	《专利法》第七十九条第二款："管理专利工作的部门违反前款规定的,由其上级机关或者监察机关责令改正,消除影响,有违法收入的予以没收；情节严重的,对直接负责的主管人员和其他直接责任人员依法给予处分。"
③	《专利法》第八十条："从事专利管理工作的国家机关工作人员以及其他有关国家机关工作人员玩忽职守、滥用职权、徇私舞弊,构成犯罪的,依法追究刑事责任；尚不构成犯罪的,依法给予处分。"

1. 擅自向外国申请专利泄露国家秘密及其法律责任

没有经过保密审查擅自向外国申请专利造成泄露国家秘密的：
（1）由所在单位或者上级主管机关给予行政处分。
（2）构成犯罪的，依法追究刑事责任。

2. 专利行政部门人员渎职行为及其法律责任

从事专利管理工作的国家机关工作人员以及其他有关国家机关工作人员玩忽职守、滥用职权、徇私舞弊：
（1）构成犯罪的，依法追究刑事责任。

(2) 尚不构成犯罪的，依法给予处分。

3. 管理专利工作的部门参与经营活动及其法律责任

管理专利工作的部门不得参与向社会推荐专利产品等经营活动。管理专利工作的部门参与向社会推荐专利产品等经营活动的，由其上级机关或者监察机关责令改正，消除影响，有违法收入的予以没收；情节严重的，对直接负责的主管人员和其他直接责任人员依法给予处分。

【例 06-09】以下说法正确的是：
A. 侵犯专利权的，不仅应承担民事责任，还可能被追究刑事责任
B. 假冒专利的，不仅应承担民事责任，还可能被追究刑事责任
C. 侵犯专利权的，应承担民事责任，但不涉及刑事责任
D. 假冒专利的，应承担民事责任，但不涉及刑事责任

【参考答案】BC

第四节 专利管理与运用

本节知识要点

本节主要介绍专利管理中的贯标和认证程序及三个重要标准，并介绍专利运用的主要方式包括许可、转让、质押以及专利保险和专利导航。

本节主要内容如图 6-5 所示。

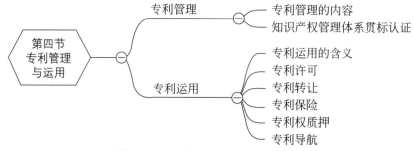

图 6-5 专利管理与运用的主要内容

一、专利管理

（一）专利管理的内容

1. 专利管理的含义

专利管理是指专利管理人员，在有关单位和部门的配合下，为了促进专利创造、运用、管理和保护，而形成的保障专利合法权益的制度执行以及经营活动。

2. 专利管理的主体

专利管理主体包括专利管理行政部门、专利行业组织、企业单位、事业单位及有关组

织等。

3. 专利管理的主要内容

根据管理内容的不同，知识产权管理可以分为知识产权创造管理、知识产权运用管理、知识产权保护管理、知识产权服务管理和知识产权文化管理等。

广义的专利管理包含专利相关事务的全流程管理；狭义的专利管理主要包含专利的日常运作管理，建立相关的保障、运行机制，确保专利在授权之后的正常有效。

专利管理作为专利管理人员的常态化工作内容之一，有利于提高专利的数量和质量，有利于对专利的收益进行合理调配，有利于维持专利的法律状态有效，有利于合理掌控专利的经营模式和交易方式。

（二）知识产权管理体系贯标认证

1.《企业知识产权管理规范》

（1）制定目的。本标准以企业知识产权管理体系为标准化对象，旨在指导企业建立科学、系统、规范的知识产权管理体系，帮助企业积极应对全球范围的知识产权竞争态势，全面提升企业的知识产权管理能力。

（2）应用范围。该规范主要适用于有下列愿望的企业：建立知识产权管理体系，运行并持续改进知识产权管理体系，寻求外部组织对其知识产权管理体系的评价。其他如事业单位、社会团体等非营利性组织，可参照该标准相关要求执行。

（3）框架内容。《企业知识产权管理规范》规定了企业策划、实施、检查、改进知识产权管理体系的要求，提供了一种基于过程方法的企业知识产权管理模型，指导企业策划、实施、检查、改进知识产权管理体系。其主要内容包括：

①"范围"，明确了本标准适用的组织；

②"规范性引用文件"，说明了本标准引用其他标准的相关内容；

③"术语和定义"，界定了本标准中提及的知识产权、过程、产品、体系、管理体系、知识产权方针、知识产权手册的定义；

④"知识产权管理体系"，规定了企业知识产权管理体系的主要内容，包括管理体系建立的总体要求和管理体系文件要求；

⑤"管理职责"，规定了管理者及管理部门的职责权限，内容包括管理承诺、知识产权方针、策划、职责、权限和沟通以及管理评审的具体内容。

⑥"资源管理"，规定了企业知识产权资源管理的要求，包括人力资源、基础设施、财务资源、信息资源的管理要求；

⑦"基础管理"，规定了知识产权生命周期过程的管理要求，包括获取、维护、运用和保护的知识产权管理流程，以及合同管理和保密环节的知识产权要求；

⑧"实施和运行"，规定了企业生产经营环节的知识产权管理要求，包括立项、研究开发、采购、生产、销售和售后等环节，突出了全流程管理理念；

⑨"审核和改进"，规定了知识产权管理的检查和改进要求，包括审核和改进的总体要求，以及内部审核、分析与改进阶段的管理要求。

2.《高等学校知识产权管理规范》

（1）制定目的。制定本标准的目的在于指导高等学校基于自身状况和发展战略，将知识产权有效地融合到高等学校的科学研究、社会服务、人才培养、文化传承创新中。

（2）应用范围。《高等学校知识产权管理规范》主要适用于我国各类高等学校的知识产权管理，其他教育组织可参照执行。

（3）框架内容。《高等学校知识产权管理规范》规定了高等学校的文件管理、组织管理、资源管理，以及知识产权获取、运用、保护，检查和改进等要求。除前言和引言外，本标准正文有10章，主要内容包括：

① "范围"，明确了本标准适用的组织。

② "规范性引用文件"，说明了本标准引用其他标准的相关内容。

③ "术语和定义"，界定了本标准中提及的知识产权、教职员工学生、科研项目、项目组、知识产权专员、专利导航的定义。

④ "文件管理"，为文件的管理要求，包括知识产权文件的类型和文件控制要求。

⑤ "组织管理"，规定了管理者及管理部门的职责权限，包括校长、管理委员会、管理机构、服务支撑机构、学院（系）、项目组、知识产权顾问的知识产权职责权限。

⑥ "资源管理"，为各项资源管理的要求，包括人力资源、财务资源、资源保障、基础设施、信息资源等方面的管理要求。

⑦ "知识产权获取"，为获取环节的管理要求，包括自然科学类科研项目、人文社会科学类科研项目以及其他方面的知识产权获取管理要求。

⑧ "知识产权运用"，为运用环节的管理要求，包括分级管理、策划推广、许可和转让、作价投资等方面的内容。

⑨ "知识产权保护"，为保护环节的管理要求，包括合同管理和风险管理两方面的内容。

⑩ "检查和改进"，为持续改进的要求，包括检查监督、绩效评价、改进提高的要求。

3. 《科研组织知识产权管理规范》

（1）制定目的。制定本标准的目的在于指导科研组织依据法律法规，基于科研组织的职责定位和发展目标，制定并实施知识产权战略。

（2）应用范围。《科研组织知识产权管理规范》规定了科研组织策划、实施和运用检查、改进知识产权管理体系的要求。

（3）框架内容。《科研组织知识产权管理规范》针对科研组织的项目管理特点，指导科研组织建立运行并持续改进知识产权管理体系。其主要内容包括：

① "范围"，明确了本标准适用的组织。

② "规范性引用文件"，说明了本标准引用其他标准的相关内容。

③ "术语和定义"，界定了本标准中提及的科研组织、知识产权、管理体系、知识产权方针、知识产权手册、员工、知识产权记录文件、科研项目、项目组、专利导航、知识产权专员的定义。

④ "总体要求"，规定了建立、实施运行知识产权管理体系的总体要求，包括总则、知识产权方针和目标、知识产权手册和文件管理等方面的要求。

⑤ "组织管理"，规定了管理者及管理部门的职责权限，包括最高管理者、管理者代表、知识产权管理机构、知识产权服务支撑机构、研究中心、项目组的知识产权职责权限。

⑥ "基础管理"，规定了科研组织知识产权基础管理的内容，包括人力资源管理、科研设施管理、合同管理、信息管理四个方面的管理要求。

⑦ "科研项目管理"，规定了科研组织针对科研项目的知识产权管理要求，包括科研项目在分类、立项、执行、结题验收等阶段知识产权管理的基本要求。

⑧ "知识产权运用"，规定了科研组织在知识产权运用环节的管理要求，包括评估与分

级管理、实施和运用、许可和转让、作价投资等方面的内容。

⑨ "知识产权保护"，规定了科研组织为做好知识产权保护工作，防止被侵权和知识产权流失应开展的工作。其具体包括规范科研组织的名称、标志等；规范著作权的使用和管理；加强未披露的信息专有权的保密管理；明确职务发明创造、委托开发、合作开发以及参与知识产权联盟、协同创新组织等情况下的知识产权归属、许可及利益分配、后续改进的权属等事项；建立知识产权纠纷应对机制，及时发现和监控知识产权风险，有效保护自身知识产权。

⑩ "资源保障"，规定了科研组织知识产权管理的基本保障要求，包括条件保障和财务保障要求。

⑪ "检查和改进"，规定了科研组织知识产权管理体系持续改进的要求，包括检查监督和评审改进的要求。

4. 贯标

知识产权贯标，即建立知识产权管理体系，旨在使知识产权管理国家标准的要求融入企业科研组织或高等学校的日常管理工作中，并通过体系的持续运行与改进，实现全过程知识产权管理，增强企业、科研组织或高等学校的技术创新能力，提升知识产权质量和效益，促进创新成果和知识产权的价值实现。建立知识产权管理体系总体上可分为贯标筹备、调查诊断、框架构建、文件编写、教育培训、实施运行、评价改进7个步骤。

（1）贯标筹备。确定贯标前，应当了解国家、地区知识产权政策环境，并结合自身发展目标和实际状况，明确贯标策略。确定贯标后，首先要建立贯标工作机制，确保最高管理者参与；其次要成立贯标工作小组，包括最高管理者、管理者代表、相关部门负责人、知识产权体系工作人员等；最后要组织召开贯标工作启动会，召集相关人员，宣传贯标意义，下达贯标任务。

（2）调查诊断。首先，贯标工作小组要学习掌握标准内容，并结合实际制订调查诊断工作计划。其次，按照工作计划，根据标准要求组织调查诊断人员深入相关部门，就知识产权管理架构现状、相关部门工作以及涉及知识产权工作的现状进行调查，并通过书面记录、录音、拍照等方式进行保存。最后，对照标准要求梳理分析调查发现的问题和不足，找出知识产权工作重点，制订符合标准要求的贯标方案。

（3）框架构建。在调查诊断并发现问题的基础上，建立知识产权管理体系框架，其重点是形成知识产权工作管理架构、方针、目标及其他体系文件等方面的规划，并在领导层和工作层上达成共识。

（4）文件编写。文件编写需结合调查诊断结果，对照标准要求，按照知识产权管理体系框架以及文件撰写方案，编制形成若干体系文件，用以规范各项知识产权工作。

（5）教育培训。组织各相关部门对编制完成的体系文件进行培训学习，确保相关人员能够了解并遵守新颁布的关于知识产权工作的新要求。

（6）实施运行。应当设定适当的体系实施运行周期，使得知识产权相关的各岗位和环节能够进入知识产权管理体系设定的流程规范，开展各项知识产权活动。

（7）评价改进。应当设定适当的周期，对知识产权管理体系及其运行控制过程进行检查，明确检查的内容，将实际情况与规范所设定的目标进行对比，及时纠正知识产权管理体系制定和实施过程中存在的问题与不足。

5. 认证

（1）知识产权管理体系认证的概念。知识产权管理体系认证是指由认证机构证明法人或者其他组织的内部知识产权管理体系符合相关国家标准或者技术规范要求的合格评定活动。

2018年2月11日，国家认证认可监督管理委员会、国家知识产权局联合发布了《知识产权认证管理办法》（2018年第5号公告），旨在全面规范知识产权认证活动，提高知识产权认证有效性，加强对认证机构事中、事后监管。该办法对认证机构的设立原则、认证人员的资质要求、从事认证活动的行为规范、认证的实施程序、认证证书和认证标志的内容要求、各部门的监管职责等作出明确规定。

（2）知识产权管理体系认证目录。知识产权管理体系认证坚持政府引导、市场驱动，实行目录式管理。凡是列入目录的认证项目均可以实施第三方认证，未列入目录的不能实施第三方认证。同时根据工作发展需要，可按程序对目录实行动态调整。现阶段，《知识产权认证目录》明确列入了以下三类认证项目：企业知识产权管理体系认证［依据《企业知识产权管理规范》（GB/T 29490—2013）］；高等学校知识产权管理体系认证［依据《高等学校知识产权管理规范》（GB/T 33251—2016）］；科研组织知识产权管理体系认证［依据《科研组织知识产权管理规范》（GB/T 3250—2016）］。

（3）知识产权管理体系认证程序。其主要包括对法人或者其他组织经营过程中涉及知识产权创造、运用保护和管理等文件和活动的初次认证审核，获证后的监督审核，以及再认证审核。认证机构不得向失信或违法违规的认证委托人，即被知识产权行政管理部门或者其他部门责令停业整顿的，或者纳入国家信用信息失信主体名录的认证委托人，出具认证证书。

（4）知识产权管理体系的认证机构及人员。知识产权管理体系的认证人员是指具备相应资质、在中国认证认可协会（CCAA）注册、受聘于认证机构、专职从事认证审核工作的人员。

知识产权管理体系认证人员的要求主要包括专职要求、资格经历要求、个人素质要求、知识技能要求、行为规范要求等。

二、专利运用

	《专利法》（A48）
①	《专利法》第四十八条："国务院专利行政部门、地方人民政府管理专利工作的部门应当会同同级相关部门采取措施，加强专利公共服务，促进专利实施和运用。"

（一）专利运用的含义

1. 专利运用的概念

专利运用是指行为主体通过对专利或者专利情报的利用，以获取直接收益或间接收益的各类专利活动的总称。其中：

（1）"行为主体"通常包括市场主体、创新主体和社会公众等具有实施专利活动行为能力的各类主体。

（2）"专利"是指专利申请、专利权或专利制度。

（3）"专利情报"是指通过对专利大数据的加工、整理、归纳和分析，提炼出支撑各类决策的信息。

专利运用通常有狭义和广义之分。

（1）狭义专利运用是指能够为行为主体实现直接收益的专利活动，包括专利的自实施和许可、交易、转让后的他人实施,也可通过专利的市场化运营即商品化、金融化实现收益。

(2) 广义专利运用是指能够为行为主体实现直接收益或间接收益的专利活动。广义专利运用的间接收益既可以通过专利布局、专利诉讼、专利无效、专利联盟、专利标准化等专利的竞争性利用行为来实现,也可以通过专利导航、评议、预警等专利情报利用行为来实现。

2. 专利运用的主要内容

专利运用包括专利产业化、专利商品化、专利金融化、专利竞争性利用和专利情报利用五类内容。

(1) 专利产业化。专利产业化既包括专利的自实施,也包括许可、交易、转让后的他人实施。

(2) 专利商品化。专利商品化的表现形式包括专利许可、专利交易、专利转让等。

(3) 专利金融化。专利金融化的表现形式包括专利质押融资、专利保险、专利股权化、专利证券化等。

(4) 专利竞争性利用。专利竞争性利用的表现形式包括专利布局、专利诉讼、专利无效、专利联盟和专利标准化等。

(5) 专利情报利用。专利情报利用的表现形式包括专利导航、专利评议和专利预警等。

(二) 专利许可

	《专利法》(A12)
①	《专利法》第十二条:"任何单位或者个人实施他人专利的,应当与专利权人订立实施许可合同,向专利权人支付专利使用费。被许可人无权允许合同规定以外的任何单位或者个人实施该专利。"

1. 专利实施许可的类型

专利实施许可分为以下三种类型:

(1) 独占实施许可,仅有一个被许可人可以实施该专利,即专利权人将专利仅许可被许可人一人独立实施,其他人包括专利权人在内均不得实施该专利。

(2) 排他实施许可,仅有一个被许可人可以实施该专利,但是专利权人也可以自行实施,其他人均不得实施该专利。

(3) 普通实施许可,有多个被许可人可以实施该专利,且专利权人也可以自行实施,即专利权人在普通许可被许可人实施其专利后,还可以继续许可其他人。

2. 专利实施许可合同双方的权利义务

专利实施许可的许可人应当是合法的专利权人或者其他权利人。以共有的专利权订立专利实施许可合同的,除全体共有人另有约定或者专利法另有规定的外,应当取得其他共有人的同意。专利权有两个以上共有权利人的:

(1) 权利人单独许可他人实施的权利有约定的依据约定。

(2) 无约定的:①共有人可以单独实施该专利,所得利益其他权利人无权要求分配;②共有人可以以普通许可方式许可他人实施该专利,收取的使用费应当在共有人之间分配;③独占许可、排他许可必须经全体共有人同意。

专利权人在实施许可合同期限内有按时缴纳年费、保证专利权有效的义务。

被许可人应当按照约定实施专利,不得许可约定以外的第三人实施该专利;并按照约定支付使用费。

3. 专利实施许可合同与备案

(1) 专利实施许可合同的备案。专利权人许可他人实施其专利权的,双方当事人可以向国务院专利行政部门办理备案手续,具体规定如下。

① 申请备案的专利实施许可合同应当以书面形式订立。

② 当事人应当自合同生效之日起 3 个月内向国家知识产权局办理备案手续,未经备案不得对抗善意第三人。

③ 办理许可合同备案手续的当事人为强制委托人的,须依法委托专利代理机构;办理许可合同备案手续的当事人为非强制委托人的,可以依法委托专利代理机构。

备案申请经审查合格的,国务院专利行政部门应当向当事人出具"专利实施许可合同备案证明"。

(2) 不予备案的情形。存在以下情形,国务院专利行政部门对于许可合同不予备案:

① 专利权已经终止或者被宣告无效的;

② 许可人不是专利登记簿记载的专利权人或者有权授予许可的其他权利人的;

③ 实施许可的期限超过专利权有效期的;

④ 共有专利权人违反法律规定或者约定订立专利实施许可合同的;

⑤ 专利权处于年费缴纳滞纳期的;

⑥ 因专利权的归属发生纠纷或者人民法院裁定对专利权采取保全措施,专利权的有关程序被中止的;

⑦ 专利权被质押的,但经质权人同意的除外;

⑧ 与已经备案的专利实施许可合同冲突的。

【例 06-10】一项专利的专利权人为赵某和张某,二人未就该专利权的行使进行任何约定。下列说法哪些是正确的?

A. 赵某可以不经张某同意单独实施该专利

B. 张某可以以普通许可的方式许可他人实施该专利

C. 赵某在征得张某同意的情况下,可以将其共有的专利权转让给他人

D. 张某在未经赵某同意的情况下,可以放弃其共有的专利权

【参考答案】ABC

(三)专利转让

	《专利法》(A10)
①	《专利法》第十条第一款:"专利申请权和专利权可以转让。"
②	《专利法》第十条第二款:"中国单位或者个人向外国人、外国企业或者外国其他组织转让专利申请权或者专利权的,应当依照有关法律、行政法规的规定办理手续。"
③	《专利法》第十条第三款:"转让专利申请权或者专利权的,当事人应当订立书面合同,并向国务院专利行政部门登记,由国务院专利行政部门予以公告。专利申请权或者专利权的转让自登记之日起生效。"

1. 专利转让的对象

专利转让包括专利申请权的转让和专利权的转让。专利申请权或者专利权的转让自登记之日起生效。专利转让的，当事人应当订立书面合同，并向国务院专利行政部门登记，由国务院专利行政部门予以公告。

2. 专利转让的手续

专利转让的，应当向国务院专利行政部门办理专利权的转让手续。

（1）提交转让合同，且合同有合同双方的签字或盖章。

（2）办理专利手续的当事人：

① 办理转让手续的当事人为强制委托人的，须依法委托专利代理机构；

② 办理转让手续的当事人为非强制委托人的，可以依法委托专利代理机构。

（3）转让对象为发明或实用新型的，如果转让方有中方，受让方有外方，则转让技术属于限制进出口的须提交《技术出口许可证》（由国务院商务部出具）；转让技术属于自由进出口技术的须提交《自由出口技术合同登记证书》（由商务部或地方商务部门出具）。

（4）合同双方分别为中国单位或个人（中方）、外国企业或单位（外方）、中国港澳台个人或单位（视为"外方"）中的一个或多个：

① 转让方有中方的，受让方有外方的，须提供证明；

② 转让方不限，受让方是中方的（包括中方转中方的、外方转中方的），无须提供证明；

③ 转让方和受让方均无中方的，无须提供证明。

3. 共有专利权的转让

专利权的转让是对权利的处置，因此通常情况下应当取得全体共有人的同意：

（1）约定优先：共有权利人之间有约定的，依照其约定；

（2）无约定的，专利申请权或者专利权的转让须经全体共有人同意。

【例06-11】北京的甲公司委托某专利代理机构向国家知识产权局提交了一件外观设计专利申请，现欲将该申请的申请人变更为德国的乙公司，乙公司仍委托该专利代理机构。则该专利代理机构在办理著录项目变更手续时，应当提交下列哪些文件？

A. 著录项目变更申报书

B. 双方签字或盖章的转让合同

C. 乙公司签字或盖章的委托书

D. 国务院商务主管部门颁发的《技术出口许可证》

【参考答案】ABC

（四）专利保险

1. 专利保险的含义

专利保险是指投保人以授权专利和专利侵权赔偿责任为标的的保险，主要解决由于专利的侵权行为而造成的民事责任赔偿和财产损失。

专利保险作为风险分散的金融手段，具有经济补偿与风险防范的双重功能，能显著降低专利维权成本、提升企业专利维权和变现能力。

2. 专利保险的模式

近年来,国家知识产权局按照"政府引导、商业对接、专业运作"的总体工作模式,形成了政府统保、政银保和政融保三种典型模式。

(1) 政府统保模式。专利保险的政府统保模式是指保险公司根据政府需求设计有针对性的产品方案,由政府通过购买服务等多种方式为企业购买的专利保险买单。

(2) 政银保模式。政银保模式是指采取政府主导,政府、银行和保险公司三方共担风险和市场化运作的实施方式,通过建立风险补偿机制和贴息贴费优惠,拉动合作银行贷款投放量,并共同承担项目风险的模式。三方的职责分别是,政府提供保费补贴、贴息补贴和风险补偿支持,银行提供贷款,而保险公司为贷款主体提供保证保险。

(3) 政融保模式。政融保模式是指采取政府主导,通过保险资金投放和拉动其他金融机构资金投放的方式帮助拥有优质专利的企业进行融资的模式。政府、金融机构和保险公司三方的职责分别是,政府提供政策支持、补贴和专项风险资金增信,保险公司为融资主体提供风险补偿保险和直接融资支持,融资机构提供融资。该模式充分利用保险产品的增信作用,解决了科技企业信用不足的问题,解决"融资难""融资贵"的问题。

3. 专利保险的种类

目前,专利保险的主要产品包括专利执行保险、专利侵权责任保险、专利质押融资保险等40多个,内容涉及专利代理、专利申请、专利无效、专利侵权、专利许可、专利资产评估、专利质押融资等多个方面。

(1) 专利执行保险。专利执行保险属于"攻击型"的保险,适用于专利诉讼案件中专利权人为除去其执行专利权所受到的阻碍及可能的损失所投保的险种。因此,专利执行保险适合于财力不足、无法实施自身专利权的个人或企业。

(2) 专利侵权责任保险。专利侵权责任保险是为被保险人(潜在的侵权人)所设计的一种责任保险,其保险标的是被保险人对第三人所负的赔偿责任。

专利侵权责任保险的承保范围包含可能遭受专利权人追讨的权利以及损失利益等,也包含为对抗专利侵权诉讼所支出的费用,其主要包含辩护费用、和解费用和损害赔偿费用等。

(3) 专利质押融资保险。目前已在实践中推行的专利质押保险有质押融资保证保险,是在专利权质押的基础上对专利质押融资项目的处置责任风险给予保障,其目的在于转嫁放贷银行的贷款风险,为科技型中小微企业进行信用增级,从而提高企业贷款成功概率的保险产品。其保险的标的是专利质押贷款未能按约到期清偿的本金余额、利息余额和相应的罚息。

(五) 专利权质押

1. 专利权质押的法律效力

专利权作为一项无形财产权,用作质押,具有为主债务担保的法律效力。以共有的专利权出质的,除全体共有人另有约定以外,应当取得其他共有人的同意。

2. 专利权出质登记的办理

(1) 签订质押合同。以专利权出质的,出质人与质权人应当订立书面合同。质押合同可以是单独订立的合同,也可以是主合同中的担保条款。

(2) 质押登记的办理。以专利权出质的,由出质人和质权人共同向国务院专利行政部门办理出质登记。当事人可以通过互联网在线提交电子件、邮寄或窗口提交纸件等方式办理专利权质押登记相关手续。专利权质押登记申请经审查合格的,国务院专利行政部门在专利登记簿上予以登记，并向当事人发送专利权质押登记通知书。质权自国务院专利行政部门登记时设立。

（3）办理质押登记的文件

① 出质人和质权人共同签字或者盖章的专利权质押登记申请表。

② 专利权质押合同。

③ 双方当事人的身份证明，或当事人签署的相关承诺书。

④ 委托代理的，注明委托权限的委托书；办理出质登记手续的当事人为强制委托人的，须依法委托专利代理机构；办理出质登记手续的当事人为非强制委托人的，可以依法委托专利代理机构。

⑤ 其他需要提供的材料。

专利权经过资产评估的，当事人还应当提交资产评估报告。

当事人通过互联网在线办理专利权质押登记手续的，应当对所提交电子件与纸件原件的一致性作出承诺，并于事后补交纸件原件。

3. 专利权质押人的义务

专利权人在质押期间有按时缴纳专利年费，以维持其专利权有效的义务。在专利权质押期间，专利权人未经质权人同意不得转让或者许可他人使用该专利权，也不得放弃出质的专利权。专利权质押期间，出质人未提交质权人同意其放弃该专利权的证明材料的，国务院专利行政部门不予办理专利权放弃手续。

出质人未提交质权人同意转让或者许可实施该专利权的证明材料的，国务院专利行政部门不予办理专利权转让登记手续或者专利实施合同备案手续。

出质人经质权人同意转让或者许可他人实施出质的专利权的，出质人所得的转让费、许可费应当向质权人提前清偿债务或者提存。

4. 不予办理专利权质押登记的情形

下列情形下，不予办理专利权质押登记：

（1）出质人不是当事人申请质押登记时专利登记簿记载的专利权人的；

（2）专利权已终止或者已被宣告无效的；

（3）专利申请尚未被授予专利权的；

（4）专利权没有按照规定缴纳年费的；

（5）因专利权的归属发生纠纷已请求国家知识产权局中止有关程序，或者人民法院裁定对专利权采取保全措施，专利权的质押手续被暂停办理的；

（6）债务人履行债务的期限超过专利权有效期的；

（7）质押合同约定在债务履行期届满质权人未受清偿时，专利权归质权人所有的；

（8）以共有专利权出质但未取得全体共有人同意的；

（9）专利权已被申请质押登记且处于质押期间的；

（10）请求办理质押登记的同一申请人的实用新型有同样的发明创造已于同日申请发明专利的，但当事人被告知该情况后仍声明同意继续办理专利权质押登记的除外；

（11）专利权已被启动无效宣告程序的，但当事人被告知该情况后仍声明同意继续办理专利权质押登记的除外。

5. 应当通知质权人的情形

专利权在质押期间，被宣告无效或者终止出现以下情形的，国家知识产权局应当通知质权人：

（1）被宣告无效或者终止的；

(2) 专利年费未按照规定时间缴纳的；

(3) 因专利权的归属发生纠纷已请求国家知识产权局中止有关程序，或者人民法院裁定对专利权采取保全措施的。

【例06-12】对于共有的专利权，在共有人无任何约定的情形下，下列哪种行为不必获得全体共有人的同意？

A. 专利权的转让　　　　　　　　B. 专利权的普通实施许可
C. 以专利权入股　　　　　　　　D. 专利权的出质

【参考答案】B

（六）专利导航

1. 专利导航的特征

《专利导航指南》（GB/T 39551—2020）系列国家标准为推荐性国家标准，是国家知识产权局对多年来专利导航系列工作成果的总结和凝练，包括总则、区域规划、产业规划、企业经营、研发活动和人才管理等专项指南，以及服务要求等7个标准。

专利导航是在宏观决策、产业规划、企业经营和创新活动中，以专利数据为核心深度融合各类数据资源，全景式分析区域发展定位、产业竞争格局、企业经营决策和技术创新方向，服务创新资源有效配置，提高决策精准度和科学性的新型专利信息应用模式。

作为一项根植于创新发展、服务于创新发展的工作，专利导航的主要特征有：

（1）以专利数据为基础。专利数据是专利导航的基本信息元素，也是专利导航在信息来源上区别于一般决策方法的最核心特征。专利数据作为优质数据所表现出的显著特征，具有其他类型数据难以达到的高度契合性，可以很好地结合大数据技术进行数据相关性分析，高效率、高质量地挖掘创新决策支撑信息。

（2）以精准建模为方法。专利导航理念的开放包容性决定了具体操作方法的灵活性及多样性。专利导航根据具体的应用需求，可以构建面向不同运用层级的逻辑模型；根据不同的逻辑模型和不同的数据范围，确保面向各类决策支撑信息的有效性和准确性。

（3）以价值最大化为目标。专利导航的核心目标就是由信息价值的最大化实现创新资源配置效益的最大化。通过构建专利数据与产业技术、市场等多维度数据的关联和衔接，专利导航不断拓展专利数据挖掘的深度和广度，有效促进创新要素的高效流动和优化配置，提升创新水平和效率，从而在专利信息价值最大化的同时实现创新资源配置效益的最大化。

2. 专利导航的应用

根据专利导航研究对象的不同，专利导航的应用分为区域规划类专利导航、产业规划类专利导航、创新主体类（包括企业经营类、科研活动）专利导航以及人才管理类专利导航。

（1）区域规划类专利导航。区域规划类专利导航是以各级地方行政区域、产业园区、产业集聚区等经济区域内的有关部门为服务对象，以专利导航基本方法为依托，围绕特定区域内产业转型升级、布局规划等创新发展的重大问题，对区域内的产业技术创新状况及面临的竞争形势进行全面分析，为其制定区域产业发展规划决策提供导航指引的分析范式。

（2）产业规划类专利导航。产业规划类专利导航是以产业主管部门或行业机构为服务对象，以专利导航基本方法为依托，围绕特定产业的创新发展布局、产业转型升级等重大问题，对产业技术创新状况及面临的竞争形势进行全面分析，为产业主管部门或行业机构制定产业技术创新发展规划提供导航指引的分析范式。

（3）创新主体类专利导航。创新主体类专利导航是以企业和科研院所等创新主体为服务对象，以专利导航基本方法为依托，围绕其生产经营、创新活动等过程中产生的具体诉求或问题，对相关技术领域的专利技术竞争进行定向深度解析，为创新主体的决策和管理提供导航指引的分析范式。

（4）人才管理类专利导航。以人才遴选为目标的人才管理类专利导航项目需求分析报告宜明确人才的行业需求、岗位需求、专业技能需求、工作经验需求等；以人才评价为目标的人才管理类专利导航项目需求分析报告宜明确拟评价人才的对象和目标。

3. 专利导航的实施流程

专利导航实施的基本流程主要包括以下 5 个步骤。

（1）研究对象基本状况摸查。该步骤旨在全面了解研究对象与技术创新及竞争相关的基本现状，这是开展专利导航分析的基本逻辑起点。

（2）相关产业技术竞争形势分析。该步骤旨在对研究对象所涉及的产业技术领域进行专利技术竞争形势的全景梳理和分析，为专利导航分析提供推演研判的全景沙盘。

（3）研究对象技术创新状况及定位分析。该步骤旨在将研究对象的技术研发储备、创新人才资源和专利储备等纳入产业技术竞争全景沙盘中进行分析研判，客观、准确地确定研究对象所拥有的专利技术的现状和定位，发现和识别研究对象在该产业技术领域的创新发展上存在的问题和不足。

（4）研究对象创新发展目标及关键要素分析。该步骤旨在结合研究对象存在的问题和不足以及所处产业技术领域的竞争格局，紧扣研究对象的整体发展战略，分析确定研究对象的发展目标以及响应相关发展诉求的关键要素。

（5）研究对象创新发展路径及方案分析。该步骤旨在为研究对象的创新发展提供发展路径和策略的导航支持。

第五节 专利实施的特别许可

本节知识要点

本节主要介绍专利实施中的特别许可方式，尤其是新增的开放许可的相关内容。
本节主要内容如图 6-6 所示。

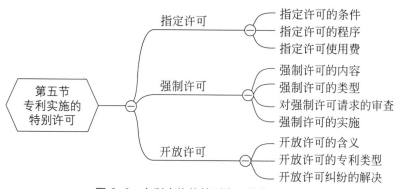

图 6-6 专利实施的特别许可的主要内容

一、指定许可

《专利法》(A49)	
①	《专利法》第四十九条:"国有企业事业单位的发明专利,对国家利益或者公共利益具有重大意义的,国务院有关主管部门和省、自治区、直辖市人民政府报经国务院批准,可以决定在批准的范围内推广应用,允许指定的单位实施,由实施单位按照国家规定向专利权人支付使用费。"

(一) 指定许可的条件

专利指定许可应具备以下条件。

(1) 指定许可的客体,只限于发明专利,不包括实用新型专利和外观设计专利。

(2) 指定许可的专利权人,只限于国有企业事业单位。

(3) 专利指定许可必须具有合理性。指定许可的理由必须是对国家利益或公共利益具有重大意义的发明专利。专利指定许可的范围只限于在批准推广实施的范围内,由指定实施的单位实施,非指定实施单位不得擅自实施该发明专利。

(二) 指定许可的程序

对国有企业事业单位发明专利实施推广应用的,必须由国务院有关主管部门和省、自治区、直辖市人民政府提出申请,经国务院批准方可实施。

(三) 指定许可使用费

获得实施指定许可发明专利的单位,应当按照国家规定向专利权人支付使用费。

二、强制许可

《专利法》(A53-A63)	
①	《专利法》第五十三条:"有下列情形之一的,国务院专利行政部门根据具备实施条件的单位或者个人的申请,可以给予实施发明专利或者实用新型专利的强制许可:(一)专利权人自专利权被授予之日起满三年,且自提出专利申请之日起满四年,无正当理由未实施或者未充分实施其专利的;(二)专利权人行使专利权的行为被依法认定为垄断行为,为消除或者减少该行为对竞争产生的不利影响的。"
②	《专利法》第五十四条:"在国家出现紧急状态或者非常情况时,或者为了公共利益的目的,国务院专利行政部门可以给予实施发明专利或者实用新型专利的强制许可。"
③	《专利法》第五十五条:"为了公共健康目的,对取得专利权的药品,国务院专利行政部门可以给予制造并将其出口到符合中华人民共和国参加的有关国际条约规定的国家或者地区的强制许可。"
④	《专利法》第五十六条第一款:"一项取得专利权的发明或者实用新型比前已经取得专利权的发明或者实用新型具有显著经济意义的重大技术进步,其实施又有赖于前一发明或者实用新型的实施的,国务院专利行政部门根据后一专利权人的申请,可以给予实施前一发明或者实用新型的强制许可。"

	《专利法》(A53-A63)
⑤	《专利法》第五十六条第二款:"在依照前款规定给予实施强制许可的情形下,国务院专利行政部门根据前一专利权人的申请,也可以给予实施后一发明或者实用新型的强制许可。"
⑥	《专利法》第五十七条:"强制许可涉及的发明创造为半导体技术的,其实施限于公共利益的目的和本法第五十三条第(二)项规定的情形。"
⑦	《专利法》第五十八条:"除依照本法第五十三条第(二)项、第五十五条规定给予的强制许可外,强制许可的实施应当主要为了供应国内市场。"
⑧	《专利法》第五十九条:"依照本法第五十三条第(一)项、第五十六条规定申请强制许可的单位或者个人应当提供证据,证明其以合理的条件请求专利权人许可其实施专利,但未能在合理的时间内获得许可。"
⑨	《专利法》第六十条第一款:"国务院专利行政部门作出的给予实施强制许可的决定,应当及时通知专利权人,并予以登记和公告。"
⑩	《专利法》第六十条第二款:"给予实施强制许可的决定,应当根据强制许可的理由规定实施的范围和时间。强制许可的理由消除并不再发生时,国务院专利行政部门应当根据专利权人的请求,经审查后作出终止实施强制许可的决定。"
⑪	《专利法》第六十一条:"取得实施强制许可的单位或者个人不享有独占的实施权,并且无权允许他人实施。"
⑫	《专利法》第六十二条:"取得实施强制许可的单位或者个人应当付给专利权人合理的使用费,或者依照中华人民共和国参加的有关国际条约的规定处理使用费问题。付给使用费的,其数额由双方协商;双方不能达成协议的,由国务院专利行政部门裁决。"
⑬	《专利法》第六十三条:"专利权人对国务院专利行政部门关于实施强制许可的决定不服的,专利权人和取得实施强制许可的单位或者个人对国务院专利行政部门关于实施强制许可的使用费的裁决不服的,可以自收到通知之日起三个月内向人民法院起诉。"

(一) 强制许可的内容

1. 强制许可的概念

强制许可,又称为非自愿许可,是指国务院专利行政部门依照法律规定,不经专利权人的同意,直接许可具备实施条件的申请者实施发明或实用新型专利的一种行政措施。强制许可的目的是促进获得专利的发明创造得以实施,防止专利权人滥用专利权,维护国家利益和社会公共利益。

2. 强制许可的请求人

(1) 具备实施条件的单位或者个人,存在下列情形的,可以提出强制许可请求:
① 专利权人无正当理由未实施或者未充分实施其专利,又不同意许可他人实施的;
② 专利权人行使专利权的行为被依法认定为垄断行为的;
③ 发明创造为半导体技术的,专利权人行使专利权的行为被依法认定为垄断行为,且请求人实施仅限于公共利益的目的和消除或者减少该行为对竞争产生的不利影响的。

(2) 国务院有关主管部门,如国家卫生健康委员会、国务院专利行政部门。在国家出现紧急状态或者非常情况时,或者为了公共利益的目的,国务院有关主管部门可以向国务院专利行政部门提出强制许可的请求。取得实施强制许可的单位或者个人不享有独占的实施权,并且无权允许他人实施。

3. 强制许可的客体

强制许可的客体仅限于已经授予专利权的发明专利和实用新型专利。强制许可的客体不包括外观设计专利。

4. 强制许可的批准机构

国务院专利行政部门负责受理和审查强制许可请求、强制许可使用费裁决请求和终止强制许可请求并作出决定。

5. 强制许可的实施限制

除专利权人行使专利权的行为被依法认定为垄断行为后为消除或者减少该行为对竞争产生的不利影响,以及为了公共健康目的的强制许可外,强制许可的实施应当主要为了供应国内市场。为了公共健康目的,急需专利权的药品(专利产品或依照专利方法获得的产品)应当出口到有关国家。

(二) 强制许可的类型

1. 不充分实施专利权的强制许可

(1) 具备申请强制许可的请求人:为具备实施条件的单位或者个人。

(2) 强制许可的专利权应当满足下列条件:

① 时间条件:自申请日起满4年,且自授权之日起满3年。

② 专利权人对专利的实施情况:无正当理由未实施或者未充分实施其专利。

③ 请求人需满足的证据条件:有证据证明请求人在合理条件、合理时间内专利权人不许可其实施该专利。

2. 根据公共利益需要的强制许可

在国家出现紧急状态或者非常情况时,或者为了公共利益的目的,国务院专利行政部门可以给予实施发明专利或者实用新型专利的强制许可。

为了公共健康目的,对取得专利权的药品,国务院专利行政部门可以给予制造并将其出口到符合中华人民共和国参加的有关国际条约规定的国家或者地区的强制许可。

3. 从属专利的强制许可

一项取得专利权的发明或者实用新型比前一已经取得专利权的发明或者实用新型具有显著经济意义的重大技术进步,其实施又有赖于前一发明或者实用新型的实施的,国务院专利行政部门根据后一专利权人的申请,可以给予实施前一发明或者实用新型的强制许可。在依照前述规定给予实施强制许可的情形下,国务院专利行政部门根据前一专利权人的申请,也可以给予实施后一发明或者实用新型的强制许可。

(三) 对强制许可请求的审查

1. 强制许可请求材料

强制许可请求涉及两个或者两个以上的专利权人的,请求人应当按专利权人的数量提交请求书及其附加文件副本。

2. 对强制许可请求的审查

(1) 审查程序。国务院专利行政部门应当对请求人陈述的理由、提供的信息和提交的有关证明文件以及专利权人陈述的意见进行审查；需要实地核查的，应当指派两名以上工作人员实地核查。请求人/专利权人要求听证的，由国务院专利行政部门组织听证。

（2）听证程序。强制许可当事人提出听证请求的，听证程序如下：

① 国务院专利行政部门应当在举行听证 7 日前通知请求人、专利权人和其他利害关系人；

② 除涉及国家秘密、商业秘密或者个人隐私外，听证公开进行；

③ 举行听证时，请求人、专利权人和其他利害关系人可以进行申辩和质证；

④ 举行听证时应当制作听证笔录，交听证参加人员确认无误后签字或者盖章。

（3）下列情形的强制许可请求，不适用听证程序：

① 国家出现紧急状态或者非常情况；

② 为了公共利益的目的；

③ 为了公共健康目的，急需专利权的药品。

国务院专利行政部门在作出驳回强制许可请求的决定前，应当通知请求人拟作出的决定及其理由。

（四）强制许可的实施

1. 强制许可使用费

（1）强制许可使用费协议优先。关于强制许可使用费，双方可以协商解决；协商不成的，可以请求国务院专利行政部门裁决。

（2）国务院专利行政部门依申请裁决使用费数额的程序如下：

① 当事人提出裁决请求书，并附具双方不能达成协议的证明文件；

② 国务院专利行政部门应当自收到请求书之日起 3 个月内作出裁决，并通知当事人。

（3）强制许可使用费计算。被许可人应当向专利权人支付适当的使用费。强制许可使用费的计算应遵循合理原则，或依照中华人民共和国参加的有关国际条约的规定处理使用费问题。付给使用费的，其数额由双方协商；协商不成的，由国务院专利行政部门裁决。

2. 强制许可的终止

（1）强制许可自动终止的情形

① 给予强制许可的决定规定的强制许可期限届满。

② 被给予强制许可的发明专利或者实用新型专利终止或者被宣告无效。

（2）强制许可依申请终止的情形。给予强制许可的决定规定的强制许可期限届满前，强制许可的理由消除并不再发生的，专利权人可以请求国务院专利行政部门作出终止强制许可的决定。

（3）经审查认为请求终止强制许可的理由成立的，国务院专利行政部门应当作出终止强制许可的决定。在作出终止强制许可的决定前，应当通知取得强制许可的单位或者个人拟作出的决定及其理由。

（4）已经生效的给予强制许可的决定和终止强制许可的决定，以及强制许可自动终止的，应当在专利登记簿上登记并在专利公报上公告。

3. 对强制许可决定和强制许可使用费不服时的救济

对强制许可决定不服的，专利权人可以自收到通知之日起 3 个月内向人民法院起诉。

对强制许可使用费的裁决不服的，专利权人和取得实施强制许可的单位或者个人可以自收到通知之日起3个月内向人民法院起诉。

【例06-13】关于专利实施强制许可,以下说法正确的是:

A. 根据"国家出现紧急状态或非常情况,或为了公共利益的目的"或"为公共健康目的,对取得专利权的药品"请求给予强制许可的,不适用听证程序

B. 在国家知识产权局作出驳回强制许可申请的决定时,强制许可的请求人可以向法院起诉

C. 专利权人与取得强制许可的单位或个人不能就强制许可的使用费达成协议的,可以直接向法院提起诉讼,无需先经过国家知识产权局裁决

D. 对专利强制许可的使用费裁决不服的,可以向国家知识产权局提起行政复议

【参考答案】AB

三、开放许可

	《专利法》(A50、A51、A52)
①	《专利法》第五十条第一款:"专利权人自愿以书面方式向国务院专利行政部门声明愿意许可任何单位或者个人实施其专利,并明确许可使用费支付方式、标准的,由国务院专利行政部门予以公告,实行开放许可。就实用新型、外观设计专利提出开放许可声明的,应当提供权利评价报告。"
②	《专利法》第五十条第二款:"专利权人撤回开放许可声明的,应当以书面方式提出,并由国务院专利行政部门予以公告。开放许可声明被公告撤回的,不影响在先给予的开放许可的效力。"
③	《专利法》第五十一条第一款:"任何单位或者个人有意愿实施开放许可的专利的,以书面方式通知专利权人,并依照公告的许可使用费支付方式、标准支付许可使用费后,即获得专利实施许可。"
④	《专利法》第五十一条第二款:"开放许可实施期间,对专利权人缴纳专利年费相应给予减免。"
⑤	《专利法》第五十一条第三款:"实行开放许可的专利权人可以与被许可人就许可使用费进行协商后给予普通许可,但不得就该专利给予独占或者排他许可。"
⑥	《专利法》第五十二条:"当事人就实施开放许可发生纠纷的,由当事人协商解决;不愿协商或者协商不成的,可以请求国务院专利行政部门进行调解,也可以向人民法院起诉。"

(一) 开放许可的含义

专利开放许可是指权利人在获得专利权后自愿向国家专利行政部门提出开放许可声明,明确许可使用费,由国家专利行政部门予以公告,在专利开放许可期内,任何人可以按照该专利开放许可的条件实施专利技术成果。

(二) 开放许可的专利类型

可以实施开放许可的专利类型包括发明、实用新型和外观设计。

就实用新型、外观设计专利提出开放许可声明的,应当提供权利评价报告。

（三）开放许可的申请与许可

1. 专利权人

专利权人申请实施开放许可的，应当以书面方式向国务院专利行政部门声明愿意许可任何单位或者个人实施其专利，并明确许可使用费支付方式、标准的，由国务院专利行政部门予以公告，实行开放许可。

专利权人撤回开放许可声明的，应当以书面方式提出，并由国务院专利行政部门予以公告。开放许可声明被公告撤回的，不影响在先给予的开放许可的效力。

2. 被许可人

任何单位或者个人有意愿实施开放许可的专利的，以书面方式通知专利权人，并依照公告的许可使用费支付方式、标准支付许可使用费后，即获得专利实施许可。

3. 开放许可的许可方式的限制

开放许可期间，专利权人不得就该专利给予独占或者排他许可。

（四）开放许可纠纷的解决

当事人就实施开放许可发生纠纷的，由当事人协商解决；不愿协商或者协商不成的，可以请求国务院专利行政部门进行调解，也可以向人民法院起诉。

📖 本章要点回顾

本章的法律依据除专利法及其实施细则中的规定之外，专利纠纷案件适用的法律规定来源于几个相关的司法解释。本章内容结合司法解释中的条款，对专利侵权行为、假冒专利行为及其他纠纷进行了详细的梳理；并对纠纷的三种解决机制（协商、请求管理专利工作的部门调处、提起诉讼）进行详细的解读，对于专利权的保护构建了相对完善的保护机制。

假冒专利具有成本低、危害大等特点，因此加强对假冒专利的打击力度，有利于维护公共利益。2020年《专利法》不仅提高了对假冒专利的行政处罚数额，还引入了惩罚性赔偿机制，并提高法定赔偿限额至500万元，有效震慑假冒专利等违法行为。

专利运用的基本定位是专利管理工作链条的关键环节和最终目的。国家因此制定了相关政策，提升专利运用效果，在原来专利实施许可、转让、质押融资的基础上，增加了专利保险、专利导航，推动专利市场化，实现价值最大化。

2020年《专利法》增加了开放许可这一特殊许可方式。开放许可是一种新型的专利许可制度，适用于发明、实用新型、外观设计三种专利类型，开放许可与强制许可的重要区别在于其没有公权力的干预，而是公权力给予支持，体现的依然是专利权人和被许可人的意思自治。对于自愿的专利权人，给予开放许可期间免缴专利年费的优惠政策。

第七章 专利合作条约及其他与专利相关的国际条约

  本章知识点框架

本章主要介绍发明、实用新型专利国际申请所依据的PCT申请程序，以及进入中国国家阶段的详细规定，增加外观设计国际申请的海牙协定中的有关规定，并简要介绍其他相关专利国际条约。要求读者了解专利合作条约的目的；掌握条约及其实施细则中关于国际申请程序、国际检索、国际公布和国际初步审查的规定；掌握国际申请进入中国国家阶段的特别规定；了解中国参加的与专利相关的其他国际条约，熟悉其签署目的和适用范围。

本章知识点框架如图7-1所示。

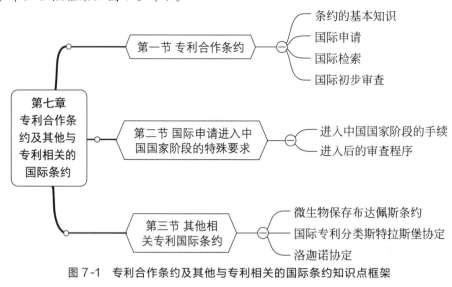

图7-1 专利合作条约及其他与专利相关的国际条约知识点框架

第一节 专利合作条约

本节知识要点

本节主要介绍发明和实用新型专利的 PCT 国际申请相关知识,着重介绍申请方式以及国际公布、国际检索和国际初步审查程序。

本节主要内容如图 7-2 所示。

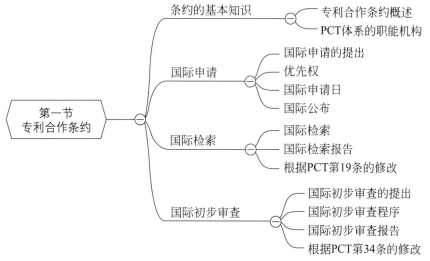

图 7-2 专利合作条约的主要内容

一、条约的基本知识

(一) 专利合作条约概述

1. PCT 国际申请

《巴黎公约》建立了国民待遇原则和优先权原则,使发明人向所属国以外的成员国申请专利成为可能。

《专利合作条约》(PCT) 中规定的为申请人向不同国家申请专利建立一种新的途径,简称 PCT 国际申请。基于 PCT 的国际专利申请,分为国际阶段和国家阶段。

(1) 国际阶段,包括国际申请的提交、受理和形式审查、国际检索和国际公布;如果申请人要求,国际阶段还包括国际初步审查。

(2) 国家阶段,是指申请人可以在自国际申请日起 30 个月内要求进入希望获得专利保护的国家,因此有充分的时间进行准备目标国家语言的专利文件。

2. PCT 国际申请程序

PCT 国际申请程序的主要时间节点及流程如图 7-3、图 7-4 所示。

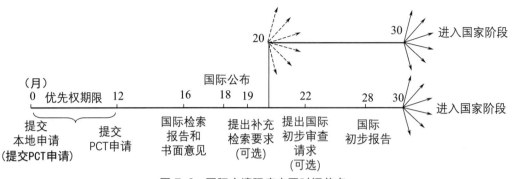

图 7-3 国际申请程序主要时间节点

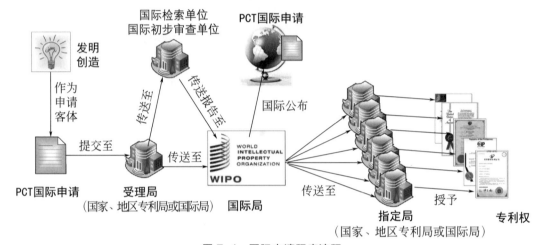

图 7-4 国际申请程序流程

PCT 国际申请程序如下。

(1) 受理：通常情况下，申请人向世界知识产权组织（国际局）认定的受理局提交 PCT 国际申请。

(2) 确定国际申请日：该申请被受理获得了国际申请日后，即在所有指定的成员国中获得正规国家申请的效力。

(3) 启动国际检索程序：如果申请人缴纳了规定的费用，在受理程序之后，国际申请进入国际检索程序。

(4) 国际检索报告：国际检索报告完成的期限是自国际检索单位收到本检索起 3 个月和自优先权日起 9 个月，以后到期的期限为准。国际检索报告由承担国际检索的国际单位作出国际检索报告（或宣布不作出国际检索报告）和书面意见（注：图 7-3 中的 16 个月是一个经验值）。

(5) 国际公布：自优先权日起 18 个月届满，由国际局对国际申请、国际检索报告以及其他规定应予以公布的文件进行国际公布。

(6) 国际初步审查（可选）：如果申请人愿意，可以自向申请人传送国际检索报告（或宣布不作出国际检索报告）和书面意见之日起 3 个月和自优先权日起 22 个月，以后到期的期限为准，请求启动国际初步审查程序。该程序是可选择的程序，不是必经程序。

(7) 国际初步审查报告：在申请人启动国际初步审查程序之后，承担国际初步审查的国际单位通常自启动国际初步审查之日起 6 个月和自优先权日起 28 个月，以后到期的期限为准，完成国际初步审查报告，又称"专利性国际初步审查报告"。该报告对国际申请请求保护的发明是否具备新颖性、创造性和工业实用性提供初步的、无约束力的意见，通常在申请人提交的修改文件的基础上作出。

（8）办理进入国家阶段手续：如果申请人欲在某些指定国寻求专利保护，应当自优先权日起 30 个月内办理进入该指定国国家阶段的手续，从而启动国家阶段的程序。

3. PCT 国际申请的专利类型

除另有明文规定外，为专利合作条约及其实施细则的目的，其中述及"专利"应解释为述及发明专利、发明人证书、实用证书、实用新型、增补专利或增补证书、增补发明人证书和增补实用证书；"国家专利"是指由国家机关授予的专利；"地区专利"是指有权授予在一个以上国家发生效力的专利的国家机关或政府间机关所授予的专利。

【例 07-01】通过 PCT 途径，申请人可以在成员国获得以下哪些类型的工业产权保护？

A. 发明专利 B. 实用新型
C. 商标 D. 外观设计

【参考答案】AB

（二）PCT 体系的职能机构

1. 国际局

国际局是指世界知识产权组织国际局，其职责包括：

（1）国际局对 PCT 的实施承担中心管理的任务。

（2）国际局负责保存所有国际申请文件正本。

（3）国际局负责国际申请的公布出版。

（4）国际局负责在申请人以及各国际单位或国家局之间传递国际申请和与国际申请有关的各种文件。

（5）国际局还负责受理国际申请。

2. 受理局

受理国际申请的国家局或政府间组织被称为受理局。

多数国家加入 PCT 后，其国家局即成为接受本国国民或居民提交的国际申请的受理局。国际局作为受理局可以接受任何 PCT 成员国的国民或居民提交的国际申请。

3. 国际检索单位

负责对国际申请进行国际检索的国家局或政府间组织被称为国际检索单位。其任务是对作为国际申请主题的发明提出现有技术的文献检索报告，并且在此基础上作出可专利性的书面意见。国际检索单位由国际专利合作联盟大会指定。符合下列条件的国家局或者政府间组织，可以被指定为国际检索单位：

（1）必须拥有至少 100 名具有足以胜任检索工作的技术资格的专职人员；

（2）必须拥有或能够利用《专利合作条约实施细则》第 34 条规定的最低限度文献；

（3）必须拥有一批能够对所要求的技术领域进行检索，并且具有至少能够理解用来撰写或者翻译《专利合作条约实施细则》第 34 条所述最低限度文献的语言的语言条件的工作人员；

  （4）必须设置质量管理系统和内部复查措施以满足国际检索普通规则的要求；

  （5）必须被指定为国际初步审查单位。

4. 国际初步审查单位

  负责对国际申请进行国际初步审查的国家局或政府间组织被称为国际初步审查单位。其任务是对作为国际申请主题的发明是否具备新颖性、创造性和工业实用性提出初步的、无约束力的意见，作出国际初步审查报告。

  国际初步审查单位由国际专利合作联盟大会指定。

5. 指定国

  申请人在国际申请中指明的、要求对其发明给予保护的那些成员国即为指定国。指定国的国家局被称为指定局。

6. 选定局

  申请人按照PCT第二章选择了国际初步审查程序，在国际初步审查要求书中所指明的预定使用国际初步审查结果的成员国被称为选定国。选定国的国家局即为选定局。

二、国际申请

（一）国际申请的提出

1. 国际申请的申请人

  缔约国的任何居民或国民均可提出国际申请。允许巴黎公约缔约国但不是PCT缔约国的居民或国民提出国际申请。

  申请人中只要有一个申请人属于缔约国的居民或国民即可提出国际申请。

2. 国际申请的主管受理局

  （1）主管受理局的确定。申请人应当向主管受理局提出国际申请。主管受理局既可以是申请人国籍所属国的国家局，也可以是申请人居所所在国的国家局。国际局作为受理局可以受理所有成员国国民或者居民提出的国际申请。

  中国的国民或居民既可以向国务院专利行政部门提出国际申请，也可以向国际局提出国际申请。中国的国民或居民直接向国际局提出国际申请的，申请人应当事先请求国务院专利行政部门进行保密审查，并且指定国中需要有中国。中国居民或者国民按照规定向国际局递交国际申请的，其主管国际检索单位和国际初步审查单位是中国国务院专利行政部门。

  （2）主管受理局的职责。主管受理局受理PCT国际申请后，应当制作专利申请文件的副本，并将受理文件传送给国际局、国际检索单位。

  其中，主管受理局自行保存的一份国际申请问价为受理本；送交给国际局为登记本；送交主管国际检索单位的为检索本。登记本应被视为是国际申请的正本。如果国际局在规定的期限内没有收到登记本，国际申请即被视为撤回。

3. 国际申请的语言

  申请人应当使用主管受理局接受的语言准备申请文件。国务院专利行政部门作为受理局接受的申请语言有两种，即中文和英文。

4. 国际申请的请求书和申请文件

国际申请的申请文件包括请求书、说明书、权利要求、附图和摘要。

（1）请求书。请求书的内容包括：

① 请求：表明请求 PCT 申请的意愿；

② 发明名称：发明名称应当简短（用英文或者译成英文时，最好是 2～7 个词）和明确；

③ 关于申请人和代理人（如有代理人的话）的事项；

④ 关于发明人的事项（如果至少有一个指定国的国家法要求在提出国家申请时提供发明人的姓名）；

⑤ 优先权要求；

⑥ 指定国：至少有一个指定国；

⑦ 申请人选择主管国际检索单位的说明；

⑧ 签字。

（2）说明书。说明书应当对发明作出清楚、完整的说明，足以使本技术领域的技术人员能够实施该发明。

撰写说明书的方式，与中国发明或者实用新型说明书撰写规范一致。

（3）权利要求。权利要求应当符合下列要求：

① 权利要求应确定要求保护的内容；

② 权利要求应当以说明书为依据，清楚、简要地限定要求保护的范围；

③ 撰写权利要求书的方式，与中国发明或者实用新型权利要求书撰写规范一致。

（4）附图。对于理解发明必要时，国际申请应当包含附图。对理解发明虽无必要，但发明的性质容许用附图进行说明的：

① 申请人在提出国际申请时可以将这些附图包括在内；

② 任何指定局可以要求申请人在规定的期限内向该局提供这些附图。

（5）摘要。摘要应当在内容允许的情况下尽可能简明，用英文书写或译成英文时最好是 50～150 个词。

5. 国际申请中日期的确定

国际申请的提交方式及收到日的确定规则如下。

（1）国际申请应当以主管受理局接受的方式提交，以该局收到申请文件之日为收到日。

（2）如果以纸件形式向国务院专利行政部门提交国际申请，有以下 3 种方式。

① 面交。使用该种方式的，以申请文件到达国务院专利行政部门受理部门之日为收到日。

② 邮寄。使用该种方式的，以申请文件到达国务院专利行政部门受理部门之日为收到日。

③ 传真。使用该种方式的，以国务院专利行政部门受理部门收到传真之日作为收到日，但申请人还必须在规定的期限内将传真文件的原件提交到受理部门。

（3）如果以 PCT-SAFE 电子申请形式向国务院专利行政部门提交国际申请，有以下两种方式。

① 在线提交。使用该种方式的，以国务院专利行政部门服务器收到电子形式的文件之日为收到日。

② 物理载体（如磁盘、CD-Rs）。使用该种方式的，以申请文件到达国务院专利行政部门受理部门之日为收到日。

（4）国务院专利行政部门设立的地方代办处不能接收国际申请。

6. 国际申请的费用

国际阶段的费用包括：

（1）申请人在提交国际申请时应当缴纳的费用包括国际申请费（外加国际申请超出30页部分的附加费）、检索费。

（2）缴纳费用的期限为自受理局收到国际申请之日起1个月内。

（3）申请人要求恢复优先权的，需要缴纳恢复优先权要求的费用、请求受理局准备和传送优先权文件的费用等。

（4）关于国际申请费，根据情况，申请人可以享受以下减免：

① 国际申请的所有申请人都是自然人，并且是中国国民、居民，或者是国际局列出的符合费用减缴条件的其他PCT成员国的国民或居民，国际申请费和手续费减缴90%；

② 如果申请人使用PCT-SAFE软件提交申请，根据所提交申请格式的不同，国际申请费（外加国际申请超出30页部分的附加费）可以减免100～300瑞士法郎不等。

7. 申请人申请撤回的权利

申请人可以自优先权日起30个月内撤回国际申请、撤回指定、撤回优先权、撤回国际初步审查要求书或撤回选定；期限届满之后提交的撤回请求将被视为未提出。撤回请求自提交至相应的国际单位时生效。

撤回请求应当由所有申请人签字。如果该申请委托了代理人，当提交了所有申请人签字的委托书后，代理人可以代表所有申请人在撤回请求上签字。若撤回优先权引起优先权日的改变，则任何自原优先权日起计算尚未届满的期限，以改变后的优先权日重新计算。

（二）优先权

1. 优先权要求

申请人可以为其国际申请要求一个或多个在巴黎公约成员国或者世界贸易组织成员提出的在先申请的优先权。在先申请的申请日应当在国际申请日之前12个月内。

2. 优先权文件

要求优先权的，申请人应当自优先权日起16个月内向国际局或受理局提交优先权文件。但国际局在上述期限届满之后收到的该在先申请的任何副本，如果是在国际申请的国际公布日之前到达国际局的，应认为国际局已在上述期限的最后一天收到。除外情形如下：

（1）该优先权文件可以由国际局或受理局从电子图书馆获得，申请人可以不提交优先权文件；

（2）在先申请是在申请人提交国际申请的受理局提出的，申请人可以请求受理局准备优先权文件并将该文件传送到国际局。为此目的，受理局可以要求申请人缴纳费用。

如果申请人在国际阶段没有履行向国际局或受理局提交优先权文件的义务，在国家阶段，指定局在宣布优先权视为未要求前应当给予申请人补交优先权文件的机会。

3. 优先权要求的改正或增加

当优先权要求不满足上述要求时，申请人应当在规定期限内根据受理局的要求进行改正；申请人在规定期限内也可以主动提出改正优先权要求或增加优先权要求。无论是应受理局的要求进行改正，还是申请人主动改正或增加优先权要求，其期限均为自优先权日起 16 个月（如果改正或者增加优先权导致优先权日发生变化，则以先到期的优先权日起 16 个月为准）或自国际申请日起 4 个月，以后届满的期限为准。

申请人应当在请求书中正确指明在先申请的申请日、申请号以及受理该在先申请的国家名称或者地区组织名称或者世界贸易组织成员名称。如果申请人在规定的期限届满时仍然没有改正缺陷，相应的优先权视为未要求。

有 3 种例外情形，在国际阶段优先权不会被视为未要求，而是留待国家阶段处理：
（1）没有提供在先申请号；
（2）优先权要求的某项说明与优先权文件的记载不一致；
（3）国际申请日在优先权期限届满之后，但在届满之后 2 个月内。

4. 优先权的恢复

《专利合作条约实施细则》规定，如果国际申请的国际申请日在优先权期限届满日之后，但是在自该优先权期限届满日起的 2 个月期限内，申请人可以向受理局或者指定局请求恢复该优先权。申请人应当声明未能在优先权期限内提交国际申请的原因并提供证据。受理局可以为了其自身的利益，要求申请人在提交恢复优先权请求时缴纳恢复请求费。每一个受理局应当将其所适用的恢复优先权的标准以及以后就此的任何变化通知国际局。国际局应迅速将此信息公布在公报上。

（三）国际申请日

1. 确定国际申请日的条件

依据 PCT 第 11 条（1）规定，只要国际申请满足下列要求，受理局应当以收到该申请之日作为国际申请日。

（1）申请人并不因为居所或国籍的原因而明显缺乏向受理局提出国际申请的权利。向国务院专利行政部门提出国际申请的，申请人（或至少其中之一）的国籍为中国或者其营业所或居所在中国。

（2）语言
① 国际申请使用规定的语言撰写。
② 提出国际申请应使用受理局为此目的所接受的任何一种语言。
③ 向国务院专利行政部门提出国际申请的，应当使用中文或英文撰写。

（3）国际申请至少包括的项目
① 说明是作为国际申请提出的；
② 至少指定一个缔约国；
③ 按规定方式写明的申请人的姓名或者名称；
④ 有一部分表面上看像是说明书；
⑤ 有一部分表面上看像是一项或几项权利要求。

如果申请人向国务院专利行政部门提出国际申请且国际申请满足上述条件，国务院专利行政部门应当依据收到申请的日期确定国际申请日。受理局应当按照行政规程的规定，在记录了国际申请日的国际申请请求书上盖章。请求书上盖了上述印章的文本应为国际申请的登记本。受理局应迅速地将国际申请号和国际申请日通知申请人。

2. 国际申请日的效力

国际申请被给予国际申请日的，自国际申请日起在每个指定国具有正规的国家申请的效力。

除特殊情形外，国际申请日应被认为是在每个指定国的实际申请日。

3. 国际申请中缺陷的改正

国际申请日确定之后，在随后的受理局审查过程中，发现国际申请存在缺陷，应当通知申请人予以更正。

申请人应当在国务院专利行政部门发出改正通知之日起 2 个月内改正；如果未发出通知，申请人应当在国务院专利行政部门首次收到其提交的国际申请之日起 2 个月内改正。未在规定的期限内改正缺陷的，该申请即被视为撤回，并由受理局作相应的宣布。

（1）不影响国际申请日的改正。在规定的期限内提交改正的，一般情况下，国务院专利行政部门将以收到改正之日为国际申请日。下列情形中的改正，不影响国际申请日的确定：

① 国际申请没有按细则的规定签字；
② 国际申请没有按规定载明申请人的情况；
③ 国际申请没有发明名称；
④ 国际申请没有摘要；
⑤ 国际申请不符合细则规定的形式要求。

（2）影响国际申请日的改正。如果国际申请提及附图，而实际上该申请并没有附图，受理局应相应地通知申请人，申请人可以在规定的期限内提供这些附图；如果申请人在规定期限内提供这些附图的，应以受理局收到附图之日为国际申请日。否则，应认为该申请没有提及附图。

4. 受理局收到不符合其受理条件的申请

申请人因国籍和居所而不具有向国务院专利行政部门提交申请的权利，但其具有提出国际申请的权利的，或者申请所使用的语言不是国务院专利行政部门接受的语言时，国务院专利行政部门可以将该申请转交国际局（并可收取相应的传送费），并向其指明该申请的收到日，国际局应认为该国际申请已被该国家局作为受理局的国际局所受理。

如此送交的国际申请应认为已经由作为受理局的国际局在该国家局受理之日所受理。但是，如果申请人向国际局提交了国际申请并缴纳相关费用的，国际局的收到日应认为是国际局实际收到该国际申请之日，且该日期效力优先。

5. 确认援引加入

如果一件国际申请，在受理局首次收到的申请文件中要求了在先申请的优先权，申请文件中的说明书、权利要求或附图的某一部分不包含在本国际申请中，但是全部包含在在先申请中，则申请人可以通过援引在先申请中相应内容的方式加入申请时提交的说明书或权利要求中。符合援引加入规定的，视为在首次收到国际申请之日已经提交了说明书和权利要求，并据此确定国际申请日。

【例 07-02】向国家知识产权局提出的 PCT 国际申请，在满足其他受理条件的情况下，下列哪些情形可以将收到该申请之日记录为国际申请日？

A. 申请人以日文提交申请
B. 申请中未按规定方式写明申请人的姓名或者名称

C. 申请人提交的申请文件中有一部分表面上看像是说明书
D. 申请人提交的权利要求书中含有表格

【参考答案】CD

（四）国际公布

1. 国际公布的期限

国际申请应当自优先权日起 18 个月届满后由国际局迅速进行国际公布。国际局通常在公布日前 15 日完成公布的技术准备工作，在国际公布的技术准备完成之前到达国际局的改正、更正、修改、变更等信息可以及时地包含在国际公布的内容中。

2. 国际公布的内容

（1）国际申请以国际公布文本和 PCT 公报两种形式公布。在进行国际公布时，如果国际局认为国际申请含有违反道德或公共秩序的词句或附图，或者含有贬低性的陈述，国际局可以删除这些内容。

（2）国际公布文本在每周的特定日子出版，以电子形式公布。国际公布文本种类分为：

① A1——国际申请和国际检索报告一同公布。

② A2——国际公布中只有国际申请缺少国际检索报告，或者国际申请和根据 PCT 第 17 条（2）(a) 的宣布（即不作出国际检索报告的宣布）一同公布。

③ A3——稍后公布的国际检索报告和扉页。

④ A4——稍后公布的修改的权利要求和/或声明（PCT 第 19 条）和扉页。

⑤ A8——国际申请扉页有关著录项目信息的更正版。

⑥ A9——国际申请或国际检索报告的更正版、变更或补充文件。

（3）国际公布文本扉页上将载明国际公布文本的种类标识。国际公布文本的内容包括扉页、说明书、权利要求书、附图（如果有的话）、说明书的序列表部分（如果有的话）、国际检索报告或者宣布不作出国际检索报告以及其他规定应当予以公布的内容，如根据 PCT 第 19 条提出的修改和/或声明。

3. 国际公布的语言

国际公布语言有 10 种：中文、英文、法文、德文、日文、俄文、西班牙文、韩文、葡萄牙文、阿拉伯文。国际申请是以英文以外的语言进行国际公布的，某些内容还要以该种语言和英文两种语言进行公布，如发明名称、摘要、摘要附图中的文字以及国际检索报告（或者宣布不作出国际检索报告）。

4. 不予公布和提前公布

（1）不予公布。国际申请在国际公布的技术准备完成之前被撤回或被视为撤回的，不予公布。申请人可以选择有条件的撤回，即在不能确保撤回通告是否能及时到达国际局的情况下，可以在撤回通告上注明，只有在能避免国际公布的情况下才撤回申请。

（2）提前公布。申请人在自优先权日起 18 个月之内的任何时间，可以要求国际局进行提前公布。出于多次公布成本的考虑，如果申请人要求提前国际公布时国际局已经收到国际检索报告（或宣布不作出国际检索报告），则不收取任何费用；否则，国际局收取特别公布费。国际申请经国际公布后，国际局将国际公布的内容传送给每一个指定局和申请人。

5. 国际公布的效力

国际公布的效力主要是指在国际公布之后申请人在指定国可能享有临时保护的权利。指定国可以对临时保护发生的效力进行规定。如果国际公布的语言不是指定国国家公布使用的语言，则指定国可以要求只有在使用该国规定语言的译本按其本国法公布后才发生效力。

三、国际检索

（一）国际检索概述

1. 国际检索的目的

国际检索的目的在于努力发现相关的现有技术，并在原始申请文件基础上提供关于新颖性、创造性及工业实用性的初步、无约束力的意见。每一国际申请都应经过国际检索。国际检索应在权利要求书的基础上进行，并适当考虑到说明书和附图。

国际检索单位的检索结果以及关于可专利性的初步意见，对指定局没有约束力，仅起参考作用，而申请人可以参考国际检索报告及书面意见评估获得专利的可能性，决定是否进一步完善申请文件或者国际申请是否进入国家阶段。

2. 主管的国际检索单位

主管国际检索单位由受理局指定。受理局可以指定一个或多个国际检索单位负责对该局受理的国际申请进行国际检索，有多个单位时申请人可作出选择。

如果国际申请是向作为受理局的国际局提出的，按照有权受理该国际申请的受理局所指定的主管国际检索单位来确定主管国际检索单位。

国务院专利行政部门作为受理局仅指定本局为主管国际检索单位。中国的国民或居民向国际局提出的国际申请，其主管国际检索单位是国务院专利行政部门。

3. 与国际检索有关的现有技术

国际检索的目的是发现有关的现有技术。

（1）有关的现有技术应包括在国际申请日之前，在世界上任何地方公众可以通过书面公开（包括绘图和其他图解）得到，并能有助于确定要求保护的发明是否具有新颖性和是否具有创造性的一切事物。

（2）对于公众可以得到的在国际申请日当天或者之后公开的文件，无论这些文件是通过书面方式，还是口头、使用、展示或者其他方式公开的，都应当在国际检索报告中分别说明该事实以及该事实发生的日期。

（3）对于在国际申请日（有优先权的，为优先权日）之前提出的专利申请或者已经获得授权的专利，如果其公开（公布或者公告）日在国际申请日当天或者之后，在国际检索报告中应当特别指明这些专利申请或者专利。

4. 国际检索单位的检索程序

（1）不作出国际检索报告的情形。如果国际检索单位认为所检索的国际专利申请存在下列情形之一，则应宣布不作出国际检索报告，并通知申请人和国际局：

① 国际申请涉及的内容按照《专利合作条约实施细则》的规定不要求国际检索单位检索，而且该国际检索单位决定对该申请不作检索的；

② 国际申请的说明书、权利要求书或附图不符合规定要求，以至于不能进行有意义的检索的。

（2）对部分权利要求作出国际检索报告。如果上述任一种情况仅存在于某些权利要求中，国际检索报告中应对这些权利要求加以相应的说明，而对其他权利要求则应按《专利合作条约》的规定作出国际检索报告。

(3) 缺乏单一性的处理。如果国际检索单位认为国际申请不符合规定的发明单一性的要求，该检索单位应要求申请人缴纳附加费：

① 国际检索单位应对国际申请的权利要求中首先提到的发明（"主要发明"）部分作出国际检索报告；

② 在规定期限内付清要求的附加费后，再对国际申请中已经缴纳该项费用的发明部分作出国际检索报告。

指定国的本国法可以规定，如果该国的国家局认为国际申请在国际阶段国际检索单位指出缺乏单一性及要求支付附加费是正当的，而申请人并未付清应缴纳的附加费，国际申请中因此而未经检索的部分，就其在该国的效力而言，未检索部分（"非主要发明"）视为撤回，除非申请人向该国的国家局缴纳了单一性恢复费。

（二）国际检索报告

1. 国际检索的期限

国际检索报告的完成期限为自国际检索单位收到检索本起 3 个月或自优先权日起 9 个月，以后届满的期限为准。

例如，某国际申请的国际申请日为 2015 年 11 月 16 日，该申请未要求优先权，国际检索单位收到检索本的日期为 2016 年 2 月 16 日，自收到检索本起 3 个月的日期为 2016 年 5 月 16 日，自优先权日起 9 个月的日期为 2016 年 8 月 16 日，则应在 2016 年 8 月 16 日前完成国际检索报告。

2. 国际检索报告的内容

国际检索报告的内容主要包括：

(1) 主题的国际分类号。

(2) 有关文件的引证。

(3) 检索的领域。国际检索应当覆盖可能包含与发明有关的所有技术领域，并应在所有检索文档的基础上进行。不仅应检索发明所属分类的技术领域，还应检索与该发明类似的技术领域，而不管该类似的技术领域分类在哪个领域。

(4) 明显错误更正是否予以考虑的说明。

(5) 关于发明单一性的说明

① 如果申请人缴纳了检索附加费，国际检索报告应当对此作出说明。

② 如果国际检索仅是对主要发明或者不是针对所有的发明进行，国际检索报告应当说明哪些部分已经检索，哪些部分没有检索。

(6) 其他事项。

3. 国际检索单位的书面意见

(1) 国际检索单位的书面意见的效力。国际检索单位在作出国际检索报告（或宣布不作出国际检索报告）的同时，应当作出书面意见。国际检索单位书面意见的内容与国际初步审查报告基本类似，是对国际申请中请求保护的发明是否具备新颖性、创造性和工业实用性提供初步的、无约束力的意见。

(2) 国际检索单位书面意见的内容包括：①书面意见的基础；②关于新颖性、创造性、实用性的说明以及支持这种说明的引证和解释；③关于发明单一性的说明；④某些引用的文件；⑤国际申请中的某些缺陷；⑥对国际申请的某些意见；⑦其他事项。

4. 发明的单一性

一件国际申请应当只涉及一项发明或者由一个总的发明构思联系在一起的一组发明。如果国际检索单位认为国际申请缺乏单一性且要求申请人在规定期限内缴纳检索附加费，申请人可以根据申请的具体情况，在规定的期限内缴纳附加检索费，或者缴纳附加检索费的同时提出异议，并缴纳异议费，或者不缴纳附加检索费。

对于按照规定提出异议的，如果异议成立，附加检索费和异议费将被退回。

如果申请人未在规定的期限内缴纳附加检索费，国际检索单位仅需对首先提到的发明主题"主要发明"进行检索。

5. 无需进行国际检索的主题

当国际申请存在下列情形时，国际检索单位将对部分权利要求或全部权利要求不进行国际检索：

（1）科学和数学理论。

（2）植物或者动物品种，或者主要是用生物学方法生产植物或者动物的方法，但微生物学方法和由该方法获得的产品除外。

（3）经营业务、纯粹智力行为或者游戏比赛的方案、规则或者方法。

（4）处置人体或动物体的外科手术或治疗方法，以及诊断方法。

（5）单纯的信息表达。

（6）计算机程序，在国际检索单位不具备条件检索与该程序有关的现有技术的限度内。

国家知识产权局作为国际检索单位进行国际检索时认为国际申请的主题属于我国不授予专利权的主题的，如用原子核变换方法获得的物质，仍然应当对该主题进行检索。

国际检索单位宣布不作出国际检索报告的，并不影响国际申请的有效性。

6. 国际检索单位的专利性国际初步报告

如果国际申请的申请人没有启动国际初步审查程序，国际局代表国际检索单位将书面意见转化为专利性国际初步报告，并按照规定传送给申请人和各指定局，供其参考。如果国际申请的申请人启动国际初步审查程序，国际检索单位的书面意见将被视为国际初步审查单位的首次书面意见，申请人应当在国际初步审查程序中就该意见向国际初步审查单位提交答复。

（三）根据 PCT 第 19 条的修改

1. 提出修改的期限

申请人在收到国际检索报告之后，在国际公布之前，有权享有一次修改权利要求的机会，即按照 PCT 第 19 条的修改。申请人应直接向国际局提出修改权利要求的请求。

按照 PCT 第 19 条修改权利要求书的期限为：自国际检索单位向申请人和国际局传送国际检索报告之日起 2 个月内，或者自优先权日起 16 个月内，以后届满的期限为准。

2. 修改的要求

申请人在规定的期限内按照 PCT 第 19 条对权利要求提出修改时，可以按细则的规定同时提出一项简短声明，解释上述修改并指出其对说明书和附图可能产生的影响。申请人的修改应当满足下列要求。

（1）提供替换页，该替换页包括一套完整的权利要求用来替换原始提交的全部权利要求。

（2）附有给国际局的修改说明的信函：

① 信函中应指出由于修改而导致哪些权利要求与原始提交的权利要求不同，同时指出其不同之处；

② 信函中应指出由于修改而导致哪些原始提交的权利要求被删除；

③ 信函中应指出所做修改未超出原始提出的国际申请公开的范围。

（3）对权利要求的修改必须提交到国际局。

（4）修改文件必须使用该国际申请国际公布的语言。

四、国际初步审查

（一）国际初步审查的提出

1. 国际初步审查要求书

国际初步审查的要求应向主管国际初步审查单位提出。任何以后的选定都应向国际局提出。国际初步审查要求书的提交应构成对所有被指定缔约国的选定。

国际初步审查要求书应当采用受理局或者国际初步审查单位提供的标准表格，内容包括：

（1）表明希望主管国际初步审查单位进行国际初步审查的请求。

（2）有关申请人和代理人（有代理人时）的记载：要求书应写明申请人的姓名或者名称以及地址。

（3）有关所涉及的国际申请的信息：发明名称、国际申请日、国际申请号、受理该国际申请的受理局的名称等。

（4）要求书应由申请人签字。为共同申请的，应由所有提出要求的申请人签字。

（5）根据需要，作出有关修改的声明：

① 如果根据 PCT 第 19 条提出过修改，有关该修改的声明应写明申请人是否希望国际初步审查单位考虑那些修改；如果希望被考虑，则原修改的副本应当与本国际初步审查要求书一起提交；如果已经根据 PCT 第 34 条提出了修改，也可以表明希望原修改被视为撤销。

② 如果和国际初步审查要求书一起提出了根据 PCT 第 34 条提出的修改，该声明应予以写明。

2. 提交要求书的期限

如果申请人要求进行国际初步审查，申请人应当自传送国际检索报告和书面意见之日起3个月内或自优先权日起 22 个月内（以后届满的期限为准）提出国际初步审查要求书。期限届满之后提出的要求书将被视为未提出。

3. 国际初步审查的语言

（1）国际初步审查要求书应使用国际申请的语言。

（2）如果国际申请在提出时使用的语言与公布时使用的语言不同，应使用国际申请公布时的语言。

（3）如果国际申请提出时使用的语言，以及国际申请公布时使用的语言，都不是进行国际初步审查的国际初步审查单位所接受的语言,申请人应连同国际初步审查要求一起,提交该国际申请的译文,所用语言应同时符合以下两个条件:

① 是该单位接受的一种语言;
② 是公布语言中的一种。

4. 主管的国际初步审查单位

大会在指定国际申请的主管国际初步审查单位时,如果受理局本身是国际初步审查单位,则大会应优先指定该单位;如果该受理局不是国际初步审查单位,则大会应优先指定该局推荐的国际初步审查单位。

如果国际申请是向作为受理局的国际局提出的,按照有权受理该国际申请的受理局所指定的主管国际检索单位来确定主管国际检索单位。

如果国际初步要求书是提交给国际局的,国际局应在要求书上标明收到日期,并向主管的国际初步审查单位传送要求书。

国务院专利行政部门作为受理局仅指定本局为主管国际初步审查单位。中国的国民或居民向国际局提出的国际申请,其主管国际初步审查单位是国务院专利行政部门。

5. 与国际初步审查有关的现有技术

在国际初步审查阶段判断发明是否具备新颖性和创造性时,涉及现有技术。现有技术是指在国际申请日(有优先权的,为优先权日)以前,在世界上任何地方公众通过书面公开(包括绘图和其他图解)可以得到的一切信息。

在初步审查中,非书面公开的日期如果记载在申请日(有优先权的,为优先权日)同日或者在其之后公众可以得到的书面公开之中的,这种非书面公开不被认为是现有技术。抵触申请也不应当被认为是现有技术。

6. 国际初步审查的费用

提出国际初步审查要求应当缴纳初步审查费和手续费。申请人缴纳费用的期限为自优先权日起22个月或自提出初步审查要求书之日起1个月,以后届满的期限为准。申请人未在规定期限内缴纳费用的,应当自国际初步审查单位通知之日起1个月内缴纳费用,并缴纳滞纳金,否则国际初步审查要求书将被视为未提出。

国际申请的所有申请人都是自然人,并且是中国国民、居民,或者是国际局列出的符合费用减缴条件的其他PCT成员国的国民或居民,国际申请费和手续费减缴90%。

(二) 国际初步审查程序

1. 国际初步审查的目的

国际初步审查程序是一个可选择的程序,不具有强制性。在国际初步审查阶段,国际初步审查单位将作出国际初步审查报告,该报告又被称作"专利性国际初步审查报告"。

国际初步审查的目的在于对国际申请中请求保护的发明是否具备新颖性、创造性和工业实用性提供初步的、无约束力的意见。

2. 国际初步审查的启动

具备下列条件的,启动国际初步审查程序:
(1) 收到国际初步审查要求书;
(2) 收到应当缴纳的全部费用;

(3) 收到国际检索报告或者宣布不作出国际检索报告，以及国际检索单位的书面意见。

3. 国际初步审查单位的审查程序

(1) 国际初步审查单位的审查依据。国际初步审查单位的审查程序应遵守《专利合作条约》、《专利合作条约实施细则》以及国际局与该国际初步审查单位签订的协议，但该协议不得违反条约和细则的规定。

(2) 国际初步审查程序中申请人的权利

① 申请人有权以口头和书面形式与国际初步审查单位进行联系。

② 在国际初步审查报告作出之前，申请人有权依规定的方式，并在规定的期限内修改权利要求书、说明书和附图。这种修改不应超出国际申请提出时对发明公开的范围。

③ 除国际初步审查单位认为不能进行国际初步审查以外，申请人应从该单位至少得到一份书面意见。

④ 申请人可以对上述书面意见作出答复。

(3) 发明单一性的问题

① 如果国际初步审查单位认为国际申请不符合发明单一性要求，可以要求申请人选择对权利要求加以限制，以符合该要求，或缴纳附加费。

② 任何选定国的本国法可以规定，如果申请人选择对权利要求加以限制，则国际申请中因限制而删除部分，就其在该国的效力而言，应该认为已经撤回，除非申请人向该国的国家局缴纳单一性恢复费。

③ 如果申请人在规定的期限内不对权利要求加以限制，国际初步审查应就国际申请中看来是"主要发明"的那些部分作出国际初步审查报告，并在该报告中说明有关的事实。任何选定国的本国法可以规定，如果该国的国家局认为国际初步审查单位的要求是正当的，该国际申请中未审查的"非主要发明"部分，就其在该国的效力来说，应认为已经撤回，除非申请人向该局缴纳单一性恢复费。

(4) 国际检索单位决定不进行审查，并作出书面意见的，应将这种决定及其理由通知申请人。不进行国际初步审查的情形包括：

① 国际申请涉及的主题按照《专利合作条约实施细则》的规定并不要求国际初步审查单位进行国际初步审查，并且该单位已决定不对该特定案件进行审查；

② 说明书、权利要求书或附图不清楚，或者权利要求在说明书中没有适当的依据，因而不能对请求保护的发明的新颖性、创造性（非显而易见性）或工业实用性形成有意义的意见。

如果国际检索单位认为国际申请中决定不进行审查的情况只存在于某些权利要求中或只与某些权利要求有关，则应当对符合规定的部分进行审查。

(三) 国际初步审查报告

1. 国际初步审查的期限

完成国际初步审查报告的期限是自优先权日起 28 个月，或自启动审查之日起 6 个月内，或自收到前述译文之日起 6 个月，以后届满的期限为准。

国际初步审查单位完成国际初步审查报告后，应迅速地分别将其传送给申请人和国际局，并且由国际局将报告的副本传送给所有的选定局。

2. 国际初步审查报告的内容

(1) 国际初步审查报告的主要内容包括：

① 报告的基础；

② 关于新颖性、创造性、工业实用性的说明以及支持这种说明的引证和解释；

③ 关于发明单一性的说明；

④ 某些引用的文件；

⑤ 国际申请中的某些缺陷；

⑥ 对国际申请的某些意见；

⑦ 其他事项。

(2) 国际初步审查的书面意见。关于国际初步审查的书面意见规定如下。

① 一般情况下国际检索单位作出的书面意见应当作为国际初步审查单位的首次书面意见。

② 在收到申请人关于首次书面意见的答复或修改之后，认为国际申请中仍然存在缺陷的，可以再次发出书面意见。

③ 申请人应当在规定的期限内答复书面意见，该答复可以包括修改或答辩。申请人也有权以口头形式（如电话）与国际初步审查单位联系，或者要求个人会晤。但是，申请人也可以对书面意见不作任何答复，不答复不会造成国际申请被视为撤回，答复与否完全由申请人自行决定。

④ 如果申请人启动了国际初步审查程序，但并未提交任何答复或者修改，则国际初步审查单位可能作出与国际检索单位书面意见内容相同的国际初步审查报告。

3. 发明的单一性

国际阶段认为发明缺乏单一性的处理：

(1) 如果国际初步审查单位认为国际申请缺乏单一性，且要求申请人在规定期限内缴纳初步审查附加费，申请人可以根据申请的具体情况，在规定的期限内缴纳初步审查附加费；或者缴纳初步审查附加费的同时提出异议，并缴纳异议费；或者不缴纳初步审查附加费；或者限制权利要求。

(2) 对于按照规定提出异议的，如果异议成立，初步审查附加费和异议费将被退回。

(3) 如果申请人未在规定的期限内缴纳初步审查附加费，国际初步审查单位仅需对申请中的主要发明部分作出国际初步审查报告。

4. 无须进行国际初步审查的主题

如果国际申请的主题是下列各项之一，并且在有下列情形之一的限度内，国际初步审查单位无须对该国际申请进行国际初步审查：

(1) 科学和数学理论。

(2) 植物、动物品种或者主要是用生物学方法生产植物和动物的方法，但微生物学方法和由该方法获得的产品除外。

(3) 经营业务，纯粹智力活动或者游戏比赛的方案、规则或者方法。

(4) 治疗人体或者动物体的外科手术或者疗法以及诊断方法。

(5) 单纯的信息提供。

(6) 计算机程序，在国际初步审查单位不具备条件对其进行国际初步审查的限度内。

5. 国际初步审查报告或国际检索单位书面意见的送达

（1）副本的送达。国际初步审查单位应在同日内将国际初步审查报告和附件（如果有的话）的副本传送给国际局一份，并也传送给申请人一份。

（2）向选定局送达

① 如果国际初步审查单位已经将国际初步审查报告传送给了国际局，国际局应当将国际初步审查报告副本，连同其译本（按规定）以及其附件（用原来的语言）副本送达每个选定局。

② 如果国际初步审查报告尚未传送给国际局，国际初步审查单位应当迅速向国际局送达由国际检索单位作出的书面意见的副本。

（3）送达方式。国际局以电子形式将需送达文件放入数字图书馆即完成送达。

（4）送达时间

① 国际局向各选定局送达的时间不应早于自优先权日起30个月届满之日。

② 如果申请人已经向选定局提出明确请求，要求对其国际申请进行审查，则不受上述时间限制。

6. 申请人撤回国际初步审查要求书或者撤回选定的处理

如果申请人撤回要求书或任何或所有的选定，假若国际局已经收到了国际初步审查报告，它仍应向受这一撤回影响的选定局送达相关的报告及文件。

（四）根据 PCT 第 34 条的修改

1. 提出修改的期限

在国际初步审查报告作出之前，申请人有权依规定的方式，并在规定的期限内修改权利要求书、说明书和附图。这种修改不应超出国际申请提出时对发明公开的范围。

2. 修改的要求

国际初步审查阶段，申请人可以修改专利申请文件，规定如下。

（1）申请人按照 PCT 第 34 条作出的修改最早可以随国际初步审查要求书一起提交，也可以在答复国际初步审查单位的书面意见时进行修改，还可以在国际初步审查启动之后、报告拟定之前的其他任何时候主动进行修改。

（2）申请人修改申请文件不是强制性的，申请人可以自行决定是否需要进行修改。

（3）申请人按照 PCT 第 34 条提出修改时应当提交说明书、权利要求书或附图的替换页，并且附以说明替换页与被替换页间不同之处的信函，必要时还可以在信函中说明修改的理由；涉及权利要求修改的，需提交全部权利要求的替换页。

【例 07-03】下列关于 PCT 国际申请的说法哪些是正确的？

A. 申请人可以依据《专利合作条约》提交 PCT 国际申请，也可以依据《巴黎公约》直接向外国提交专利申请

B. 国际初步审查程序是 PCT 国际申请的必经程序

C. 国际检索单位书面意见和专利性国际初步报告是国际单位对作为国际申请主题的发明是否有新颖性、创造性和工业实用性提出的初步的、无约束力的意见

D. 有些 PCT 国际申请的主题，如原子核变换方法，即使国际单位经检索认为其具备新颖性和创造性，也无法在中国获得专利权

【参考答案】ACD

第二节　国际申请进入中国国家阶段的特殊要求

本节知识要点

本节主要介绍 PCT 国际申请进入中国国家阶段的发明、实用新型专利申请的进入手续及审查、授权程序，以及一些特殊事项的处理，包括优先权、单一性、复查等。

本节主要内容如图 7-5 所示。

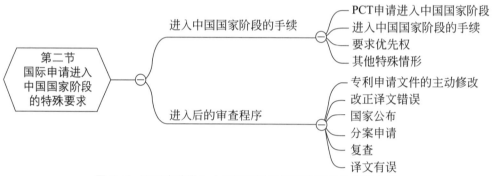

图 7-5　国际申请进入中国国家阶段的特殊要求的主要内容

一、进入中国国家阶段的手续

（一）PCT 申请进入中国国家阶段

1. PCT 申请进入中国国家阶段的时间要求

（1）国际申请的申请人应当在优先权日起 30 个月内，向国务院专利行政部门办理进入中国国家阶段的手续。

（2）申请人未在该期限内办理该手续的，在缴纳宽限费后，可以在自优先权日起 32 个月内办理进入国家阶段的手续。

2. 进入中国国家阶段最低文件要求

申请人办理国际申请进入国家阶段手续的，应当符合下列要求：

（1）以中文提交进入中国国家阶段的书面声明，写明国际申请号和要求获得的专利权类型；

（2）缴纳申请费、公布印刷费，必要时缴纳宽限费；

（3）国际申请以外文提出的，提交原始国际申请的说明书和权利要求书的中文译文。

申请人提交的前述三项文件满足要求的，国务院专利行政部门应当给予申请号，明确国际申请进入中国国家阶段的日期（以下简称进入日），并通知申请人其国际申请已进入中国国家阶段。

3. 进入国家阶段需提交的其他文件

申请人办理国际申请进入国家阶段手续，提交的下列文件也应当符合要求。

(1) 在进入中国国家阶段的书面声明中写明发明创造的名称、申请人姓名或者名称、地址和发明人的姓名，上述内容应当与国际局的记录一致；国际申请中未写明发明人的，在上述声明中写明发明人的姓名。

(2) 国际申请以外文提出的，提交摘要的中文译文，有附图和摘要附图的，提交附图副本并指定摘要附图，附图中有文字的，将其替换为对应的中文文字。

(3) 在国际阶段向国际局已办理申请人变更手续的，必要时提供变更后的申请人享有申请权的证明材料。

(4) 必要时缴纳申请附加费。

国际申请已进入中国国家阶段，但不符合前述四项文件要求的，国务院专利行政部门应当通知申请人在指定期限内补正；期满未补正的，其申请视为撤回。对于国际申请，在办理进入国家阶段手续时未提交附图副本的，申请人应当在国务院专利行政部门指定的期限内补交，补交后不影响申请日，也不影响进入。

（二）进入中国国家阶段的手续

1. 进入声明

进入声明中记载的内容如下。

(1) 国际申请日

① 进入声明中填写的国际申请日应当与国际公布文本扉页上的记载相同。

② 国际申请日是在国际阶段由受理局确定的。国际申请日是在每个指定国的实际申请日。

(2) 发明名称

① 进入声明中的发明名称应当与国际公布文本扉页中记载的一致。

② 国际申请以外文进行国际公布的，发明名称的译文除准确表达原意外，还应当使译文简短。

③ 在译文没有多余词汇的情况下，发明名称的字数可以超过25个字。

(3) 发明人。发明人的填写应当符合下列规定，不符合规定的，申请人应当在国务院专利行政部门发出的补正通知书中指定的期限内补正，期满未补正的，其申请视为撤回：

① 除在国际阶段由国际局记录过变更的情况外，进入声明中填写的发明人应当是国际申请请求书中写明的针对中国的发明人，发明人应当是自然人。

② 国际公布使用外文的，应当准确地将发明人的姓名译成中文，姓和名的先后顺序应当按照其所属国的习惯写法书写。

③ 在国际阶段曾经由国际局传送过记录变更通知书，通报发明人或者发明人姓名变更的，在进入声明中直接填写变更以后的信息，申请人不需要再办理著录项目变更手续。

④ 在国际公布文本中没有记载发明人姓名的，在进入国家阶段时应当在进入声明中补充写明发明人。针对中国的发明人经国际局登记已经死亡的，在进入国家阶段时，仍应作为发明人填写在进入声明中。

(4) 申请人。申请人的填写应当符合下列规定，不符合规定的，申请人应当在国务院专利行政部门发出的补正通知书中指定的期限内补正；期满未补正的，其申请视为撤回：

① 除在国际阶段由国际局记录过变更的情况外，进入声明中填写的申请人应当是国际申请请求书中写明的针对中国的申请人。

② 国际公布使用外文的，应当准确地将申请人的姓名或名称、地址译成中文；申请人是企业或者其他组织的，其名称应当使用中文正式译文的全称。申请人为个人的，在进入声明中填写申请人译名时姓和名的先后顺序应当按照其所属国的习惯写法书写。

③ 在国际阶段曾经由国际局传送过记录变更通知书，通报申请人变更或者申请人的姓名或名称地址变更的，应当认为已向国务院专利行政部门申报，在进入声明中直接填写变更以后的信息。

④ 经国际局登记已经死亡的申请人，进入国家阶段时，不应写入进入声明中，已死亡申请人的继承人尚未确定的除外。

（5）审查基础文本声明。国际阶段专利申请人根据规定对申请文件进行过修改的，在进入国家阶段时，除原始申请文件外，还应当在进入声明中审查基础一栏内指明在后续程序中应当依据的文本，即对审查基础文本作出声明。

在国际阶段及进入国家阶段后均没有对申请作出修改的，审查基础应当是原始申请。

审查基础文本声明中提及国际阶段的修改的，应当自进入日起2个月内提交该修改文件的译文。期限届满时仍未提交的，对声明中提及的修改将不予考虑，审查员应当发出修改不予考虑通知书。

2. 费用

申请人办理进入国家阶段手续时应当缴纳的费用包括申请费和公布印刷费（要求获得发明专利的），必要时，还包括宽限费、申请附加费。由国务院专利行政部门作为受理局受理的国际申请在进入国家阶段时免缴申请费及申请附加费。

3. 提交中文译文

（1）提交国际申请原始文件的中文译文。国际申请以外文提出的，在进入国家阶段时，需提交原始国际申请的说明书、权利要求书的译文，译文应当完整，与国际局传送的国际公布文本中说明书、权利要求书的内容相符。译文与原文明显不符的，该译文不作为确定进入日的基础。说明书、权利要求书中不得含有违反道德或公共秩序的内容，或者其他贬低性的陈述。不符合规定的，申请人应当在国务院专利行政部门指定的期限内改正。

在国际阶段，国际申请说明书、权利要求书中包含核苷酸和/或氨基酸序列表，并且序列表是作为说明书单独部分提交的，在提交译文时，也应当将其作为说明书单独部分，并且单独编写页码。

（2）国际阶段修改文件的中文译文。审查基础文本声明中提及国际阶段修改的，应当自进入日起2个月内提交该修改文件的译文。期限届满时仍未提交的，对声明中提及的修改将不予考虑。国际检索阶段对权利要求书进行修改的，应提交修改译文，并符合公布的格式要求。修改的权利要求书的译文与原始申请的权利要求书的译文一起进行国家公布。

国际初步审查阶段进行的修改，应提交修改译文，且修改的译文前应附有简短的修改说明，该译文在国家公布时不予公布。

修改文件的译文不符合规定的，申请人应当在国务院专利行政部门发出的修改文件缺陷通知书中指定的期限内改正；期满未改正的，修改不予考虑。

在进入国家阶段时未要求将国际阶段的修改文件译文作为审查基础，并且在进入国家阶段之后自进入日起2个月内提交该译文且要求作为审查基础的，应当附有补交修改文件的译文或修改文件表，且明确将修改后的内容作为审查基础的意愿。

4. 进入日的确定

（1）申请人获得国家申请号和确定进入日的最低要求

① 自优先权日起 30 个月内，向国务院专利行政部门办理进入国家阶段的手续；未在该期限内办理的，在缴纳宽限费后，可以自优先权日起 32 个月内办理。

② 以中文提交进入声明，写明国际申请号和要求获得的专利权类型。

③ 国际申请以外文提出的，提交原始国际申请的权利要求书和说明书的中文译文。

④ 缴纳申请费、公布印刷费（要求获得发明专利的），必要时，缴纳宽限费。由国务院专利行政部门作为受理局受理的国际申请，免缴申请费。

（2）进入日的确定的规定

① 申请人办理进入国家阶段的手续符合最低要求的，申请人将收到国际申请进入中国国家阶段通知书，其中载明了国家申请号以及国务院专利行政部门确定的进入日。

② 申请人办理进入国家阶段的手续，在规定期限内完成全部最低要求的最后日期，为其进入日日期。进入日并不是国际申请在中国的申请日；国际申请视为在中国的实际申请日。

专利权的保护期限从在中国的申请日起计算，而不从进入日起计算。

5. 国际申请的效力

国际申请在中国效力终止的情形有：

（1）国际申请在国际阶段被撤回或者被视为撤回，或者国际申请对中国的指定被撤回的；

（2）申请人未自优先权日起 32 个月内办理进入国家阶段手续的；

（3）申请人办理进入国家阶段的手续，但自优先权日起 32 个月期限届满仍不符合进入国家阶段最低要求的。

国际申请在国际阶段被撤回或者被视为撤回，或者国际申请对中国的指定被撤回的，申请人不能请求恢复权利。申请人自优先权日起 32 个月内，未办理进入国家阶段手续或者办理进入国家手续不符合进入国家阶段最低要求的，如果延误进入国家阶段的期限是由不可抗拒的事由造成的，申请人可以请求恢复权利。

6. 提前进入中国国家阶段

申请人在自优先权日起 30 个月期限届满前办理进入国家阶段的手续，并要求国务院专利行政部门提前处理和审查国际申请，除应当办理进入国家阶段手续外，还应当办理以下事务。

（1）提出提前处理请求。

（2）国际局尚未向国务院专利行政部门传送国际申请的，申请人可以提交经确认的国际申请副本；或者要求国际局向国务院专利行政部门传送国际申请副本；或者向国务院专利行政部门提出请求，由国务院专利行政部门要求国际局传送国际申请副本。

申请人要求对该国际申请进行实质审查的，需要另行提出实质审查请求。

（三）要求优先权

1. 国际阶段优先权要求的效力

对于进入国家阶段的国际申请，申请人在国际阶段要求了一项或者多项优先权，而且在进入国家阶段时该优先权要求继续有效的，视为已经依照规定提出了书面声明。

国际局曾经发出撤回优先权要求通知书或优先权要求被认为未提出通知书的，其中所涉及的优先权要求应认为已经失去效力，不应写入进入声明中。不符合规定的，视为未要求该项优先权。如果进入国家阶段的国际申请要求了优先权，且作为优先权基础的在先申请是在中国提出的国家申请，应当看作要求本国优先权，即其在先申请自后一申请提出之日起即视为撤回。

2. 优先权要求的改正

申请人应当在进入声明中准确地写明其在先申请的申请日、申请号及原受理机构名称。写明的内容应当与国际公布文本扉页中的记载一致。不一致的，国务院专利行政部门依据国际公布文本上的记载依职权加以改正优先权声明并通知申请人。

申请人在国际阶段没有提供在先申请的申请号的，应当在进入声明中写明。不符合规定的，申请人应当在国务院专利行政部门发出的办理手续补正通知书中指定的期限内补正，期满未答复或者补正后仍不符合规定的，视为未要求该项优先权。

3. 在先申请文件副本的提交

如果申请人在国际阶段已经提交了在先申请文件副本或者向受理局提出制作在先申请文件副本的要求，申请人不必再向国务院专利行政部门提交在先申请文件副本，该在先申请文件副本由国务院专利行政部门请求国际局提供。

在国际阶段没有按照规定提交在先申请文件副本的，申请人应当在国务院专利行政部门发出的办理手续补正通知书中指定的期限内补交；期满未提交的，相应的优先权视为未要求。

如果优先权声明与在先申请文件副本中记载的一项或者两项内容不一致，申请人应当在国务院专利行政部门发出的办理手续补正通知书中指定的期限内补正。期满未答复或者补正后仍不符合规定的，视为未要求该项优先权。

4. 优先权要求的恢复

国际申请在进入国家阶段后，由于下述情形之一而导致视为未要求优先权的，可以根据《专利法实施细则》的规定请求恢复要求优先权的权利：

（1）申请人在国际阶段没有提供在先申请的申请号，进入声明中仍未写明在先申请的申请号；

（2）要求优先权声明填写符合规定，申请人未在规定期限内提交在先申请文件副本或者优先权转让证明；

（3）要求优先权声明中在先申请的申请日、申请号和原受理机构名称中的一项或者两项内容与在先申请文件副本中记载的不一致；

（4）要求优先权声明填写符合规定，但未在规定期限内缴纳或者缴足优先权要求费。

除以上情形外，其他原因造成被视为未要求优先权的，不予恢复。

5. 优先权要求费

要求优先权的，申请人应当自进入日起2个月内缴纳优先权要求费；期满未缴纳或者未缴足的，视为未要求该项优先权。

(四) 其他特殊情形

1. 生物材料样品的保藏

申请人在国际阶段按照 PCT 的规定对生物材料样品的保藏单位名称和地址、保藏日期、保藏编号作出说明的，应当在进入声明中予以指明。该指明应当包括指出记载保藏事项的文件种类以及在该文件中的具体记载位置。

申请人在国际阶段已经按照 PCT 的规定对生物材料样品的保藏作出说明，但是没有在进入声明中予以指明或指明不准确的，可以自进入日起 4 个月内主动补正；期满未补正的，相应的生物材料样品应当视为未保藏。

在国际阶段申请人没有作出生物材料样品保藏说明，而在进入声明中声称该申请涉及生物材料样品保藏的，相应的生物材料样品应当视为未保藏。

申请人应当自进入日起 4 个月内提交生物材料样品保藏证明和存活证明。

2. 涉及遗传资源的国际申请

国际申请涉及的发明创造的完成依赖于遗传资源的，申请人除应当在进入声明中予以说明外，还应当填写遗传资源来源披露登记表。

不符合规定的，申请人应当在国务院专利行政部门发出的补正通知书中指定的期限内补正。期满未补正的，其申请视为撤回。补正后仍不符合规定的，其申请应当被驳回。

3. 援引加入的保留

根据《专利合作条约实施细则》的规定，申请人在递交国际申请时遗漏了某些项目或部分，可以通过援引在先申请中相应部分的方式加入遗漏项目或部分，而保留原国际申请日。其中的"项目"是指全部说明书或者全部权利要求，"部分"是指部分说明书、部分权利要求或者全部或部分附图。

对于申请文件中含有援引加入项目或部分的，如果申请人在办理进入国家阶段手续时在进入声明中予以指明，则允许申请文件中保留援引加入项目或部分。

对于申请文件中含有援引加入项目或部分的，如果申请人在办理进入国家阶段手续时未予以指明，则不允许申请文件中保留援引加入项目或部分。

4. 不丧失新颖性的公开

国际申请涉及的发明创造有 A24 第二项（符合条件的公开展出）或者第三项（符合条件的公开发表）所述情形之一的，并且在提出国际申请时作出过声明的，应当在进入声明中予以说明，并自进入日起 2 个月内提交规定的有关证明文件。未予说明或者期满未提交证明文件的，不适用不丧失新颖性的宽限期规定。

申请人在进入声明中指明在国际申请提出时要求过不丧失新颖性宽限期的，国际公布文本扉页中应当有相应的记载。不符合规定的，视为未要求不丧失新颖性宽限期。在国际公布文本中有记载而在进入声明中没有指明的，申请人可以自进入日起 2 个月内补正。

【例 07-04】某中国申请人于 2010 年 2 月 26 日就其在中国完成的一项发明创造向国家知识产权局提交了一件 PCT 国际申请。下列说法哪些是正确的？

A. 该 PCT 国际申请是向国家知识产权局提出的，因此视为同时提出了保密审查请求

B. 申请人应当委托专利代理机构办理 PCT 国际申请的相关事务

C. 申请人应当在 2012 年 2 月 26 日前办理进入中国国家阶段的手续

D. 在办理进入中国国家阶段手续时，申请人可以选择要求获得发明专利或者实用新型专利

【参考答案】AD

二、进入后的审查程序

（一）专利申请文件的主动修改

根据《专利法实施细则》的规定，申请人在办理进入国家阶段手续之后在规定的期限内可以对专利申请文件主动提出修改。具体修改规定如下：

（1）要求获得实用新型专利权的国际申请，申请人可以自进入日起 2 个月内对专利申请文件主动提出修改；

（2）要求获得发明专利权的国际申请，可以在提出实质审查请求时，以及收到国务院专利行政部门发出的发明专利申请进入实质审查阶段通知书之日起 3 个月内对申请文件主动提出修改；

（3）无论是国际阶段的修改，还是进入国家阶段的主动修改，均应满足 A33 修改不允许超过原始文件记载的范围的规定。

（二）改正译文错误

1. 改正译文的专利申请文件

申请人发现提交的说明书、权利要求书或者附图中的文字的译文存在错误的，即译文文本与国际局传送的原文文本相比个别术语、个别句子或者个别段落遗漏或者不准确，可以依照该文本提出改正。

2. 主动提出改正译文错误

申请人发现译文错误，主动提出修改的期限为：

（1）在国务院专利行政部门作好公布发明专利申请或者公告实用新型专利权的准备工作之前；

（2）在收到国务院专利行政部门发出的发明专利申请进入实质审查阶段通知书之日起 3 个月内。

申请人改正译文错误的，应当提出书面请求并缴纳规定的译文改正费。

3. 应国务院专利行政部门的通知改正译文错误的

申请人按照国务院专利行政部门通知书的要求改正译文错误的，应当在指定期限内缴纳译文改正费；期满未缴纳译文改正费的，该申请被视为撤回。

4. 改正译文错误手续

申请人改正译文错误的，应当提交书面改正译文错误请求、改正页，并缴纳规定的译文改正费。

（三）国家公布

1. 公布的时间

进入国家阶段的国际申请经初步审查合格之后，国务院专利行政部门应当及时进行国家

公布的准备工作，完成国家公布准备工作的时间一般不早于自该国际申请进入国家阶段之日起2个月。

2. 公布的语言

国家公布采用中文。国际公布是使用外文的国际申请，国家公布在发明专利公报中登载，且出版发明专利申请单行本。国际公布是使用中文的国际申请，国家公布在发明专利公报中登载。

3. 公布的效力

申请人的PCT国际申请进入中国国家阶段要求获得发明专利的，临时保护效力自采用中文进行公布的时间起算。

（1）国际公布采用中文的，进入中国国家阶段要求获得发明专利的，自该国际公布之日起发生临时保护的效力。

（2）国际公布采用中文以外的其他语言的，不发生临时保护的效力。

（3）国际公布未采用中文的，自该申请进入中国国家阶段后，国家知识产权局采用中文进行国家公布之日起算。

（四）分案申请

1. 单一性

对于进入国家阶段的国际申请，国务院专利行政部门根据我国规定判断、处理国际申请的单一性问题。国际单位对单一性的意见对国务院专利行政部门无约束力。

国际检索单位和国际初审单位在国际阶段未提出单一性问题的情况下，国际申请进入国家阶段后，国务院专利行政部门经独立审查，仍然可以提出其不满足单一性要求的问题。

2. 缴纳单一性恢复费的情形

如果申请人提出作为审查基础的申请文件中，要求保护的发明是缺乏单一性的多项发明，并且国务院专利行政部门经审查认定国际单位作出的缺乏单一性的结论正确，国际申请有如下情形之一的，申请人应当在国务院专利行政部门发出的缴纳单一性恢复费通知书中指定的期限内缴纳单一性恢复费：

（1）缺乏单一性的多项发明中包含了在国际阶段由于申请人没有应国际检索单位或国际初步审查单位的要求缴纳因缺乏单一性所需的附加检索费或附加审查费，而导致未进行国际检索或国际初步审查的发明；

（2）缺乏单一性的多项发明包含了申请人在国际阶段未缴纳附加检索费或附加审查费而表示放弃的发明。

3. 缴费或者不缴费的后续处理

如果申请人在规定的期限内缴纳了单一性恢复费，申请人通常还需要根据国务院专利行政部门的审查意见修改申请文件，删除不具备单一性的发明。对于删除的发明，申请人可以根据规定提出分案申请。缴纳单一性恢复费并不意味着申请文件克服了单一性缺陷，只是使不具备单一性的部分成为国际申请的有效部分。

如果申请人在规定的期限内未缴纳或未缴足单一性恢复费，并且也没有删除缺乏单一性的发明，则国际申请中未经国际检索的部分将被视为撤回，申请人应当在国务院专利行政部门发出的审查意见通知书中指定的期限内提交删除该部分内容的修改文本。

对于因未缴纳单一性恢复费而删除的发明或实用新型，申请人不得提出分案申请。

（五）复查

国际申请在国际阶段被有关国际单位拒绝给予国际申请日或者宣布视为撤回的，申请人可以向国务院专利行政部门提出复查请求。

该请求应当在收到上述通知之日起 2 个月内提出，请求中应当陈述要求复查的理由，同时附具要求进行复查处理决定的副本。

申请人可以请求国际局将国际申请档案中任何文件的副本转交国务院专利行政部门，在提出复查请求的同时应当向国务院专利行政部门办理进入国家阶段的手续，并且在进入声明中标明已经提出复查请求的事实。国务院专利行政部门应当在接到国际局传送的文件后，对国际单位作出的决定是否正确进行复查。

（六）译文有误

发生译文错误时，专利权保护范围的确定采用就小不就大原则，即以保护范围小的为最终确定的保护范围。具体规定如下：

（1）基于国际申请授予的专利权，由于译文错误，致使依照 A64 规定确定的保护范围超出国际申请的原文所表达的范围的，以依据原文限制后的保护范围为准；

（2）致使保护范围小于国际申请的原文所表达的范围的，以授权时的保护范围为准。

【例 07-05】关于 PCT 国际申请在中国国家阶段提交的译文，下列说法哪些是正确的？

A. 国际申请以外文提出的，在进入国家阶段时，应当提交原始国际申请的说明书、权利要求书、摘要和附图中的文字的译文

B. 审查基础文本声明中提及国际阶段的修改的，应当自进入日起 2 个月内提交该修改文件的译文

C. 申请人可以在国家知识产权局作好公布发明专利申请或者公告实用新型专利权的准备工作之前，或是在收到国家知识产权局发出的发明专利申请进入实质审查阶段通知书之日起 3 个月内主动提出改正译文错误

D. 基于国际申请授予的专利权，译文有误时，以国家知识产权局授权时的保护范围为准

【参考答案】ABC

第三节 其他相关专利国际条约

一、微生物保存布达佩斯条约

1. 中国参加条约的时间

《国际承认用于专利程序的微生物保存布达佩斯条约》（Budapest Treaty on the International Recognition of the Deposit of Microorganisms for the Purposes of Patent Procedure)简称《微生物保存布达佩斯条约》或《布达佩斯条约》，巴黎公约成员国缔结的专门协定之一。1977年4月27日，由布达佩斯外交会议通过，1980年9月26日修正。1995年7月1日，中国成为布达佩斯条约的成员国。

2. 签订条约的目的

布达佩斯体系为申请生物材料专利提供了一种实用的业务解决方案。在约80个国家，向一个国际保藏单位进行国际承认的保藏，即获承认。

《布达佩斯条约》于1977年通过，涉及国际专利程序中的一个具体主题：有关微生物的发明。所有加入条约的国家必须承认在专利公开程序中向一个国际保藏单位保藏的微生物，不论保藏单位位于何处。

3. 条约适用的范围

该条约明确规定，"专利"应解释为发明专利、发明人证书、实用证书、实用新型、增补专利或增补证书、增补发明人证书和增补实用证书。

4. 国际保藏单位

国际保藏单位资格的取得：通过保存机构所在的缔约国递交总干事的书面通知，包括一件声明保证该机构符合并将继续符合《布达佩斯条约》第6条第（2）款规定的各项要求，该保存机构即可取得国际保藏单位资格。也可通过政府间工业产权组织递交总干事的书面通知，其中包括上述声明，取得国际保藏单位资格。

2015年12月18日，世界知识产权组织（WIPO）在官网上发出公告（Budapest Notification No.309），确认广东省微生物菌种保藏中心（GDMCC）于2016年1月1日正式成为布达佩斯条约国际保藏单位，并履行职责。

5. 微生物国际保存的承认与效力

签订《布达佩斯条约》的主要目的是为专利程序的目的允许或要求微生物寄存的缔约国必须承认向任何"国际保存单位"提交的微生物寄存。这种承认应包括承认由该国际保存单位说明的保存事实和交存日期，以及承认作为样品提供的是所保存的微生物样品。各缔约国根据条约组成"布达佩斯联盟"。联盟的行政工作委托世界知识产权组织国际局办理。联盟的成员国必须是巴黎公约的成员国。

任一缔约国均可索取由国际保存单位发出的微生物保藏证明和存活证明的存单副本。

二、国际专利分类斯特拉斯堡协定

1. 中国参加条约的时间

《国际专利分类斯特拉斯堡协定》是巴黎公约成员国间缔结的有关建立专利国际分类的专门协定之一。1971年3月24日在法国斯特拉斯堡签订。1996年6月17日，中国政府向世界知识产权组织（WIPO）递交加入书，1997年6月19日中国成为该协定成员国。

2. 签订条约的目的

考虑到普遍采用一种统一的发明专利、发明人证书、实用新型和实用证书的分类系统，是符合全体的利益的，而且可能在工业产权领域建立较为密切的国际合作，有助于协调各国在该领域的立法工作，因此于1971年3月24日签订了《国际专利分类斯特拉斯堡协定》。

3. 条约适用的范围

适用本协定的国家组成专门联盟，对发明专利、发明人证书、实用新型和实用证书采用相同的分类法，即已知的"国际专利分类法"。

4. 国际专利分类法的语言

本分类法应用英语和法语制定，两种文本均为同等的正本。

5. 国际专利分类法的使用

国际专利分类法纯属行政管理性质。国际专利分类专门联盟的每一国家有权将本分类法作为主要的分类系统或者作为辅助的分类系统使用。

6. 专家委员会

国际专利分类专门联盟设立专家委员会，每一国家应派代表参加。

总干事应邀请以专利为其专业的、其成员至少有一国是本协定的缔约国的政府间组织，派观察员出席专家委员会的会议。总干事可以邀请，如经专家委员会请求，应该邀请其他政府间组织和非政府间国际组织派代表参加与其有关的讨论。专家委员会的职权如下：

（1）修订本分类法。

（2）向本专门联盟国家提出旨在便利本分类法的使用和促进本分类法的统一应用的建议。

（3）帮助促进对用于发明审查的文献进行重新分类的国际合作，特别要考虑发展中国家的需要。

（4）在对本专门联盟或本组织的预算不产生财政义务的情况下，采取其他一切措施促进发展中国家应用本分类法。

（5）有权设立小组委员会和工作组。

三、洛迦诺协定

1. 中国参加条约的时间

国际外观设计分类体系，又称洛迦诺分类体系，是基于1968年生效的《建立工业品外观设计国际分类洛迦诺协定》（以下简称《洛迦诺协定》），为巴黎公约成员国的外观设计文献提供的一种共同的分类体系，也是当前外观设计领域唯一通行的国际性分类体系。1996年6月17日，中国政府向世界知识产权组织（WIPO）递交加入书，1996年9月19日中国成为该协定成员国。

2. 签订条约的目的

本协定的参加国组成了"洛迦诺联盟"，在联盟的国家中，采用统一的工业品外观设计分类法。该联盟的执行机构是世界知识产权组织国际局。联盟除大会外，还设有一个国家委员会，定期修改国际分类法。

3. 条约适用的范围

《洛迦诺协定》要求各成员国采用统一的工业品外观设计分类法（国际分类法）。一些未加入该协定的国家和组织虽然不受协定约束，但也在注册簿和发行的公报中采用按国际外观设计分类表给出的分类号,如世界知识产权组织国际局、非洲知识产权组织(OAPI)、比荷卢知识产权组织(BOIP)和欧洲内部市场协调局(OHIM)。

4. 工业品外观设计国际分类法的组成

国际分类法的组成包括:
(1)大类和小类表。
(2)依字母编序的外观设计产品项列表,并标示出其所属大类和小类。
(3)注释。

5. 工业品外观设计国际分类法的语言

洛迦诺协定采用英语和法语写成。世界知识产权组织(WIPO)出版的国际外观设计分类表包括英语和法语两种版本,我国以最新公布的国际外观设计分类表的中文译本为工作文本。

6. 工业品外观设计国际分类法的使用

除本协定规定的要求外,国际分类法纯属管理性质。然而,每个国家可以将其认为适当的法定范围归属于国际分类法。特别是本专门联盟各国对本国给予外观设计的保护性质和范围应当不受国际分类法的约束。

分类号在管理外观设计专利、编排和公告外观设计专利文本以及检索外观设计专利时起到重要的作用,因此需要按照国际外观设计分类表对外观设计进行分类。

7. 国际外观设计分类表的编排

国际外观设计分类表包括:大类和小类表;以字母顺序编排的外观设计产品项列表,并标示出其所属大类和小类。

8. 国际外观设计分类表的等级结构

国际外观设计分类表包括:
(1)若干大类,如"02类 服装和服饰用品"大类。
(2)各大类又细分为小类,如"02类 服装和服饰用品"大类中包括"02-02 服装""02-03 帽子""02-06 手套"等小类。
(3)小类下则为具体的产品项——产品或设计名称,如"02-03 帽子"小类中包括男用、女用或小孩用的各种帽子或头饰具体产品名称。

9. 专家委员会

本协定专门联盟的每一国家,在专家委员会都应当有代表,该委员会应当按照出席国家的简单多数所通过的议事规则进行组织。专家委员会应当依本专门联盟国家的简单多数票通过按字母顺序排列的商品目录和用法说明。专家委员会负责修改和增补大类和小类表,并且制定和修订依字母排序的产品目录表和用法说明。

【例07-06】下列哪些国际条约不适用于外观设计?
A.《专利合作条约》
B.《国际承认用于专利程序的微生物保存布达佩斯条约》
C.《国际专利分类斯特拉斯堡协定》
D.《建立工业品外观设计国际分类洛迦诺协定》
【参考答案】ABC

本章要点回顾

《专利合作条约》是发明、实用新型专利国际申请的依据,相较于《巴黎公约》,PCT 国际专利申请大大简化了程序,申请人只需要采用受理局受理的一种语言撰写专利申请文件,之后在 30 个月之内有充分的时间去决定未来选择接入哪些国家,并将专利申请文件翻译成目标国家的官方语言。

PCT 国际阶段,国际检索是必经阶段,在此阶段,专利申请人可以获得一份国际检索报告及书面意见。基于该报告及书面意见,专利申请人可以决定是否继续该申请,或者决定是否修改权利要求书,以及决定是否撤回专利申请以阻止专利申请文件被公布。国际初步审查阶段是申请人可以自主进行选择的阶段。如果申请人启动该阶段,则可以获得更多次修改专利申请文件的机会。无论如何修改,均不得超出原申请文件记载的范围,这是基本规定,不得突破。

在专利申请日(有优先权的,为优先权日)起的 30 个月届满前,申请人可以申请进入国家阶段,由国际局将相关文件传送给目标国家,以期获得授权。进入中国国家阶段的 PCT 申请,可以要求获得发明专利或者实用新型专利,二者只能居其一。进入中国国家阶段后,审查原则、基准、流程等,均按照我国的专利法相关规定进行。

2020 年《专利法》在优先权、援引等方面与《专利合作条约》的规定更加一致化。

第八章

专利文献与专利分类

> **本章知识点框架**
>
> 本章主要介绍专利文献与专利分类的相关知识,是专利信息利用的基础。要求读者了解专利文献基本知识;熟悉主要国家或组织专利文献种类;了解专利分类知识,熟悉国际专利分类的应用;掌握专利信息检索技术与方法。
>
> 本章知识点框架如图 8-1 所示。
>
>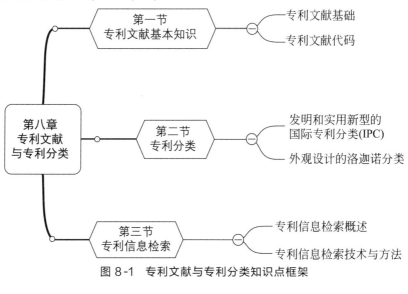
>
> 图 8-1 专利文献与专利分类知识点框架

第一节 专利文献基本知识

> 📚 **本节知识要点**

本节主要介绍专利文献的基础知识,主要内容如图 8-2 所示。

图 8-2 专利文献基本知识的主要内容

一、专利文献基础

(一)专利文献概述

1. 专利文献的特点

(1) 专利文献数量巨大,定期连续公布;覆盖面广,传播最新科技信息;内容详尽,集多种信息于一体;形式统一,数据规范,便于检索。

(2) 专利文献集技术、法律、经济信息于一体,是一种数量巨大、内容广博的战略性信息资源。专利文献记载最新技术信息。

(3) 新颖性是专利的首要条件,因此发明创造总是首先以专利文献,而非其他科技文献的形式向外界公布。

(4) 专利文献是一种标准化连续出版物,它的格式统一规范,高度标准化,并且具有世界通用的分类体系和著录项目标志代码,便于理解和使用。

2. 专利文献的作用

专利文献是专利制度的产物,又是专利制度的重要基础。专利文献的作用具体表现在:

(1) 从专利制度角度:传播发明创造,促进科技进步;

(2) 从专利权人角度:警示竞争对手,保护知识产权;

(3) 从竞争对手角度:借鉴权利信息,防止侵权纠纷;

(4) 从企业用户角度:提供技术参考,启迪创新思路。

3. 同族专利

由于专利保护的地域性,相同的发明创造专利申请需由不同的工业产权局批准才能在不同地域获得保护,以及由于各工业产权局的专利审批制度不同,形成专利多级公布,从而出现一组组有着类似于家族的特殊关系的专利文献。由至少一个共同优先权联系的一组专利文献,称为一个专利族(Patent Family)。专利族定义中包含两个要素:

(1) 专利族的对象是专利文献；
(2) 专利族成员之间的联系要素是优先权。

在同一专利族中，由其他成员共享优先权的最早专利申请的专利文献称为基本专利。

4. 专利文献的出版及载体

专利文献是一种标准化连续出版物，它的出版形式和出版规律通常由相应的专利法规确定。从专利文献诞生以来，先后以印刷品、微缩胶卷、胶片、磁介质为载体的各种电子数据库等为载体出版。自 2001 年 11 月起，国务院专利行政部门将最新专利公报和专利说明书上网公布，实现了专利文献的电子发布。

（二）专利说明书类文献组成部分

专利单行本，也被统称为专利说明书，是用以描述发明创造内容和限定专利保护范围的一种官方文件或其出版物。

专利单行本的内容包括扉页、说明书、权利要求书及检索报告（如果有的话）。

1. 扉页

扉页是揭示每件专利的基本信息的文件部分。扉页揭示的基本专利信息包括：

(1) 专利申请的时间。
(2) 申请的号码。
(3) 申请人或专利权人。
(4) 发明人。
(5) 发明创造名称。
(6) 说明书摘要及摘要附图。
(7) 发明所属技术领域分类号。
(8) 公布或授权的时间。
(9) 文献号。
(10) 出版专利文件的国家机构等。

2. 权利要求书

权利要求书是专利单行本中限定专利保护范围的文件部分。

3. 说明书

说明书是清楚完整地描述发明创造的技术内容的文件部分，而附图用于补充说明书文字部分的描述。

4. 检索报告

检索报告（部分专利局发布）是专利审查员通过对专利申请所涉及的发明创造进行现有技术检索，找到可进行专利新颖性或创造性对比的文件，向专利申请人及公众展示检索结果的一种文件。

（三）专利说明书种类

1. 专利说明书种类相关标准

(1) 专利文献种类相关国际标准。为协调各工业产权局信息活动，同时规范化标识各工业产权局不同种类的专利文献，世界知识产权组织（WIPO）制定了 ST.16《用于标识不同种类专利文献的推荐标准代码》标准。该标准规定了几组字母代码，用它们简化标识各工业产权局公布的不同种类的专利文献。

(2) 各国或地区具体做法

① 美国专利商标局：

A1——专利申请公布单行本，未经实质审查尚未授予专利权；

B2——美国专利单行本，经实质审查授予专利权，有在先申请公布。

② 欧洲专利局：

A1——带有检索报告的欧洲专利申请单行本，未经实质审查尚未授予专利权；

A2——不带检索报告的欧洲专利申请单行本，未经实质审查尚未授予专利权；

A3——单独出版的检索报告；

A4——对国际申请检索报告所做的补充检索报告；

B1——欧洲专利申请单行本，经实质审查授予专利权。

2. 国别代码相关标准

为便于各工业产权局以编码形式标识国家、其他实体及政府间组织时使用，WIPO 制定了 ST.3 用双字母代码表示国家、其他实体及政府间组织的推荐标准（见表 8-1）。

表 8-1　主要国家、地区及组织代码

代码	名称	代码	名称
AP	非洲地区知识产权组织（讲英语国家）	OA	非洲知识产权组织（讲法语国家）
AT	奥地利	JP	日本
AU	澳大利亚	KR	韩国
CN	中国	CA	加拿大
DE	德国	RU	俄罗斯
EP	欧洲专利局	SU	前苏联
ES	西班牙	SE	瑞典
FR	法国	US	美国
GB	英国	WO、IB	世界知识产权组织

【例 08-01】下列各组用以表示公布专利文献的国家或机构的国际标准代码，哪组存在错误？

A. 法国 FR、西班牙 ES、奥地利 AT

B. 欧洲专利局 EP、英国 UK、韩国 KR

C. 澳大利亚 AU、瑞士 CH、俄罗斯联邦 RU

D. 日本 JP、瑞典 SE、世界知识产权组织 IB

【参考答案】B

二、专利文献代码

（一）专利文献著录项目及其代码

1. 专利文献著录项目

专利文献著录项目（INID）是专利局为揭示每一项专利或专利申请的技术情报特征、法律情报特征及可供人们进行综合分析的情报线索而编制的款目。

在专利文献著录项目所表示的专利情报特征中，技术情报特征是主要组成部分，它包括用以表示有关申请专利的发明创造的内容的各种标志，如专利分类号、发明名称、摘要、相关文献、关键词等；法律情报特征则是重要组成部分，它包括用以表示有关专利权的各种标志，如申请号、申请日期、优先权、申请人、发明人、专利权人、专利代理师等。专利文献著录项目中还包括一些其他专利情报特征，如出版国家、出版日期、文件号等。

2. 专利文献著录项目代码

专利文献著录项目代码是用以表示专利情报的特征。

世界知识产权组织（WIPO）下属的巴黎联盟专利局间情报检索国际合作委员会（ICIREPAT），为广泛进行国际合作与交流，使广大读者及专利工作者能很快地辨别和查找专利文献上的各种著录项目内容，同时也便于计算机存储和检索，责成国际标准化组织（ISO）制定了一部专利文献著录项目的国际标准代码 INID（Internationally agreed Numbers for the Identification of Bibliographic Data），并规定从1973年起，各国专利局出版的各种专利文献扉页上都应予以相应的标注。这种代码由用圆圈或括号所括的两位阿拉伯数字表示。

1979年 ICIREPAT 的职能由 WIPO 专利信息常设委员会取代，1987年再度更名为 WIPO 工业产权信息常设委员会（PCIPI）。其宗旨是建立与加强成员国间工业产权文献与信息的合作。1997年 PCIPI 通过了一项新版专利文献标准，即 ST.9：《关于专利及补充保护证书的著录数据的建议》，将专利文献著录项目由原来的8个大项扩充为9个：①文献标志；②专利申请或补充保护证书数据；③遵照巴黎公约规定的优先权数据；④文献的公知日期；⑤技术信息；⑥与国内或前国内专利文献，包括其未公布的申请有关的其他法律或程序引证；⑦与专利或补充保护证书有关的人事引证；⑧与国际公约（除巴黎公约之外）有关的数据；⑨与补充保护证书法律有关的数据。

各大项下还有数目不同的小项目，常见的文献代码介绍如下：

（11）文献号

（21）申请号

（22）申请日期

（31）优先申请号

（32）优先申请日期

（33）优先申请国家或组织代码，对于 PCT 国际申请，应使用代码"WO"

（40）文献的公知日期

（51）国际专利分类或工业品外观设计国际分类

（52）内部分类或国家分类

（54）发明名称

（71）申请人姓名

（72）发明人姓名

（74）专利代理师或代表人姓名

（81）根据专利合作条约指定的国家

（二）中国专利文献

1. 中国专利文献种类

中国的专利文献是由国务院专利行政部门公开和公告的有关专利的官方出版物。中国专利文献主要包括各类中国专利单行本及专利公报。

2. 中国专利编号

（1）申请号。申请号编号方式为：申请年代＋申请种类＋申请序号＋小数点＋校验位。申请年代 1985.4.1—2003.9.30 由公元年后两位表示；2003.10.1 以后由 4 位完整的公元年表示。

申请种类中 1 表示发明专利申请；2 表示实用新型专利申请；3 表示外观设计专利申请；8 表示进入中国国家阶段的 PCT 发明专利申请；9 表示进入中国国家阶段的 PCT 实用新型专利申请。

申请序号为按年编号，1985.4.1—2003.9.30 为 5 位数字；2003.10.1 以后为 7 位数字。校验位为 1 位数字或字母 X，1989 年之前公布的专利文献上不标注校验位。

（2）专利号。专利号编号方式为专利标识代码＋申请号。

专利标识代码是"专利"一词的汉语拼音缩写"ZL"。

例如：ZL85100001，ZL02130832.6，ZL200620075737.0，ZL200530087767.4。

（3）文献号（2010 年以后）。专利文献号用 9 位阿拉伯数字表示，包括申请种类号和流水号两个部分。专利文献号中的第 1 位数字表示申请种类号，第 2~9 位数字（共 8 位）为文献流水号，表示文献公布或公告的排列顺序。编号方式为国别代码＋申请种类＋文献流水号＋文献种类代码。其中：

① 国别代码为：CN。

② 文献识别代码：

➢ A——发明专利申请公布；

➢ B——发明专利授权公告；

➢ C——发明专利权部分无效宣告的公告；

➢ U——实用新型专利授权公告；

➢ Y——实用新型专利权部分无效宣告的公告；

➢ S——外观设计专利授权公告或专利权部分无效宣告的公告。

③ 专利申请种类：

➢发明专利申请种类为：1；

➢实用新型专利申请种类为：2；

➢外观设计专利申请种类为：3。

例如：文献号为 CN101207268B，由此专利文献号可以分析出下列信息：

① 这是一篇中国专利文献；

② 这是一篇发明专利文献；

③ 该发明专利申请已被授予专利权；

④ 第一位数字 1 表示发明专利申请；

⑤ 该申请原申请公开号为 CN101207268A。

【例 08-02】中国发明专利公报包括下列哪些内容？

A. 发明专利申请的公布　　　　　　B. 保密发明专利权的授予

C. 发明专利申请的检索报告　　　　D. 发明专利权的授予

【参考答案】ABD

第二节 专利分类

一、发明和实用新型的国际专利分类（IPC）

1. 国际专利分类 8 个部的类名

（1）国际专利分类。《国际专利分类表》（IPC 分类表）是根据 1971 年签订的《国际专利分类斯特拉斯堡协定》编制的，是国际上通用的专利文献分类和检索工具。用国际专利分类法对专利文献进行分类而得到的分类号，称为国际专利分类号，通常缩写为 IPC 号。

（2）国际专利分类的构成。IPC 将与发明专利有关的全部技术内容按部、分部、大类、小类、大组、小组等逐级分类，组成完整的等级分类体系。全表共分 8 个部，20 个分部，以 9 个分册出版。1~8 册为分类详表，第 9 册为使用指南及分类简表（至大组一级）。

① IPC 的部（一级类）用 A~H 表示。分部仅是分类标题，未用标记。
② 大类号由部的类号加两位数字组成。
③ 小类号由大类号加一个大写字母组成。
④ 大组：大组类号由小类号＋"1－3 位数字"＋"/"＋"00"组成。
⑤ 小组：小组的类号由小类类号＋"1－3 位数字"＋"/"＋"00"以外的其他至少两位数字组成。小组类名前有一个或多个圆点：有一个圆点的称为"一点组"，有两个圆点的称为"二点组"，有 n 个圆点的称为"n 点组"。同为一点组的小组隶属于其前面的大组；每个 n 点组隶属于其前面的 n－1 点组。

2. 完整的分类号与分类表的等级结构

一个完整的 IPC 分类号由代表部、大类、小类、大组、小组的符号结构构成。

（1）部。部是分类表等级结构的最高级别。用大写英文字母 A~H 表示 8 个部的类号，每个部有部的类名。例如：

A：人类生活必需。

B：作业；运输。

C：化学；冶金。

D：纺织；造纸。

E：固定建筑物。

F：机械工程；照明；加热；武器；爆破。

G：物理。

H：电学。

部内有由信息性标题构成的分部，分部有类名，没有类号。

例如：A 部设 4 个分部，分别是"分部：农业""分部：食品；烟草""分部：个人或家用物品""分部：保健、救生、娱乐"。

（2）大类。每个部都被细分成若干大类，大类是分类表的第二等级。每个大类的类号由部的类号及其后的两位数字组成。每个大类的类名表明该大类包括的内容。

例如：A62 救生；消防。

某些大类带有一个索引，该索引是对该大类内容的总括信息性概要。

(3) 小类。每个大类都包括一个以上小类，小类是分类表的第三等级。每个小类类号是由大类类号加上一个大写字母组成。

例如：A62B 救生设备、救生装置或救生方法。

小类的类名尽可能确切地表明该小类的内容。大多数小类都有一个索引，该索引是对该小类内容的总括信息性概要。

在小类中大部分涉及共同技术主题的位置设置了指示该技术主题的导引标题。

(4) 大组。每一个小类被细分成若干组，可以是大组（分类表的第四等级），也可以是小组（依赖于分类表大组等级的更低等级）。每个组的类号由小类类号加上用斜线分开的两个数组成。每个大组的类号由小类类号、1 位到 3 位数字、斜线及 00 组成。大组类名在其小类范围以内确切限定了某一技术主题领域。大组的类号和类名在分类表中用黑体字印刷。

例如：A62B 1/00 从建筑物或类似物上降人用的装置。

(5) 小组。小组是大组的细分类。每个小组的类号由其小类类号、大组类号的 1 位到 3 位数字、斜线及除 00 以外的至少两位数字组成。任何斜线后面的第 3 位或随后数字应该理解为其前面数字的十进位细分数字。小组类名在其大组范围之内确切限定了某一技术主题领域。该类名前加一个或几个圆点指明该小组的等级位置，即指明每一个小组是它上面离它最近的又比它少一个圆点的小组的细分类。

例如：A62B 1/04 ·· 单个部件，如紧固装置。

3. IPC 号在专利文献中的表达形式

例如："A43D 95/16 · 制鞋用的擦亮工具"：

(1) 分部属"生活必需品"部（部号为 A）；

(2) "鞋类"大类（大类号为 A43）；

(3) "机械、工具、设备、方法"小类（小类号为 A43D）；

(4) "鞋整修机械"大组（大组号为 A43D 95/00）；

(5) "制鞋用的擦亮工具"（小组号为 A43D 95/16）。

【例 08-03】某企业欲研究开发"中草药除草剂"，可能相关的国际专利分类号有：A01N 人体、动植物体或其局部的保存（食品或粮食的保存入 A23）；杀生剂，如作为消毒剂，作为农药或作为除草剂（杀灭或防止不期望生物体的生长或繁殖的医用、牙科用或梳妆用的配制品入 A61K）；害虫驱避剂或引诱剂；植物生长调节剂（农药与肥料的混合物入 C05C）；A01N 65/00 含有藻类、地衣、苔藓、多细胞真菌或植物材料，或其提取物的杀生剂、害虫驱避剂或引诱剂或植物生长调节剂（含有已确定的化合物入 A01N27/00 至 A01N 59/00）。

A01P 化学化合物或制剂的杀生、害虫驱避、害虫引诱或植物生长调节活性

A01P 13/00 除草剂；杀藻剂

A01P 13/02 · 选择性的

A01D 收获；割草

A01D 43/00 在收割时与执行附加操作的设备联合的割草机

A01D 43/14 · 带有如用于肥料、除草剂或防腐剂的分配装置的

则判断下列表述是否正确：

A. 对应上述材料中 A01P 13/02 的技术领域是选择性的。（ × ）

B. 带有用于肥料、除草剂或防腐剂的分配装置的割草机对应的分类号是 A01D 43/14。（ √ ）

【解析】A01P 13/02 表示的小组，是大组 A01P 13/00 的进一步分类，因此其表达的技术领域为其上各级的总和，因此 A01P 13/02 的技术领域是选择性的除草剂、杀藻剂。

同理，"肥料、除草剂或防腐剂的分配装置的割草机"表示的技术领域为"肥料、除草剂或防腐剂的分配装置的"＋"割草机"，其分类号为小组 A01D 43/14。

二、外观设计的洛迦诺分类

1. 国际外观设计分类表的编排、等级结构

洛迦诺分类已经由专家委员会修订过若干次。现行版本纳入了以往各版进行的所有修订，并取代以往各版。它包含大类和小类，并视情况附有用法说明。按字母顺序排列的商品目录，载有 5000 多个英文条目，不论商品属于哪个大类，均按字母顺序排列，也按大类和小类的顺序排列，在每个小类内按字母顺序排列。洛迦诺分类的作准文本，由世界知识产权组织国际局以英文和法文在线发布。

2. 分类号的表示

外观设计分类表第 12 版中大类和小类表中包括 32 个大类和 237 个小类，以两种形式表示：第一种形式不考虑产品所属类别而仅依字母顺序排列全部产品项；第二种形式在每一小类下，依字母顺序排列产品项。注释编入大类和小类目录中。

世界知识产权组织国际局以英文和法文两种语言在网站上发布《洛迦诺分类表》的正式版本。第 12 版《洛迦诺分类表》于 2018 年 6 月公布，自 2019 年 1 月 1 日起正式实施，同时废止前一版本。外观设计分类是针对使用该外观设计的产品进行的，分类号由"LOC""（版本号）""CL""大类号—小类号"构成。

例如：第 1 类—食品，包括营养品
01）烘制食品、饼干、发面点心、通心粉等
02）巧克力、糖果、冰制食品
03）乳酪、黄油和其他乳制品及代用品
04）鲜肉（包括猪肉制品）
05）动物饲料
99）其他杂项

【例 08-04】下列关于专利分类号 H01C1/00 或 C08F110/02 中含义的说法哪些是正确的？
A. H 代表部
B. C08F 代表大类
C. H01C1/00 代表小组
D. C08F110/02 代表小组

【参考答案】AD

第三节 专利信息检索

本节知识要点

本节主要介绍专利信息检索基础知识，介绍专利信息检索的种类及要素，以及专利检索策略，主要内容如图 8-3 所示。

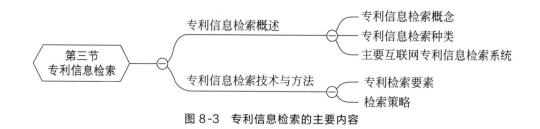

图 8-3 专利信息检索的主要内容

一、专利信息检索概述

（一）专利信息检索概念

1. 专利检索的概念

专利检索是指从海量专利信息源中迅速而准确地找出符合特定需要的专利信息或文献线索的方法和过程。专利检索的基本要求是全、准、快、灵。其中，"全"是指没有遗漏，"准"是指有针对性，"快"是指用时短，"灵"是指灵活使用各类检索要素和检索策略。

人们所需的专利信息无论是技术、法律还是经济信息，都深藏在浩如烟海的专利文献之中，如果想从中查找到对自己有用的专利信息，必须从某一特定的角度，同时还要利用特定的工具进行查找。专利检索并非是专利信息的简单查找，而是通过提出问题、分析问题、选择检索工具、确定检索途径、选择检索方法从而查获所需信息的复杂过程。

2. 专利检索的目的

专利检索的直接目的在于找出符合特定需要的专利信息或文献线索。

这些信息及线索的作用包括：

（1）用于评价专利或专利申请的新颖性及创造性；

（2）用于与现有产品进行比对进而判断是否存在侵权行为，是否适合进行许可或转让等交易行为，是否具有投融资的价值；

（3）用于获取精准的技术、法律和经济信息，使研究人员能够深入了解到行业、领域的技术发展历程和最新技术动向，掌握竞争对手的专利技术布局状况和发展趋势。

（二）专利信息检索种类

根据进行专利检索的目的不同，专利信息检索的主要类型如下。

1. 现有技术检索

现有技术检索是指通过找出与发明专利申请的主题密切相关或者相关的现有技术文件，了解研发或在研项目涉及的技术现状和最新进展，判断拟申请专利的新颖性或创造性的过程。现有技术检索常常从新产品、新工艺入手，根据其技术特征先确定相关主题，然后进行检索，查找相同、相近或同类主题的专利文献。

2. 专利查新检索

专利查新检索是指对专利的新颖性进行检索，其目的在于评估检索对象是否是新技术、是否未被公开或已被申请专利。

3. 专利无效检索

专利无效检索是指通过检索找出一件或几件破坏某一件已经授权专利的新颖性或创造性

的对比文献，从而使其权利无效的过程。

4. 竞争对手检索

竞争对手检索是指通过检索找出拥有与行为主体的技术或产品方案相同、相似或类似专利的创新主体的过程。

5. 专利侵权检索

专利侵权检索是基于技术方案之间进行比较的检索。专利侵权检索多为主题检索，即从新产品、新工艺入手，根据其技术特征先确定相关主题，然后进行检索，查找相同、相近或同类主题的专利文献。

(三) 主要互联网专利信息检索系统

专利检索工具包括各国政府、非政府组织的官方专利检索平台以及由企业、事业单位开发的专利检索平台。例如：

(1) 世界知识产权组织 WIPO：https://www.wipo.int/
(2) 中国专利信息网：http://www.patent.com.cn/
(3) 欧洲专利局：https://www.epo.org/
(4) 美国专利商标组织：https://www.uspto.gov/
(5) 日本特许厅：https://www.jpo.go.jp/

二、专利信息检索技术与方法

(一) 专利检索要素

1. 专利检索要素的种类

(1) 关键词要素。关键词的选择通常与检索需求密切相关，特别是在发明名称或摘要中出现的关键词。

(2) 分类号要素。对于发明和实用新型专利而言，常用的分类号有国际专利分类（IPC）、欧洲专利分类（ECLA）、联合专利分类（CPC）和日本专利分类（FIFT）等，其中国际专利分类（IPC）是较为通用的分类体系。

国际专利分类体系采用了以功能性为主、应用性为辅的分类原则，以等级的形式将技术内容注明成"部—分部—大类—小类—大组—小组"。对于外观设计而言，常用工业品外观设计国际分类体系（也叫洛迦诺分类体系）进行分类。洛迦诺分类号是依照使用该外观设计的产品进行划分，采用大类和小类两级结构进行编排。

(3) 人名要素。检索中常用的人名要素包括发明人、设计人、专利申请人、专利权人和专利受让人等。

(4) 号码要素。常用来检索的号码包括申请号，优先权号、公开号和公告号。

(5) 日期要素。常用来检索的日期类型有申请日、优先权日、公开日和公告日。

(6) 国别地区要素。

国家层面常用两位字母的国别代码来标识，如"AT"表示奥地利，"CN"表示中国，"EP"表示欧洲，"US"表示美国。

国内省级层面的代码常用两位阿拉伯数字或两位省市字母代码来标识，如"11"表示北京、"12"表示天津、"32"表示江苏。

2. 专利检索式的构建

(1) 检索式的构建方法。在获取关键词、分类号、人名、号码、日期和国别地区等专利检索要素后,接下来就是构建相应的检索式。专利检索式的构建一般需要考虑检索要素的扩展、检索要素的组合和检索要素的补充与排除三个方面。

(2) 检索要素的扩展。检索实践中,每种要素都可以进一步扩展与组合,一般常用的扩展方向有横向扩展和纵向扩展。

① 对于关键词检索要素而言,横向扩展是指从检索要素词义的角度进行扩展,一般需要考虑相应检索要素的各种别称、俗称、缩略语、同义词、近义词甚至是反义词,甚至还要考虑可能的别字。纵向扩展包括从一个检索要素向上扩展,延伸到其上位概念;还包括从一个检索要素向下扩展,延伸到其下位概念。

② 对于分类号检索要素而言,其横向扩展主要是考虑不同类别分类号的相近范围的分类号。

③ 对于人名要素而言,其横向扩展的方式主要是考虑简称、全称以及中英文的不同表述方式等。

④ 对于号码、日期和国别地区等检索要素而言,其横向扩展的方式主要是考虑同一件专利不同类型的号码、相似或相近日期、加入同一国际组织的不同国别地区等。

(3) 检索要素的组合。对各类检索要素进行组合,是为了在"检准"和"检全"之间达到平衡。

① "检准"通常采用全要素组合检索,"检全"的关键在于部分要素组合检索。

② 全要素组合的思路是使用相对较准确的检索要素表达,适当增加一些非基本检索要素。

③ 部分要素组合的思路则是在检索要素表达上做"加法",尽可能扩充检索要素的表达,而在检索要素数量上做"减法",尽可能剔除非基本检索要素。

(4) 检索要素的补充和排除。检索者结合可以对发明构思的理解和专利文献的阅读,发现并及时补充新的检索要素,发现并及时排除检索噪声。

(二) 检索策略

1. 块检索策略

块检索策略是一种基本检索策略,也是一种"检全"思路的检索策略。

对于一个检索要素,完整的块构造模式为"关键词 OR 分类号 OR 其他表达方式",即先通过将检索要素进行较为全面的表达,其中不同表达方式间使用"或"运算,形成一个检索"块",然后再在块与块之间使用"与"运算,获得最终的检索结果。

2. 渐进式检索策略

渐进式检索是指每一个检索要素对应的检索过程都是在前一个检索要素对应的检索结果中进行。渐进式检索是基于"检准"思路的检索策略。

3. 检索降噪策略

检索降噪策略主要通过字段限定、频率算符使用和"与非"算符使用三个方面来实现检索结果的降噪。

(1) 字段降噪策略。采用字段降噪策略,主要是依据专利文献分层次公开的特点。通过判定所检索的关键词可能出现的位置,有针对性地选择特定的字段进行检索,可以有效去除检索噪声,提高检索效率。

(2)基于频率算符的降噪策略。通过对技术方案中存在但对于检索帮助不大特征词出现的频率进行限定,从而缩小检索结果的范围,达到降低检索噪声的效果。

(3)基于"与非"算符的降噪策略。在检索过程中利用"与非"算符与表达这些技术手段关键词的联合使用,排除出现上述技术手段用词的文献,从而缩小检索结果的范围,达到降低检索噪声的效果。

4. 特定对象的检索策略

(1)信息追踪检索。信息追踪检索是以现有信息为基础,利用有效线索进行层层抓取,进而连环突破。常用的追踪信息有发明人和申请人信息、文献信息、技术信息和产品信息等。

(2)数值检索。常用的数值检索策略有直接数值检索和间接数值检索两大策略。

① 直接数值检索策略是指利用截词符和邻近算符进行直接表达,以实现对单个数值和数值范围的检索。

② 间接数值检索是借助数值单位定义以及与数值紧密相关的部件进行限定,以此去除附图标记等数字的干扰。

(3)图形检索。图形检索主要适用于机械产品结构类或计算机图形界面类发明的检索,检索对象主要包括图片、照片、说明书附图,外观设计等专利。

(4)马库什通式化合物检索。常用的检索策略有直接检索结构式、利用环系代码、利用分类号和关键词三种。

【例08-05】以下关于关键词检索要素扩展的说法,不正确的是:
A. 要考虑关键词的同义词　　　　　　B. 要考虑关键词的近义词
C. 需要考虑上下位概念扩展　　　　　D. 不需要考虑关键词的反义词
【参考答案】D

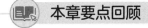
本章要点回顾

各个国家采用国际统一的专利文献分类方法,有利于更加充分地利用专利信息,促进科技发展。因此,专利文献与专利分类知识不仅是知识产权从业者要掌握的知识,更是技术工作者有利的工具。充分利用专利信息,能够受益于各个工作环节。

专利法律知识学习参考资料

[1] 《中华人民共和国专利法》,根据 2020 年 10 月 17 日第十三届全国人民代表大会常务委员会第二十二次会议《关于修改〈中华人民共和国专利法〉的决定》第四次修正。

[2] 《中华人民共和国专利法实施细则》,根据 2010 年 1 月 9 日《国务院关于修改〈中华人民共和国专利法实施细则〉的决定》第二次修订。

[3] 《国防专利条例》,2005 年 12 月 14 日由中华人民共和国国务院、中央军委颁布,自 2005 年 12 月 14 日起实行。

[4] 《专利代理条例》(中华人民共和国国务院令第 706 号),2018 年 11 月 6 日发布,于 2018 年 9 月 6 日国务院第 23 次常务会议修订通过,自 2019 年 3 月 1 日起施行。

[5] 《专利审查指南(2010)》(国务院专利行政部门令第 55 号),2010 年 1 月 21 日公布,自 2010 年 2 月 1 日起施行。

[6] 《专利审查指南(2010)》第一次修改(国务院专利行政部门令第 67 号)2013 年 9 月 16 日公布,自 2013 年 10 月 15 日起施行。

[7] 《专利审查指南(2010)》第二次修改 2014 年 3 月 12 日国务院专利行政部门令(第 68 号)公布,自 2014 年 5 月 1 日起施行起施行。

[8] 《专利审查指南(2010)》第三次修改(国务院专利行政部门令第 74 号)2017 年 2 月 28 日公布,自 2017 年 4 月 1 日起施行。

[9] 《专利审查指南(2010)》第四次修改(国务院专利行政部门令第 328 号)2019 年 9 月 23 日公布,自 2019 年 11 月 1 日起施行起施行。

[10] 《专利审查指南(2010)》第五次修改(国务院专利行政部门令第 343 号)2019 年 12 月 31 日公布,自 2020 年 2 月 1 日起施行起施行。

[11] 《专利审查指南(2010)》第六次修改(国务院专利行政部门令第 391 号)2020 年 12 月 11 日公布,自 2021 年 1 月 15 日起施行起施行。

[12] 《全国人民代表大会常务委员会关于专利等知识产权案件诉讼程序若干问题的决定》,2018 年 10 月 26 日第十三届全国人民代表大会常务委员会第六次会议通过。

[13] 《最高人民法院关于审理专利纠纷案件适用法律问题的若干规定》(法释〔2020〕19 号),该修正自 2021 年 1 月 1 日起施行。

[14] 《最高人民法院关于审理专利授权确权行政案件适用法律若干问题的规定(一)》(法释〔2020〕8 号),2020 年 9 月 10 日公布,自 2020 年 9 月 12 日起施行。

[15] 《最高人民法院关于审理侵犯专利权纠纷案件应用法律若干问题的解释》(法释〔2009〕21 号),2009 年 12 月 28 日公布,自 2010 年 1 月 1 日起施行。

[16] 《最高人民法院关于审理专利权纠纷案件应用法律若干问题的解释(二)》(法释〔2020〕19 号),自 2021 年 1 月 1 日起施行。

[17] 《最高人民法院关于审查知识产权纠纷行为保全案件适用法律若干问题的规定》(法释〔2018〕21 号),2018 年 12 月 12 日公布,自 2019 年 1 月 1 日起施行。

[18] 《最高人民法院关于知识产权法庭若干问题的规定》(法释〔2018〕22 号),自 2019 年 7 月 1 日起施行。

[19] 《最高人民法院关于技术调查官参与知识产权案件诉讼活动的若干规定》(法释〔2019〕2 号),2019 年 3 月 18 日公布,自 2019 年 5 月 1 日起施行。

[20] 《最高人民法院关于民事诉讼证据的若干规定》(法释〔2019〕19 号),2019 年 12 月 25 日公布,自 2020 年 5 月 1 日起施行。

[21] 《最高人民法院关于审理侵害知识产权民事案件适用惩罚性赔偿的解释》(法释〔2021〕4 号),2021 年 3 月 2 日公布,自 2021 年 3 月 3 日起施行。

[22] 《专利代理管理办法》(国务院专利行政部门令第 70 号),自 2019 年 4 月 4 日公布,自 2019 年 5 月 1 日起施行。

[23] 《专利代理师资格考试实施办法》(国务院专利行政部门令第 47 号),2008 年 8 月 25 日公布,自 2008 年 10 月 1 日起施行。

[24] 《国务院专利行政部门行政复议规程》(国务院专利行政部门令第 66 号),2012 年 7 月 18 日公布,自 2012 年 9 月 1

日起施行。

[25]《关于规范专利申请行为的若干规定》(国家知识产权局令第75号),2017年2月28日公布,自2017年4月1日起施行。

[26]《关于规范专利申请行为的办法》(国家知识产权局令第411号),于2021年3月11日公布并施行。

[27]《印发〈关于对知识产权(专利)领域严重失信主体开展联合惩戒的合作备忘录〉的通知》,(发改财金〔2018〕1702号),2018年11月22日印发。

[28]《关于在香港特别行政区知识产权署提出的首次申请的优先权的规定》,国家市场监督管理总局令第31号修订,自2020年10月23日起公布并施行。

[29]《关于台湾同胞专利申请的若干规定》(国家知识产权局令第58号),自2010年11月22日起施行。

[30]《关于台湾同胞专利申请的若干规定》(国家知识产权局令第58号),自2010年11月22日起施行。

[31]《关于受理台胞国际申请的通知》(国家知识产权局公告第239号),自2017年3月22日起施行。

[32]《专利优先审查管理办》(国家知识产权局令第76号),2017年6月27日公布,自2017年8月1日起施行。

[33]《专利收费减缴办法》(财税〔2016〕78号),2016年7月27日发布,自2016年9月1日实施。

[34]《关于停征和调整部分专利收费的公告》(国家知识产权局公告第272号),2018年6月20日公布,2018年8月1日实施。

[35]《关于执行新的行政事业性收费标准的公告》(国家知识产权局公告第244号),2017年7月1日起执行。

[36]《专利行政执法办法》(国务院专利行政部门令第71号),2015年5月29日公布,自2015年7月1日起施行。

[37]《专利权质押登记办法》(国家知识产权局公告第461号),2021年11月15日发布,自发布之日起施行。

[38]《专利实施许可合同备案办法》(国务院专利行政部门令第62号),2011年6月27日公布,自2011年8月1日起施行。

[39]《专利标识标注办法》(国务院专利行政部门令第63号),2012年3月8日公布,自2012年5月1日起施行。

[40]《专利实施强制许可办法》(国务院专利行政部门令第64号),2012年3月15日公布,自2012年5月1日起施行。

[41]《专利申请号标准 ZC0006—2003》(国务院专利行政部门令第32号),2003年7月14日公布,自2003年10月1日起施行。

[42]《中国专利文献号(ZC0007—2012)》(国家知识产权局公告第179号),2012年11月16日公布,自2012年12月16日起施行。

[43]《专利文献种类标识代码(ZC0008—2012)》(国家知识产权局公告第179号),2012年11月16日公布,自2012年12月16日起施行。

[44]《中国专利文献著录项目(ZC0009—2012)》(国家知识产权局公告第179号),2012年11月16日公布,自2012年12月16日起施行。

[45]《专利代理师资格考试考务规则》(国务院专利行政部门令第48号),2008年8月25日公布,自2008年10月1日起施行。

[46]《专利代理师资格考试违纪行为处理办法》(国务院专利行政部门令第49号),2008年9月26日公布,自2008年11月1日起施行。

[47]《关于专利电子申请的规定》(国务院专利行政部门令第57号),2010年8月26日公布,自2010年10月1日起施行。

[48]《关于新版〈专利登记簿副本〉、〈证明〉和〈专利说明书〉三种证明文件有关启用事宜的公告》(国家知识产权局公告第91号),于2003年6月30日发布并开始施行。

[49]《专利合作条约》,于1970年6月19日签订,2002年4月1日生效。

[50]《专利合作条约实施细则》,1970年6月19日开始实施,之后每年进行修订,现行有效版本为自2020年7月1日起生效。

[51]《关于国际申请(PCT申请)费用减、退、免方面有关事项的公告》(国务院专利行政部门公告第136号)2008年6月27日公布,发文日为2008年7月14日。

[52]《国际承认用于专利程序的微生物保藏布达佩斯条约》,1977年4月27日,由布达佩斯外交会议通过,1980年9月26日修正。1995年7月1日,中国成为《布达佩斯条约》的成员国。

[53]《国际专利分类斯特拉斯堡协定》,1971年3月24日在法国斯特拉斯堡签订。1997年6月19日中国成为该协定成员国。

[54]《建立工业品外观设计国际分类洛迦诺协定》,1968年10月4日在洛迦诺签订,1971年起生效。1996年9月19日中国成为该协定成员国。

［55］《企业知识产权管理规范》，GB/T 1.1—2009，国家质量监督检验检疫总局、国家标准化管理委员会批准颁布 2013 年 2 月 7 日发布，2013 年 3 月 1 日起实施。

［56］《科研组织知识产权管理规范》，GB/T 33250—2016，国家质量监督检验检疫总局、国家标准化管理委员会批准颁布 2016 年 12 月 13 日发布，2017 年 1 月 1 日起实施。

［57］《高等学校知识产权管理规范》，GB/T 33251—2016，国家质量监督检验检疫总局、国家标准化管理委员会批准颁布 2016 年 12 月 13 日发布，2017 年 1 月 1 日起实施。

［58］《专利导航指南》第 1 部分：总则，GB/T 39551.1—2020，国家市场监督管理委员会、国家标准化委员会 2020 年 11 月 9 日发布，2021 年 6 月 1 日起实施。

［59］《专利导航指南》第 2 部分：区域规划，GB/T 39551.2—2020，国家市场监督管理委员会、国家标准化委员会 2020 年 11 月 9 日发布，2021 年 6 月 1 日起实施。

［60］《专利导航指南》第 3 部分：产业规划，GB/T 39551.3—2020，国家市场监督管理委员会、国家标准化委员会 2020 年 11 月 9 日发布，2021 年 6 月 1 日起实施。

［61］《专利导航指南》第 4 部分：企业经营，GB/T 39551.4—2020，国家市场监督管理委员会、国家标准化委员会 2020 年 11 月 9 日发布，2021 年 6 月 1 日起实施。

［62］《专利导航指南》第 5 部分：研发活动，GB/T 39551.5—2020，国家市场监督管理委员会、国家标准化委员会 2020 年 11 月 9 日发布，2021 年 6 月 1 日起实施。

参考文献

[1] 何越峰.2013年全国专利代理人资格考试专利法律知识分册.北京：知识产权出版社.2013.
[2] 国家统一法律职业资格考试辅导用书编辑委员会.2021年国家统一法律职业资格考试辅导用书知识产权法 经济法 环境资源法 劳动与社会保障法.北京：法律出版社.2021.
[3] 人力资源和社会保障部人事考试中心.2021知识产权专业知识与实务（中级）.北京：中国人事出版社.2021.